最新

告訴状・告発状 モデル文例集〔改訂版〕

編著 三木 祥史（弁護士）

新日本法規

改訂にあたって

　「最新 告訴状・告発状モデル文例集」を発行して8年近くが経過しました。この間に元号も「平成」から「令和」に変わりましたが、刑事法の分野でも大きな改正がありました。

　1つ目は、性犯罪の分野で、従来の「強姦罪」が性別・行為概念が拡張され「強制性交等罪」と改正されました。そして、この「強制性交等罪」は、従来の「強姦罪」が告訴がなければ処罰することのできない、いわゆる親告罪であったのに対し、告訴を必要としない非親告罪とされました。

　2つ目は、「自動車の運転により人を死傷させる行為等の処罰に関する法律」（自動車運転処罰法）が制定され、自動車事故関係の刑罰法規が特別法に規定されました。

　本書の改訂に当たり、これらの刑事法制の変更をフォローしたことは当然ですが、さらに特別法の分野におけるモデル文例の充実を図りました。例えば、企業経営に関する犯罪の分野では独占禁止法違反や過労死のモデル文例を加え、消費者被害に関する犯罪の分野では不正競争防止法違反のモデル文例を加えています。その他動物愛護法違反、文化財保護法違反等のモデル文例を加えるなど、社会が一層多様化、複雑化していくに応じて、幅広い分野に及ぶ事例を取り入れるようにしました。

　このようにモデル文例を増やし、できる限り様々な分野における犯罪をフォローしたつもりではありますが、これで全てが網羅されているはずがありません。本書に掲げたモデル文例は典型的な犯罪を挙げたに過ぎず、本書に記載のない犯罪も数多くあります。また、モデル文例と同一罪名の犯罪であっても、個々の事案によって、記載すべき内容は異なります。このモデル文例を参考にしながら、具体的な事案に応じて、どのような犯罪が成立し、それをどのように告訴状・告発状に記載すればよいのかについては、十分に吟味してください。

　本書発行の際の「はしがき」にも書きましたが、本書は、犯罪被害者が泣き寝入りすることなく、犯人の処罰を求めて告訴・告発ができるようにという目的のために書かれたものです。本書が多くの方々にご利用いただければ幸いです。

　令和元年6月

編著者　三　木　祥　史

はしがき

　本書は、故水野基氏のご遺族の了解のもと、氏の著による「告訴状・告発状モデル文例集」（新日本法規出版）を参考に最新の内容で書き起こしたものです。

　旧書の「はしがき」には、次のようなことが書かれています。

　「犯罪は、個人の権利や利益、あるいは、国家・社会の権益などを侵害するものであり、その影響が直接・間接に及ぶ者として、被害者の存在が考えられます。そして、これらの被害者の中には、金銭的に損害の賠償を受けることによって満足を得たとするひともあるでしょう。しかし、金銭的な損害賠償のみによっては癒されない、感情的しこりのようなもの（私憤、義憤あるいは公憤の類）が残るなどして、犯人の処罰をしてもらわなければどうしても納得がいかないと考えるひとも決して少なくないでしょう。告訴（告発もほぼ同様）は、こういったひとが犯罪事実を明らかにして、その犯人の処罰を捜査機関に要求する手続であり、犯罪の被害者らの保護・救済のために被害者らに権利として認められているものです。」

　本書も、旧書と同様、このような犯罪の被害者らが、泣き寝入りをすることなく、犯人の処罰を求めて告訴・告発をすることができるよう、告訴・告発に関する実務上必要不可欠な事柄を解説するとともに、具体的モデル文例をできるだけ多数盛り込み、告訴状・告発状をどのように書けばよいのかを具体的に示すことを目的としています。

　本書が旧書と大きく違うのは、モデル文例として、特別法違反を加えたことです。現代の複雑化した社会においては、刑法のみならず特別法による規制も重要性を増してきました。特別法といっても様々な分野がありますが、これを「企業経営」「金融商品取引」「知的財産権」「脱税」「倒産」「消費者被害」「家族・風俗」「環境」「薬物」「選挙」等の類型に分類し、それぞれ主な犯罪についてモデル文例を挙げ解説しています。ただ、旧書にあった刑法の条文は割愛しました。告訴状・告発状に「犯罪事実」を記載するためには、刑法・特別法に規定する犯罪の構成要件がどうなっているかが大事であることはいうまでもありません。本書をご使用になる場合も、そこに引用する刑法等の条文に直接当たって確認されることをお勧めします。

　また、本書では、告訴・告発手続に関する解説部分をＱ＆Ａ形式にし、分かりやすいようにしました。告訴・告発実務の解説を「実務Ｑ＆Ａ編」と告訴状・告

発状の書き方についての「文例編」に分け、後者にあっては基本文例とモデル文例の関係を明確にしました。モデル文例についても、適宜その内容を現在の社会にマッチするように改めるとともに、共犯や身分犯、複数の犯罪を告訴する場合など、個々の犯罪事実に共通する事項についてのモデル文例も加えました。このように本書は旧書を基調としつつも、新しく書き起こした部分が多数あります。

　本書は、本人に代わって告訴状・告発状を作成する実務家（弁護士、司法書士、会社の法務担当者など）はもとより、法律を知らない一般の方々にも広くご利用いただけるように配慮をしています。本書が多くの方々に利用され、告訴・告発をしようとされる方々の実務上のお役に立つことができれば幸いです。

　最後になりましたが、本書を出版するに当たってご尽力いただいた新日本法規出版株式会社のスタッフの方に心から感謝いたします。

　　平成23年9月

　　　　　　　　　　　編著者　　三　木　祥　史

編集者・執筆者一覧

編著者

弁護士　三木　祥史（みき　よしひと）

昭和58年4月弁護士登録（第一東京弁護士会）

大崎・三木法律事務所

元　最高裁判所司法研修所教官（刑事弁護）、第一東京弁護士会刑事弁護委員会委員長、同弁護士会副会長、明治大学法科大学院特任教授

現　早稲田大学法科大学院非常勤講師、東京都労働委員会公益委員

執筆者

弁護士　千葉　肇（ちば　はじめ）

昭和59年4月弁護士登録（東京弁護士会）

信和法律事務所

元　最高裁判所司法研修所教官（刑事弁護）、東京弁護士会消費者問題特別委員会委員長

弁護士　二島　豊太（にしま　とよた）

昭和59年4月弁護士登録（第一東京弁護士会）

光和総合法律事務所

元　最高裁判所司法研修所教官（刑事弁護）、最高裁判所「裁判の迅速化に係る検証に関する検討会」委員、日本弁護士連合会刑事弁護センター副委員長、第一東京弁護士会副会長

弁護士　遠藤　常二郎（えんどう　つねじろう）

昭和62年4月弁護士登録（東京弁護士会）

弁護士法人遠藤綜合法律事務所

元　最高裁判所司法研修所教官（刑事弁護）、東京弁護士会副会長

弁護士　吉田　秀康（よしだ　ひでやす）

　　昭和62年4月検事任官（東京地方検察庁）

　　平成6年3月検事退官

　　平成6年4月弁護士登録（東京弁護士会）

　　阿部・吉田・三瓶法律会計事務所

　　元　最高裁判所司法研修所教官（刑事弁護）、東洋大学法科大学院専任教授

　　現　早稲田大学法科大学院教授

弁護士　宮田　桂子（みやた　けいこ）

　　昭和63年4月弁護士登録（第一東京弁護士会）

　　宮田法律事務所

　　元　最高裁判所司法研修所教官（刑事弁護）、第一東京弁護士会刑事弁護委員会
　　　　委員長、同弁護士会副会長、法務省法制審議会刑事法部会（性犯罪関係）
　　　　委員

　　現　日本弁護士連合会刑事弁護センター副委員長、駒澤大学法科大学院特任教
　　　　授、保護司、法務省再犯防止推進計画等検討会有識者委員

弁護士　中重　克巳（なかしげ　かつみ）

　　平成10年4月弁護士登録（第二東京弁護士会）

　　山田・尾﨑法律事務所

　　元　最高裁判所司法研修所教官（刑事弁護）

　　現　日本司法支援センター（法テラス）本部　第二事業部長

略　語　表

1　法令の表記

　　法令名は、本文中では原則としてフルネームを用いて表記し、解説根拠として掲げる場合は次のように略記しました（＜　＞は本文中で便宜上使用した略称）。

(1)　略記例

　　刑法第19条第1項第1号＝刑19①一

(2)　略　称

刑	刑法
刑訴	刑事訴訟法＜刑訴法＞
刑訴規	刑事訴訟規則＜刑訴規則＞
会社	会社法
金商	金融商品取引法
金商令	金融商品取引法施行令
児童買春	児童買春、児童ポルノに係る行為等の処罰及び児童の保護等に関する法律＜児童買春等禁止法＞
自動車運転致死傷	自動車の運転により人を死傷させる行為等の処罰に関する法律＜自動車運転処罰法＞
道交	道路交通法
犯罪被害保護	犯罪被害者等の権利利益の保護を図るための刑事手続に付随する措置に関する法律
不正競争	不正競争防止法
民	民法
労基	労働基準法

2　判例の表記

　　判例は、次のように表記しました。

(1)　略記例

　　①　本文中の表記例：最高裁平成29年11月29日判決（判時2383・115）

　　②　根拠判例の表記例：（最判平29・11・29判時2383・115）

(2)　出典略称

刑録	大審院刑事判決録
刑集（大刑集）	最高裁判所（大審院）刑事判例集

裁判集刑	最高裁判所裁判集刑事
法学	法学（東北大学法学会誌）
下刑	下級裁判所刑事裁判例集
家月	家庭裁判月報
下民	下級裁判所民事裁判例集
刑月	刑事裁判月報
高刑特	高等裁判所刑事裁判特報
高刑	高等裁判所刑事判例集
判特	高等裁判所刑事判決特報
刑資	刑事裁判資料
高検速報	高等裁判所刑事裁判速報
東高民報	東京高等裁判所判決時報（民事）
訟月	訟務月報
判時	判例時報
判タ	判例タイムズ

目　　次

実務Ｑ＆Ａ編

第1章　告訴・告発とは　　　　　　　　　　　　　　　ページ

　　1　告訴・告発制度とは………………………………………3

　　2　告訴と告発の違いは………………………………………4

　　3　告訴・告発と被害届との違いは…………………………4

　　4　犯人がわからない場合の告訴・告発は…………………5

　　5　告訴・告発の実質的要件とは……………………………5

　　6　告訴・告発の法的性質は…………………………………6

　　7　告訴・告発に関する法律とは……………………………7

　　8　告訴がなければ処罰できない犯罪とは…………………8

　　9　親告罪を定めた理由は……………………………………9

　　10　刑法上の親告罪とは………………………………………9

　　11　刑法以外の親告罪とは……………………………………10

　　12　犯人と一定の身分関係がある場合の告訴・告発は……12

　　13　告発がなければ処罰できない犯罪とは…………………13

　　14　告訴・告発前の捜査は……………………………………14

　　15　告訴状・告発状の証拠能力は……………………………14

第2章　告訴権者・告発権者

　　16　告訴権者は…………………………………………………16

　　17　法人等による告訴は………………………………………17

　　18　判例上告訴権が認められた被害者とは…………………17

　　19　未成年者等による告訴は…………………………………19

　　20　法定代理人による告訴は…………………………………20

　　21　被害者の親族による告訴は………………………………22

　　22　検察官が指定した者による告訴は………………………23

　　23　代理人による告訴は………………………………………25

　　24　告訴の代理の効果は………………………………………26

2 目　次

25　告発権者とは……………………………………………………………26

26　告発義務がある人は……………………………………………………27

27　代理人による告発は……………………………………………………28

第3章　親告罪の告訴期間

28　告訴できる期間は………………………………………………………29

29　親告罪における「犯人を知った日」とは……………………………30

30　継続的犯罪の場合の「犯人を知った日」とは………………………31

31　親告罪における告訴期間の例外は……………………………………32

32　告訴期間の計算方法は…………………………………………………32

33　複数の告訴権者がいる場合の告訴期間は……………………………33

34　告発できる期間は………………………………………………………34

第4章　告訴・告発の手続

35　告訴・告発の方法は……………………………………………………35

36　事前相談とは……………………………………………………………36

37　メール等による告訴・告発は…………………………………………37

38　告訴・告発の手数料は…………………………………………………38

39　書面による告訴・告発のしかたは……………………………………39

40　告訴・告発の受理機関は………………………………………………40

41　告訴状・告発状の提出先の選択は……………………………………41

42　捜査機関の告訴・告発の受理義務とは………………………………43

43　告訴・告発の受理証明書とは…………………………………………45

44　告訴調書・告発調書とは………………………………………………46

45　告訴状・告発状の預かりとは…………………………………………47

46　条件を付けた告訴・告発は……………………………………………48

47　代理で告訴・告発する場合の手続は…………………………………50

48　代理権限授与の委任状の記載内容は…………………………………51

第5章　告訴・告発の効力

49　告訴・告発が無効になる場合とは……………………………………53

50　犯人の一部の者のみの告訴・告発の効力は…………………………54

51	犯罪事実の一部分についてのみした告訴・告発の効力は	55
52	一犯罪事実に対して被害者が複数いる場合の告訴の効力は	56
53	犯罪事実が親告罪と非親告罪の両方になる場合の告訴の効力は	57
54	犯人の一部に親族がいる場合の告訴の効力は	59

第6章　告訴・告発の取消し

55	告訴の取消しは	60
56	告発の取消しは	61
57	告訴・告発の一部のみの取消しは	62
58	告訴・告発の取消権者は	63
59	代理人による告訴・告発の取消しは	64
60	再告訴・再告発は	65
61	告訴・告発の取消手続は	66
62	告訴・告発の取消書の書き方は	67
63	告訴・告発の取消書の提出先は	68
64	告訴・告発を取り消したときの事件は	69
65	告訴権の放棄と消滅は	70

第7章　告訴・告発をした者の責任

66	告訴・告発をしたことによる刑事責任は	72
67	告訴・告発をしたことによる民事責任は	73
68	告訴・告発をしたことによる訴訟費用の負担は	73
69	告訴・告発をしないことによる不利益な取扱いとは	74

第8章　告訴・告発後の手続

70	告訴・告発した後の事件の捜査は	75
71	司法警察員から検察官への送致は	76
72	未成年者が犯した親告罪の事件処理は	78
73	告訴・告発後における告訴人等の関与は	79
74	事情聴取を受けるときの留意事項は	80
75	検察官による起訴・不起訴処分は	82
76	処分結果を知る方法は	83

4　　　　　　　　　　　　　目　　次

77　不起訴理由の告知の程度とは……………………………………84

78　不起訴処分に不服があるときは…………………………………85

79　検察審査会への審査申立ての手続は……………………………86

80　検察審査会で「起訴相当」となった場合は……………………88

81　上級検察庁の長に対する不服申立て……………………………90

82　付審判請求の手続は………………………………………………90

83　再度の告訴・告発は………………………………………………94

84　事件が起訴になった場合の告訴人・告発人の関与は…………94

文例編

文例目次………………………………………………………………101

第1章　告訴状・告発状の書き方
第1　基本的な記載事項………………………………………………117
第2　告訴・告発事実の書き方………………………………………128

第2章　刑法の罪に関する文例
〔個人的法益に対する犯罪〕
第1　殺人の罪…………………………………………………………138
第2　傷害の罪…………………………………………………………143
第3　過失傷害の罪……………………………………………………150
第4　遺棄の罪…………………………………………………………155
第5　逮捕・監禁の罪…………………………………………………157
第6　脅迫の罪…………………………………………………………162
第7　略取・誘拐及び人身売買の罪…………………………………166
第8　わいせつ・強制性交等の罪……………………………………170
第9　住居を侵す罪……………………………………………………181
第10　秘密を侵す罪……………………………………………………185
第11　名誉に対する罪…………………………………………………188

第12　信用・業務に対する罪……………………………192

第13　窃盗及び強盗の罪……………………………………199

第14　詐欺及び恐喝の罪……………………………………215

第15　横領・背任の罪………………………………………239

第16　盗品等に関する罪……………………………………251

第17　毀棄・隠匿の罪………………………………………256

〔社会的法益に対する犯罪〕

第18　放火・失火の罪………………………………………265

第19　爆発物・危険物に関する罪…………………………278

第20　往来を妨害する罪……………………………………281

第21　文書偽造の罪…………………………………………285

第22　有価証券偽造の罪……………………………………299

第23　支払用カード電磁的記録に関する罪………………303

第24　不正指令電磁的記録に関する罪……………………308

第25　公然わいせつの罪……………………………………312

第26　賭博に関する罪………………………………………316

第27　死体遺棄等の罪………………………………………318

〔国家的法益に対する犯罪〕

第28　公務の執行を妨害する罪……………………………321

第29　犯人蔵匿・証拠隠滅の罪……………………………328

第30　偽証の罪………………………………………………333

第31　虚偽告訴の罪…………………………………………336

第32　汚職の罪………………………………………………338

第3章　特別法の罪に関する文例

第1　自動車事故に関する犯罪………………………………346

第2　企業経営に関する犯罪…………………………………355

第3　金融商品取引に関する犯罪……………………………372

第4　知的財産権に関する犯罪………………………………381

第5　脱税に関する犯罪………………………………………388

第6　倒産に関する犯罪………………………………………391

第7　消費者被害に関する犯罪………………………………395

第 8　家族・風俗に関する犯罪 ……………………………………… 410

第 9　環境に関する犯罪 ……………………………………………… 425

第10　薬物に関する犯罪 ……………………………………………… 430

第11　選挙に関する犯罪 ……………………………………………… 433

第12　その他の犯罪 …………………………………………………… 438

○事項索引 …………………………………………………………………… 445

実務Ｑ＆Ａ編

2

第1章　告訴・告発とは

1　告訴・告発制度とは

> **Q** 告訴と告発とはどのような制度でしょうか。

A　告訴とは、犯罪の被害者その他一定の者が、捜査機関に対して犯罪事実を申告して犯人の処罰を求める意思表示のことであり、告発とは、告訴を行う権限がある者又は犯人以外の第三者が捜査機関に対して犯罪事実を申告して犯人の処罰を求める意思表示のことです。

解　説

　犯罪の捜査は、捜査機関である警察官や検察官が行い、捜査機関が犯罪の発生を知ったときに開始されます。そして、捜査機関が犯罪の発生を疑い、捜査を開始するに至った原因を捜査の端緒と呼んでいます。告訴も告発も、刑事訴訟法が定める捜査の端緒の一つに挙げられています。

　さて、日本の刑事訴訟法では、犯罪の捜査は警察官や検察官が行い、捜査した結果、犯人を起訴するか否かは検察官が決めることになっています。ただし、一定の犯罪に関しては親告罪の制度を設け、被害者の意思を重視し、告訴がなければ犯人を起訴できないこととしました。

　しかし、親告罪以外の犯罪が行われた場合にも、その被害者やその近親者などに、捜査機関に対し犯人を処罰するよう求める権利を与えて、犯人の処罰につき犯罪被害者等の意思を反映させようとすることは、犯罪の抑止や犯罪被害者の保護にとり重要な意義を有します。そこで、すべての犯罪についても犯罪被害者等が告訴できると定められたのです（刑訴230）。

　また、告訴以外にも告発の制度が設けられ、告訴を行う権限がある者以外の第三者にも犯人の処罰を求めることができると定められました（刑訴239）。なお、公務員はその職務を行うことにより犯罪があったと認めた場合には、告発の義務があるとされています（刑訴239②）。

2 告訴と告発の違いは

Q 告訴と告発はどのように区別されるのでしょうか。

A 告訴と告発とは、行使する主体が異なるという、形式面における大きな違いがあります。法的効果では、告訴について、告訴がなければ公訴を提起することができない親告罪において、告訴の有無が訴訟法上極めて重要とされる点が告発との大きな違いです。

解　説

判例上、告訴も告発も捜査機関に対して犯罪が行われたとの事実を申告して、犯人の処罰を求める意思表示とされています（最判昭26・7・12刑集5・8・1427、最決昭36・12・26判タ126・50）。

しかし、告訴の主体は犯罪の被害者（刑訴230）やその法定代理人等（刑訴231）に限定されているのに比べ、告発の主体にはこのような限定がありません（刑訴239①）。

また、親告罪と呼ばれる犯罪行為では、告訴がなければ検察官はその犯罪を起訴できませんので、同じ犯罪について告訴権者以外の第三者から告発があっても、告訴がない限り、検察官は起訴できません。

3 告訴・告発と被害届との違いは

Q 告訴・告発と被害届はどのように違うのでしょうか。

A 告訴・告発と被害届とは、犯人の処罰を求める意思表示が含まれるか否かで区別されます。

解　説

判例上、告訴も告発も、捜査機関に対して、犯罪が行われたことの事実を申告して犯人の処罰を求める意思表示であると考えられています。しかし、盗難届のような単なる被害届は、通例、犯罪や被害発生の事実のみが記載されています。そこで、その

限りでは告訴や告発と同じなのですが、犯人処罰の意思表示が含まれない点が大きな違いです。したがって、「盗難届」や「被害届」といった表題の文書でも、その書面の実質的な内容に犯人の処罰を求める意思表示が含まれる場合は、告訴又は告発と認められることになります。

4　犯人がわからない場合の告訴・告発は

Q　犯人がわからない場合、被告訴人や被告発人を「氏名不詳」等とする告訴や告発は認められるでしょうか。

A　告訴や告発は、特定の犯罪事実に対するものであり、特定の人物（犯人）に対するものではありません。したがって、犯人がわからず犯人を特定できないとしても、犯罪行為さえ特定できれば、告訴や告発は可能です。

解　説

　告訴や告発は、捜査機関に対して犯罪が行われたとの事実を申告して犯人の処罰を求める意思表示ですから、犯罪行為さえ特定できれば、告訴や告発をすることができます。

　そこで、被告訴人や被告発人を特定せず、「氏名不詳」等とする告訴や告発も可能ですし、真犯人でない人を誤って記載しても、真犯人に対する告訴や告発として有効とされます（大判昭12・6・5大刑集16・906、東京高判昭28・2・21高刑6・4・367など）。

5　告訴・告発の実質的要件とは

Q　告訴・告発として認められるためには、どのような内容を申告すればよいのでしょうか。

A　告訴・告発は、捜査機関に対して犯罪が行われたとの事実を申告して犯人の処罰を求める意思表示ですから、犯罪事実を特定することと犯人

の処罰を求める意思表示が明確にされていることが最低限必要です。

解　説

　告訴・告発をするに当たっては、まず、どのような犯罪が行われ、どのような被害が生じたのかが特定できなければなりません。そこで、犯罪行為があったと思われる日時、場所、犯罪行為の態様、被害の内容などは、犯罪行為が特定できる程度には申告する必要があります。ただし、その犯罪行為が、どのような法律に違反するかまでの申告は要求されていません。

　なお、真犯人の特定は必要ありません。「氏名不詳」等とする告訴・告発が可能です（詳細は『4　犯人がわからない場合の告訴・告発は』参照）。

　次に、告訴・告発の申告には、犯人の処罰を求める意思表示が含まれていなければなりません。この意思表示は実質的に判断されますので、告訴状・告発状には、形式面だけではなく、内容的にも犯人の処罰を求めることが明確にされなければならないのです（詳細は『3　告訴・告発と被害届との違いは』参照）。

6　告訴・告発の法的性質は

> **Q**　告訴・告発をして不起訴処分になった場合、それを違法として国家賠償請求ができますか。

A　告訴・告発は、刑事訴訟法上、捜査開始の端緒、すなわち、捜査のきっかけとされているにすぎません。そこで、告訴・告発をしたが不起訴処分になった場合、告訴人・告発人が、それを違法とした国家賠償請求を行うことは、原則としてできません。

解　説

　告訴・告発が、刑事訴訟法上、捜査開始の端緒であることは、『1　告訴・告発制度とは』で説明したとおりです。したがって、告訴・告発は、検察官の職権発動を促すだけにすぎず、実際に公訴提起によって受ける利益は、公益上の見地に立って行われる公訴の提起によって反射的にもたらされる利益にすぎず、法律上保護された利益ではないので、告訴・告発をしたが不起訴処分になった場合、告訴人・告発人が、それ

を違法とした国家賠償請求を行うことは、原則としてできないことになります。

最高裁平成2年2月20日判決（判時1380・94）は、告訴に関してこの理を認め、次のように判断しています。

「犯罪の捜査及び検察官による公訴権の行使は、国家及び社会の秩序維持という公益を図るために行われるものであって、犯罪の被害者の被侵害利益ないし損害の回復を目的とするものではなく、また、告訴は、捜査機関に犯罪捜査の端緒を与え、検察官の職権発動を促すものにすぎないから、被害者又は告訴人が捜査又は公訴提起によって受ける利益は、公益上の見地に立って行われる捜査又は公訴の提起によって反射的にもたらされる事実上の利益にすぎず、法律上保護された利益ではないというべきである。したがって、被害者ないし告訴人は、捜査機関による捜査が適正を欠くこと又は検察官の不起訴処分の違法を理由として、国家賠償法の規定に基づく損害賠償請求をすることはできないというべきである……。」

7　告訴・告発に関する法律とは

Q　告訴・告発に関して、法律ではどのように規定されているのでしょうか。

A　告訴・告発は捜査の端緒の一つですから、捜査に関する規定、すなわち刑事訴訟法の定めが中心になります。そして、「検察審査会法」や国家公安委員会が制定した「犯罪捜査規範」などにも告訴・告発に関する規定があります。

解　説

告訴・告発についての刑事訴訟法における基本的な規定としては、183条、230条〜244条、260条〜262条があり、関連規定が同法263条〜269条にあります。

また、「検察審査会法」には、検察官が公訴を提起しなかったことに対する法律上の救済措置が定められています。具体的には同法2条2項で、「検察審査会は、告訴若しくは告発をした者、請求を待つて受理すべき事件についての請求をした者又は犯罪により害を被つた者……の申立てがあるときは、……審査を行わなければならない。」と定め、これに関連する規定も置かれています。

一方、「犯罪捜査規範」とは国家公安委員会が定めた規則であり、この規則は、警察官が犯罪の捜査を行うに当たって守るべき心構え、捜査の方法、手続などを全国的に統一的に定めています。この規則にも告訴や告発に関する規定があり、告訴の形式等を定めた刑訴法241条等を受けて、この規則の63条以下で、告訴や告発があった場合の警察官の心構え等が定められています。

8　告訴がなければ処罰できない犯罪とは

Q　告訴がなければ処罰ができない犯罪とはどのようなものでしょうか。

A　大半の犯罪は、告訴がなくても検察官は公訴を提起できますが、一定の犯罪については、告訴がないと、検察官は公訴を提起できないと定められています。このような犯罪を「親告罪」と呼びます。

解　説

　告訴がないと検察官が公訴を提起できない犯罪のことを、「親告罪」と呼びます。親告罪の定めは、一般的には刑法135条のように、「告訴がなければ公訴を提起することができない。」と定められています。

　親告罪においては、犯罪の成立が明らかであっても告訴がなければ検察官は起訴はできず、もし、告訴がないにもかかわらず検察官が公訴を提起した場合、その公訴は無効とされ、裁判所は審理を行わず公訴は棄却となり、訴訟が打ち切られることになります（刑訴338四）。

　以上のように、親告罪においては告訴が必要であって、告発ではこの要件を満たしません。

　また、検察官は、親告罪につき告訴がないことが起訴前に判明した場合には、不起訴処分をすることになります。

実務Ｑ＆Ａ編　第１章　告訴・告発とは　　9

9　親告罪を定めた理由は

Q　告訴がなければ処罰ができない親告罪は、なぜあるのでしょうか。

A　親告罪が定められた根拠として、①被害者の名誉・信用・秘密などの保護、②犯罪の軽微性、③家庭関係の尊重などを挙げることができます。

解　説

　親告罪が定められた根拠は、次の3点に分類されます。

　第1に、被害者の名誉・信用・秘密などの保護という点です。この例としては、信書開封罪（刑133）、秘密漏示罪（刑134）、名誉毀損罪（刑230）などを挙げることができます。これらの犯罪では、起訴により事実が明るみに出ることにより、かえって被害者の利益が害されるおそれがあると考えられるからです。

　第2に、犯罪の軽微性という点です。過失傷害罪（刑209①）や器物損壊罪（刑261）では、侵害された法益が比較的軽微であり、直接公益に関しないことが考慮され、この観点から、被害者の意思を無視してまで起訴する必要はないと考えられるからです。

　第3に、家庭関係の尊重という点です。親族間の犯罪に関する特例（刑244②・251・255）のように、犯人と被害者の間に一定の親族関係がある場合は、法律によりいたずらに家庭の平和を壊すことがないような配慮からです。

10　刑法上の親告罪とは

Q　刑法で親告罪として規定されている犯罪には、どのようなものがあるのでしょうか。

A　刑法では135条などで「告訴がなければ公訴を提起することができない」として親告罪に関する規定が置かれています。具体的なものについては解説をご覧ください。

解　説

　刑法が親告罪とする犯罪は次のとおりです。

① 刑法135条による親告罪

　　信書開封罪（刑133）、秘密漏示罪（刑134）

② 刑法209条2項による親告罪

　　過失傷害罪（刑209①）

③ 刑法229条による親告罪

　　未成年者略取・誘拐罪（刑224）、拐取幇助目的被拐取者収受罪（刑227①）、これら各罪の未遂罪（刑228）

④ 刑法232条による親告罪

　　名誉毀損罪（刑230）、侮辱罪（刑231）

⑤ 刑法244条2項による親告罪

　　親族（配偶者、直系血族又は同居の親族以外の親族）間の窃盗罪（刑235）、不動産侵奪罪（刑235の2）、これら各罪の未遂罪（刑243）

⑥ 刑法251条による親告罪

　　上記親族間の詐欺罪（刑246）・電子計算機使用詐欺罪（刑246の2）・背任罪（刑247）・準詐欺罪（刑248）・恐喝罪（刑249）・これら各罪の未遂罪（刑250）

⑦ 刑法255条による親告罪

　　上記親族間の横領罪（刑252）・業務上横領罪（刑253）・遺失物等横領罪（刑254）

⑧ 刑法264条による親告罪

　　私用文書等毀棄罪（刑259）、器物損壊・動物傷害罪（刑261）、信書隠匿罪（刑263）

　なお、平成29年6月に刑法の一部改正が公布され、平成29年7月13日から施行されました。これにより、強姦罪、準強姦罪、強制わいせつ罪及び準強制わいせつ罪とこれら各罪の未遂罪を親告罪とする規定が削除され非親告罪とされるとともに、わいせつ目的・結婚目的の略取・誘拐罪とそれらの未遂罪も非親告罪とされました。

11　刑法以外の親告罪とは

Q　刑法以外の法律で親告罪として規定されている犯罪には、どのようなものがあるのでしょうか。

A　刑法に定める以外の親告罪は相当数あります。知的財産権法の関係で多くの親告罪があるほか、特別法において秘密を漏らす罪は親告罪とされることが多いようです。主要なものは次のとおりです。

解　説

　知的財産権法の関係では多くの親告罪があり、著作権法119条の罪（著作権等侵害等（同法123①。なお、同法123②において非親告罪となる場合があります。））、半導体集積回路の回路配置に関する法律51条の罪（回路配置利用権の侵害等（同法51②））などのほか、裁判所が発する秘密保持命令違反の罪（種苗法70、特許法200の2、実用新案法60の2、意匠法73の2、商標法81の2）、不正競争防止法21条2項6号の罪も親告罪とされています。

　また、特別法犯としては、工場抵当法49条の罪（工場抵当権の目的である動産の処分（同法50）。鉱業抵当法11条により鉱業抵当目的物にも準用されます。）、農業動産信用法18条、19条の罪（抵当権の目的である農業用動産の損傷、隠匿等（同法20））、道路交通事業抵当法21条の罪（抵当権の目的である道路交通事業財団に属する動産の処分（同法22））、私事性的画像記録の提供等による被害の防止に関する法律3条の罪（リベンジポルノ）などがあります。

　特別法において秘密を漏らす罪は親告罪とされることが多く、外国弁護士による法律事務の取扱いに関する特別措置法67条（外国法事務弁護士）、司法書士法76条、土地家屋調査士法71条の2、弁理士法80条、社会保険労務士法32条の2第1項2号（同法32の2②）、行政書士法22条、海事代理士法29条、公認会計士法52条、税理士法59条1項3号（同法59②）、外国医師等が行う臨床修練に係る医師法第十七条等の特例等に関する法律25条（臨床修練外国医師等）、保健師助産師看護師法44条の4、診療放射線技師法35条、臨床検査技師等に関する法律23条、臨床工学技士法47条、義肢装具士法47条、理学療法士及び作業療法士法21条、歯科衛生士法19条、歯科技工士法31条、救急救命士法54条、精神保健福祉士法44条、言語聴覚士法50条、社会福祉士及び介護福祉士法50条、医薬品、医療機器等の品質、有効性及び安全性の確保等に関する法律86条の3、あん摩マツサージ指圧師、はり師、きゆう師等に関する法律13条の7第1項3号（同法13の7②）、柔道整復師法29条1項2号（同法29②）、視能訓練士法23条、臓器の移植に関する法律23条1項3号（臓器あつせん機関の役職員（同法23②））、技術士法59条、児童福祉法61条の2（保育士）、武力攻撃事態における捕虜等の取扱いに関する法律183条（医師相当衛生要員等）、宅地建物取引業法83条1項3号（宅地建物取引業者等（同法83②））、マンションの管理の適正化の推進に関する法律107条1項2号及び111条1項4号（マンション管理士、マンション管理業者等（同法107②・111②））、通関業法41条1項3号（同法41②）などが挙げられます。

　また、罰金以下の刑に当たる軽微な罪で親告罪とされるものとしては、漁業法143条の罪（漁業権侵害）、放送法186条の罪、鉄道営業法29条及び30条の罪（無券乗車等（同法30の2））などが挙げられます。

12 犯人と一定の身分関係がある場合の告訴・告発は

Q 犯人と被害者に一定の身分関係がある場合、告訴や告発はどうなるのでしょうか。

A 犯人と被害者との間に一定の身分関係がある場合に親告罪となる犯罪があります。このような犯罪では、被害者による告訴がなければ起訴されません。

解　説

　犯人と被害者の間に一定の親族関係がある場合にのみ親告罪となる犯罪のことを「相対的親告罪」と呼びます。親族間の犯罪では、被害者が親族であることから、いたずらに家庭の平和を壊すことがないように配慮され、被害者による告訴がない限りは起訴されないことになっています（詳細は『9　親告罪を定めた理由は』・『10　刑法上の親告罪とは』参照）。

　相対的親告罪に当たる罪では、犯人と被害者との間に配偶者、直系血族又は同居の親族の関係がある場合は、その刑が免除されています（刑244①参照）。したがって、親告罪となるのは、それ以外の親族との間に身分関係がある場合に限られます。また、これらの規定は、親族でない共犯については適用されません（刑244③）。

　この親族関係について、実親子や実兄弟などの自然的血族ではその血縁関係により決められ、配偶者、養親子、姻族については、内縁関係では足りず、法律上の親族関係により判断されることになります（最決平18・8・30判時1944・169）。親族関係の判断の基準時は、犯行時とされています（大判大13・12・24大刑集3・904）。

　刑法における相対的親告罪の規定は、窃盗罪、不動産侵奪罪及びこれら各罪の未遂罪（刑244②・235・235の2・243）、詐欺罪、電子計算機使用詐欺罪、背任罪、準詐欺罪、恐喝罪及びこれらの未遂罪（刑251・246～250）、横領罪、業務上横領罪、遺失物横領罪及びこれらの未遂罪（刑255・252～254）となっています。

　このほか特別法についてですが、「いわゆる親族相盗の関係を定めた刑法244条に『……235条の罪及ヒ其未遂罪……』とあるのは「窃盗罪及びその未遂罪」の義にほかならないから、特別法に定める窃盗罪についても格段の定めがないかぎり、その適用を除外すべき理由はない。そしてまた森林法197条に定める森林窃盗罪は、刑法に定める窃盗罪に比し法定刑において軽く定められているけれども、そのことをもつて直

ちに右刑法244条の適用を否定する理由とするに足りない。」とする判決があることに注意してください（最判昭33・2・4判時149・6）。

　告発との関係ですが、相対的親告罪では、当然のことながら、告発があっても、告訴がない以上は起訴されないことになります。

13　告発がなければ処罰できない犯罪とは

Q　告発がなければ処罰できない犯罪には、どのようなものがあるのでしょうか。

A　告発がなければ処罰できない犯罪には、法律上明らかなものと、明文の規定はないがそのように解釈されているものの2種類に分けられます。

解　説

　告発がなければ処罰できない犯罪とは、言い換えると、告発が訴訟条件となる犯罪ということになります。このような犯罪は、法律上明らかなものと、明文の規定はないがそのように解釈されているものがあります。

　告発が訴訟条件となることが法律上明らかなものは、刑法にはありませんが、特別法には幾つか散見されます。例えば、公職選挙法253条2項の選挙管理委員会の告発を待って論ずる罪（同条1項は選挙人等の偽証罪）、独占禁止法96条1項の公正取引委員会の告発を待って論ずる罪（同法89条から91条までの罪）、関税法148条1項の税関職員又は税関長の告発を待って論ずる罪（同法145条ただし書、146条1項ただし書及び2項、147条に該当する各犯則事件）、国税通則法156条1項ただし書、同条2項ただし書、同法157条2項に規定する国税局・税務署職員等による告発を待ってする間接国税に関する犯則事件（申告納税方式による間接国税に関する犯則事件は除外されます。（同法159①））などです。

　解釈上認められるものには、判例上、議院における証人の宣誓及び証言等に関する法律8条の議院・委員会・両議院の合同審査会の告発を待って論ずる罪（同法6条及び7条の偽証罪、証言拒絶罪など（最判昭24・6・1刑集3・7・901））があります。

　なお、告発を訴訟条件とする犯罪でも、一般人が告発することはできますが（刑訴239①）、一般人が行う告発は、単なる捜査の端緒にすぎず、これにより直ちに犯人が処罰されるわけではありません。

14　告訴・告発前の捜査は

Q　告訴や告発をする前に捜査機関が捜査をすることは許されるでしょうか。

A　告訴や告発は捜査の端緒であるにすぎませんし、親告罪や告発が訴訟条件となる犯罪にしても、告訴や告発が捜査を行うための条件ではないので、告訴や告発がないからといって捜査ができないわけではありません。しかし、被害者らの感情に配慮して捜査することは必要とされています。

解　説

　親告罪や告発が訴訟条件となる犯罪にしても、犯罪が行われた時点で告訴や告発があるわけではありませんし、将来、告訴や告発が行われてから捜査を開始するのでは、証拠収集が困難になることもあり得ますので、任意捜査に限らず強制捜査も可能です（最決昭35・12・23判時252・33等）。捜査機関は、犯罪の嫌疑があると考えるときはいつでも捜査できる建前ですので（刑訴189②・191①）、告訴や告発が行われる前でも、将来的には告訴や告発が行われるとの見込みに基づき、任意捜査や強制捜査を行うことが可能なのです。

　しかし、告訴前に捜査を行うことにより、被害者やその家族の名誉・信用などを傷つけるような場合は、親告罪の趣旨に反しますので、慎重対応が必要となります（犯罪捜査規範70）。また、告発が訴訟条件となる犯罪にしても、処罰が相当か否かの判断を関係する官公庁等に委ねていますので、そのような法の趣旨に反しないような配慮が必要であることは当然でしょう（犯罪捜査規範73以下）。

15　告訴状・告発状の証拠能力は

Q　告訴状・告発状は、犯罪事実を立証するための証拠となり得るでしょうか。

A　告訴状も告発状も、刑事訴訟法が定める伝聞法則に従い、犯罪事実を立証するための証拠となり得ます。

解　説

　告訴や告発とは、捜査機関に対して犯罪事実を申告して犯人の処罰を求める意思表示のことですから（詳細は『1　告訴・告発制度とは』参照）、告訴状・告発状には、犯罪事実の記載が含まれます。したがって、この限りにおいて、捜査機関に対して事実を報告する供述書であるといえます。そこで、刑事訴訟法321条以下が定める、被告人以外の者の供述書面の証拠能力の規定に従い、犯罪事実を立証するための証拠となり得ます。

　ただし、形式面において、代理人が作成した告訴状や告発状は、本人が作成した書面ではないので、本人の供述とはいえませんし（詳細は『23　代理人による告訴は』・『26　告発義務がある人は』参照）、内容においても犯罪事実の記載というより単なる意見としかいえないような場合もあり、その信用性は乏しい場合が多いといえるでしょう。

第2章　告訴権者・告発権者

16　告訴権者は

> **Q** 告訴は誰でもできるのでしょうか。

A　告訴ができるのは、犯罪の被害者その他一定の者、すなわち告訴権者に限られます。

解　説

1　告訴権者

　刑訴法230条から234条において、告訴権者となる者の範囲が規定されています。

　典型的な告訴権者は、「犯罪により害を被つた者」（刑訴230）、すなわち「被害者」です。告訴権者としての被害者とは、当該犯罪による直接の被害者をいうと解されています。

　被害者以外にも、①被害者の法定代理人（詳細は『20　法定代理人による告訴は』参照）、②被害者が死亡した場合、その配偶者、直系親族、兄弟姉妹（詳細は『21　被害者の親族による告訴は』参照）、③被害者の法定代理人が被疑者あるいはその配偶者等である場合、被害者の親族（詳細は『21　被害者の親族による告訴は』参照）、④死者の名誉を毀損した場合は、死者の親族・子孫（詳細は『21　被害者の親族による告訴は』参照）、⑤親告罪で告訴をできる者がいない場合、検察官が指定する者（詳細は『22　検察官が指定した者による告訴は』参照）も告訴をすることができます。

2　被害者の具体例

　具体的には、窃盗罪で財物を盗られた者、傷害罪において負傷した者、名誉毀損罪において名誉を毀損された者などが告訴権者の例となります。

　もっとも、直接といえるためには、当該犯罪における保護法益の主体である者に限られず、構成要件上の犯行手段ないし行為の直接の客体である者も含まれると解されています。これにより、公務執行妨害罪における客体である公務員や、放火罪における焼損した建造物の所有者なども、直接の被害者に当たることとなります。

実務Ｑ＆Ａ編　第２章　告訴権者・告発権者　　17

17　法人等による告訴は

Q　会社などの法人でも告訴はできるのでしょうか。

A　自然人のみならず、会社などの法人も告訴することはできます。この場合、実際の告訴は、それぞれ法人の代表者がしなければなりません。

解　説

1　法人の告訴能力

　刑訴法230条に規定されている「犯罪により害を被つた者」は、自然人（日常的な意味での人間）に限られず、法人（会社・財団などの私法人に限らず、国・都道府県・市町村などの公法人を含みます。）や法人格のない社団・財団（同業者団体・同窓会・スポーツクラブ・マンション管理組合・いまだ主務官庁の許可を得ていない育英会など）もこれに含まれます。なぜなら、これらの法人や団体も自然人同様、犯罪の被害者となり得るからです。

2　告訴の具体的手続

　法人などが告訴する場合には、法令及び当該法人内部の規律により、その法人などを代表するとされている者が告訴を行わなければならないとされています（大判昭11・7・2公刊物未登載）。

　株式会社の場合は、原則的に各取締役が会社を代表しますが、代表取締役を置く会社では、代表取締役が代表者として告訴権を行使します（会社349①②④）。

18　判例上告訴権が認められた被害者とは

Q　被害者として告訴できるのは、具体的にどのような人でしょうか。直接被害を受けていないと告訴はできないのでしょうか。

A　被害者として告訴できる者は、「犯罪により害を被つた者」（刑訴230）であり、原則としてその犯罪により直接被害を受けた者をいいます（詳細は『16　告訴権者は』参照）。

解　説

1　告訴権者としての被害者

　刑訴法230条の「犯罪により害を被つた者」には、犯罪によって間接的に被害を受けたにすぎない者はこれに当たりません。例えば、夫の名誉を毀損された場合の妻などは直接の被害者ではありません。これらの者は、被害者とされる者が死亡している場合など、法が定める一定の場合（詳細は『21　被害者の親族による告訴は』参照）に告訴権者となれるにすぎません。

2　親告罪における被害者

　ここで、直接の被害者として誰に告訴権が認められるかは、親告罪について問題となることが多いといえます。なぜなら、親告罪では、有効な告訴が存するかどうかが重要であり、有効な告訴といえるためには、それが正当な告訴権者によってされたものであることが、まず決せられなければならないからです。

3　判　例

　常識的に被害者と認められるもの以外で、判例上、被害者として告訴権が認められたものを罪種別に例示すると、次のとおりです。

① 信書開封罪（刑133）

　　信書到達後に開封が行われた事案において、信書が受信人に到達するまでは発信人のみが被害者、受信人に到達した後は発信人も受信人も被害者（大判昭11・3・24大刑集15・307）

② 未成年者略取・誘拐罪（刑244）

　　身寄りがない未成年者を実子同様に養育・保護し、事実上の監護権を有すると解された非親族の監督者（福岡高判昭31・4・14高検速報573）

③ 器物損壊罪（刑261・262）

　㋐ 地方裁判所支部長舎のガラス（国有財産中の行政財産に属します。）の損壊につき、地方裁判所長（最判昭33・7・10刑集12・11・2500）

　㋑ 地方公共団体が賃借して、公立学校の校庭として使用していた土地の損壊については、教育委員会の他に、地方公共団体（最判昭35・12・27刑集14・14・2229）

　㋒ 建物の窓ガラスの損壊につき、その建物の賃借人（仙台高判昭39・3・19判時370・49）

　㋓ 共有関係にあるブロック塀の損壊につき、共有者の1人である夫が米国に出稼ぎ中のため、留守宅を管理しかつ居住の平穏等を維持している妻（最判昭45・12・22判時617・101）

実務Q＆A編　第2章　告訴権者・告発権者　　19

④　親族間の盗罪（刑244）

　㋐　犯人が窃盗の被害物件の所有者かつ占有者である被害者と親族関係にある場合にのみ刑法244条の適用がある（大判明43・6・7刑録16・1103、大判昭12・4・8大刑集16・485）。

　㋑　妻の親族が行った妻の財産に対する窃盗（刑244②）につき、直接の被害者である妻－その反面として、夫の告訴権は否定（札幌高判昭28・8・24判時14・25）

　㋒　親族間の横領（刑255）につき、被害物件の共有者は、持分の多少にかかわらず、被害者と認められる（最判昭35・12・22刑集14・14・2204）。

⑤　著作権侵害の罪（著作権法113①二）

　映画著作物の著作権者から著作権の一部譲渡を受けたのではなく（著作権法61①参照）、独占的にビデオグラムの形態により複製・頒布・上映することを許諾されたいわゆる独占的ビデオ化権者であっても（同法63①参照）、著作権者の許諾を得ていない者によって当該映画著作物がビデオ化され、著作権が侵害された場合には、刑訴法230条にいう「犯罪により害を被つた者」に当たり、告訴権を有すると解するのが相当である（最決平7・4・4判時1527・152）。

19　未成年者等による告訴は

Q　未成年者や成年被後見人等は告訴できるのでしょうか。

A　被害者が未成年者であっても告訴できる場合はありますが、被害者が成年被後見人である場合は、一般的には告訴はできません。

解　説

1　未成年者の告訴能力

　告訴は訴訟行為の一つですから、訴訟（行為）能力、すなわち訴訟行為の意味・効果を理解し、これを有効になし得る意思能力のある者がする必要があります。具体的には、被害事実を理解し、告訴をすることに伴って生ずる自己の社会生活上の利益・不利益を判断し得る能力が必要と考えられます。

　したがって、告訴の能力の有無は実質的判断となるため、一律に何歳以上であれば

告訴能力があるとは判断できないものの、被害者が未成年者であっても、告訴の意味を理解し、その結果に伴う利害得失の判断ができる程度の能力が認められる者は、法定代理人とは関わりなく、固有の権限に基づいて告訴をすることができます。

判例は、強姦の被害者である13歳11か月の中学2年生（最決昭32・9・26刑集11・9・2376）、強姦未遂の被害者である13歳7か月の少女（水戸地判昭34・7・1下刑1・7・1575）、強制わいせつ、傷害、準強姦被告事件の被害者である10歳11か月の小学5年生（名古屋高金沢支判平24・7・3高検速報749）につき、それぞれ告訴能力を認めていますが、個々の告訴権者の具体的な判断能力は、年齢的に画一的・一般的に決することができないものがあり、また当該犯罪事実の内容によっても差異を生ずると考えられるので、告訴能力を画一的・一般的に定めることはできません。なお、平成29年刑法改正により、強制わいせつ罪（刑176）、強姦罪（刑177）、準強制わいせつ・準強姦罪（刑178）は罪名が一部変わるとともに非親告罪とされました。

2　成年被後見人の告訴能力

成年被後見人（民法旧8条の禁治産者を含みます。）は、一般的には、意思能力がなく、告訴の能力はないと考えられますが、一時本心に服した時に一定程度の判断能力が認められれば、有効に告訴等をなし得る場合があると言えるでしょう。

3　法定代理人の告訴

もっとも、高校生程度までの未成年者や成年被後見人が被害者として告訴をするときには、後にその告訴の効力が争われないようにするために、あらかじめ法定代理人からも告訴をしておくのが賢明でしょう。

20　法定代理人による告訴は

Q　未成年者や成年被後見人が被害者の場合、その法定代理人は、被害者の意思にかかわらず告訴できるのでしょうか。また、それは被害者本人が告訴を取り消した後でも可能でしょうか。

A　未成年者や成年後見人などの法定代理人は、被害者の意思にかかわらず告訴することができます。また、これは被害者本人が告訴を取り消し

た後でも可能です。

解　説

1　被害者の法定代理人

　被害者が未成年者である場合、告訴の時点においてその親権者である父母若しくは養親（民818①②）又は未成年後見人（民839～841）は、被害者本人の意思とは無関係に独立して告訴ができます。同様に、成年被後見人が被害者となった場合、その成年後見人は告訴ができます（民859①）。

　なお、継父・継母や、保佐開始の審判を受けた者（精神上の障害により事理を弁識する能力が著しく不十分な者）に付された保佐人（民12）や補助開始の審判を受けた者に付された補助人（民16）には法定代理人としての告訴権はなく、その告訴は無効です。

2　法定代理人の告訴権

　未成年者や成年後見人等の法定代理人の告訴権は、犯罪により害を被った本人が制限能力者であることからこれを保護しようとして認められるものであり、判例によれば、本人と独立して行われる固有の権限と解されています（最決昭28・5・29判タ31・71）。

　さらに、これらの法定代理人は、独立して告訴ができるので、被害者本人の意思に反しても告訴をすることができると解されます。また、本人が告訴期間の徒過、告訴の取消しによって告訴権を失った後でも、法定代理人について告訴期間の徒過がなければ、法定代理人は有効に告訴ができます（最決昭28・5・29判タ31・71）。

　なお、民法818条3項は、婚姻中の父母の親権は父母が共同して行うものと定めていますが、刑訴法28条の趣旨に従って、未成年の被害者の親権者が2人あるときは、その各自が法定代理人として告訴できると解されています（最決昭34・2・6刑集13・1・49）。

　前述のとおり、高校生程度までの未成年者や成年被後見人が被害者として告訴をするときには、後にその告訴の効力が争いとなることがあるので、未成年者らの告訴と併せてその法定代理人からも告訴をしておくのが賢明でしょう。

22　　実務Ｑ＆Ａ編　第２章　告訴権者・告発権者

21　被害者の親族による告訴は

Q　被害者が死亡した場合、その配偶者や兄弟が被害者に代わって告訴できるのでしょうか。

A　被害者の配偶者や兄弟も、被害者が告訴をしないで死亡した場合は、その被害者が生前において何らかの方法により告訴をしない旨を明らかにしていたときなどを除き、その被害者に代わって告訴をすることができます。

解　説

1　被害者の配偶者・兄弟姉妹など

　刑訴法231条2項において、「被害者が死亡したときは、その配偶者、直系の親族又は兄弟姉妹は、告訴をすることができる。但し、被害者の明示した意思に反することはできない。」と規定されています。

　よって、被害者が告訴をしないで死亡した場合は、生前において何らかの方法により告訴しない旨を明らかにしていたとき以外は（刑訴231②但書）、被害者の配偶者、直系親族又は兄弟姉妹は、それぞれ告訴をすることができます。

　しかしながら、この場合でも被害者本人の告訴権を承継して告訴ができるわけですから、被害者が告訴権を失った後に死亡したようなときは、もはや告訴はできません。

　これに反して、被害者が刑訴法230条に基づき告訴をした後に死亡しても、その告訴は失効しませんから、死亡当時の配偶者や直系親族らが改めて告訴をする必要はありません。

　また、被害者の法定代理人が、被疑者である場合や、被疑者の配偶者・4親等内の血族・3親等内の姻族である場合には、被害者の親族も、被害者とは別に独立して告訴をすることができます（刑訴232）。

2　名誉毀損罪の場合

　死者に対する名誉毀損罪（刑230②）の場合には、死者の親族又は子孫は告訴をすることができます（刑訴233①）。また、通常の名誉毀損罪（刑230①）において、被害者が告訴をしないで死亡した場合は、死者に対する名誉毀損罪との均衡上から、告訴ができる親族の範囲が死者の親族・子孫にまで広げられています（刑訴233②）。ただし、この場合にも、被害者が生前告訴をしない旨を明らかにしていたときは告訴ができません（刑訴233②但書）。

22　検察官が指定した者による告訴は

Q 被害者が死亡し、親告罪において告訴をすることができる者がいない場合は、誰が告訴できるのでしょうか。

A 当該犯罪が親告罪の場合には、検察官が指定した者が告訴権者となります。

解説

1　告訴権者の指定

　刑訴法234条によれば、親告罪につき、告訴をすることができる者がいない場合には、利害関係人の申立てに基づき検察官が指定した者が告訴権者となります。

　ここで、告訴をすることができる者がいない場合とは、刑訴法230条から233条所定の告訴権者が現実にいない場合のほか、被害者がいても幼くて告訴をする能力がなく、かつその法定代理人もいないため事実上告訴をする者がいないような場合も含まれると解されています。

　この告訴権者は、告訴をすることについて法律上又は事実上利害関係がある者の申立てにより、公益の代表者である検察官が指定するものであり、指定を欲するときは、利害関係を示してその申立てをする必要があります。

　この制度は、本来の告訴権者が告訴権を失った後、あるいは刑訴法231条2項但書、同233条2項但書の被害者の明示の意思に反するため告訴ができない場合には適用されません。

　この指定を受けた者が実際に告訴権を行使して告訴するかどうかは、その者の自由です。

2　告訴人指定申立書

　告訴人の指定を欲するときは、例えば次のような申立書を検察官に提出して行います。

令和○年○月○日

○○地方検察庁
　検察官　　○○○○　殿

　　　　　　　　　　　　　　　　Ａ県Ｂ市Ｃ町○丁目○番○号
　　　　　　　　　　　　　　申立人　　丙　野　春　子　㊞
　　　　　　　　　　　　　　（被害者の内縁の妻）

　　　　　　　　告訴人指定申立書

（告訴罪名）　　○○○罪　　（被疑者氏名）　甲　山　一　郎

　被害者乙川二郎は、下記のとおり○○○罪の被害を受けましたが、………のため告訴をすることができる者がないので、申立人を告訴人に指定されたく、刑事訴訟法234条により申し立てます。

　　　　　　　　　　　　　　記

1　事件の概要

2　参考事項

　　　　　　　　　　　　　　　　　　　　　　　　　　以　上

23　代理人による告訴は

　告訴権者以外の人が代理で告訴することができるでしょうか。

　告訴は、代理人によってすることができます。

解　説

1　代理人による告訴

　刑訴法240条前段によれば、告訴は、代理人によってもすることができます。

　この場合の代理人は、既に説明した刑訴法231条1項に規定する法定代理人を除く、いわゆる任意代理人のことをいいます。代理人は通常弁護士に依頼することが多いと思われますが、告訴権を有する者から、代理で告訴する権限を授与されれば（すなわち、告訴の代理を委任されれば）、弁護士など特別な資格の有無にかかわらず、誰でも代理人となって告訴をすることができます。この代理は、親告罪であるか非親告罪であるかにかかわらず認められます。

2　復代理人による告訴

　代理人がさらに代理人を選任する場合を復代理といいますが、復代理人選任について合理的理由があり、訴訟手続についての形式的確実性が害されない限り、復代理人による告訴も有効であるとする裁判例があります（東京地判昭48・10・3刑資228・600）。

3　使者による告訴

　告訴権者あるいはその代理人の意思に基づいて作成された告訴状を第三者が捜査機関に届けて差し出したりする行為は、代理とは区別され、使者を利用した告訴ということになります。書面で告訴をする場合は、使者による告訴も可能です。

　しかし、特別の事情がない限り、告訴をするからには、自ら捜査機関に出向いて告訴状を差し出すとともに、補足説明を加えるなどの熱意と努力が望まれるところです。また、そういう姿勢を示すことで、告訴状を郵送して差し出したりするときと違った印象を捜査機関に与え、告訴が受理される機運を招きやすくすることも期待できます。

24　告訴の代理の効果は

Q　代理人が告訴をした場合、告訴権者の権利をどこまで代理するのでしょうか。

A　代理人は、告訴をする旨の意思表示だけでなく、告訴するか否かの意思決定までなし得ます。また、代理の効果は本人に帰属します。

解　説

1　代理できる内容

　代理は、告訴権者が告訴する旨の意思決定をした後、単にその表示を他人に委任すること（表示代理）だけでなく、告訴をするか否かの意思決定まで他人に委任すること（意思代理）を含むと解されています（通説、東京高判昭40・2・19判タ175・156）。

　告訴権は一身専属的性格が濃いとはいえ、意思代理を認めないほど絶対的なものとは言えないこと、事案によっては弁護士などの第三者に告訴の可否の判断を委ねる必要がある場合があること、犯人の側から見ても意思代理を認める弊害が想定できないことなどから、意思代理を肯定するのが一般的です。

2　代理の効果

　代理人によって告訴をした場合、その効果は代理権を授与した本人、すなわち告訴人に帰属します。すなわち、告訴人に認められる一定の法的地位は、代理人にではなく、直接、告訴人本人について生じます。

　例えば、起訴・不起訴の通知（刑訴260）や不起訴理由の告知（同261）を受ける主体は本人であり、付審判請求（同262）や検察審査会への審査申立て（検察審査会法30）をすることができるのも本人です。さらに、刑訴法183条による費用負担をさせられるのも本人です。

25　告発権者とは

Q　告発は誰でもできるのでしょうか。

A　告発は誰でもできます。

解説

1 告発とは

告発とは、告訴権者と犯人とを除く第三者が、捜査機関に対して犯罪事実を申告し、犯人の処罰を求める意思表示のことをいいます。告訴を公訴提起要件とする罪（親告罪）であるか否かを問わず、およそ犯罪があると考えるときは、何人でも告発ができます（刑訴239①）。ただし、告発を公訴提起要件とする罪（告発を訴訟条件とする罪。詳細は『13 告発がなければ処罰できない犯罪とは』参照）については、私人が告発をしたとしても、捜査の端緒を提供する意味しかありません。これらの罪については、告発権限を有する者が法定されており、その該当者のする告発でなければ公訴提起要件（訴訟条件）を満たすことができません。

2 告発権者

告発権は告訴権と同様、自然人ばかりでなく、私法人・公法人はもとより、法人格を有しない社団・財団にも認められます。弁護士会は法人の一事例ですが、弁護士会には人権に関する事件（事案は司法巡査による特別公務員暴行事件）につき告発をし、事件を裁判所の審判に付することを請求する権能があるとした裁判例があります（最決昭36・12・26判タ126・50）。

26 告発義務がある人は

Q 告発する義務がある人とは、どのような人でしょうか。

A 公務員は、その職務を行うことにより犯罪があると思料するときには、告発をしなければなりません。

解説

1 公務員の告発義務

刑訴法239条2項は、「官吏又は公吏は、その職務を行うことにより犯罪があると思料するときは、告発をしなければならない。」と規定しています。

「官吏又は公吏」とは、国家公務員及び地方公務員を指しますが、捜査機関はこれに含まれないと解されています。

この公務員の告発義務の規定については、訓示規定にすぎないとする説もあります

が、通説は強行規定であると解しています。強行規定であると考えた場合、その懈怠は公務員の懲戒事由になると考えられています。

　ただし、告発について公務員に一切裁量の余地がないわけではありません。告発をすることでその公務員の属する行政機関の行政目的が達成できなくなるような場合には、告発をしないことが許される場合もあると解されています。

　また、公務員が告発義務を負うのは「その職務を行うことにより」犯罪があると思料するときであるため、職務と無関係に犯罪があることを知った場合には、告発義務は生じません。ただ、公務員に告発義務を課すことで刑事司法の適正運営を図ろうとした法の趣旨からは、犯罪の発見が職務内容に関係する場合には、「その職務を行うことにより」の範囲に含まれるものとして、告発義務が生じると考えるべきです。

2　告発義務と守秘義務

　公務員が告発することが公務員の守秘義務（国家公務員法100条、地方公務員法34条等）に違反するかが問題となりますが、公務員がその職務の執行上その職務内容に関係のある犯罪行為を発見した場合に告発をすることは刑事訴訟法上の義務ですので、守秘義務違反は成立しないものと考えられています。

27　代理人による告発は

> **Q**　告発権者以外の人が代理で告発することができるでしょうか。

A　告訴は、委任された代理人によってもすることができますが、告発については代理は認められないと考えられています。

解　説

　刑訴法240条は「告訴は、代理人によりこれをすることができる。」とし、委任を受けた代理人が告訴をすることができる旨を定めていますが、告発については代理を認めないとする見解が多数説となっています。刑訴法240条が告発には準用されていないことに加え、告発は誰でもできるため、代理人による告発を認める必要がないことが多数説の主な理由とされています。

　この多数説に対しては、法律の知識を有しない者が告発をする場合には、法律の専門家である弁護士に告発を依頼した方が告発をする者にとって利益になる場合があるとの理由から、少なくとも弁護士を代理人とする告発は有効であるとする見解も主張されています。

実務Q＆A編　第3章　親告罪の告訴期間　　29

第3章　親告罪の告訴期間

28　告訴できる期間は

> **Q** 告訴はいつまででもできるのでしょうか。期間はありますか。

A 告訴できる期間は、親告罪については犯人を知った日から6か月間ですが、非親告罪については期間は定められておりません。

解説

1　親告罪の告訴期間

　刑訴法235条は、「親告罪の告訴は、犯人を知つた日から6箇月を経過したときは、これをすることができない。」と定めています。したがって、親告罪においては、犯人を知った日から6か月経過後の告訴は無効なものとなります（「犯人を知った日」については『29　親告罪における「犯人を知った日」とは』参照）。

　親告罪について告訴期間が定められている理由は、親告罪においては、告訴が訴訟条件（公訴提起要件）となっているため、もし、告訴権を行使できる期間に制限を設けないとしたら、国家刑罰権の発動自体がいつまでも私人である告訴権者の意思に左右される状態に置かれることになります。また、犯人にとってはいつまでも起訴・不起訴の判明しない不安定な状態に置かれることになるため望ましくありません。

　このような理由から、刑事訴訟法は親告罪についての告訴期間を、原則として告訴権者が犯人を知った日から6か月までとしたのです。ただし、名誉毀損罪等において外国の代表者が行う告訴については、例外が定められています（刑訴235ただし書。詳細は『31　親告罪における告訴期間の例外は』参照）。

2　非親告罪の告訴期間

　非親告罪の告訴は、単に捜査の端緒としての意味を有するにすぎず、特に告訴期間を定める理由がなく、その制限はありません。したがって、理論上は、犯人を知った時期のいかんにかかわらず、当該犯罪事実についての公訴時効の完成に至るまでいつでも告訴をすることができます。

　もっとも、公訴時効の完成する間近になって慌てて告訴したとしても、捜査機関側において十分な捜査を遂げて、時効の完成前に公訴を提起するまでに達し得ることは

なかなか望めません。したがって、本当に犯人の処罰を目的とするなら、事件関係者の記憶が鮮明で良く保持されていて、証拠の散逸が進まない、できるだけ早い段階で告訴をすることが望まれるのは当然のことです。

29 親告罪における「犯人を知った日」とは

Q 親告罪における告訴期間は「犯人を知った日から」となっていますが、犯人をどの程度知っていればよいのでしょうか。

A 「犯人を知った」と言えるには、告訴権者が、犯人の住所・氏名等の詳細を知る必要はありませんが、犯人の特定性を明確に認識し、少なくとも犯人と他の者を区別して指摘し得る程度の認識を要すると解されます。

解 説

1 「犯人を知った」の意味

「犯人を知った」と言える認識の程度について、判例は、犯人の住所・氏名等の詳細を知る必要はないが、犯人の何人たるかを特定し得る程度に認識することを要するとしています（最決昭39・11・10判時399・54）。

なお、刑訴法235条の「犯人を知つた」とは、告訴権者が「知った」ことを意味しますので、告訴権者でない第三者が犯人を知った日は関係がありません。

2 実務上の具体例

そこで、実務上はこの判例を手掛かりにすることになりますが、具体的事案において、犯人につきどの程度の認識を持ったときに犯人を特定し得る程度に認識したと見られるかは、やはり問題となります。

未成年者略取罪、名誉毀損罪などにおいて、被害者が、被害時にそれまで面識のなかった犯人の人相・着衣・年齢・体格等につきある程度の認識を持ち、後日犯人の面通しや写真提示によって犯人に間違いがない旨指摘した場合、被害当時犯人の人相・着衣・年齢・体格等について持った認識の程度で既に「犯人を知った」ことになると見るべきか、その程度では知ったことにならないと見るべきかは、個々の事案ごとの特色もあるため断定はできません。犯人の地位よりも被害者の保護にウェイトを置け

ば、その程度では「犯人を知った」とはいえないと考えるのが、前記最高裁決定の趣旨に添うといえます。ただし、同決定後も、強姦事案につき、上記の程度の認識があれば、既に被害の当時、他の者と識別できる程度に犯人の認識があったとした判決（名古屋地判昭52・11・24判時890・125）があることに留意する必要があります。

30　継続的犯罪の場合の「犯人を知った日」とは

Q　犯罪が継続している場合は、いつが「犯人を知った日」となるのでしょうか。

A　犯罪が継続している場合における「犯人を知った日」とは、当該犯罪の終了後の日であって、告訴権者が、誰が犯人かを知った日を指します。

解　説

「犯人を知った日」とは、当該犯罪の終了後の日であって、告訴権者が、誰が犯人かを知った日であるとされています。「犯人を知った日」が告訴期間の起算日とされている理由は、親告罪の告訴は犯人との関係等の事情を考慮して決定されるものであるため、犯人が誰であるかは、被害者が告訴をするか否かを決定するに当たり特に重要な意味も持つためです。

継続犯の場合、犯罪の継続中に犯人を知ったとしても、犯罪行為の終了した時点から告訴期間が進行することとなります。犯罪の継続中に犯人を知った日が告訴期間の起算日となるわけではありません（最決昭45・12・17判時619・91参照）。

この点に関しては、インターネット上の名誉毀損罪について、名誉を毀損する記事が削除されないまま閲覧可能な状態にあれば、被害発生の抽象的危険が維持されているため、この間に告訴権者が犯人を知ったとしても、その日をもって告訴期間の起算日とされることはない、とした裁判例があります（大阪高判平16・4・22判タ1169・316）。

また、包括一罪の場合には、そのうちの最終犯罪行為の終了後で、犯人を知った日が起算日となります。

31 親告罪における告訴期間の例外は

Q 親告罪の告訴期間である「犯人を知った日から6か月間」には、例外がありますか。

A 親告罪の告訴期間の例外としては、「一定の犯罪について外国の代表者又は外国の使節が行う告訴」があります。

解 説

1 親告罪についての告訴期間の例外

親告罪の告訴期間は「犯人を知った日から6か月間」とするのが原則ですが、一定の犯罪について外国の代表者又は外国の使節が行う告訴において例外が定められています。

2 一定の犯罪について外国の代表者又は外国の使節が行う告訴

外国の君主・大統領又は外国の使節に対する名誉毀損罪・侮辱罪（刑230・231）につき外国の代表者（刑232②）又は外国の使節が行う告訴の場合、告訴期間の制限はありません（刑訴235ただし書）。したがって、公訴時効が完成するまで告訴ができることになりますが、これは外交関係を考慮した特例です。

32 告訴期間の計算方法は

Q 告訴期間の計算方法はどうなるのでしょうか。

A 告訴期間の計算については、刑訴法上、初日は参入せず、月数は暦によって計算するものとされています。

解 説

告訴期間の計算については、刑訴法55条の規定が適用されます。したがって、初日不算入の原則により、犯罪行為終了の日の翌日から起算し（刑訴55①本文）、期間の末日が日曜日・祝日等の休日に当たれば、その翌日が末日とみなされることになります（刑

訴55③）。月数は暦によって計算します（刑訴55②）。

　これに対して、公訴時効の期間の計算は、被告人の利益のために1日未満の日も初日に算入し（刑訴55①但書）、末日が休日に当たる場合でも、その日をもって期間は満了します（刑訴55③ただし書）。このように時効期間の計算方法は告訴期間のそれとは異なります。

33　複数の告訴権者がいる場合の告訴期間は

Q　告訴権者が複数いる場合には、告訴期間はどうなるのでしょうか。

A　告訴をすることができる者が複数ある場合、各告訴権者ごとに告訴期間が計算され、1人の告訴期間の経過は、他の告訴権者に効力を及ぼしません。

解　説

　告訴権者が複数いる場合とは、被害者が複数いる場合が典型的な例ですが、被害者と法定代理人が告訴権者となる場合もあります（刑訴230〜234参照）。この場合について、刑訴法236条は、「告訴をすることができる者が数人ある場合には、1人の期間の徒過は、他の者に対しその効力を及ぼさない。」とし、告訴期間は各告訴権者ごとに計算し、1人の告訴期間が経過しても他の告訴権者には効力を及ぼさないとしています。

　なお、判例においては、被害者とその法定代理人又はこれに代わる親族（刑訴232）とが重複して告訴権者である場合に、それぞれが犯人を知った日が異なるときには、各自が犯人を知った日がそれぞれの告訴期間の起算点となるとされています（大判昭8・7・20大刑集12・1367。なお、最決昭28・5・29判タ31・71）。

34　実務Q＆A編　第3章　親告罪の告訴期間

34　告発できる期間は

Q 告発はいつでもできるのでしょうか。期間はありますか。

A 告発には期間の制限はなく、公訴時効が完成するまで、いつでもすることができます。

解　説

　告発は、それが訴訟条件（公訴提起要件）となっている場合であるか否かを問わず、告発期間の制限がないので、非親告罪の告訴における場合と同様、公訴時効が完成するまで、いつでもすることができます。

　告発が訴訟条件（公訴提起要件）とされている罪にあっては、告発は、親告罪における告訴と同様の意味を持ちますから、期間の制限規定を置くことも考えられますが、現行の法律はそのような規定を置いていません。告発が訴訟条件となっている犯罪の特殊性や、この場合の告発権者が単なる私人ではなく国家機関又はこれに準ずる機関に属するものであるため、その適正な運用を期待し得ることなどから、期間の制限を置かなかったものと考えられます。

第4章　告訴・告発の手続

35　告訴・告発の方法は

Q　告訴や告発はどのように行うのでしょうか。口頭でもよいのでしょうか。

A　告訴・告発は口頭で行うことは可能です。しかし、告訴状・告発状という書面を提出して行うのが通常です。

解　説

1　口頭による告訴・告発

告訴・告発は、書面又は口頭で行わなければならないと規定されています（刑訴241①）。したがって、告訴・告発は口頭によることでもできます。

口頭による告訴・告発の場合、これを受けた検察官又は司法警察員は、告訴調書又は告発調書を作成しなければなりません（刑訴241②）。告訴調書・告発調書は、告訴・告発の存在及びその内容を明確にするために、その作成が義務付けられているのです。

2　告訴状・告発状による告訴・告発

しかし、通常、告訴・告発は、告訴状・告発状という書面を作成し、これを検察官又は司法警察員に提出して行います。

告訴・告発事実を特定し、告訴・告発の意思を明確にするとともに、告訴・告発の手続を行ったことを明確にするためには、告訴状・告発状による方法が望ましいものです。また、間違いを避けるためにも、書面による方法が好ましいと言えます。

告訴状・告発状には、どのような内容を書けばよいのか、その書き方や告訴状・告発状の書式は、**文例編**を参照してください。

また、作成した告訴状・告発状は、検察官又は司法警察員に提出して告訴・告発を行います。告訴状・告発状の提出先等については、『40　告訴・告発の受理機関は』及び『41　告訴状・告発状の提出先の選択は』を参照してください。

36　事前相談とは

> **Q**　告訴や告発をする前に、相談する機関はあるのでしょうか。

A　捜査機関は、告訴・告発をしようとする者に対して、事前の相談を受け付けています。

解　説

1　事前相談とは

　告訴・告発は通常、告訴状・告発状を検察官又は司法警察員に対して提出して行います。ただ、実際には、いきなり告訴状・告発状を検察官又は司法警察員に提出するのではなく、事前に告訴・告発の相談をしていることが多いと思われます。

　捜査機関は、告訴・告発をしようとする者に対して、受理前に、告訴・告発の内容について事前の相談を受け付けています。例えば、警視庁は本部に告訴・告発の相談専門の窓口を設けています。

　したがって、告訴・告発を行う場合は、その相談窓口と打合せをして告訴状・告発状の内容を検討し、告訴事実の不十分な部分をチェックします。また、収集すべき証拠について示唆を受けることで、それに従い証拠を収集して提出することが可能となります。

　効率的な準備と円滑な告訴・告発の受理を実現するためには、事前相談を活用することが有効だと思われます。

2　事前相談のデメリット

　ただ、事前相談を行う場合は、事前相談で長い時間を費やして告訴・告発のタイミングを逸したり、場合によっては告訴期間を徒過したり、公訴時効にかかることがあるので、これらの期間については十分注意すべきです。

　また、捜査機関が告訴状・告発状を預かった場合は、いまだ事前相談の状態のままのため、正式受理を求める必要があります。この点については、『45　告訴状・告発状の預かりとは』を参照してください。

実務Q＆A編　第4章　告訴・告発の手続　　　37

37　メール等による告訴・告発は

Q 電話やメール等を使って告訴や告発をしてもよいのでしょうか。その場合、どのような手続をすればよいのでしょうか。

A 電話による告訴・告発は無効と考えられます。メール・電報・ファックスによる告訴・告発は、有効とする考えと無効とする考えとがあります。なお、告訴状・告発状を郵送するのは、有効な告訴・告発と考えられます。

解　説

1　電話による告訴・告発

　電話による告訴・告発は無効と考えられます（東京高判昭35・2・11判時217・4）。なぜなら、口頭による告訴・告発は、検察官又は司法警察員の面前で直接行うことが当然の前提となっていると考えられるからです。検察官又は司法警察員により、直接、告訴人・告発人から告訴・告発の意思を確認した上で、告訴調書・告発調書を作成することが予定されているのです（刑訴241②）。また、電話では手続が明確にできないこと、さらに、必ずしも本人であることの確認が十分にできないことも無効の理由として指摘されています。

2　メール・ファックス・電報による告訴・告発

　メール・ファックス・電報による告訴・告発は、有効であるとする考えと、無効であるとする考えがあります。

　メール・ファックス・電報による告訴・告発のいずれについても、刑訴規則60条が作成者の署名押印を要求していることから、署名押印がないことを理由として無効とする考えがあります。また、電話以上に告訴意思・告発意思の確認が困難であるとの指摘もあります。

　これに対して、メール・ファックス・電報による告訴・告発であっても、いずれも書面によるものであることから、手続の明確性が害されることはないため、有効であるとの考えもあります。

3　告訴状・告発状の郵送による告訴・告発

　告訴状・告発状を郵送することによって告訴・告発を行うことは可能です。書面に

よる告訴・告発であり、その書面を持参するのか郵送するのかの差にすぎないからです。

　しかし、告訴状・告発状を郵送してきた場合には、発送してきた告訴人・告発人に対して、出頭を求めている例が多いと思われます。捜査機関としては、直接、告訴人・告発人と面接して告訴意思・告発意思を確認したり、犯罪事実の特定等について確認しているのです。

　そして、この捜査機関からの出頭要請に応じなかった場合には、実務的には、告訴等の要件が備わっているか否かが不明であるとして、この告訴・告発を不受理として扱われることがあると思われます。

38　告訴・告発の手数料は

> **Q**　告訴や告発を行う場合、手数料は必要でしょうか。

A　告訴・告発を行う場合、手数料はかかりません。

解　説

1　告訴・告発の手数料

　告訴・告発を行う場合、手数料はかかりません。捜査機関に対して手数料を納付する必要はありませんし、告訴状・告発状に収入印紙等を貼る必要もありません。

2　弁護士費用など

　しかし、弁護士に依頼して告訴・告発を行った場合や司法書士や行政書士等（以下「司法書士等」といいます。）に告訴状・告発状を作成してもらった場合には、弁護士や司法書士等に対する報酬を支払う必要があります。その費用は、告訴人・告発人と弁護士・司法書士等との間の委任契約によって決まります。

3　注意点

　告訴・告発を行うのに費用がかからないからといって、他人とのトラブルを何でも告訴・告発するという態度は問題があります。場合によっては、虚偽告訴等罪（刑172）

実務Q&A編　第4章　告訴・告発の手続

として処罰の対象にもなりかねません。

告訴・告発をする際には、できるだけ証拠物や陳述書等の証拠を収集し、調査を尽くした上で、法的な検討を加える必要があります。そして、捜査機関において捜査の意欲を起こさせるよう、事実を特定した上で証拠を示す必要があります。そのためには、ある程度調査等の経費や弁護士費用等がかかるのはやむを得ないと考えるべきでしょう。

39　書面による告訴・告発のしかたは

Q 書面によって告訴や告発をする場合、どのような手続をすべきでしょうか。

A 告訴状・告発状を作成し、それを捜査機関に提出して行います。

解　説

1　告訴状・告発状の作成

告訴・告発は、口頭や電報という方法でも行うことができますが（詳細は『35　告訴・告発の方法は』参照）、通常、告訴状・告発状という書面を作成して、捜査機関に提出して行います。告訴・告発事実を特定し、告訴・告発の意思を明確にするとともに、告訴・告発の手続を行ったことを明確にするためには、告訴状・告発状による方法が望ましいものです。また、間違いを避けるためにも、書面による方法が好ましいといえます。

告訴状・告発状にはどのような内容を書けばよいのか、その書き方や告訴状・告発状の書式については**文例編**を参照してください。

2　告訴状・告発状の提出

作成した告訴状・告発状は、捜査機関に提出します。告訴状・告発状の提出先等については『40　告訴・告発の受理機関は』及び『41　告訴状・告発状の提出先の選択は』を参照してください。

なお、告訴状・告発状を提出しても、場合によっては口頭による告訴・告発の場合

と同様に、告訴調書・告発調書が作成されることがあります。犯罪捜査規範65条は、「書面による告訴または告発を受けた場合においても、その趣旨が不明であるときまたは本人の意思に適合しないと認められるときは、本人から補充の書面を差し出させ、またはその供述を求めて参考人供述調書（補充調書）を作成しなければならない。」と定めています。

40　告訴・告発の受理機関は

Q　書面で作成した告訴状等はどこに提出すればよいのでしょうか。

A　告訴状・告発状は、犯罪地又は被告訴人・被告発人の現在地を管轄する検察庁の検察官や警察署の司法警察員に提出するのが通常です。

解　説

1　告訴・告発の受理機関

　刑訴法241条1項は、「告訴又は告発は、書面又は口頭で検察官又は司法警察員にこれをしなければならない。」と定めています。

　検察官とは、検事又は副検事のことであり、司法警察員は、通常、巡査部長以上の階級の警察官のことです。検察官は検察庁に、司法警察員は警察署に通常は所属しています。

　検察事務官や司法巡査には告訴・告発を受理する権限がありませんので、これらの者に対して告訴・告発を行っても、有効な告訴・告発とはなりません。

　ただ、事実上、告訴・告発の当初の段階では、受理権限のない検察事務官や司法巡査が告訴状・告発状を受け取って対応する場合がありますが、この場合は、検察官又は司法警察員に取り次がれた時点で有効な告訴・告発の効力が生じることになります。親告罪につき、告訴期間が徒過する間際に告訴する場合には、検察庁や警察のどの立場にある者が対応しているのかについて注意する必要があります。

2　告訴・告発の受理につき限定はない

　法律上、告訴・告発をする検察官又は司法警察員については、原則として何らの限定もありません。したがって、理論的には、日本全国のどの場所の検察庁の検察官や警察署の司法警察員に対しても告訴・告発ができることになります。

実務Q＆A編　第4章　告訴・告発の手続　　41

ただし、独占禁止法96条の告発は公正取引委員会が検事総長に対して行わなければならず（同法74①）、関税法148条1項の告発は税関長が検察官に対して行わなければならない（同法145・146）とされています。また、金融商品取引法違反の犯罪については、証券取引等監視委員会が捜査機関に対して告発しなければならない（金商226）とされています。

3　どの地の検察官・司法警察員に告訴・告発すべきか

告訴・告発は、通常、犯罪地又は被告訴人・被告発人の現在地を管轄する検察庁の検察官や警察署の司法警察員に対して行うべきです。

なぜなら、告訴・告発を受理した捜査機関としては、効率的・合理的に犯罪捜査を行って事件処理をする必要があるからです。仮に捜査・事件処理につき不適当な場所の検察官や司法警察員に告訴・告発をしたところで、捜査・事件処理に適した場所の捜査機関に移送（捜査記録や証拠品も搬送する）される可能性が高く、結局、時間的にロスが生じると思われます。

なお、犯罪地と被告訴人・被告発人の現在地のいずれにすべきかについては、告訴人・告発人にとって都合のよい土地を管轄する検察庁の検察官又は警察署の司法警察員にすればよいでしょう。ただ、通常、犯罪捜査は被告訴人・被告発人側を取り調べるより、告訴人・告発人その他の参考人の取調べを先行して行う場合が多いことから、主要参考人の居住地を考慮することも必要でしょう。場合によっては、主要参考人の居住地を管轄する場所を告訴・告発の受理機関とすることもあると思われます。

いずれにせよ、告訴・告発が受理された後も、告訴人・告発人は、供述調書の作成やその他の証拠の提出など捜査への協力を求められるのが通常ですから、たびたび、告訴・告発を受理した検察庁や警察署に出向く必要があると思われます。この点も考慮して告訴・告発する場所を判断すべきでしょう。

41　告訴状・告発状の提出先の選択は

Q　告訴状等の提出先は検察官と司法警察員のどちらにした方がよいでしょうか。

A　告訴状等の提出先は、検察官でも司法警察員でも、告訴人・告発人において自由に決めることができます。ただ、一定の事件については、検

察官に対して告訴した方がよいと考えられています。

解　説

1　法律の定めはない

　法律上、告訴・告発の提出先については何らの定めもないことから、告訴・告発を行う相手方を検察官とするのか司法警察員とするのかは、告訴人・告発人において自由に決めることができます。

　なお、『40　告訴・告発の受理機関は』で説明したように、独占禁止法96条の告発は公正取引委員会が検事総長に対して（同法74①）、関税法148条1項の告発は税関長が検察官に対して（同法145・146）行わなければならないとされています。また、金融商品取引法違反の犯罪については、証券取引等監視委員会が捜査機関に対して告発しなければならない（金商226）とされています。

2　司法警察員への告訴・告発

　告訴・告発の提出先を検察官と司法警察員のいずれにすべきかを考えるには、検察庁と警察の捜査能力の特徴を考えればよいと思われます。

　警察は、大量の人員が組織的に配置されている上、機器や車両等の装備も充実しており、科学的な研究機関も整っているなど、決して捜査能力が見劣りしている訳ではありません。また、第一次捜査機関として犯罪捜査を行っており、特に機動性や迅速性は検察官における捜査より優位にあると思われます。

　したがって、原則としては、司法警察員に対して告訴・告発を行う方がよいと思われます。特に、全国的に多数の関係者を取り調べる必要がある大規模な詐欺事件、公害事件や大規模な鉄道・航空機事故のような科学的捜査が必要な事件は、警察が捜査する方が適していると思われます。

　司法警察員に対して告訴・告発を行っても、司法警察員と検察官とは捜査に関し互いに協力しなければならない（刑訴192）ことから、実際の犯罪捜査においては、事件の性質・軽重・複雑さや法律上の問題点の有無等によって、警察と検察は必要に応じて協議を行っており、事案によっては、事件を検察官に送致する以前から、警察が検察に対し指揮・指示を求めて捜査を遂行することもあります。

　なお、司法警察員に対して告訴・告発する場合でも、事件の規模・事案の複雑さ・関係者の人数その他の事情を考慮して、所轄の警察署ではなく県警本部（あるいは警視庁）の司法警察員に対して告訴・告発を行うこともあります。

実務Q＆A編　第4章　告訴・告発の手続

3　検察官への告訴

これに対して検察官は、司法試験に合格した法律の専門家であり、職務の独立性を確保するため裁判官に準じた強い身分保障が認められています。したがって、政財界・官界絡みの贈収賄事件、専門的知識や法的知識が必要な金融商品取引法違反事件、脱税事件、商法の特別背任事件等は、検察官が捜査する方が適していると言えます。また、警察官らの違法行為を問題とする事件や事件関係者の中に警察官がいるような事案は、警察ではなく検察官において捜査することが適切でしょう。

42　捜査機関の告訴・告発の受理義務とは

> **Q** 告訴状等は捜査機関で必ず受理してもらえるのでしょうか。また、受理してもらえない場合は訴えることはできますか。

A　捜査機関は告訴・告発の受理義務があると考えられるため、正当な理由がないにもかかわらず告訴・告発の受理を拒否することはできません。受理しなかった場合は、極力正式に受理することを求める必要があります。ただ、受理しなかったことを理由として訴えることはできないと思われます。

解　説

1　告訴・告発の受理義務

告訴状や告発状を提出したものの、警察や検察庁で受理してもらえなかったということは、しばしばあるのが現状です。

しかし、法律上、捜査機関に告訴・告発の受理を拒否する権限はないと考えられます。

告訴・告発は刑訴法上、国民の権利として認められています。また、刑訴法は一定の者に告訴権を付与しているとともに（刑訴230〜234）、告訴人・告発人に対しては事件処理の通知を行わなければならず（刑訴260）、告訴人・告発人からの請求があれば不起訴理由の告知をしなければならない（刑訴261）と規定しており、このほか、検察審査会に対する審査申立権（検察審査会法30）や付審判請求権（刑訴262）が認められています。

このような法の趣旨からして、検察官や司法警察員は告訴・告発を受理する義務が

あり、受理を拒否することはできないと考えられます。犯罪捜査規範63条1項は、「司法警察員たる警察官は、告訴、告発または自首をする者があつたときは、管轄区域内の事件であるかどうかを問わず、この節に定めるところにより、これを受理しなければならない。」と定めており、告訴・告発の受理義務を前提としています。

2　受理を拒否する正当な理由がある場合

しかし、犯罪の成立しないことが明らかな場合、既に時効が完成している場合、告訴期間が徒過していることが明らかな場合などは、告訴・告発の受理を拒否する正当な理由があると考えられます。

また、告訴状・告発状の記載された趣旨や内容が不明瞭な場合や犯罪事実が特定されていない場合も同様に、告訴・告発の受理を拒否する正当な理由があると考えられます。

さらに、告訴権者（刑訴230〜234）であるか否かが不明な場合にも、受理を拒否する正当な理由があると言えるでしょう。

3　民事事件と告訴・告発

一応刑事事件としての告訴・告発の形式を整えているものの、実質は債権回収等の民事上の問題の解決を図ろうとしていることが強く窺える場合があります。警察も検察庁も一定の人的・物的限界がある中で犯罪捜査を行っているのですから、民事事件の解決のために、刑事事件を利用しようとして告訴・告発したことが窺える事案について、必ずしも積極的に捜査しないことは理解できなくはないと思われます。

ただ、警察においては「民事不介入」を理由として、民事事件に絡んだ刑事事件の告訴・告発を受理しないことがしばしばありますが、適切な対応とは思えません。暴力団の民事介入事案も社会問題となっており、民事問題と刑事問題が重なる事案も多数存在していることから、このような事案についても刑事事件として適切な対応が望まれるところです。

4　告訴・告発の受理拒否に対する対応

検察官や司法警察員が、受理を拒否する正当な理由がないにもかかわらず、告訴・告発の受理を拒否したことを理由として、公務員職権濫用罪（刑193）で告訴することができるでしょうか。

公務員職権濫用罪は「権利の行使を妨害した」ことが要件ですが、告訴・告発の不

受理自体が権利行使の妨害には該当しないと考えられることから、同罪は成立しないと考えられています。

また、正当な理由がないのに告訴・告発を受理しなかったことを理由として国家賠償を認めた事案は、現在までないと思われます。

なお、検察官や司法警察員が、正当な理由がないにもかかわらず告訴・告発の受理を拒否した場合の実務的な対応については、『45　告訴状・告発状の預かりとは』を参照してください。

43　告訴・告発の受理証明書とは

　捜査機関に告訴状等を提出したときに、その受理を証明する文書を交付してもらうよう請求することはできるのでしょうか。

　現在、告訴・告発の受理証明書という制度はありません。

解　説

1　告訴・告発の受理証明書

法律上、告訴・告発を受理した場合に、検察官又は司法警察員が告訴人・告発人に対し告訴・告発受理証明書を交付する義務はありません。告訴人・告発人が告訴・告発受理証明書の交付を請求する権利もありません。

2　告訴・告発の受理証明書が存在しない理由

告訴・告発は捜査の端緒にすぎず、告訴・告発が受理されたからといっても、犯罪事実の嫌疑の有無や立件される可能性はいまだに不明な状況にあります。したがって、このような段階で捜査機関が受理証明書を交付すれば、かえって関係者に対して何らかの嫌疑が存在するかのような誤解や予断を与えて、紛争が紛糾する可能性もあると思われます。さらに、受理証明書が民事紛争を有利に運ぶために、被告訴人に対して圧力を加えるために悪用される可能性も高いと考えられます。

なお、手形・小切手が不渡りとなる場合、銀行取引停止処分を免れるためには、支払銀行から手形交換者に対して異議申立てを行った上、手形・小切手金額に相当する

異議申立提供金を提供しなければなりませんが、不渡事由が偽造又は変造である場合は、異議申立提供金の免除の請求ができるとされています。そのため、手形・小切手の偽造・変造についての告訴受理証明書の交付が請求される場合が多いと言われています。ただ、この場合でも、告訴受理証明書が交付されたことはないと思われます。

44　告訴調書・告発調書とは

Q　口頭による告訴等を受けた場合に捜査機関が作成する告訴調書等はどういうものですか。また、この調書が作成されなければ、その告訴等は無効となるのでしょうか。

A　告訴調書・告発調書は、告訴・告発の存在及びその内容を明確にするために作成されるものです。ただ、告訴調書・告発調書が作成されなかったとしても、告訴・告発が無効になるとは考えられていません。

解　説

1　告訴調書・告発調書とは

検察官又は司法警察員が口頭による告訴・告発を受けた場合には、調書を作成しなければならないと規定されています（刑訴241②、犯罪捜査規範64①）。この調書は、告訴調書・告発調書という表題で作成されるのが一般的です。告訴調書・告発調書は、告訴・告発の存在及びその内容を明確にするために、その作成が義務付けられています。ただ、告訴調書・告発調書は、表題が告訴調書・告発調書となっていなくても、実質的に犯罪事実を特定し、告訴意思・告発意思が録取されていればよいと考えられます。

2　告訴調書・告発調書が作成されなかった場合

告訴調書・告発調書は、告訴・告発の存在及びその内容についての重要な証拠となります。

しかし、口頭による告訴・告発が受理されたものの、捜査機関において何らかの事情によって告訴調書・告発調書が作成されなかった場合でも、告訴・告発は無効になることはないと考えられています（名古屋地判昭52・11・24判時890・125）。なぜなら、実質的に告訴・告発がなされているのに、捜査機関において調書を作成しなかったという

実務Q&A編　第4章　告訴・告発の手続　　47

手続的なミスによって告訴・告発自体の効力を失わせることは、告訴人・告発人の利益保護の観点から適切ではないと考えられるからです。

45　告訴状・告発状の預かりとは

Q　告訴状等を捜査機関に提出したところ、「とりあえず預かっておきます」と言われた場合はどうなるのでしょうか。

A　この場合は、告訴・告発を正式に受理したことにはなっていません。極力正式に受理することを求める必要があります。

解　説

1　告訴状等の預かりの現状

法律上、捜査機関には、告訴・告発の受理を拒否する権限はないと考えられます（詳細は『42　捜査機関の告訴・告発の受理義務とは』参照）。しかし、告訴状や告発状を提出したものの、警察や検察庁で受理してもらえなかったということは、しばしばあるのが現状です。

検察官や司法警察員に告訴状や告発状を提出したところ、受理を拒否する正当な理由がないにもかかわらず、「とりあえず預かっておきます」などということで、すぐには告訴状・告発状を正式には受理しないで保留することが頻発しているのが現状と言ってよいでしょう。また、いったん提出した告訴状・告発状の写しのみを検討用として受け取り、原本を提出者に返却する、という取扱いもしばしばあります。

このような場合は、告訴・告発が正式に受理されたということにはなりません。

2　告訴状等の預かりに対する対応

検察官や司法警察員が、受理を拒否する正当な理由がないにもかかわらず、告訴・告発の受理を拒否したり、正式の受理を回避ないし遅延することは、刑訴法の趣旨からして許されるものではないと考えられます。検察官や司法警察員が告訴状等を預かっているだけの状態は、事前相談（詳細は『36　事前相談とは』参照）を行っているにすぎない状況ということになります。

したがって、極力正式に受理することを求める必要があり、不当な正式受理の拒否

に対しては、毅然とした対応を取る必要があると思われます。

　しかしながら、捜査機関が告訴・告発を受理したとしても、捜査機関が熱意をもって本気で捜査を行わなければ、証拠が十分収集されることは期待できず、結局、犯罪として立件されなかったり、立件されたとしても不起訴処分で終わったりして、告訴・告発した目的が達成されないことになってしまいます。また、捜査機関が告訴状等の預かりという対応をする場合は、捜査機関が多忙であるなどの捜査の実情がある場合も多く、告訴・告発をする側としても、一定の配慮をせざるを得ない状況もなくはないと思われます。

　したがって、証拠資料を追加して提出したり、告訴状・告発状の補充書を提出するなどして積極的に捜査機関と接触し、告訴・告発の意図が真摯であることを示し、速やかに正式受理をすることを促すと同時に、適正な捜査を督励する努力が必要となると思われます。

46　条件を付けた告訴・告発は

　告訴や告発をする場合に条件や期限を付けることはできるでしょうか。

　告訴・告発に条件や期限を付けることはできません。

解　説

1　条件や期限とは

　条件とは、法律行為の発生・消滅を将来発生するか否かが不確定な事実にかからせるものです。条件には、条件の成就により法律行為の効力が発生する停止条件と、条件の成就により法律行為の効力が消滅する解除条件があります。「合格したら告訴する」という場合の「合格したら」という条件は停止条件であり、「告訴するが、落第したら告訴しない」という場合の「落第したら」という条件は解除条件です。

　期限とは、法律行為の発生・消滅を将来発生することの確実な事実にかからせるものです。期限には、いつ到来するか確実な確定期限と、いつ到来するか不明な不確定期限とがあります。「○月○日に告訴する」という場合の日付は確定期限であり、「○

○が死亡したら告訴する」という場合の「○○の死亡」は不確定期限です。

条件と期限は、法律行為の付款と呼ばれています。

2　条件・期限付き告訴・告発は許されない

告訴・告発は、告訴権者・告発権者が捜査機関に対してある特定の犯罪が行われた事実を申告し、その犯人の処罰を求める意思表示であり、親告罪の場合は訴訟条件となり、非親告罪の場合でも捜査の端緒となります。したがって、告訴・告発は訴訟行為に準じて考えるべきものです。

訴訟行為は、原則として条件や期限を付けることができません。なぜなら、条件の成就や期限の到来の有無によって訴訟行為の効力に影響があるとすれば、その訴訟行為の効果が不安定なものとなり、また、手続が迅速に行われることを阻害することにもなるからです。

したがって、告訴・告発に条件や期限が付されていた場合は、捜査機関より、告訴状・告発状を受理する前に、条件や期限を削除するよう補正を求められると思われます。

3　条件・期限付きの告訴・告発の効力

条件や期限付きの告訴・告発が行われた場合、告訴・告発自体が違法となり無効となると考えるべきではなく、条件や期限が付されていない告訴・告発として有効な告訴・告発として取り扱われるべきです。なぜなら、告訴人・告発人の告訴・告発の意思が明らかであれば、告訴・告発として、何ら効力として欠けるところがないからです。

ただ、付された条件や期限の内容によって、告訴人・告発人の告訴・告発の意思がないと認められるような場合には、その告訴・告発自体が無効となると思われます。

47 代理で告訴・告発する場合の手続は

Q 被害者に代わって告訴や告発する場合は、どのような手続をすべきでしょうか。

A 告訴権者・告発権者から告訴・告発の代理権の授与を受ける必要があります。代理権授与の事実を証明するためには、告訴権者・告発権者から代理権を授与する旨が記載された委任状の交付を受けておくべきです。

解　説

1　告訴の代理

告訴は、親告罪か非親告罪かを問わず、代理人によってもすることができます（刑訴240）。

告訴・告発の代理人となるには、告訴権者・告発権者から代理権の授与を受ける必要があります。

なお、代理人による告訴については、『23　代理人による告訴は』を参照してください。

2　代理権授与の証明

代理権授与の事実は、通常、代理権を授与する旨が記載された委任状によって証明しています。ただ、理論的には代理権授与の事実が実質的に証明されれば足り、委任状の添付などは必ずしも必要でないとしています（最判昭35・8・19刑集14・10・1407）。

しかし、代理権を授与された事実を明らかにし、それを証明するためには、告訴権者から委任状の交付を受けておくべきです。

犯罪捜査規範66条によれば、代理人から告訴を受ける場合には委任状を差し出させなければならないと規定しており、司法警察員に対して告訴をする場合には、委任状を提出する必要があります。また、検察官に対して告訴する場合にも、代理権授与の事実を証明することを求められて、委任状の提出を求められると思われます。

実務Q＆A編　第4章　告訴・告発の手続　　51

48　代理権限授与の委任状の記載内容は

Q　被害者に代わって告訴や告発をする場合の委任状には、何を記載すればよいのでしょうか。

A　下記の告訴代理権授与の委任状例の記載例のように記載すればよいでしょう。

解　説

告訴代理権授与の委任状例は次のとおりです。

【告訴代理権授与の委任状例】

委　任　状【注6】

令和○年○月○日【注1】

A県B市C町○丁目○番○号

告訴人　甲　山　一　郎　㊞

【注2】

私は、

A県D市E町○丁目○番○号○○ビル5階

○○法律事務所

弁護士　○　○　○　○【注3】

（電話　○○○－○○○－○○○○）

を代理人と定め、下記の事項を委任します。

記

1　A県F市G町○丁目○番○号居住の乙川二郎【注4】を○○罪で告訴する件【注5】

【注1】　委任状の作成年月日は、実際に代理権授与があった日と合致するよう記載すべきです。

ただ、委任状の作成年月日と告訴状・告発状の作成年月日の前後関係には注意すべきです。例えば、告訴人・告発人から依頼を受けて代理人が告訴状・告発状を作成し、その時点で告訴状に日付を記載し、その後代理権授与の委任状が欠けていることに気がついて、急遽告訴人・告発人から委任状の交付を受けたような場合には、委任状の作成年月日が告訴状の作成年月日より後となることがあり得ます。

もっとも、告訴状・告発状の作成日を告訴状・告発状を捜査機関に提出する日と一致するように記載すれば、このような形式上の単純ミスを防ぐことができるでしょう。

【注2】 告訴人・告発人が法人や法人格のない社団・財団の場合には、次のように記載します。

・法人の場合

（本店所在地）東京都Ａ区Ｂ○丁目○番○号

告訴人　○○○○株式会社

代表者代表取締役　甲　山　一　郎　印

・法人格のない社団・財団の場合

（事務所所在地）東京都Ａ区Ｂ○丁目○番○号

告訴人　○○大学同窓会

代表者会長　甲　山　一　郎　印

【注3】 告訴・告発の代理権を授与する相手方の住所・氏名を記載します。弁護士・司法書士等の資格を有している者を代理人とする場合には、その資格を肩書きとして記載すればよいでしょう。なお、特別の資格がなくても代理人となることができますので、そのような場合には、単にその人の住所・氏名を記載するだけで足ります。

【注4】 犯人が不明な場合や、被告訴人の住所・氏名を特定できない場合は、次のように記載すればよいでしょう。

「令和○年○月○日甲山一郎が氏名不詳者から加えられた傷害事件につき告訴する件」

【注5】 「告訴する件」、「告訴する権限」、「告訴する一切の件」などいずれの表示でもよいでしょう。

ただ、このような記載では、告訴の取消しについてまで代理権を授与したことにはなりません。捜査の進展状況によって将来告訴を取り消すことも考慮しておく場合には、告訴の代理権のみならず告訴取消しの代理権の授与を受けておけばよいでしょう。このような場合の委任事項は、「告訴する件及び告訴の取消しの件」などと記載すればよいでしょう。

【注6】 委任状や委任に関する契約書は、印紙税の課税が廃止されています。したがって、告訴・告発やその他の各種の訴訟関係の事務に関する委任状や委任に関する契約書には、収入印紙を貼り付けたり、これに消印する必要はありません。

第5章　告訴・告発の効力

49　告訴・告発が無効になる場合とは

Q 告訴や告発が無効とされるのはどのような場合ですか。また、告訴や告発の取消しを無効にすることはできますか。

A 告訴・告発の意思表示に重大な瑕疵が認められれば、告訴・告発行為は当初から無効となります。告訴・告発の取消しの場合も同様です。

解　説

1　告訴・告発の無効

告訴・告発の意思表示に瑕疵がある場合でも、告訴・告発が無効となることはありません。また、告訴・告発の意思表示に瑕疵がある場合、講学上の取消しができるか、すなわち、当初に遡って告訴の効力を消滅させることができるかについては、これを認めると手続の安定性を大きく害することになるので、認められないと考えられています。

例えば、詐欺又は脅迫によって告訴・告発を行ったとしても、告訴・告発の意思表示に瑕疵があったにすぎないため、告訴・告発行為は無効にはなりませんし、講学上の取消しをすることもできません。したがって、詐欺又は脅迫によって告訴・告発を行っても、有効な告訴・告発として取り扱われます。その後は、告訴・告発の取消し（講学上の撤回）を行うしか方法がありません。

ただし、告訴・告発の意思表示に重大な瑕疵がある場合は、告訴・告発行為は当初から無効と考えられます。例えば、意思を制圧されて無理やり告訴させられたような場合には、その告訴・告発は無効となります。

2　告訴・告発の取消しの無効

告訴・告発の取消しについても、告訴・告発の場合と同様です。

告訴・告発の取消しの意思表示に瑕疵があっても、告訴・告発の取消しの意思表示が無効にはなりませんし、講学上の取消しを行うこともできません。

しかし、被告訴人や被告発人によって意思を制圧されて無理やり告訴・告発の取消しをさせられたような、告訴・告発の取消しの意思表示に重大な瑕疵が認められる場合には、その取消し行為は無効となります。

実務Q＆A編　第5章　告訴・告発の効力

ただ、告訴・告発の取消しの意思表示の瑕疵が重大でないときは有効な取消しと認められ、その場合、告訴・告発の取消行為については、それを取り消すことはできません。なお、被告訴人が真犯人であったのに、犯人ではないと誤解して告訴を取り消した場合、告訴の取消しは有効とする裁判例があります（大判大11・2・28大刑集1・88）。

50　犯人の一部の者のみの告訴・告発の効力は

Q 　犯人が複数いる場合、そのうちの1人だけ告訴や告発をすることはできるのでしょうか。また、他の犯人には告訴等の効力は及ばないのでしょうか。

A 　犯人が複数いる場合、そのうちの1人だけ告訴・告発することはできません。1人について告訴・告発した場合でも、他の犯人にその告訴・告発の効力は及びます。

解　説

1　告訴の主観的不可分の原則

親告罪においては、告訴が訴訟条件となっていることから、告訴がどの範囲の者まで及ぶのかは重要な問題となります。

刑訴法238条1項は、「親告罪について共犯の1人又は数人に対してした告訴又はその取消は、他の共犯に対しても、その効力を生ずる。」と定め、告訴の主観的不可分の原則を定めています。

親告罪につき告訴するに当たり、犯人の一部の者だけを指定して告訴したとしても、告訴の効力はその指定に拘束されることなく、犯人全員に及ぶことになります。告訴人が告訴当時に知らなかった共犯者についても、告訴の効力は及ぶことになります。

したがって、共犯者のうち一部の者を指定して行われた告訴であっても、共犯者全員に効力が及ぶことになるのですから、このような告訴でも、告訴が違法になったり無効になったりするわけではありません。

なお、同条の共犯には共同正犯、教唆犯、幇助犯も含まれます。また、必要的共犯も含まれると考えられています。このほか、両罰規定が適用される行為者と事業者についても、主観的不可分の原則の適用があると考えられています。

また、非親告罪につき告訴する場合や告発をする場合にも、主観的不可分の原則は

実務Q&A編　第5章　告訴・告発の効力

適用があると考えられます。

さらに、主観的不可分の原則は、告訴の取消しの場合にも適用があります（詳細は『57　告訴・告発の一部のみの取消しは』参照）。

2　告訴の主観的不可分の原則の理由

どうして、告訴の主観的不可分の原則が採用されているのでしょうか。

本来、告訴は犯罪事実を対象として行われるものであり、特定の犯人を対象として行われるものではないからです。

また、告訴の及ぶ範囲を全く私人の意思に委ねることは、公平・正義の観点から適切ではないと考えられるからです。

51　犯罪事実の一部分についてのみした告訴・告発の効力は

Q 犯罪事実の一部分のみ告訴や告発をした場合、告訴等の効力はその犯罪全体にまで及ぶのでしょうか。

A 一個の犯罪事実の一部についてだけ告訴・告発をした場合、告訴・告発の効力は一個の犯罪事実の全部に及びます。

解　説

1　告訴・告発の客観的不可分の原則

刑訴法238条は告訴・告発の主観的不可分の原則（詳細は『50　犯人の一部の者のみの告訴・告発の効力は』参照）を定めていますが、犯罪事実の一部につき告訴・告発がされた場合、すなわち客観的な面については明文の規定がありません。しかし、主観的不可分の原則の当然の前提として、客観的不可分の原則が認められるとされています（通説、東京高判昭33・4・15判タ81・53）。

告訴人・告発人は、通常、処罰の対象となる事実である限り処罰を望むものであり、処罰の範囲を限定する意思はないと考えられますし、告訴に当たり詳細にわたって事実の特定を求めることは過大な負担を課することになるからです。

この原則によれば、例えば、甲が乙の指輪と現金を同一機会に窃取した場合、乙が現金の窃取に気付かず、指輪のみの窃盗として告訴したとしても、告訴の効力は現金

の被害にも及びます。したがって、後に現金の被害に気付いたとしても、改めて現金の被害につき告訴をする必要はありません。

2　原則の適用場面と例外

単純一罪の場合には不可分原則がそのまま適用されます。上記例（同一機会における数点の窃取）の他、集合犯（常習犯・職業犯・営業犯など）、結合犯（例えば、強盗罪は暴行・脅迫と窃盗の結合）、包括一罪（例えば、1つの行為で複数人の所有物を盗んだ場合やピストルを5発発射して5発目で射殺した場合など）、法条競合の場合（例えば、横領罪が成立する場合の背任罪など、条文上複数の犯罪が成立するように見えるが、法律上一罪とされる場合）などがあります。

観念的競合（例えば、1つの行為で複数の人を殺害するなど、1つの行為で複数の犯罪を犯した場合）、牽連犯（例えば、住居侵入と窃盗など、犯罪の手段と結果である行為が他の罪名に触れる場合）などの科刑上一罪の場合も不可分原則が適用されるのが原則です。しかし、科刑上一罪は、本来、数罪としての実体を備えているので、告訴権者の意思の尊重という親告罪制度の趣旨を生かすため、不可分原則の例外を認めなければならない場合が生じてきます。

その例外の場合として、①科刑上一罪の関係にある罪が共に親告罪で、それぞれ被害者が異なる場合につき、1人が行った告訴（詳細は『52　一犯罪事実に対して被害者が複数いる場合の告訴の効力は』参照）、②科刑上一罪の一方が親告罪、他方が非親告罪で被害者が同一人である場合につき、非親告罪に限定して行われた告訴（詳細は『53　犯罪事実が親告罪と非親告罪の両方になる場合の告訴の効力は』参照）があります。

52　一犯罪事実に対して被害者が複数いる場合の告訴の効力は

Q　告訴や告発をした犯罪事実が親告罪で、その犯罪事実が告訴等をした人以外にも及ぶ場合、告訴等の効力は他の被害者にも及ぶのでしょうか。

A　科刑上一罪の関係にある複数の罪が共に親告罪で、それぞれの被害者が異なる場合、被害者の1人がした告訴の効力は他の被害者に係る事実には及びません。

解説

1 客観的不可分の原則の例外

一個の犯罪事実の一部についてだけ告訴・告発をした場合、告訴・告発の効力は一個の犯罪事実の全部に及びます（告訴・告発の客観的不可分の原則。詳細は『51 犯罪事実の一部分についてのみした告訴・告発の効力は』参照）。

この不可分原則は、科刑上一罪（観念的競合、牽連犯）の場合にも適用されるのが原則です。しかし、科刑上一罪は、本来、数罪としての実体を備えているので、告訴権者の意思の尊重という親告罪制度の趣旨を生かすため、不可分原則の例外を認めなければならない場合が生じてきます。

その例外の場合として、以下の場合があります。すなわち、科刑上一罪の関係にある罪が共に親告罪で、それぞれ被害者が異なる場合につき、被害者の1人がした告訴の効力は他の被害者に係る事実には及びません。

2 具体例

① 一個の恐喝行為で非同居の親族2人（甲乙）を恐喝した場合（観念的競合。刑法251条及び244条により親告罪）、甲のみがした告訴は乙を被害者とする恐喝には及ばず、乙に対する恐喝罪では起訴できません（東京高判昭30・4・23高刑8・4・522）。

② 一個の行為で数人の名誉を毀損した場合（観念的競合。刑法232条1項により親告罪）、被害者の一部がした告訴の効力は、他の告訴をしない被害者の名誉毀損には及ばず起訴できません（名古屋高判昭30・6・21高刑特2・13・657）。

③ 甲が、乙所有の金庫を損壊して、非同居の親族丙の現金を窃取した場合（牽連犯。刑法244条及び264条により親告罪）、乙の告訴の効力は窃盗に及ばず、逆に丙の告訴の効力は器物損壊に及びません。

53 犯罪事実が親告罪と非親告罪の両方になる場合の告訴の効力は

Q 犯罪事実が親告罪と非親告罪の両方になる場合、非親告罪に限ってされた告訴の効果は、親告罪にも及ぶのでしょうか。また、その逆はどうでしょうか。

A 科刑上一罪の一方が親告罪、他方が非親告罪で被害者が同一人である場合、非親告罪に限定して行われた告訴の効力は、親告罪の部分には及

びません。他方、親告罪につきなされた告訴は非親告罪の部分にも及びます。

解　説

1　客観的不可分の原則の例外

　一個の犯罪事実の一部についてだけ告訴・告発をした場合、告訴・告発の効力は一個の犯罪事実の全部に及びます（告訴・告発の客観的不可分の原則。詳細は『51　犯罪事実の一部分についてのみした告訴・告発の効力は』参照）。

　この不可分原則は、科刑上一罪（観念的競合、牽連犯）の場合にも適用されるのが原則です。しかし、科刑上一罪は、本来、数罪としての実体を備えているので、告訴権者の意思の尊重という親告罪制度の趣旨を生かすため、不可分原則の例外を認めなければならない場合が生じてきます。

　その例外の場合として、以下の場合があります。すなわち、科刑上一罪の一方が親告罪、他方が非親告罪で被害者が同一人である場合、非親告罪に限定して行われた告訴の効力は、親告罪の部分には及びません。例えば、非同居の親族に対する住居侵入・窃盗事件（牽連犯）において、住居侵入罪（非親告罪）のみを告訴した場合、その効力は窃盗罪（親族相盗例。親告罪）には及びません。

　他方、親告罪につき告訴がなされた場合には、例外を認めるべき事由がないので、告訴は非親告罪の部分にも及びます。前例で、窃盗罪についてのみ告訴がなされた場合には、住居侵入罪についても告訴の効力が及ぶことになります。

2　告訴の趣旨の判断

　非親告罪のみに限定した告訴であるかどうかについては、実質的に判断されるべきものです。

　この点、同一人に対する住居侵入・強制わいせつ事件につき、調書において住居侵入の点につき厳重処罰を求める旨の供述があったからといって、ことさら強制わいせつを除外した趣旨とは認められないとして、強制わいせつの点にも告訴の効力が及ぶとした裁判例（浦和地判昭44・3・24刑月1・3・290）があります（なお、強制わいせつは平成29年改正により非親告罪となっています。）。

54 犯人の一部に親族がいる場合の告訴の効力は

 犯人の一部が親族の場合、親族以外の者に対して行った告訴は犯人である親族にも及ぶのでしょうか。

 非親族に対して行った告訴の効力は、原則として親族にも及びますが、窃盗・詐欺・横領などの相対的親告罪の場合には及びません。

解　説

1　主観的不可分の原則の例外

告訴及びその取消しの効果は、共犯者にも及ぶのが原則です（告訴・取消しの主観的不可分の原則（刑訴238①）。詳細は『50　犯人の一部の者のみの告訴・告発の効力は』参照）。これは、共犯者の一部が親族である場合でも変わりません。

ただし、窃盗・詐欺・横領などのように、犯人と被害者間の一定の身分関係の有無によって親告罪になったりならなかったりする場合（相対的親告罪（刑244②・251・255））はこの例外として、親族関係にないものを告訴しただけのときは、親族に告訴の効力は及ばないと解されています。

例えば、甲と乙が共同して、同居関係にない甲の兄丙から現金を窃取した場合、丙が告訴しない限り甲を処罰することはできないとされていますが（刑244②）、丙が乙を告訴しただけのとき（犯人を指定しないで告訴したときも同じです。）は、告訴の効力は甲に及ばないのです。

2　例外の趣旨

刑法244条の規定は、「法は家庭に入らず」という政策的配慮によって設けられたもので、同条3項で「前二項の規定は、親族でない共犯については、適用しない。」とされている点からしても、親族である共犯と親族でない共犯との間に処分の差異が生じることが予定されています。したがって、この場合、共犯者中の親族の処分のみが被害者の意思に委ねられているのであり、親族の処分を望む場合には、明示的に親族を犯人として指定した告訴が必要とされます。

上記の例で言えば、甲を処罰するためには、はっきりと甲を犯人と指定した告訴が必要となるのです。そして、甲に対する告訴をすれば、乙を犯人として指定していなくとも不可分の原則が適用され、乙も含めて処罰の対象になります。

さらに、この例で乙も丙と同居関係にない兄弟関係にあった場合、甲乙とも丙と親告罪になる身分関係にあるので、1人（例えば甲）に対する告訴は他の1人（乙）に対しても効力が生じます。

第6章　告訴・告発の取消し

55　告訴の取消しは

> **Q**　告訴を取り消すことができるでしょうか。

A　非親告罪についてはいつでも取り消すことができますが、親告罪については公訴の提起があるまで取り消すことができます。

解　説

1　告訴の取消し

「告訴は、公訴の提起があるまでこれを取り消すことができる。」とされています（刑訴237①）。

これは、親告罪についてのみの規定であると解するのが通説です。非親告罪については、告訴は捜査の端緒にすぎなく、その取消しによって特別の効果が生じるということもないので、起訴前であろうが起訴後であろうが、いつでも取り消せると解されています。起訴後の告訴の取消しは情状の一つとして量刑上の資料となるだけです。

他方、親告罪については上記刑訴法237条1項により、起訴後に告訴を取り消しても無効となります。これは、いったん刑罰権の行使を妥当なものとして国家権力を発動した以上、その後、私人の恣意によって国家刑罰権が影響されるのは適正・公平面から許されませんし、手続の安定を害し、被告人の立場を不安定にすると考えられるためです。

なお、「公訴の提起があるまで」というのは、起訴状が裁判所に到達するまでのことを言います。ただし、いったん公訴が提起されても、管轄違い（刑訴329）や公訴棄却（同338・339）の裁判があった場合には、公訴提起前の状態に戻り、告訴の取消しも可能とされています（通説）。

2　告訴の無効

本事例でいう「取消し」というのは、講学上は「撤回」であり、既に有効になされた行為の効力を将来にわたって消滅させることをいいます。

他方、告訴が詐欺又は脅迫によってなされたため、その意思表示に瑕疵がある場合、講学上の「取消し」ができるか、すなわち、初めに遡って告訴の効力を消滅させるこ

とができるかについては、これを認めると手続の安定性を大きく害することになるので、認められないと考えられています。ただし、告訴の意思表示に重大な瑕疵がある場合、例えば、意思を制圧され無理やり告訴させられたような場合には、告訴行為が初めから無効と考えられます（詳細は『49　告訴・告発が無効になる場合とは』参照）。

56　告発の取消しは

Q　告発を取り消すことができるでしょうか。

A　一般の告発については、いつでも取り消すことができます。告発が訴訟条件になっている場合については見解の対立がありますが、取消しができるとする考え方が多数説です。

解説

告発の取消しができるかどうかについては、告訴の場合（刑訴237①）と違い、明文の規定がありません。ただし、刑訴法238条2項及び243条は告発の取消しを前提としています。

この点、一般の告発については、捜査の端緒となるにすぎないので、いつでも取消しができると解されています。

他方、告発が訴訟条件（公訴提起要件）となっている場合については、明文の規定がない限り取消しは許されないとする消極説と、取消しができるとする積極説とがありますが、積極説が多数説とされています。東京高裁昭和28年6月26日判決（高刑6・9・1159）も取消しを認めています。

積極説は、本来、処罰意思は放棄することが可能で、取消しを禁ずる規定がない以上、自由に取り消すことができると考えます。そして、刑訴法237条1項の準用がないので、公訴提起後も許されると考えます。これに対し消極説は、公務員の告発が職務上の義務であることなどを理由としています。

なお、明文で取消しが認められている場合として、例えば、独占禁止法96条4項（公訴提起前の取消しを認める）があり、逆に、明文で取消しが禁止されている場合として、例えば、関税法148条5項があります。

57　告訴・告発の一部のみの取消しは

Q　犯人が複数いる場合、そのうちの1人のみの告訴や告発を取り消すことができるでしょうか。

A　複数の犯人のうち、1人のみに告訴や告発の取消しをすることはできず、他の共犯者にも取消しの効果が生じます。

解　説

1　告訴・告発取消しの主観的不可分の原則

　刑訴法238条1項は、「親告罪について共犯の1人又は数人に対してした告訴……の取消は、他の共犯者に対しても、その効力を生ずる。」と定めています（告発については同条2項。主観的不可分の原則）。

　したがって、複数の犯人がいる場合に、そのうちの特定の者についてだけ告訴・告発を取り消すことはできません。1人についてのみ処罰意思を撤回するつもりで、その者に対する告訴・告発を取り消したときでも、他の共犯者全員について告訴・告発の取消しの効力が生じます。

2　共犯者の一部が起訴された後の取消し

　親告罪において、共犯者のうち一部の者が起訴された後に、他の共犯者に対する告訴を取り消すことができるでしょうか。

　この場合、告訴の取消しを認め、その効果が起訴されている被告人にも及ぶとすることは、起訴後の告訴取消し（刑訴法237条1項により否定されています。）を認めることになりますので、認められません。

　そこで、告訴取消しの主観的不可分の原則に対する例外として、既に起訴された被告人を除く共犯者のみの関係で告訴を取り消すことが認められるかが問題となります。

　この点については、このような取消しが認められず、起訴されていない者に対する告訴の取消しがなされても効果がないとするのが通説です。不可分原則を定めた明文に反すること、既に審理がなされている以上、起訴されていない者にだけ告訴の取消しを認める実益に乏しいこと、共犯者間に不均衡を生じることなどが理由として挙げられています。

58　告訴・告発の取消権者は

 告訴や告発は誰でも取り消すことができるのでしょうか。

 告訴・告発の取消しができるのは、当該告訴・告発をした本人に限られます。

解　説

告訴・告発の取消しができるのは、当該告訴・告発をした本人に限られます。
以下、問題となり得るケースについて触れていきます（告訴に限定します。）。

① 任意代理人

　告訴は代理人によってもすることができますが（刑訴240）、代理人によってした告訴を取り消すことができるのは本人になります。告訴について任意代理権を有する者であっても、当然に取消しについてまで権限を有するとは言えず、取消しについては別途委任が必要となります（詳細は『59　代理人による告訴・告発の取消しは』参照）。

② 法定代理人

　法定代理人は刑訴法231条により「独立して」告訴ができるとされています。この代理権が固有権か独立代理権か争いのあるところですが、最高裁昭和28年5月29日判決（刑集7・5・1195）は固有権であるとしています。そうすると、法定代理人のした告訴は本人でも取り消すことができないということになります。これは、判断能力が十分でない未成年者や成年被後見人の保護を十全たらしめようとする法の趣旨にも合致します。

　他方、本人のした告訴を法定代理人が取り消すことができるかについて、高松高裁昭和27年8月30日判決（高刑5・10・1604）は、個別の授権が必要で、当然には取消しできないとしました。もし取消しができるとすると、被害者本人に告訴権を認めた趣旨が没却されることになるからです。

③ 告訴権者が複数いる場合

　告訴権者が複数いる場合、そのうちの1人がした告訴を他の告訴権者が取り消すことはできません。

④ 告訴人が死亡した場合

　告訴の取消しができるのは告訴人本人であり、告訴人が死亡した場合には、取消しできる者はいないことになります。すなわち、告訴取消権は相続により承継されるものではありません。

59　代理人による告訴・告発の取消しは

Q　告訴や告発は代理人によっても取り消すことができるでしょうか。

A　告訴の取消しは代理人によっても認められます。告発の取消しの代理については認められないとするのが通説です。

解　説

1　告訴の取消しの代理

　告訴の取消しは、親告罪か非親告罪かを問わず、告訴をする場合と同様、代理人によってもすることができます（刑訴240後段）。

　代理の内容・方法などについては、告訴の代理に関する記述がそのまま妥当します（詳細は『23　代理人による告訴は』参照）。

　なお、告訴について授権を受けたからといって、当然に告訴の取消しについてまで代理権を持つものではないので、告訴を取り消すには、別途、取消しに関する授権を得る必要があります。

　代理権の証明につき、最高裁昭和35年8月19日判決（刑集14・10・1407）は、実質的に証明されれば足り、委任状の添付などは必ずしも必要でないとしていますが、通常は次のような委任状により代理権授与の事実を明確にしておくべきです。

【告訴取消しの委任状例】

委　任　状

令和○年○月○日

A県B市C町○丁目○番○号

告訴人　甲　山　一　郎　㊞

　私は、

　　　A県D市E町○目○番○号○○ビル5階

　　　○○法律事務所

　　弁護士　○　○　○　○

　　（電話　○○○－○○○－○○○○）

実務Ｑ＆Ａ編　第6章　告訴・告発の取消し　　　65

を代理人と定め、下記の事項を委任します。

記

1　告訴人が令和〇年〇月〇日付で〇〇警察署長宛てにした被告訴人乙川二郎に
　　対する傷害事件の告訴を取り消す件

2　告発の取消しの代理

　告発の取消しの代理が許されるか否かについては明文の規定がなく、告発の代理の
可否の議論（詳細は『27　代理人による告発は』参照）と対応して、肯定説と否定説
があります。通説は告発の代理を認めませんので、告発の取消しの代理も認めないこ
とになります。

60　再告訴・再告発は

> **Q** 告訴や告発を取り消した後に、再度告訴や告発はできるでしょうか。

　A　親告罪の再告訴は認められませんが、非親告罪については再告訴も認
められます。告発については、一般の告発は再告発ができますが、告発
が訴訟条件になっている場合については見解の対立があり、再告発は認められ
るとする考え方が多数説です。

解　説

1　再告訴

　刑訴法237条2項は、「告訴の取消をした者は、更に告訴をすることができない。」と
定めています。この規定は同条1項と同様、親告罪についての規定と解されています
ので、親告罪については、いったん告訴を取り消すと後からもう一度告訴することは
許されないことになります。

　他方、非親告罪については、いったん告訴を取り消した後でも更に告訴することが
認められると解されています。

2 再告発

　告発を取り消した後に再度告発ができるかどうかにつき、告発が訴訟条件となっていない一般の告発については、再告発ができると解されています。

　他方、訴訟条件となっている告発については、そもそも告発の取消し自体ができるかどうかにつき見解が分かれており（詳細は『56　告発の取消しは』参照）、これに対応して考え方が異なってきます。告発の取消しは認められないとする見解からは、そもそも取消し後の再告発は問題にならず、認められないことになります。これに対し、告発の取消しを認める見解（多数説）は、再告訴を禁ずる刑訴法237条2項を準用している同条3項が告発を除いていることを理由に再告発も認められると考えています。東京高裁昭和28年6月26日判決（高刑6・9・1159）も告発取消し後の再告発を認めています。

61　告訴・告発の取消手続は

Q　告訴や告発を取り消す場合、いつまでにどのような手続をすればよいのでしょうか。

A　告訴・告発の取消しは、書面又は口頭で検察官又は司法警察員に対して行うことができますが、書面で行うのが一般的です。また、告訴の取消しは公訴提起までに行わなければなりませんが、告発については公訴提起後でもできると解されています。

解　説

1　告訴・告発の取消しの方法

　告訴・告発の取消しは、既に行った告訴・告発を撤回する意思表示ですから、その意思表示の内容が明確である必要があります。例えば、「特別の御寛大なる御訓戒程度に止め、本人の身柄については御放置願えれば、私等の本望であります。」という請願書が出されただけでは、告訴の取消しがあったとは言えないという裁判例があります（高松高判昭31・1・19高刑特3・3・53）。

　刑訴法243条及び241条1項は、取消しの方法につき、書面又は口頭で検察官又は司法警察員に対してしなければならないと定めています。

口頭による取消しがなされた場合、受理した検察官・司法警察員は、取消しについて調書を作成しなければなりません（刑訴243・241②）。

しかし、実務上は書面によって取消しを行うのが一般的です。書面による場合、その書式について特別の規定があるわけではありませんが、作成年月日、宛先、取消権者の住所・氏名及び取り消すべき事件を表示した上で告訴・告発を取り消す旨を明示しておく必要があります（詳細は『62　告訴・告発の取消書の書き方は』参照）。

2　告訴・告発の取消しの時期

親告罪の告訴については公訴の提起があるまで取り消すことができ、公訴提起後は取り消すことができませんが（刑訴237①）、非親告罪についてはいつでも取り消すことができます（詳細は『55　告訴の取消しは』参照）。

告発については、一般の告発の場合、いつでも取り消すことができます。告発が訴訟条件になっている場合については、そもそも告発の取消しができるかにつき見解の対立がありますが、取消しができると考える多数説の立場からは刑訴法237条1項の準用がないので、公訴提起後も取り消しできると考えられています（詳細は『56　告発の取消しは』参照）。

62　告訴・告発の取消書の書き方は

　告訴や告発を取り消す場合に提出する取消書はどのような内容にすればよいのでしょうか。

　作成年月日、宛先、取消権者の住所・氏名及び取り消すべき事件を表示した上で、告訴・告発を取り消す旨を明示しておく必要があります。

解説

告訴・告発の取消書については、その書式について特別の規定があるわけではありませんが、作成年月日、宛先、取消権者の住所・氏名及び取り消すべき事件を表示した上で、告訴・告発を取り消す旨を明示しておく必要があります。取消意思の明示につき、「特別の御寛大なる御訓戒程度に止め、本人の身柄については御放置願えれば、私等の本望であります。」という請願書が出されただけでは、告訴の取消しがあったと

はいえないという裁判例があります（高松高判昭31・1・19高刑特3・3・53）。

　以下、一例として、告訴取消書の例を掲げます。告発取消書の場合も表題が異なる等の違いがあるだけです。

【告訴取消書例】

告訴取消書

令和○年○月○日

○○地方検察庁
　検察官　○　○　○　○　殿

A県B市C町○丁目○番○号
告訴人　甲　山　一　郎　㊞

　私が令和○年○月○日付けで○○警察署長宛てにした、被告訴人乙川二郎に対する傷害事件の告訴は、本日、取り消します。

　上記書式例では、取消しの理由を記載していませんが、「示談金の支払いを受け、示談が成立しましたので」といった理由を記載する場合もあります。また、取消書提出の相手方をどこにするかについては、『63　告訴・告発の取消書の提出先は』を参照してください。

63　告訴・告発の取消書の提出先は

Q　告訴や告発を取り消す場合に提出する取消書は、どの機関に提出すればよいのでしょうか。

A　司法警察員に対し告訴・告発した場合、まだ検察官送致されていないときには司法警察員に、検察官送致されたときは担当検察官に提出した方がよいでしょう。検察官に直接告訴・告発した場合には、担当検察官に提出します。

解　説

　法文上は、告訴・告発を受理する検察官・司法警察員には制限がありませんが、裁判例には、告訴の取消しを受理できるのは、告訴を受理したのと同一官署に属する検察官・司法警察員又は現に事件を取り扱っている検察官・司法警察員に限るとするものもありますので（高松高判昭31・1・19高刑特3・3・53）、これを踏まえて提出先を選ぶのが適切でしょう。

　より具体的には、以下の取扱いが適切でしょう。

① 　司法警察員に対し告訴・告発したが、まだ検察官送致されていない場合

　　取消しは司法警察員に対してします（「○○警察署長」などの所属長に対してします。）。最初に告訴・告発をした所轄署から他に移送されているときは、現に捜査を担当している移送先に取消書を提出した方が手違いがないといえます。

② 　司法警察員に対し告訴・告発し、検察官送致された場合

　　司法警察員に対して取消しをすることも可能ですが、直接、担当検察官に対してした方が取消意思が正確かつ迅速に伝わり、取消しの事情聴取のため改めて呼出しを受けることがないなど手数も省けることになりますので適切といえます。

③ 　検察官に直接告訴・告発した場合（直告）

　　取消しは担当検察官に対してします。

64　告訴・告発を取り消したときの事件は

　告訴や告発を取り消した場合、取り消された事件はどうなるのでしょうか。

A　告訴・告発が訴訟条件となっている場合に、検察官は不起訴処分をして事件を終結させます。訴訟条件となっていない場合には、事案の性質により不起訴処分とされることもありますが、公訴提起も可能です。

解　説

1 　告訴・告発が訴訟条件となっている場合（親告罪）

　訴訟条件が欠如していますので、検察官は不起訴処分をして事件を終結させます。

2 　告訴・告発が訴訟条件となっていない場合（非親告罪）

　いったん告訴・告発があって捜査機関が犯罪の手掛かりを得て嫌疑を持った以上、

その後、告訴・告発の取消しがあっても、捜査機関はそれに拘束されることなく独自に捜査をし、検察官が公訴提起をする価値があると認めるときは起訴することができます。

　もっとも、取消しがされる場合は、示談の成立等それなりの事情がある場合がほとんどですから、そのような事情を踏まえれば起訴が相当でないとして不起訴処分（起訴猶予）とされる場合も少なくありません。

65　告訴権の放棄と消滅は

Q　告訴権は放棄することができるのでしょうか。また、告訴権の行使ができなくなる場合はあるのでしょうか。

A　告訴権の放棄は許されないとされています。また、告訴は原則として公訴時効が完成するまでいつでもすることができますが、法律上制限される場合があります。

解　説

1　告訴権の放棄

　告訴権の放棄とは、告訴権を行使する前段階においてこれを放棄する行為をいいます。

　告訴権の放棄ができるか否かについて、刑訴法には規定がなく、見解が分かれます。

　肯定説は、親告罪において告訴期間の経過を待たずに早期に捜査を終結できる利点があることを理由とします。

　しかし、判例は明文の規定がないこと、告訴権は被害者であっても自由に処分できる性質でないことなどを理由に、告訴権の放棄は許されないとしています（大判昭4・12・16大刑集8・662、東京高判昭25・3・25判特16・46、高松高判昭27・4・24判時17・53、名古屋高判昭28・10・7高刑6・11・1503、最決昭37・6・26判時313・22）。

2　告訴権の行使ができなくなる場合

　告訴権は、原則として公訴時効（刑訴250）が完成するまで、いつでも行使することができます。

実務Q＆A編　第6章　告訴・告発の取消し　　71

　しかし、親告罪において、告訴権者が犯人を知った日から6か月を経過したときには告訴権が消滅します（刑訴235本文）（詳細は『28　告訴できる期間は』～『31　親告罪における告訴期間の例外は』参照）。

　ただし、外国の君主等・使節に対する名誉毀損罪・侮辱罪に関しては、原則どおり公訴時効が完成するまで告訴ができます（同ただし書）。

第7章　告訴・告発をした者の責任

66　告訴・告発をしたことによる刑事責任は

Q 告訴や告発をしたことによって、刑事責任を問われることはあるでしょうか。

A 告訴・告発を、他人を罪に陥れる目的をもって、又はそうなることを予見しながら、客観的真実であるとの確信のない事実を捜査機関に申告した場合には、虚偽告訴（告発）罪が成立します。

解　説

捜査機関に対して犯罪を申告するに当たって、他人を罪に陥れる目的をもって、又はそうなるおそれを予見しながら客観的真実に反する事実を述べた場合には、虚偽告訴（告発）罪（刑172。法定刑は懲役3月以上10年以下）が成立しますから、告訴人・告発人が刑事責任を問われることもあります。

告訴・告発の内容が告訴人・告発人の主観的認識と相違しているだけではこの罪には問われず、客観的な事実との相違が必要となります。

また、この罪の故意があると言えるためには、このような客観的事実との相違を認識していることが必要になりますが、この認識は未必的なもので足りるとされています（最判昭28・1・23刑集7・1・46）。犯人であるかどうかの認識があいまいなのに犯人を指名して処罰を求めることを安易に認めると濫用的な告訴等が誘発されるおそれがある一方、被害が明らかだが犯人の確信が持てないということであれば被告訴人不詳として告訴することも可能なので（詳細は『4　犯人がわからない場合の告訴・告発は』参照）、このような解釈がされます。

なお、虚偽の内容の告訴状・告発状が捜査機関に到達し、捜査官にその内容が認識できる状態になっていれば、虚偽告訴（告発）罪は成立します。捜査官が告訴状等を受理し、捜査に着手しているかどうかは犯罪の成否に関係ありません（大判大3・11・3刑録20・2001）。

さらに、虚構の犯罪事実を申し立てた場合には、軽犯罪法1条16号に該当することになりますし、捜査機関に徒労の出勤をさせる目的が認定されれば、業務妨害罪（刑233）に問われる可能性があります。

実務Ｑ＆Ａ編　第7章　告訴・告発をした者の責任　　73

67　告訴・告発をしたことによる民事責任は

Q 　告訴や告発をしたことによって、民事責任を問われることはあるのでしょうか。

A 　虚偽告訴（告発）罪が成立する場合などに、民事責任を問われ得ます。故意がなくても過失による損害賠償責任を問われる場合があります。

解　　説

　『66　告訴・告発をしたことによる刑事責任は』の虚偽告訴（告発）罪に問われ得るような行為をした場合には、慰謝料請求などの損害賠償請求の方法で民事責任を問われる可能性があります。告訴等に理由がないことを認識しながら、被告訴人に苦痛を与えることを目的とした濫用的告訴等であるとして告訴人が民事上の責任を問われた事件があります（東京地判平2・12・25判時1379・102）。

　また、刑事責任を問うためには故意が必要ですが、民事上の責任は、故意がなくても、過失に基づいて、犯人でない者を犯人と誤信した場合であっても発生します（仙台高判昭28・3・25下民4・3・427）。告訴・告発をされた人は捜査の対象となることで名誉等を害され、取調べを受けることになれば精神的・経済的な苦痛を被りますので、告訴・告発を行う場合は慎重に調査・検討をした上で臨む必要があります。

68　告訴・告発をしたことによる訴訟費用の負担は

Q 　告訴や告発をしたことにより起訴された事件の訴訟費用を負担することはあるのでしょうか。

A 　告訴・告発された被告人が無罪になった場合などに、告訴や告発をした者が刑事裁判の訴訟費用を負担させられることがあります。

解　　説

　告訴・告発があった事件が起訴され、被告人が無罪又は免訴の判決を受けた場合、あるいは被疑者が不起訴になった場合には、告訴人や告発人に故意又は重大な過失があったときに、その者に訴訟費用の負担をさせることができるとされています（刑訴183）。

告訴人や告発人が故意や重過失によって告訴・告発に及んだという事情がある以上、刑事裁判のために無駄な費用がかかった責任は告訴人や告発人にあります。このような規定を置くことで、濫用的な告訴・告発を防止する効果が期待されています。

訴訟費用の負担は裁判所が決定しますが（刑訴186・187）、不起訴で終わった場合には、検察官が裁判所に負担を命じるよう請求します（刑訴187の2）。裁判所の決定に対しては、即時抗告が認められています（刑訴186・187・187の2）。

69 告訴・告発をしないことによる不利益な取扱いとは

Q 告訴や告発をしないことで不利益とされることはありますか。

A 告訴・告発をしなかったとしても、それをする権利の放棄にすぎず、原則として不利益が生じることはありませんが、被相続人が殺害された事件の相続人が告訴・告発をしなかったときに相続欠格事由になる場合があります。

解　説

告訴・告発をすることは、それを行い得る者の権利であって義務ではありませんから、原則としてその権利を放棄したからといって不利益が生じることはありません。

しかし、被相続人が殺害されたことを知ってこれを告発せず、又は告訴しなかった者（ただし、その者に是非の弁別能力がないとき、又は殺害者が自己の配偶者若しくは直系血族であった場合はその限りではありません。）は、相続人の欠格事由に当たります（民891二）。被害者の配偶者、直系親族又は兄弟姉妹は告訴権者ですから、法定相続人は「告訴しなかった者」になり得ます。「告発しなかった者」となり得るのは、被相続人の兄弟姉妹の子が代襲相続人になる場合です。

しかし、告訴・告発がなくても、人が殺害されたと分かれば捜査が始まることが多く、告訴・告発しなかったことが直ちに欠格事由とはされません（大判昭7・11・4法学2・829）。民法891条1号は、「故意に被相続人又は相続について先順位若しくは同順位にある者を死亡するに至らせ、又は至らせようとしたために、刑に処せられた」ことを欠格事由としており、この条文との均衡上、告訴・告発をしないことが殺害の隠蔽になるような悪質案件の場合に欠格事由となると考えるのが妥当でしょう。

また、受遺者は相続人と同様の立場に立ち、民法891条2号の規定が準用されます（民965）から、受遺者も告訴・告発をしないことで不利益を受ける可能性があります。

第8章　告訴・告発後の手続

70　告訴・告発した後の事件の捜査は

> **Q** 告訴・告発後の事件の捜査は、誰がどのように行うのでしょうか。

A 告訴や告発をすると、捜査機関の捜査の端緒となり、それによって捜査が開始・実行されることになります。原則として、告訴等を受理した司法警察員・検察官が所属している捜査機関が捜査を行いますが、例外もあります。

解　説

1　捜査の開始

告訴・告発によって捜査機関が初めて犯罪の存在を知り、捜査を開始・実行させる効果を生じさせることがあります。告訴・告発の前から捜査機関が捜査を開始していることもありますが、その場合には告訴・告発により捜査がより進むことが期待できます。

犯罪捜査規範67条には、司法警察員が告訴等のあった事件については、特に速やかに捜査を行うべきことが定められています。

2　捜査の担当機関

司法警察職員は、犯罪があると思料するときは、犯人及び証拠を捜査する（刑訴189②）と定められています。また、検察官は、必要と認めるときは、自ら犯罪を捜査することができる（刑訴191①）とともに、司法警察職員を指揮して捜査の補助をさせることができる（刑訴193③）と定められています。

告訴等がなされた場合、それを受理した司法警察員や検察官が所属している捜査機関が捜査をすることが原則です。

3　検察官への送致

司法警察員に対して告訴・告発がなされた場合には、司法警察員は速やかに関係書類及び証拠物を検察官に送付すべき義務を負います（刑訴242）。これは、特に告訴・告発のなされた事件については、早期のうちに検察官の指揮の下で捜査がなされるべきことを要請したものです。詳しくは『71　司法警察員から検察官への送致は』を参照

76 実務Q&A編　第8章　告訴・告発後の手続

してください。

4　事件の移送

　事件関係者の住居地、あるいは犯罪の行われた場所が受理をした捜査機関の管轄区域外である場合などは、管轄のある捜査機関で捜査をした方がよい場合があります。また、同じ人に対して複数の捜査機関に告訴・告発がなされ、その告訴・告発が一つの事件あるいは関連事件に関するものである場合には、一括処理した方がよいときもあります。このような捜査の合理性に基づいて、事件の移送が行われる場合があります（犯罪捜査規範69①）。

　検察官は、告訴・告発がされた事件を他庁の検察官に移送した場合には、告訴人・告発人に通知をしなければなりません（刑訴260後段）。また、警察本部長又は警察署長が他の関係警察に対してした移送についても告訴人・告発人に通知しなければなりません（犯罪捜査規範69）。このような通知を義務付けることで、恣意的な移送をチェックする趣旨があると考えられます。

71　司法警察員から検察官への送致は

Q　司法警察員に告訴状・告発状を提出して受理された場合、その後の検察官への送致はどのようになされるのでしょうか。

A　司法警察員は、必ず検察官に事件を送付することなどが義務付けられており、告訴・告発のあった事件については速やかに捜査を行うように努めなければなりません。

解　説

1　検察官への送致義務

　通常の事件を送致する際に、司法警察員は、犯罪の捜査をしたときは、刑訴法に特別の定めのある場合を除いて速やかに書類及び証拠物とともに事件を検察官に送致しなければならない（刑訴246）とされていますが、告訴・告発を受けた司法警察員は速やかにこれに関する書類及び証拠物を検察官に送付しなければならない（刑訴242）という特別の定めがされています。

実務Ｑ＆Ａ編　第8章　告訴・告発後の手続　　77

　告訴・告発がされた事件は法律問題や利害関係等が複雑に絡み合っており、困難な問題が伴うことが少なくないので、捜査の初期段階から法律の専門家である検察官を関与させた方がよいという考えの下で、司法警察員において、事件が刑事事件として成立し得るかどうか一応の見極めができる程度まで迅速な捜査を遂げ、捜査の完結を待たずに事件を書類・証拠物とともに検察官に送付すべきことを要請したものとされています。そのために、捜査機関には迅速な捜査が義務付けられているのです。

2　送致すべき事件

　この検察官への送致義務の対象となる事件は、告訴・告発がなされた事件の全てであり、例外はありません。

　司法警察員の立場で、犯罪不成立、嫌疑不十分、嫌疑なしなどと考える場合や、公訴時効が完成しており処罰できない場合であっても、送致の義務はあります。

　成人の刑事事件で、犯情が特に軽微な窃盗、詐欺、横領等の事件については、検察官の指定した微罪事件として、検察官に送致しなくてもよいとされています。これを微罪処分といい、刑訴法246条の全件送致主義（司法警察員が捜査した事件は全て検察官に送致する）の例外として定められたものですが、同法242条の趣旨から、告訴・告発がされた事件については微罪事件の対象事件であっても検察官に送付しなければなりません。

　少年法41条は「司法警察員は、少年の被疑事件について捜査を遂げた結果、罰金以下の刑にあたる犯罪の嫌疑があるものと思料するときは、これを家庭裁判所に送致しなければならない。」としていますが、この条文に該当するような罪（刑法209条の過失傷害罪など）の事件であっても、検察官に送致すべきものと考えられます。少年法のこの規定は、少年に対しては刑事処分として罰金が科される余地がないため、直接家庭裁判所に送致することを認めた規定である一方、刑訴法242条は例外なく告訴・告発事件の慎重な捜査を求める規定と考えられるからです（高松家丸亀支決昭46・12・21家月24・8・90）。

3　その他の注意点

　告訴事件として受理したものの、捜査の結果、告訴権のない者がした告訴だったことが判明した場合、告訴としては無効であっても告発として認め得るので、司法警察員は、書類等を検察官に送付しなければなりません。逆に、告発事件として受理したものが告訴権者による被害申告であった場合も同様です。

　なお、告訴・告発事件自体が軽微な事件や嫌疑が十分でない事件であっても、その事件の捜査を通じて、隠れている別な犯罪が発覚し得ることがあるので、告訴・告発

に係る犯罪事実以外の犯罪についても注意して捜査すべきとされています（犯罪捜査規範67二）。

72　未成年者が犯した親告罪の事件処理は

Q　未成年者が犯した親告罪の事件の場合、どのような事件処理になるのでしょうか。

A　親告罪の告訴は訴訟をする要件であり、少年審判手続の要件ではありませんから、告訴がなくても審判を開き、少年を保護処分にすることが可能です。しかし、逆送された場合には、告訴がなければ不起訴とせざるを得ません。

解　説

　司法警察員は、未成年者が犯人の告訴事件については罰金刑以下の刑に当たる罪であっても、検察官に事件を送付する必要があります（詳細は『71　司法警察員から検察官への送致は』参照）。逆に、未成年者が犯人の事件で告訴がされていない場合にはどうなるでしょうか。

　告訴を訴訟条件とするのは、被害者の秘密や名誉を保護し、あるいは軽微な犯罪について告訴人の意思を確認するなどといった趣旨からです。少年審判は、犯罪者を処罰する刑事裁判とは異なり、少年を健全に育成するための福祉的・教育的な処分です。ですから、親告罪に当たる非行事実の存在が裏付けられれば、適切な教育的処分がされるべきであり、告訴がなかったとしても、調査・審判の上適当な保護処分をすることが可能とされています（東京高決昭36・6・15家月13・9・111、大阪高決昭39・9・18判タ185・200）。また、実質的に考えても、少年審判は非公開ですから、被害者の秘密や名誉を守るという趣旨は貫徹できるのです。

　ただし、少年の事件であっても、審判で検察官送致決定（いわゆる「逆送」（少年法20①））がされると起訴強制（少年法45五）となるのですが、告訴がなければ告訴の欠缺で不起訴処分にしなければならなくなってしまいますので、告訴の追完が必要になります。

73　告訴・告発後における告訴人等の関与は

Q　告訴状・告発状が受理された後、告訴人・告発人は何かすることがありますか。

A　捜査機関は、事実関係を十分把握するために、告訴人・告発人から事情聴取をすることがあります。また、告訴人・告発人は新たに発見した証拠等を捜査機関に提供することも可能です。

解　説

　捜査機関は、告訴・告発の内容を吟味し、さらに事実関係を立証するための有効な資料を求めて、事件について最も詳しいはずである告訴人・告発人に対して事情聴取（刑訴223①）を行うのが通常です。捜査機関は、告訴人・告発人に対して補充の書面の提出を求め、補充供述を求めることができます（犯罪捜査規範65）。

　告訴状・告発状に事実関係が詳しく記載されていたからといっても、捜査機関にとってそれは捜査のための一つの手掛かりにすぎず、虚偽告訴や中傷を目的とする虚偽又は著しい誇張によるものではないかと注意しながら捜査が進められていきます（犯罪捜査規範67一）。そのような状況の下、告訴人・告発人は捜査の進展を望む立場にあるはずですから、捜査機関の要請に対して協力していく必要がありますし、それが行われないと捜査が停滞する可能性があります。

　また、告訴人・告発人は、捜査機関に対して問題点についての説明や見解を付加し、あるいは補充証拠（新たに発見した証拠や告訴の際には提出できなかった証拠だけでなく、犯人の所在についての情報など）を捜査機関に提出することも可能です。このほか、告訴人・告発人は、捜査機関に対して捜査の妨害にならないよう気を付けつつも、捜査の進捗状況を問い合わせるために捜査官を訪問することも必要になることがあります。

　弁護士が告訴・告発の代理人となっている場合（告発に関しての詳細は『27　代理人による告発は』参照）には、告訴人・告発人は、事情聴取等に際して弁護士から助言を受け、あるいは専門家として弁護士に捜査の進捗状況を問い合わせてもらうことも有効なやり方でしょう。

74　事情聴取を受けるときの留意事項は

Q　告訴人・告発人が事情聴取を受けることはあるのでしょうか。また、その際の留意すべき事項はありますか。

A　告訴人・告発人が事情聴取等を受ける可能性はあります。取調べの内容は供述調書としてまとめられることが多く、裁判も含めて重要な意味を持つので、その内容を十分確認したうえで署名押印することが必要です。

解　説

1　告訴人・告発人への事情聴取

　『73　告訴・告発後における告訴人等の関与は』でも指摘したとおり、告訴人・告発人は事情聴取を受けることがあります。以下、事情聴取の際に注意すべき点を述べます。

2　事情聴取の際の注意点

　捜査官が、告訴・告発が虚偽ではないかどうかに注意して捜査を行わなければならないことは『73　告訴・告発後における告訴人等の関与は』で指摘したとおりです。そこで、告訴人は捜査官から告訴・告発の内容が虚偽ではないかと言っているように感じられるような質問を受けたり、被告訴人・被告発人と利害対立があるのではないかなど、告訴の背景の事情について細かに聞かれたりします。このようなときに告訴人・告発人が真剣に、また、客観的・具体的に説明をしていくことなしに、捜査官と告訴人・告発人との信頼関係は生まれません。

　また、捜査官に告訴人・告発人が事情を説明するときには、告訴人・告発人が直接経験したことと、人から話を聞き、あるいは書面などで調べて記憶したことはきちんと区別して話すことが必要です。例えば、ある出来事の日時について明確な記憶はなかったが、日報等の書類を見たので思い出したというのであれば、最初から記憶があったと説明するのは不正確であり、許されません。また、捜査官や知人から聞いたことを始めから自分が知ったこととして説明することも、事実と異なりますから許されません。

　もちろん、告訴人・告発人として捜査官に供述するに際しては、ことさら虚偽の事実を述べてはならないことは当然です。書面になっておらず口頭で述べたことであっても、虚偽告訴罪で処罰されることがあります。

明確に記憶していることはそのとおりに述べれば足りますが、記憶が曖昧であることもあります。そのような場合には、はっきり記憶していない、断言できないなどと、はっきりしていなかったということを説明してください。

また、告訴人・告発人が事件の直接的被害者である場合には、事件のことを思い出すとPTSDの症状として気分が悪くなるなどといったことも考えられます。思い出そうとすると、あるいは被害について話そうとすると気分が悪くなるといった場合、あるいは単なる体調不良であっても責任ある供述をするのが難しい状況にあるときは、その旨を捜査官に申し出て、聴取を別の機会に延期してもらうことが必要でしょう。

3 供述録取書作成上の注意

告訴人・告発人が供述した内容は、捜査官がメモをし、さらには参考人供述録取書として録取します（刑訴223②・198③④⑤）。供述録取書は、検察官が犯人を起訴すべきかどうか、略式の起訴でもいいかどうかなどを考える重要な手掛かりとなります。さらには、裁判において証拠として用いられる可能性がある大事な書面です（同意書面は刑訴法326条、検察官面前調書は刑訴法321条1項2号、警察官面前調書は刑訴法321条1項3号で取り調べられる可能性があります。）。供述録取書は、捜査官との一問一答を記載するものではなく、捜査官の手によって物語方式に要約されたものですが、その内容が正確であることが不可欠です。正確であるということは、供述した人の経験や記憶を正確に反映しているかどうか、ということであり、供述した人が経験・記憶をしていないのに、他の人の供述や捜査官の調査した結果に基づいて、供述した人があたかも経験・記憶しているような調書が作成されるようなことがあってはなりません。

供述録取書を作成する場合には、捜査官は、供述者に閲覧させたり、又は読み聞かせたりして誤りがないかどうかを確認して正確性を確認しなければならず、供述者が間違いないと申し立てたときには供述者の署名押印を求めることができるとされています（刑訴223②・198④⑤）。閲覧のときに読めない字があったり、読み聞かせのときに知らない言葉があったり、読む速度が速い、あるいは声が小さいなどで聞き取れなかったりしたときなど、理解を妨げることがあったらそのことを取調官に説明し、分かるように確認の機会を与えるよう求めることができます（犯罪捜査規範179条2項は、明らかに聞き取り得るように読み聞かせることを要求しています。）。

また、閲覧又は読み聞かせを受けたときに、内容が不正確だと思うとき、事実経過が遺漏していて真相が伝わらないと思うとき、削除すべき部分があると思うときなどは、その旨を捜査官に申し立てます。供述者には訂正を申し立てる権利があり、捜査官はそのことを調書に記載しなければならないのです（刑訴223②・198④）。さらに、ど

うしても供述録取書の内容に納得できなければ署名押印しないこともできます。

　取調官は事実経過を知らないのですし、その能力にも差がありますから、正確な記載があるかどうかについて注意深く検討する必要があります。

75　検察官による起訴・不起訴処分は

Q　検察官は、告訴・告発がなされた事件について、どのような基準で起訴・不起訴を決めるのでしょうか。

A　検察官は、捜査の結果、犯罪が明らかとなった場合には原則として公訴の提起をしますが、犯人の性格、年齢及び境遇、犯罪の軽重その他の情状を考慮して、公訴を提起しないこともできます。

解　説

　検察官は、直接告訴状・告発状を受理した告訴・告発事件（直告事件）だけでなく、司法警察員が受理した告訴・告発事件も、検察官の下に送られ、検察官の目を通して捜査をした上で起訴するのか不起訴にするのかが決められます。

　検察官は、告訴・告発による事件について、公訴提起の義務を負っているわけではなく、「犯人の性格、年齢及び境遇、犯罪の軽重及び情状並びに犯罪後の情況により訴追を必要としないときは、公訴を提起しないことができる」（刑訴248）のであり、これを起訴便宜主義といいます（これに対して、法律で起訴するかどうかの基準を定めている制度を起訴法定主義といいます。）。

　また、告訴等に係る事実が真実であったとしても、その事実がもともと犯罪を構成しないときや、捜査の結果、犯罪の嫌疑がないことが明白となり、あるいは証拠不十分であるためその嫌疑が十分とは言えないときには「不起訴処分」で事件が終結します。「疑わしきは被告人の利益に」という法格言がありますが、捜査段階の被疑者に対する対応にも妥当するものであり、いわゆる「灰色」だが、裁判で有罪をとれるだけの証拠が揃っていないと検察官が考え、嫌疑不十分とされることもあり得ます。

　また、訴訟をする要件を欠く場合、例えば親告罪や告発を訴追要件とする罪の事件で、告訴や告発がなされず、あるいは取り消された場合や公訴時効が完成したときなども検察官は不起訴にします。

実務Q＆A編　第8章　告訴・告発後の手続　　83

76　処分結果を知る方法は

> **Q**　検察官が事件を起訴したかどうかは、告訴人・告発人に教えてもらえるのでしょうか。

A　検察官は、告訴・告発のあった事件について、起訴・不起訴の処分をしたときは、その旨を必ず告訴人・告発人に通知しなければなりません。告訴人・告発人からの照会に対しては回答する義務があります。

解　説

1　検察官による通知義務

　検察官は、公訴を提起し、又は提起しない処分をしたときは、速やかにその旨を告訴人・告発人に通知すべき義務を負います（刑訴260）。したがって、告訴人・告発人は事件処理の結果、裁判になったのかどうかという結論部分を知ることができます。

　そして、検察官は告訴人・告発人から請求があれば、告訴人・告発人に不起訴処分の理由を告げなければなりません（刑訴261。詳細は『77　不起訴理由の告知の程度とは』参照）。

2　通知の方法

　通知の方法は書面による必要はなく、口頭でもよいとされています（福岡地判昭49・8・12刑月6・8・942）が、実際には定型書式の「処分通知書」によって行われています。この通知は、告訴・告発人が複数の場合は全ての者に対してなされます。

　公務員職権乱用罪等の付審判請求の対象となる事件の場合は、この通知を受けた日が付審判請求の申立期間の起算点となるため、配達証明付き郵便で送付するなど、通知が到達した日が明確になるような措置が実際には取られています。

3　被害者等通知制度

　さらに、告訴人・告発人が被害者本人やその親族（内縁の配偶者など親族に準じる者も含まれます。）である場合には、それらの者やそれらの者が選任した代理人である弁護士が希望又は照会した場合、検察官は不相当な場合を除き、①起訴（公判請求、略式命令）、不起訴、家裁送致の事件の処理結果、②起訴した場合は裁判を行う裁判所名と裁判の日時、③裁判の結果、④起訴事実の要旨か不起訴事実の骨子、⑤被疑者・

被告人が勾留されているかどうか等の状況、⑥その他裁判経過等の事情を通知しなければなりません（被害者等通知制度実施要領3）。

4　その他の通知義務

　検察官は、事件を他の検察庁に送致した場合（いわゆる「移送」）にも告訴人等への通知をしなければなりません（以上につき、詳細は『**70　告訴・告発した後の事件の捜査は**』参照）。また、実務上、犯人や重要参考人の所在が当分判明する見込みがないときなどに、事件の捜査をいったん中断するための中止処分をした場合及び少年の事件を家裁に送致した場合にも、同様に通知をしています。

77　不起訴理由の告知の程度とは

> **Q**　検察官が告訴等がなされた事件を不起訴とした場合、不起訴理由を告訴人・告発人にどの程度まで告げられるのでしょうか。

A　告訴人・告発人に対しては、「起訴猶予」「嫌疑不十分」「罪とならず」などの裁定主文のみが伝えられます。

解　説

　検察官は、告訴人・告発人からの請求があった場合には、不起訴理由を告げなければなりません（刑訴261）。このような通知を受けることで告訴人・告発人は、不起訴になったときの検察審査会への審査請求や付審判請求等をすることを検討することが可能になります。

　しかし、告訴・告発事件は関係者の利害が複雑に絡み合い、あるいは対立関係にあることも多いため、具体的な理由を開示することで被告訴人・被告発人を含む事件関係者の名誉や秘密を害するなどの弊害が生じ得ることから、通知する内容は「起訴猶予」「嫌疑不十分」「嫌疑なし」「罪とならず」といった裁定主文のみであり、それで足りるとされています（名古屋高判昭58・8・10訟月30・3・508、東京高判昭61・5・28東高民報37・4〜5・39）。なお、不処分理由の告知方法は、法的には口頭でもよいのですが、実際には「不起訴処分理由告知書」という定型書式が用いられています。

　これに対し裁定理由について、法律では詳細な理由の告知は禁じられておらず、も

実務Ｑ＆Ａ編　第8章　告訴・告発後の手続　　85

しも「嫌疑不十分」とした理由の骨子が伝えられれば、告訴人・告発人が嫌疑を裏付ける新証拠を見つけ出し、検察官が再起（再度捜査に着手すること）し、起訴相当という判断をすることを導くことも可能なので、告知による弊害が回避できる場合にはこれを行うべきではないかという指摘もされています。

なお、告訴人・告発人が被害者やその親族等であれば、被害者等通知制度を用いて、不起訴裁定の理由の骨子の通知を受けることも可能です（詳細は『76　処分結果を知る方法は』参照）。

78　不起訴処分に不服があるときは

Q 告訴や告発をした事件が検察官によって不起訴になり、その決定に不服がある場合はどうすればよいのでしょうか。

A 検察審査会への審査申立てや上級検察庁の長に対する不服申立てのほか、一定の公務員犯罪については付審判請求ができます。

解説

1　検察審査会に対する審査申立て

告訴人・告発人は、例外的罪名もありますが、原則として不起訴の決定に不服がある場合、検察審査会に対する審査申立てをすることができます（検察審査会法30）。

検察審査会は、公訴権の実行に関して民意を反映させて適正を図ることを目的とした機関であり、検察官の不起訴処分の当否について判断します（検察審査会法2・4）。検察審査会は全国の地方裁判所とその支部の所在地に置かれており（検察審査会法1①）、各単位検察審査会は、選挙権を有する国民の中からくじ引きによって無作為抽出された11名の検察審査員（任期6か月）によって構成されています。手続の詳細については『79　検察審査会への審査申立ての手続は』及び『80　検察審査会で「起訴相当」となった場合は』を参照してください。

2　上級検察庁の長に対する不服申立て

上級検察庁の長に対して、監督権の発動を促すための不服申立てをすることも考えられます。詳しくは『81　上級検察庁の長に対する不服申立て』を参照してください。

86　　実務Q＆A編　第8章　告訴・告発後の手続

3　付審判請求

　公務員による職権濫用罪（刑193〜196）、公安調査官の職権濫用罪（破壊活動防止法45）、無差別大量殺人行為を行った団体の規制に関する法律42条、43条の罪について告訴・告発した者（告訴・告発を取り消した者は除きます。）は、検察官がした不起訴処分に不服があれば、その検察官所属の検察庁の所在地を管轄する地方裁判所に対して、事件を審判に付するよう請求することができます（付審判請求（刑訴262①））。詳しくは『82　付審判請求の手続は』及び『83　再度の告訴・告発は』を参照してください。

79　検察審査会への審査申立ての手続は

Q　告訴・告発をした事件が不起訴になったため、検察審査会に審査の申立てをしたいと思いますが、どのようにすればよいのでしょうか。

A　告訴人・告発人等は、理由を明示した申立書を提出することになりますが、空欄に記入すればよい申立書用紙が検察審査会に準備してあります。

解　説

1　検察審査会への申立てができる者

　被害者（被害者が死亡した場合にはその配偶者、直系親族又は兄弟姉妹（検察審査会法2））や告訴人・告発人らは、内乱罪（刑77〜79）や独占禁止法の罰則違反に係る事件を除き、検察官のした不起訴処分に不服があれば、その検察官の所属する検察庁の所在地を受け持つ検察審査会に、その処分の当否の審査を申し立てることができます（検察審査会法30）。告訴・告発が訴訟条件となっていない事件であっても、告訴人・告発人にはこのような申立ての権利が認められていますが、告訴・告発を取り消した者は含みません。

　なお、検察審査会への審査の申立ては代理人によることも可能ですが、必ず検察審査会への審査の申立てに関する一切の権限を委任する旨の委任状を添付して申立てをすることが必要になります。

2　申立ての手続

　審査は、告訴人・告発人、被害者などの利害関係者の申立てによって始まる場合と、

検察審査会の職権で始まる場合があります（検察審査会法2②③）。告訴人・告発人、被害者などの利害関係者からの申立ては、書面にその理由を明示してしなければなりません（検察審査会法31）が、空欄に記入すればよい申立書用紙が検察審査会に用意してあり、手続についても問い合わせると教えてもらえます。

　審査申立人は、検察審査会に対して意見書を提出し、あるいは参考となる資料を提出することができます（検察審査会法38の2）。

　検察審査会は、不起訴処分の当否について会議を開いて検討し（なお、会議は非公開）、「不起訴相当」「起訴相当」又は「不起訴不当」の議決をし（検察審査会法39の5①）、その議決の要旨を事務局の掲示板で公表するとともに、書面で審査申立人に対して通知をします（検察審査会法40）。

検察審査会の事件の受理・処理人員

年次	受理			処理					未済
	総数	申立て	職権	総数	起訴相当	不起訴不当	不起訴相当	その他	
平成25年	1,947	1,899	48	1,968	1	77	1,658	232	737
平成26年	2,080	2,043	37	2,019	9	114	1,670	226	798
平成27年	2,209	2,174	35	2,171	4	118	1,801	248	836
平成28年	2,191	2,155	36	2,343	3	101	2,023	216	684
平成29年	2,554	2,507	37	2,274	1	67	1,895	311	954

【注】　再審査請求事件を除きます。

　　　被疑者数による延べ人員です。

　　　「受理」は、新規受理人員であり、再審査事件を除きます。

　　　「起訴相当」、「不起訴不当」及び「不起訴相当」は、それぞれ、検察審査会法39条の5第1項1号、2号及び3号の各議決をいいます。

　　　「その他」は、申立却下、移送及び審査打ち切りです。

　　　「未済」は、各年12月31日現在の人員です。

〔平成30年版犯罪白書より〕

3 議決への不服申立て

検察審査会が不起訴処分が相当であるかどうかについてひとたび議決をした後は、告訴人らにおいて再度審査の申立てをすることは許されていません（検察審査会法32）。

80 検察審査会で「起訴相当」となった場合は

Q 検察審査会で「起訴相当」とされた場合は、その後事件はどうなりますか。

A 検察審査会で「起訴相当」と議決された事件については、強制的に起訴される場合があります。

解 説

1 検察官の再度の捜査と検察審査会

検察審査会において「起訴相当」「不起訴不当」の議決がなされた場合、検察官は再度捜査を行い、起訴するか不起訴とするかを検討します（検察審査会法41）。

「不起訴不当」の議決のあった事件は、検察官が再度不起訴処分にした場合には不服申立てはできず、手続が終了します（検察審査会法41の8）。

「起訴相当」と議決された事件について検察審査会は、再度捜査した検察官が不起訴とするか3か月以内（検察官が延長を要するとして期間を延長した場合は指定した期間）に検察官が起訴か不起訴の処分を決めなかった場合、弁護士である補助審査員を委嘱して法的な説明や助言を受けながら、再び審査を実施します（検察審査会法41の4）。そして、再び「起訴相当」の判断をした場合には、検察官に検察審査会議に出席して意見を述べる機会を与えた上、8人以上の多数で「起訴すべき議決」（検察審査会法41の6）がされると、裁判所から指定された弁護士（指定弁護士）が起訴及び公判の維持を行うことになります（検察審査会法41の9・41の10）。かつては検察審査会の議決には拘束力はありませんでしたが、刑事事件への民意反映という司法制度改革の一環としてこのような強制起訴制度が認められました。平成22年1月27日、明石花火大会歩道橋事故についての業務上過失致死傷事件について明石警察署の元副署長が起訴された例を皮切りに、強制起訴の例が出てきています。

2　指定弁護士の活動

　指定弁護士の活動は、起訴議決があった事件において検察官の職務を行います。起訴に当たっては、事情聴取を行うなどして証拠の収集に当たることが可能です。また、起訴後は公判前整理手続などの公判の準備のための活動や公判での冒頭陳述、論告といった意見陳述や証拠請求、証人尋問などの手続を行います。

起訴相当・不起訴不当議決事件　事後措置状況（原不起訴理由別）

年次	措置済総人員				原不起訴処分											
					起訴猶予				嫌疑不十分				その他			
	総数	起訴	不起訴維持	起訴率	総数	起訴	不起訴維持	起訴率	総数	起訴	不起訴維持	起訴率	総数	起訴	不起訴維持	起訴率
平成25年	112	16	106	13.1	34	4	30	11.8	68	12	56	17.6	20	—	20	—
平成26年	114	14	100	12.3	25	7	18	28.0	77	7	70	9.1	12	—	12	—
平成27年	121	20	101	16.5	16	7	9	43.8	103	13	90	12.6	2	—	2	—
平成28年	66	13	53	19.7	14	3	11	21.4	49	10	39	20.4	3	—	3	—
平成29年	85	5	80	5.9	6	2	4	33.3	79	3	76	3.8	—	—	—	…

【注】　「起訴相当」及び「不起訴相当」は、それぞれ、検察審査会法39条の5第1項1号及び2号の各議決をいいます。

　　　　「総数」、「起訴」及び「不起訴維持」は、被疑者数による延べ人員です。

　　　　「起訴猶予」、「嫌疑不十分」及び「その他」は、原不起訴処分の理由です。「その他」は、嫌疑なし、罪とならず、刑事未成年、心身喪失、時効完成等です。

〔平成30年版犯罪白書より〕

81 上級検察庁の長に対する不服申立て

Q 告訴・告発をした事件が検察官によって不起訴になり、その決定に不服がある場合、上級検察庁に不服申立てをすることができますか。

A 法律の明文はありませんが、請願の一種として受理されています。

解　説

　検察官のした不起訴処分に対しては、行政不服審査法による不服申立てはできません（行政不服審査法4①六）が、不服がある者は、その検察官の所属する検察庁の上級検察庁（例えば、地方検察庁の上級検察庁であれば高等検察庁）の長に対し不服を申し立てて監督権の発動を促すことが可能です。不服申立て制度について法律上の明文はありませんが、請願の一種として取り扱われ、このような不服申立てがなされると上級検察庁はこれを受理し、不起訴処分の当否について再考するなどの取扱いがされています（事件事務規程（平30・4・27法刑総訓3）191）。

　上級検察庁の長は不服申立事件を再審査した結果、起訴すべき理由が認められる場合は、下級検察庁の長に対して起訴を指揮し、理由がないと判断した場合は申立てを棄却します。また、上記規程に基づき、審査の結果を申立人に通知することとされています。

82 付審判請求の手続は

Q 公務員による犯罪について告訴や告発をした事件が検察官によって不起訴になった場合、どのような手段がありますか。

A 一定の公務員犯罪については付審判請求ができます。

解　説

1　付審判請求手続が可能な事件

　公務員による人権侵害が行われた職権濫用罪（刑193~196）又は公安調査官の職権濫

実務Q＆A編　第8章　告訴・告発後の手続　　91

用罪（破壊活動防止法45）などについて告訴・告発した者（告訴・告発を取り消した者は除きます。）は、検察官がした不起訴処分に不服があれば、その検察官所属の検察庁の所在地を管轄する地方裁判所に事件を審判に付するよう請求することができます（付審判請求（刑訴262①））。地方裁判所が付審判請求に理由があると認めて事件を管轄地方裁判所の審判に付する決定（刑訴266二）をすると、事件について起訴があったのと同様に扱われる（刑訴267）ので、「準起訴手続」とも言われます。準起訴があると公訴時効は進行を停止します（刑訴254①）。

　付審判請求は、検察審査会への審査申立てと併行して行うことができると解されています。

2　付審判請求の申立手続

　付審判請求ができる者は、告訴人又は告発人です。代理人が請求することができるかどうかの明文はありませんが、判例上可能とされています（最決昭24・4・6刑集3・4・469）。

　付審判請求は、刑訴法260条の通知を受けた日から7日以内に、不起訴処分をした検察官に対し請求書を提出する必要があります（刑訴262②）。そして、この請求書には審判に付せられるべき事件の犯罪事実とその証拠を記載することが求められます（刑訴規169）。

【刑訴法262条による付審判請求書例】

事件名　公務員職権濫用被疑事件
被疑者　乙川二郎

付　審　判　請　求　書

令和○年○月○日

A地方裁判所　御中

住　居　A県B市C町○丁目○番○号
職　業　飲食店経営
甲　山　一　郎　㊞
平成○年○月○日生

第1　付審判請求の趣旨
　　申立人は、令和○年○月○日、被疑者乙川二郎を公務員職権濫用罪で告訴したところ、令和○年○月○日、A地方検察庁検察官丙野三郎から公訴を提起しない旨の通知を受けたが、この不起訴処分に不服があるので、刑事訴訟法第262

条により、事件を審判に付することを請求する。

第2　申立ての理由【注】

1　申立人と被害者との関係

　　申立人は、肩書住居地に長女甲山春子（当時13歳。平成○年○月○日生）と2人で居住し、同女の親権を行っているものである。

2　申立人が被害を知った状況

　　春子と申立人間でちょっとした諍いが有り、同女は数日間家出をしていたものであるが、令和○年○月○日、C児童相談所の職員乙川二郎に付き添われて帰宅した。申立人はその翌日、春子に家出後の行動を尋ねたところ、同女は、前記乙川から性的被害を受けたことを泣きながら告げ、被害を受けたときには恥ずかしく、怖くてたまらなかったと話した。

　　申立人はこれを聞いて大変驚いたが、万一春子が嘘をついていたらいけないと思い、その後、さらに春子から詳しく事情を聞き出すとともに、前記C児童相談所に問い合わせたり、乙川に会って問い詰めるなどしたところ、同人は、言葉を濁すところはあったものの、春子の話したとおりの事実があったことをほぼ認め、金銭で穏便に済ませて欲しいと申し出たので、申立人は春子が次に記載するとおりの被害を受けたことを確信するに至った。

3　審判に付すべき事実

　　被疑者乙川二郎は、A県事務職員としてA市D町○丁目○番○号所在のC児童相談所に勤務し、児童の資質鑑別などに関する職務に従事しているものであるが、令和○年○月○日、同相談所鑑別室において、児童である甲山春子（当時13歳。平成○年○月○日生）を鑑別するに当たり、同資質鑑別に仮託して、同女にズボンとパンツを脱ぐよう要求し、同女の陰部を露出させ、もってその職権を濫用して同女に義務のないことを行わせたものである。

4　結　論

　　以上のとおり、被疑者乙川の犯罪事実は明らかであり、かつ犯情に照らして起訴相当であるので、審判請求の要旨記載のとおりの裁判を求める。

第3　証拠

1　告訴状（写し）　　　　　　1通

2　甲山春子作成の上申書　　　1通

3　甲山一郎作成の上申書　　　1通

4　乙川二郎の名刺　　　　　　1通

5　戸籍謄本　　　　　　　　　1通

6　乙川二郎の甲山一郎宛メール　1通

実務Q＆A編　第8章　告訴・告発後の手続　　93

```
    7　その他、申立人をお調べの際、詳細に申し上げます。


                                                        以　　上
```

【注】　「審判に付する事実」という見出しでも差し支えありません。

3　付審判請求後の手続

　付審判請求は、その請求に対する裁判所の決定（刑訴266-二）が通知されるまでの間は取り下げることができます（刑訴263①）が、取り下げた人は、請求を取り下げるとその事件について再度付審判請求をすることができなくなります（刑訴263②）。請求の取下げは書面で行います（刑訴規170）。

　付審判請求書の提出を受けた検察官は、起訴を相当とする理由があると認めるときは公訴提起の義務を負います（刑訴264）。

　付審判請求についての受理状況等は以下のとおりです。

付審判請求手続事件の受理・処理件数

	新規受理総数	処　理		
		総数	棄却決定等	付審判決定
平成27年	271	228	228	0
平成28年	404	312	312	0
平成29年	684	464	463	1

【注】　棄却決定等とある部分は請求の取下を含みます。

〔平成28～30年版犯罪白書より〕

　現行刑事訴訟法施行後の昭和24年から平成29年までの間に付審判請求があり、公訴の提起があったとみなされた事件の裁判が確定した者の人員は21人であり、9人が有罪（自由刑8人、罰金刑1人）、12人が無罪（免訴を含みます。）を言い渡されています（平成30年版犯罪白書）。

83 再度の告訴・告発は

Q 告訴・告発した事件が不起訴になったとき、再度告訴・告発をすることは可能ですか。また、検察審査会での不起訴相当の議決や付審判請求を棄却する決定があった事件に対して、再度告訴・告発をすることはできるでしょうか。

A 再度の告訴・告発をすること自体は可能ですが、その結果不起訴となったときに、検察審査会に再度の申立てをすることや不審判請求をすることは困難です。

解　説

　告訴・告発をした事件が不起訴となった場合に、再度の告訴をすることを禁じる規定はありません。しかし、同一の被疑事実について告訴・告発をしたとしても、新しい証拠が提出されるなどの事情変更が認められるような事情がない限りは、検察官は再度不起訴の判断をすることになるでしょう。

　検察審査会で議決があった事件について、再度告訴・告発をすること自体は禁じられていませんが、更に不起訴となったとき、同一事件について更に検察審査会に対して審査の申立てをすることはできません（検察審査会法32）。

　同様に、付審判請求が棄却されたとき、再度告訴・告発をすること自体は禁じられていませんが、更に不起訴となったときには、申立てを行ったとしても、付審判請求棄却の判断は検察官の不起訴処分が正当だったと裁判所が確認したことですから、事情変更と認められるような余程の理由がない限りは、同一事実についての二重の判断を裁判所に求めるものとして不適法な申立てとされます（付審判請求について、東京地判昭55・9・5判時1020・140）。

84 事件が起訴になった場合の告訴人・告発人の関与は

Q 告訴や告発をした事件が起訴となった場合、告訴や告発した人は事件に関わりがなくなるのでしょうか。

A 捜査官に事情を聞かれ、証人として出廷することもありますし、被害者給付を受け、損害賠償命令を申し立てるなど、被害者としての救済手

実務Q＆A編　第8章　告訴・告発後の手続　95

続を申し立てることもできます。

解　説

1　裁判の立証に関連した関わり

　告訴人・告発人は、事件について詳しく知っている者である場合が多いため、起訴後であっても捜査の必要が出てきたときには事情聴取を受ける場合があります。

　また、被告人が事実関係について争う場合などは、証人として出廷しなければならない場合もあります。告訴人・告発人が証人として出廷する場合には、検察官が裁判の準備のために証人に対して事実確認（「証人テスト」と言われています。）を行うのが通常です（刑訴規191の3）。

　告訴事件の中には性犯罪も含まれていますが、そのような被害者が証人となるときには、不安を和らげるためのカウンセラー等を証人付添人として証言の間中付き添わせることが可能です（刑訴157の4）。また、証人にとって被告人や傍聴人の存在自体が精神的圧迫になると認められる場合は、被告人又は傍聴人との間に衝立などの遮へい措置を採ること（刑訴157の5）や別室で映像と音声の送受信を行う方法でのビデオリンク方式による証人尋問を行うこと（刑訴157の6）も可能です。

　一方、証人となった場合には、証言することによって証人自身やその一定の近親者が刑事訴追を受けるおそれ（既に起訴されていれば有罪判決を受けるおそれ）があること以外は証言を拒むことができません（刑訴146・147）。正当な理由がなく召喚に応じないとき又は応じないおそれがあるときは、裁判所は証人を拘引して出頭を強制（つまり、留置場や拘置所に証人を拘束して裁判所に連れて行く（刑訴152・153）。）することができますし、さらに、出頭しないことにより懲役又は罰金を科されたり（刑訴151）、過料に処せられたり、費用の賠償を命じられることがあります（刑訴150）。また、記憶していることに反することを証言すると偽証罪になることもあります（刑169）。

　証人や参考人として供述したことで万一生命・身体に害を加えられた場合には、民事訴訟で損害の賠償を求めることもできますが、「証人等の被害についての給付に関する法律」に基づいて国からの給付を求めることができる場合もあります。刑事裁判の証人・参考人となった者が裁判所や捜査機関に対して供述をし、又は供述の目的で出頭し、あるいは出頭しようとしたことによって、証人・参考人自身やその近親者（配偶者、直系血族、同居の親族）が受けた被害に対して、療養費用の給付、介護給付、遺族給付等が受けられることがあります（同法3・5等）。

　また、告訴人が被害者やその遺族である場合には、被害に関する心情その他被告事

件に関する意見を述べること等が可能です（刑訴292の2①）。これは犯罪を立証するのではなく、被害者の処罰感情などの意見であり、「心情意見陳述」とも言われます。

2　被害者参加

　告訴人・告発人が故意の犯罪行為によって人が死傷した事件の被害者やその遺族である場合には、参加の申出をすると、それが相当と認められれば、裁判への参加が許されます（刑訴316の33）。具体的には、刑事手続に直接参加し、裁判に出席し（刑訴316の34）、情状事項について証人尋問（刑訴316の36）・被告人質問（刑訴316の37）ができ、さらに求刑意見を含む意見陳述をする（刑訴316の38）ことが可能ですし、手続を弁護士に委託することも可能です（刑訴316の33）。

3　証拠物の返還

　捜査機関が、訴訟のためには必要のない証拠物を返還するために告訴人・告発人を呼び出したり、照会をかけてくることがあります。

4　被害の補填

　告訴人・告発人が被害者やその遺族である場合は、被害の補填を求めるための手続を取ることが可能です。

　被害者やその遺族は、通常の民事訴訟手続で損害賠償請求ができますが、それだけでなく、故意の犯罪行為によって人を死傷させた罪（未遂を含みます。）や強制わいせつなどの性犯罪等については、刑事事件の手続を利用して比較的簡便に被害回復の措置を採ることが可能です。刑事事件の弁論の期日までに損害賠償命令を申し立て（犯罪被害保護23）ますが、申立書には請求の趣旨や損害の内訳を記載します。審理は、有罪判決言渡し直後にその法廷で第1回審理が行われ、審理の回数は原則4回とされています（犯罪被害保護30）。この裁判には当事者双方が異議を申し立てることができ、その場合は通常裁判に移行しますが、異議がなければ、損害賠償命令は確定判決と同一の効力を持ちます（犯罪被害保護33）。

　また、告訴・告発に係る事件が他人から故意に生命・身体に危害を加えられた事件の場合には、国からの給付を受けることも可能です（犯罪被害者等給付金の支給等による犯罪被害者等の支援に関する法律）。被害者が重傷病になった場合の重傷病給付金、被害者に重度の後遺障害が残ったときの障害給付金、被害者が死亡したときの遺族給付金があります。

実務Q＆A編　第8章　告訴・告発後の手続　　97

5　協議・合意制度と司法免責

　組織犯罪の内部告発などの場合には、告発した者が共犯関係にたつ場合があります。

(1)　協議・合意制度

　　「協議・合意制度」という、検察官と被疑者・被告人及びその弁護人が協議し、被疑者・被告人が他人の刑事事件の捜査・公判に協力するのと引き換えに、自分の事件を不起訴又は軽い求刑にしてもらうことなどを合意する制度があります（刑訴350の2〜350の15）。この制度は、被疑者や被告人（以下、「被疑者等」といいます。）が、組織的な犯罪において中心的な役割を担った他人の犯罪を明らかにするため、検察官等に対して、そのような犯罪を明らかにするための供述をすることや証拠を提出することといった、協力行為の見返りに、検察官がそのような者の起訴を見送ること（不起訴処分）や起訴された場合でも軽い求刑をすることを約する制度です。このような制度の適用がある主な犯罪類型には、強制執行妨害、競売等妨害、公文書偽造、虚偽公文書作成等、贈収賄、詐欺、恐喝、横領、背任、金融商品取引法違反、大麻取締法違反、覚せい剤取締法違反、麻薬及び向精神薬取締法違反、銃砲刀剣類所持等取締法違反といったものがあります（刑訴350の2②）。合意に向けた協議を行うのは、検察官と、弁護人及び被疑者等（刑訴350の4）です。内部告発者が共犯関係にあるような場合には、告発前から充分に弁護士との相談をし、告発後の捜査に対応できる弁護人の選任を準備しておく必要があるでしょう。協議の結果、合意ができた場合には、検察官、弁護人、被疑者等が連署して合意内容書面を作成します。検察官側が合意に違反して公訴提起等をした場合（刑訴350の2①二イ〜ニ・ヘ・ト）には、公訴棄却の判決（刑訴350の13）がされますし、協議で行った供述、合意によって得られた証拠は証拠能力を持ちません（刑訴350の14）。逆に、被疑者等側が虚偽の供述をした場合には刑事罰が科されます（刑訴350の15）。

(2)　司法免責

　　また、犯罪に関わった人が証人となった場合、自分自身が刑事訴追を受け、又は有罪判決を受けるおそれがある場合には、証言を拒否する権利を持っていますが（憲法38①、刑訴146）、検察官は、証人の証言の重要性や犯罪の重大性、情状その他の事情を考慮して、証人自身の事件で、証言や証言に基づいて得られた証拠を不利益な証拠として使わないという免責をすることで、証言拒否権を行使できる事件でも証言をするという条件を付して証人尋問請求をし（刑訴157の2①）、あるいは、証言を拒んだときに同様の条件を付してその後の尋問を続けることを求める（刑訴

157の3①）ことができます。このような請求ができる場合には、裁判所は、証人の尋問すべき内容について証人が刑事訴追を受け、又は有罪判決を受けるおそれがある事項が含まれないと明らかに認められる場合を除いては、上記の条件により証人尋問を行う旨の決定をし（刑訴157の2②）、あるいは、その後の尋問を上記の条件で行う旨の決定をします（刑訴157の3②）。免責決定がされると、自己負罪証言であっても、これを拒むことができませんし、証言拒絶による過料の制裁等（刑訴160①）や証言拒絶罪（刑訴161）の対象となります。

6 　訴訟費用負担の可能性

『68　告訴・告発をしたことによる訴訟費用の負担は』で記載したとおり、告訴・告発をした事件で被告人が無罪又は免訴の判決（刑訴336・337）を受けた場合、告訴人・告発人に故意又は重大な過失が認められるときは、その裁判に要した訴訟費用の支払いが命じられることがあります（刑訴183）。

文例編

100

文例編　文例目次　　　101

文 例 目 次

第1章　告訴状・告発状の書き方　　　ページ

【モデル文例1】基本文例……………………………………………128

【モデル文例2】共同正犯の例………………………………………130

【モデル文例3】教唆犯の例…………………………………………131

【モデル文例4】幇助犯の例 ── 窃盗に使用することを知りながら、
　　ドライバー等を貸与した事例……………………………………132

【モデル文例5】身分犯の例…………………………………………133

【モデル文例6】未遂罪の例…………………………………………134

【モデル文例7】併合罪の例 ── 2件の窃盗行為を行った事例……………135

【モデル文例8】牽連犯の例…………………………………………136

【モデル文例9】別紙目録の利用の例………………………………137

第2章　刑法の罪に関する文例
〔個人的法益に対する犯罪〕
第1　殺人の罪

【モデル文例10】殺人罪 ── 口論の上、とっさに殺意を抱き、被害者
　　の頸部を両手で絞めつけて殺害した事例…………………………139

【モデル文例11】殺人予備罪 ── 交際中の女性から交際を断られたこ
　　とに恨みを持ち、同人を刺し殺す目的で、出刃包丁を隠し持ち、待
　　ち伏せした事例……………………………………………………140

【モデル文例12】殺人未遂罪 ── 交際中の女性から交際を断られたこ
　　とに恨みを持ち、同人を出刃包丁で刺し殺そうとしたが、目的を達
　　しなかった事例……………………………………………………142

第2　傷害の罪

【モデル文例13】傷害罪① ── 知人方を訪問中相手に立腹し、握り拳
　　で殴打し、腹部を足蹴にするなどの暴行を加えて負傷させた事例…………144

【モデル文例14】傷害罪② ── 同棲中の相手方の子供に対し、虐待行
　　為を行った事例……………………………………………………145

【モデル文例15】傷害罪③ ── 隣家に向けて騒音を鳴らし、隣家の者
　　に睡眠障害等の傷害を与えた事例…………………………………146

【モデル文例16】傷害致死罪 ―― 共に飲酒した仲間と口論した末、同人を殴ったり蹴飛ばしたりし、その結果死亡させた事例……………………147

【モデル文例17】暴行罪 ―― 自動車の接触がどちらの責任であるかを巡って口論となり、右手拳で相手方の左頬部を1回殴った事例………………149

第3　過失傷害の罪

【モデル文例18】過失傷害罪 ―― 公園でキャッチボールをしていて付近の幼児に送球を命中させ負傷させた事例………………150

【モデル文例19】業務上過失致死罪 ―― 作業事故により作業員を死亡させた事例………………152

【モデル文例20】重過失傷害罪 ―― 多数人が集まっている公園で犬を鎖から放した過失により、犬が幼児に噛みつき、負傷させた事例……………153

第4　遺棄の罪

【モデル文例21】保護責任者遺棄致死罪 ―― 分娩後間もない子供を母親が遺棄して死亡させた事例………………156

第5　逮捕・監禁の罪

【モデル文例22】逮捕罪 ―― 暴走族から脱退しようとした者をロープで両手を縛り、逮捕した事例………………157

【モデル文例23】監禁罪 ―― 暴力団の組員2名が、共謀の上、貸付金の取立てに関連して、債務者の親族を監禁した事例………………158

【モデル文例24】逮捕監禁致傷罪 ―― 暴行を加えるなどして自動車内に監禁した者をさらにビルの居室に連れて行って監禁し、傷害を負わせた事例………………160

第6　脅迫の罪

【モデル文例25】脅迫罪① ―― 飲食店の店員に因縁をつけて脅迫した事例………………162

【モデル文例26】脅迫罪② ―― 交際していた女性に交際中に撮影した裸体の写真を添付したメールを送信して脅迫した事例………………163

文例編　文例目次　　103

【モデル文例27】強要罪 —— 詐欺罪で警察に訴えられたことから、逆
　　に相手方の悪事を警察に申告する旨申し向けて脅迫し、同人に、詐
　　取した商品の代金相当額の金銭を受領した旨の領収証を作成させた
　　事例……………………………………………………………………164

第7　略取・誘拐及び人身売買の罪

【モデル文例28】未成年者略取罪 —— 母の監護下にある幼児を、別居
　　中の父が連れ去った事例……………………………………………167

【モデル文例29】わいせつ目的誘拐罪 —— 下校途中の少女をわいせつ
　　行為の目的で誘拐した事例…………………………………………168

第8　わいせつ・強制性交等の罪

【モデル文例30】強制わいせつ罪① —— 一人歩きの女性を襲って暴行
　　を加え、わいせつ行為をした事例…………………………………171

【モデル文例31】強制わいせつ罪② —— 路上で見かけた13歳未満の女
　　児にわいせつ行為をした事例………………………………………171

【モデル文例32】強制性交等罪 —— 通行中の女性に暴行・脅迫を加え、
　　駐車場に連れ込み性交をした事例…………………………………173

【モデル文例33】住居侵入罪・準強制わいせつ未遂罪 —— 他人方に侵
　　入した上、熟睡中の女性にわいせつな行為をしようとして未遂に終
　　わった事例……………………………………………………………176

【モデル文例34】監護者わいせつ及び監護者性交等罪 —— 母親の内縁
　　の夫が未成年の子に口腔性交等をした事例………………………177

【モデル文例35】強制性交等未遂罪 —— 脅迫して肛門性交をしようと
　　して未遂に終わった事例……………………………………………178

【モデル文例36】強制性交等致傷罪 —— 暴行を加えて強制性交等しよ
　　うとしたが未遂に終わり、その際負傷させた事例………………179

第9　住居を侵す罪

【モデル文例37】住居侵入罪 —— 窃盗目的で人家に侵入した事例………182

【モデル文例38】建造物侵入罪 —— 窃盗目的で工場に侵入した事例………183

【モデル文例39】不退去罪 —— 学習教材のセールスマンが訪問先の主
　　婦から退去を求められながら応じなかった事例…………………184

第10　秘密を侵す罪

【モデル文例40】信書開封罪　―― 同居人宛に郵送された封書を開封した事例……………………………………………………………………185

【モデル文例41】秘密漏示罪　―― 医師が患者の秘密を他人に話した事例…………………………………………………………………………186

第11　名誉に対する罪

【モデル文例42】名誉毀損罪①　―― 窃盗事件の犯人である旨放言して他人の名誉を毀損した事例……………………………………………189

【モデル文例43】名誉毀損罪②　―― 事実無根の内容をインターネットのブログに掲載して他人の名誉を毀損した事例…………………190

【モデル文例44】侮辱罪　―― 会議の席上でPTA会長を侮辱した事例…………191

第12　信用・業務に対する罪

【モデル文例45】信用毀損罪　―― 同業者の懇親会の席上、欠席同業者につき虚偽の事実を語って信用を毀損した事例……………………193

【モデル文例46】業務妨害罪　―― 多数回の電話をかけることにより電話の発着信を困難にさせ、偽計により業務を妨害した事例………194

【モデル文例47】威力業務妨害罪①　―― インターネット掲示板に殺人予告をし、授業中止など学校の業務を妨害した事例………………195

【モデル文例48】威力業務妨害罪②　―― 営業中の飲食店内で大声を出し、灰皿を洋酒棚に投げつけるなどして営業を中断させた事例………196

【モデル文例49】電子計算機損壊等業務妨害罪　―― 株式情報提供業者のホームページ内の株式情報画像を消去した上、異なったものに置き換えて同業務を妨害した事例…………………………………………197

第13　窃盗及び強盗の罪

【モデル文例50】窃盗罪①　―― 他人の居室で金品を窃取した事例………………200

【モデル文例51】住居侵入罪・窃盗罪　―― 住居に侵入して、貴金属類を窃取した事例……………………………………………………………………201

【モデル文例52】窃盗罪②　―― 従業員が店の品を持ち逃げした事例……………202

【モデル文例53】窃盗罪③　―― いわゆる万引きの事例………………………………202

【モデル文例54】窃盗罪④ —— 2人共同で、自動車・鉄材を窃取した事例……………………………………………………………………………… 203

【モデル文例55】窃盗罪⑤ —— 会社の機密情報が保存された磁気ディスクを窃取した事例…………………………………………………………………… 204

【モデル文例56】窃盗罪⑥ —— 他人のキャッシュカードを不正に使用して銀行のATM機から現金を引き出した事例………………………………… 204

【モデル文例57】窃盗未遂罪 —— 他人方での窃盗未遂の事例……………………… 205

【モデル文例58】不動産侵奪罪 —— 他人の空地に住宅を建築した事例………… 206

【モデル文例59】強盗罪 —— 民家の主婦に暴行・脅迫を加えて金品を強取した事例………………………………………………………………………… 207

【モデル文例60】強盗利得罪 —— いわゆるタクシー強盗の事例………………… 208

【モデル文例61】事後強盗罪 —— 窃盗の途中で家人に発見されて、逮捕を免れるために暴行を加えた事例……………………………………… 210

【モデル文例62】昏酔強盗罪 —— 客にウォッカを飲ませて昏酔状態に陥れ、クレジットカード等を抜き取り盗取した事例……………… 211

【モデル文例63】強盗致傷罪 —— 民家の主婦に暴行・脅迫を加えて金品を強取した際負傷させた事例…………………………………………… 212

【モデル文例64】住居侵入罪・強盗・強制性交等罪 —— 窃盗犯が家人に発見され、強盗・強制性交を行った事例………………………… 213

第14　詐欺及び恐喝の罪

【モデル文例65】詐欺罪① —— 知人からのいわゆる借用詐欺の事例…………… 216

【モデル文例66】詐欺罪② —— ホテルに数日間宿泊しながらその間の飲食代金・宿泊料を支払わなかった無銭宿泊の事例…………………… 217

【モデル文例67】詐欺罪③ —— 他人名義のクレジットカードを不正使用した詐欺の事例…………………………………………………………………… 218

【モデル文例68】詐欺罪④ —— いわゆるオレオレ詐欺（振り込め詐欺）の事例……………………………………………………………………………… 220

【モデル文例69】詐欺罪⑤ —— 処分権限のない土地をその権限があるように装って担保に入れ、借入金名下に現金を詐取した事例………… 221

【モデル文例70】詐欺罪⑥ —— 納品数量や金額の水増しをして、その代金名下に小切手を詐取した事例………………………………………… 222

【モデル文例71】詐欺罪⑦ —— いわゆる取込み詐欺の事例……………………………223

【モデル文例72】詐欺罪⑧ —— 交通事故を装った保険金詐欺の事例……………224

【モデル文例73】詐欺罪⑨ —— いわゆる結婚詐欺の事例……………………………226

【モデル文例74】詐欺罪⑩ —— インターネットを利用した詐欺の事例…………228

【モデル文例75】詐欺罪⑪ —— 未公開株を利用した詐欺の事例…………………229

【モデル文例76】詐欺未遂罪 —— 買受名下に土地を詐取しようとして
　未遂に終わった事例………………………………………………………………229

【モデル文例77】電子計算機使用詐欺罪 —— 銀行のオンラインシステ
　ムのコンピュータに、外部からパソコンを利用して電話回線を通じ
　アクセスして虚偽情報を与え、預金残高を増加させた事例……………232

【モデル文例78】恐喝罪① —— 他人の異性関係を種に恐喝した事例……………235

【モデル文例79】恐喝罪② —— 新聞紙上などに暴露記事を掲載するな
　どして会社の信用を失墜させるような言動を示して恐喝した事例……………236

【モデル文例80】恐喝罪③ —— 債権取立てに名を借りて恐喝した事例…………237

【モデル文例81】恐喝未遂罪 —— 他人の犯罪事実に因縁を付けて恐喝
　しようとしたが、未遂に終わった事例………………………………………238

第15　横領・背任の罪

【モデル文例82】横領罪① —— 割賦購入した高級腕時計を代金完済前
　に売却処分した事例………………………………………………………………240

【モデル文例83】横領罪② —— 売却依頼を受けた貴金属を、金融業者
　からの借入れの担保に供した事例……………………………………………241

【モデル文例84】横領罪③ —— 所有地を売却後、買主に移転登記をし
　ないうちに、借入金の貸主のために同土地に根抵当権設定登記をし
　た事例………………………………………………………………………………241

【モデル文例85】業務上横領罪① —— 集金業務の担当者が集金した現
　金・小切手を横領した事例……………………………………………………243

【モデル文例86】業務上横領罪② —— 経理担当者がコンピュータを操
　作して会社の資金を横領した事例……………………………………………244

【モデル文例87】遺失物横領罪 —— 路上で拾得した携帯電話を横領し
　た事例………………………………………………………………………………245

【モデル文例88】背任罪① —— 事業協同組合の組合長が組合の定款に
　反する不正貸付けをした事例…………………………………………………247

【モデル文例89】背任罪② ── コンピュータ会社でコンピュータの操作などを担当する者が、共謀して会社の業務外で他人用にプログラム入力した事例 ··· 248

【モデル文例90】背任罪③ ── 先順位として根抵当権設定に協力すべき相手方を差し置いて、後順位となるべき者に先に根抵当権設定登記をさせた事例 ··························· 249

第16 盗品等に関する罪

【モデル文例91】盗品等無償譲受け罪 ── 盗品と知りながらこれをもらい受けた事例 ······································· 251

【モデル文例92】盗品等保管罪 ── 金融業者が、横領品かもしれないと思いながら貴金属を担保として預かった事例 ··············· 253

【モデル文例93】盗品等有償譲受け罪 ── 中古本・中古家電販売店が、盗品かもしれないと思いながらこれを買い受けた事例 ········· 254

【モデル文例94】盗品等有償処分あっせん罪 ── 恐喝により入手したかもしれないと思いながら、その売却の周旋をした事例 ············· 255

第17 毀棄・隠匿の罪

【モデル文例95】公用文書毀棄罪 ── 収税官吏作成の差押え調書謄本を引き裂いた事例 ································· 257

【モデル文例96】私用文書毀棄罪 ── 自分が差し入れた借用証書を貸主の妻に見せてもらったその場で破るなどした事例 ········· 258

【モデル文例97】建造物損壊罪 ── 公園内の公衆便所の外壁にスプレー式ペンキを吹きつけ「反戦」等と大書した事例 ··········· 259

【モデル文例98】器物損壊罪 ── 他人方の玄関ガラスや玄関前の自動車のフロントガラスなどを割った事例 ················· 260

【モデル文例99】動物傷害罪 ── 他人の飼い犬を殺害した事例 ·········· 261

【モデル文例100】境界損壊罪 ── 隣接地の境界に植えてあった杉の木を引き抜いたり、境界線を除去した事例 ··············· 263

【モデル文例101】信書隠匿罪 ── 他人宛の封書を隠した事例 ············ 264

〔社会的法益に対する犯罪〕

第18　放火・失火の罪

【モデル文例102】現住建造物等放火罪 —— ベニヤ製板壁に火を点け
て人家を全焼させた事例……………………………………………266

【モデル文例103】非現住建造物等放火罪 —— 物置小屋に火を点けて
全焼させた事例……………………………………………………268

【モデル文例104】建造物等以外放火罪 —— アパートの窓の外の駐車
車両のボディーカバーに火を点けるなどした事例……………………269

【モデル文例105】建造物等延焼罪 —— 自己所有の着衣を燃やすため
火を点けたところ、燃え移って付近の物置小屋を全焼させた事例…………271

【モデル文例106】現住建造物等放火未遂罪 —— 学校の教室（宿直室
等に接続）に火を点けたが、発見・消火されて未遂に終わった事例…………272

【モデル文例107】放火予備罪 —— 自宅を燃やそうとして居間などに
灯油を散布するなどした事例………………………………………274

【モデル文例108】業務上失火罪 —— 建物の2階で鉄パイプの溶断作業
をした際、溶断塊を階下の可燃物に落下させて建物を燃した事例…………276

第19　爆発物・危険物に関する罪

【モデル文例109】重過失激発物破裂罪 —— プロパンガスのコックの
開閉状態の点検を怠った重大な過失により、屋内に漏れ出たガスに
冷蔵庫の電気火花が引火してガス爆発を起こした事例……………………279

第20　往来を妨害する罪

【モデル文例110】往来妨害罪 —— 道路上に大量の土砂をうず高く投
棄した事例……………………………………………………………281

【モデル文例111】往来危険罪 —— 鉄道線路上に自転車を投げ入れて
放置した事例…………………………………………………………282

【モデル文例112】過失往来危険罪 —— 自動車運転者が踏切で一旦停
止を怠るなどして、接近した電車に自動車を衝突させた事例…………………284

第21　文書偽造の罪

【モデル文例113】（有印）公文書偽造罪・同行使罪① —— 区役所職員
が区長名義の領収書を偽造した上行使した事例………………………………286

【モデル文例114】（有印）公文書偽造罪・同行使罪② —— 自己名義の
　健康保険証の白黒コピーを改ざんしたものをファクシミリにセット
　し、その画像データを送信して端末機の画像に表示させて相手方に
　提示した事例……………………………………………………………287

【モデル文例115】虚偽公文書作成罪 —— 市立の給食センター所長と
　職員が共謀の上、職務に関し、内容虚偽の注文書を作成した事例…………288

【モデル文例116】電磁的公正証書原本不実記載罪・同供用罪 —— 偽
　装結婚のための婚姻届をした事例………………………………………290

【モデル文例117】（有印）私文書偽造罪・同行使罪・電磁的公正証書原
　本不実記載罪・同供用罪 —— 他人名義の住民異動届を偽造・行使
　して、住民基本台帳に虚偽内容を記載させた事例…………………292

【モデル文例118】（有印）私文書偽造罪・同行使罪① —— 委任状を偽
　造の上、他人を介して行使した事例……………………………………293

【モデル文例119】（有印）私文書偽造罪・同行使罪② —— 金銭消費貸
　借証書の連帯保証人欄に無断で他人の氏名を記入、押印した上、こ
　れを行使した事例………………………………………………………294

【モデル文例120】（有印）公文書偽造罪・同行使罪・（有印）私文書偽
　造罪・同行使罪・詐欺罪 —— 偽造した運転免許証を用いて、他人
　名義で借入申込書を作り、金融業者の無人受付コーナーで契約申込
　みをして、クレジットカードを詐取した事例…………………………295

【モデル文例121】私電磁的記録不正作出罪・同供用罪 —— ネットオー
　クションで入札の事実がないのに虚偽の情報を送信し、電磁的記録
　を不正に作出し、用に供した事例………………………………………297

第22　有価証券偽造の罪

【モデル文例122】有価証券偽造罪・同行使罪・詐欺罪 —— 勤務先会社
　の代表者印などを無断使用して約束手形を偽造した上、これを行使
　して木材を詐取した事例………………………………………………301

【モデル文例123】有価証券変造罪・同行使罪 —— 支払期日が経過し
　た約束手形を、期日が未経過のもののように変造した上、行使した
　事例………………………………………………………………………302

第23 支払用カード電磁的記録に関する罪

【モデル文例124】支払用カード電磁的記録不正作出罪 ―― キャッシュカードの電磁的記録を不正に作出した事例……………………304

【モデル文例125】不正作出支払用カード電磁的記録供用罪・窃盗罪 ―― 使用済みのパチンコ用プリペイドカードを利用して不正に作出された料金支払用カードをパチンコ遊技機の自動玉貸機に挿入するとともに、パチンコ玉を窃取した事例……………………305

第24 不正指令電磁的記録に関する罪

【モデル文例126】不正指令電磁的記録供用罪、詐欺罪 ―― 不正指令電磁的記録を供用して、使用料名下に金員を詐取した事例……………………309

【モデル文例127】不正指令電磁的記録取得罪 ―― 不正指令電磁的記録を取得した事例……………………311

第25 公然わいせつの罪

【モデル文例128】公然わいせつ罪 ―― 路上で陰茎を露出させた事例…………313

【モデル文例129】わいせつ図画販売罪・同目的所持罪 ―― わいせつ図画のDVDを販売し、同目的で所持した事例……………………314

【モデル文例130】わいせつ図画陳列罪 ―― わいせつ画像をインターネット上に掲示した事例……………………315

第26 賭博に関する罪

【モデル文例131】単純賭博罪 ―― 旅館の客室で花札賭博をした事例…………316

第27 死体遺棄等の罪

【モデル文例132】礼拝所不敬罪 ―― 墓石を転落させた事例……………………318

〔国家的法益に対する犯罪〕

第28 公務の執行を妨害する罪

【モデル文例133】公務執行妨害罪 ―― 区役所の窓口業務担当者に暴行を加えてその職務を妨害した事例……………………322

【モデル文例134】職務強要罪 ―― 市有地貸与を求めて、市長を脅迫した事例……………………323

【モデル文例135】強制執行妨害目的財産損壊等罪 ―― 民事訴訟の被告が強制執行を妨害する目的で、自己所有の物品を他人方に隠匿した事例……………………………………………………………………… 324

【モデル文例136】談合罪 ―― 中学校改装工事の指名競争入札に関し談合した事例……………………………………………………………………… 326

第29 犯人蔵匿・証拠隠滅の罪

【モデル文例137】犯人隠避罪 ―― 道路交通法違反につき、身代わり犯人となって警察官に申告した事例……………………………………… 329

【モデル文例138】証拠隠滅罪 ―― 交通事故事件の裁判で被告人に有利な判決を得させるため、内容虚偽の領収証を作成した事例……………… 330

【モデル文例139】証人等威迫罪 ―― 恐喝事件で裁判中の被告人が、同事件の被害者方に赴き、同人に執拗に面会を求めた事例………………… 331

第30 偽証の罪

【モデル文例140】偽証罪 ―― 刑事被告事件の証人が、被告人の利益を図って、自己の記憶に反する証言をした事例…………………………… 334

【モデル文例141】偽証教唆罪 ―― 窃盗被告事件の被告人の妻が、被告人のために有利な証言をしてくれるよう知人に依頼し、偽証させた事例…………………………………………………………………………… 334

第31 虚偽告訴の罪

【モデル文例142】虚偽告訴罪 ―― 他人を強制わいせつ罪に陥れる目的で、警察署に虚偽の事実を記載した告訴状を提出した事例…………… 337

第32 汚職の罪

【モデル文例143】公務員職権濫用罪 ―― 児童相談所職員が児童の資質鑑別に当たり職権を濫用した事例……………………………………… 338

【モデル文例144】特別公務員暴行陵虐致傷罪 ―― 刑務所看守が受刑者に対し暴行を加え、傷害を負わせた事例………………………………… 340

【モデル文例145】単純収賄罪・贈賄罪 ―― 市長が建築工事に関し、建築業者から収賄した事例・対応する贈賄事例…………………………… 341

【モデル文例146】受託収賄罪 —— 税務署員が税金の賦課、犯則の取締りなどにつき商店主から請託を受けて収賄した事例……………………342

【モデル文例147】贈賄罪 —— 事務用品などの製造・販売会社の役員が県庁職員に贈賄した事例………………………………………………345

第3章　特別法の罪に関する文例

第1　自動車事故に関する犯罪

【モデル文例148】過失運転傷害罪 —— 自動車を運転して前方注視義務違反・安全確認義務違反により交通事故を起こした事例………………347

【モデル文例149】危険運転致死罪 —— 飲酒の上、普通乗用自動車を運転し、居眠りをして交通事故を起こし、被害者を死亡させた事例…………349

【モデル文例150】準危険運転致死罪 —— てんかんの影響により正常な運転に支障が生じるおそれがある状態で、運転中にてんかんの発作により意識を喪失して交通事故を起こし、被害者に傷害を負わせた事例……………………………………………………………………………351

【モデル文例151】過失運転致死傷アルコール等影響発覚免脱罪 —— 自動車を飲酒運転して過失により交通事故を起こした後、そのままその場を離れて警察に出頭するまで別の場所で過ごした事例………………352

第2　企業経営に関する犯罪

【モデル文例152】特別背任罪① —— 社長が自らが経営している他の会社に金銭を貸し付けて会社に損害を与えた事例………………………356

【モデル文例153】特別背任罪② —— 自己取引における不正取引（商品の高額買取）の事例………………………………………………357

【モデル文例154】違法配当 —— 違法配当（粉飾決算）の事例………………358

【モデル文例155】会社の目的の範囲外の投棄取引 —— 会社の目的の範囲外の投機取引（商品取引）をした事例………………………360

【モデル文例156】株主等の権利の行使に関する利益供与 —— 株主総会対策を委嘱した者に対策費を供与した事例…………………………361

【モデル文例157】企業秘密侵害罪 —— 顧客情報にアクセスする権限を付与されていた者が、その顧客情報を領得し、名簿業者に開示した事例……………………………………………………………………………363

【モデル文例158】談合 ── 入札談合をした事例……………………………365

【モデル文例159】カルテル ── 価格カルテルをした事例………………366

【モデル文例160】賃金不払い ── 退職後の賃金不払いの事例……………367

【モデル文例161】時間外労働 ── 労働組合と三六協定を締結した会
社において時間外労働をさせた事例……………………………369

【モデル文例162】労働安全衛生法違反 ── 屋根の塗装工事に当たり、
転落を防ぐための安全帯を着用させなかった事例………………371

第3　金融商品取引に関する犯罪

【モデル文例163】有価証券報告書虚偽記載罪 ── 不動産会社の代表
取締役が、架空売上を計上した連結損益計算書を提出した事例……………373

【モデル文例164】風説の流布 ── 製薬会社の代表取締役が、自社の
株価を高騰させる目的で虚偽の風説を流布した事例………………374

【モデル文例165】相場操縦 ── 仮装取引及び変動操作により相場操
縦した事例………………………………………………………376

【モデル文例166】インサイダー取引 ── 民事再生の申立てを行うこ
ととなった会社の取締役が、この事実が公表される前に、保有して
いた同社の株式を売却した事例…………………………………379

第4　知的財産権に関する犯罪

【モデル文例167】特許権侵害 ── 特許権を侵害して特許発明品を製
造した事例………………………………………………………382

【モデル文例168】意匠権侵害 ── 他人が意匠権を有するものと類似
するものを製造した事例…………………………………………383

【モデル文例169】商標権みなし侵害 ── 他人の商標に類似する商標
を付したものを譲渡のために所持した事例………………………384

【モデル文例170】著作権侵害 ── 流行漫画の主人公の姿態を無断複
製した事例………………………………………………………386

【モデル文例171】商品形態模倣行為 ── 偽ブランドを販売した事例…………387

第5　脱税に関する犯罪

【モデル文例172】偽りその他不正の行為① ── 法人税のほ脱の事例…………389

【モデル文例173】偽りその他不正の行為② ── 所得税のほ脱の事例…………390

第6 倒産に関する犯罪

【モデル文例174】詐欺破産（不利益処分） ── 破産に瀕した会社の代表取締役が、従業員の1人と共謀の上、会社所有の土地に従業員を権利者とする地上権を無償で設定するなどの不利益処分を行った事例…………392

第7 消費者被害に関する犯罪

【モデル文例175】不実の告知禁止違反 ── 電話機の売買勧誘に当たり、今持っている電話機が使えなくなると不実のことを告げた事例…………396

【モデル文例176】取立行為規制違反 ── 貸付債権の取立てに当たり、正当な理由がなく、勤務先に電話をかけた事例……………………………397

【モデル文例177】書面交付義務違反 ── 住居訪問において消火器を現金販売したが、法定書面を交付しなかった事例……………………398

【モデル文例178】金利規制違反 ── 貸金業者が法定利率以上の利息を受領した事例…………………………………………………………400

【モデル文例179】預り金禁止違反 ── 法定の除外事由がないのに、不特定多数の者から利息を支払うことを約して預り金をした事例……………401

【モデル文例180】組織的消費者詐欺被害 ── 預けた金員の利息及び全額が返還されると誤信させ、組織的に詐欺行為を行った事例……………403

【モデル文例181】医薬品無許可販売 ── 無許可で薬効があるとして医薬品を販売した事例……………………………………………405

【モデル文例182】品質等誤認行為 ── 外国産食材を国産と偽装した事例……………………………………………………………………407

【モデル文例183】虚偽表示 ── 加工乳を成分無調整と表示・販売した事例…………………………………………………………………408

第8 家族・風俗に関する犯罪

【モデル文例184】保護命令違反 ── 夫が、裁判所の出した保護命令（接近禁止命令）に違反して妻の居住地付近をはいかいした事例……………411

【モデル文例185】児童買春 ── 児童に性交類似行為をした事例…………………412

【モデル文例186】児童ポルノ提供 ── 児童ポルノビデオを販売（提供）した事例……………………………………………………………414

【モデル文例187】児童福祉法違反 ── 児童に酒席に侍する行為を業務としてさせた事例……………………………………………………415

【モデル文例188】リベンジポルノ陳列 ── 元交際相手の性的画像をインターネット上で陳列した事例……………………………417

【モデル文例189】ストーカー行為の禁止 ── つきまとい等を反復して行うストーカー行為の事例……………………………418

【モデル文例190】窃視行為 ── 公衆浴場をのぞき見した事例………………419

【モデル文例191】追随等 ── 立ち塞がった上に、言葉を掛けながらつきまとった事例……………………………………………420

【モデル文例192】痴漢行為 ── 電車内で痴漢行為をした事例……………421

【モデル文例193】盗撮行為 ── スカートの中をデジタルカメラで盗撮した事例……………………………………………………422

【モデル文例194】不当な客引き行為 ── 目の前に立ち塞がり執拗な客引きをした事例……………………………………………423

【モデル文例195】客引き行為 ── 執拗につきまとい客引きをした事例……………………………………………………………424

第9　環境に関する犯罪

【モデル文例196】廃棄物の不法投棄 ── 廃酸及び廃油等の混合物が入ったドラム缶を不法投棄した事例………………………426

【モデル文例197】狩猟鳥獣以外の鳥獣の捕獲 ── 狩猟が許されていない鳥獣を捕獲した事例……………………………………427

【モデル文例198】販売・頒布目的での飼育 ── 販売目的で飼育した事例……………………………………………………………428

【モデル文例199】国立公園内の森林伐採 ── 自然公園内の国有林である保安林で森林を伐採した事例………………………429

第10　薬物に関する犯罪

【モデル文例200】覚せい剤所持 ── 覚せい剤をみだりに所持した事例……………………………………………………………430

【モデル文例201】大麻営利目的譲渡 ── 大麻を営利目的で譲渡した事例……………………………………………………………431

第11　選挙に関する犯罪

【モデル文例202】買収 ── 選挙運動者による投票報酬の供与の事例…………434

【モデル文例203】文書違反 ── 法定外選挙運動文書の頒布の事例………………435

【モデル文例204】選挙の自由妨害 ── 文書図画の破棄の事例……………………436

【モデル文例205】事前運動 ── 事前運動の事例……………………………………437

第12　その他の犯罪

【モデル文例206】非弁提携行為 ── 弁護士が非弁護士から法律事務
の周旋を受けた事例………………………………………………………………438

【モデル文例207】重要文化財損壊等罪 ── 重要文化財である寺門に
白ペンキで文字を書いた事例……………………………………………………439

【モデル文例208】動物虐待 ── みだりに愛護動物（犬）を傷つけた事
例……………………………………………………………………………………440

第1章　告訴状・告発状の書き方

第1　基本的な記載事項

1　作成を始める前に

　告訴・告発に先立ち、まずは告訴・告発の要件を満たしているかを確認してください。告訴あるいは告発をしようとする者が告訴権を有する者であるか（刑訴230以下）によって、告訴となるか告発となるかが異なります（詳細は『2　告訴と告発の違いは』参照）。告訴しようとする事実が親告罪である場合には、告訴期間を徒過していないか（詳細は『28　告訴できる期間は』参照）、また、告訴・告発の対象とされた犯罪について公訴時効が完成していないか（詳細は『34　告発できる期間は』参照）も確認する必要があります。

　告訴・告発を書面によってなす場合、告訴・告発の要件を満たしたと言えるためには、誰を、どのような犯罪事実について、処罰してほしいのか、ということが書面上明らかにされていなければなりません。例えば「被告訴人は詐欺を行った」というような、抽象的な犯罪事実を述べただけでは、犯罪事実を申告したことにはなりません（詳細は『5　告訴・告発の実質的要件とは』参照）。

　なお、捜査の実効性を期待するのであれば、事実関係とそれを裏付ける証拠の構造を十分に検討して、書面上、ポイントを押さえながらそれらを簡潔に明らかにすることを心掛けましょう。その際、自らを虚偽告訴罪あるいは名誉毀損罪の犯人の立場に置くことがないように注意してください（詳細は『66　告訴・告発をしたことによる刑事責任は』参照）。

　告訴状・告発状を作成するに際し、法定の様式は存在しません。とはいえ、一般的な様式は、実務上ある程度確立していると言えます。

2　基本的な様式

　告訴・告発とは、犯罪の被害者等の告訴権者（告訴の場合）、又は告訴権者以外の第三者（告発の場合）が捜査機関に対し犯罪事実を申告し、その犯人の処罰を求める意思表示ですから、告訴状・告発状には、誰に対し（提出先の表示）、誰が（告訴人・告発人の表示）、誰を（被告訴人・被告発人の表示）、どのような犯罪事実につき（告訴事実の表示）、告訴・告発するのか（処罰を求める意思表示）を記載する必要があります。

118 文例編 第1章 告訴状・告発状の書き方

告訴状・告発状の様式については、法的には特別の定めはありませんが、以下のような記載をするのが通例です。

モデル様式例1

告 訴 状【注1】

令和○年○月○日【注2】

○○警察署長　殿【注3】

告訴人　甲　山　一　郎　㊞

【注4】

【注5】

告訴人　　住　居　〒

A市B町○丁目○番○号

職　業　会社員

氏　名　甲　山　一　郎

平成○年○月○日生

電　話　○○○（○○○）○○○○

FAX　○○○（○○○）○○○○

【注6】

被告訴人　住　居　〒

A市C町○丁目○番○号

職　業　土工

氏　名　乙　川　二　郎

平成○年○月○日生

第1　告訴の趣旨【注7】

被告訴人の下記所為は、刑法204条（傷害罪）に該当すると考えますので、被告訴人の厳重な処罰を求めるため、告訴をします。

第2　告訴事実【注8】

被告訴人は、令和○年○月○日午後10時30分ころ、A市D町○丁目○番○号

所在の居酒屋「○○」こと丙野三郎方において、告訴人に対し、些細なことに因縁をつけ、左手で告訴人の胸倉を掴んだ上、右手拳で告訴人の左頬部を1回殴打し、その結果告訴人に対し加療約1週間を要する左頬部挫傷の傷害を負わせたものである。

第3　告訴の事情【注9】
　1　告訴人は、株式会社△△に勤める会社員ですが、令和○年○月○日会社の勤務を終えて、午後9時ころから同僚の丁原四郎と一緒に、A市D町○丁目○番○号所在の居酒屋「○○」に飲みに行きました。

　　　同店で告訴人と丁原はカウンターに座り、それぞれビールを中ジョッキ2杯、日本酒2合くらいを飲み、大分酔いも回ってきて話も弾んできたところ、午後10時30分ころ、カウンターの隣の席で1人で酒を飲んでいた被告訴人が「うるせえな。女みたいにペチャクチャしゃべりやがって。」などと呟くのが聞こえました。

　　　そのため告訴人は、酔いのせいもあって、侮辱されたように感じたので、被告訴人に対し「なんだと。もう一度言ってみろ。」と多少語気を強めて言ったところ、被告訴人は立ち上がって「うるせえって言ってんだよ。」と怒鳴るように言ったので、告訴人も立ち上がって被告訴人に対し「なんだ、やろうっていうのか。」と言ったところ、被告訴人は突然、左手で告訴人の胸倉を掴んで、右手拳で告訴人の左頬を殴り付けたのです。

　　　このため、告訴人はその場で転倒してしまいましたが、被告訴人はすぐに店に来ていた他の客らによって抑えつけられました。
　2　その後、告訴人はすぐに近くの□□医院に赴き治療を受け、加療約1週間を要する左頬部挫傷との診断を受けました。

第4　立証方法【注10】
　1　参考人丁原四郎（告訴人の同僚）
　2　□□医院医師作成の診断書

第5　添付書類【注11】
　1　診断書　　1通

120 文例編　第1章　告訴状・告発状の書き方

モデル様式例2

【モデル様式例1】の事例を、居酒屋「○○」の店主丙野三郎の立場から告発する場合を想定した告発状の様式例です。

告　発　状【注1】

令和○年○月○日【注2】

○○警察署長　殿【注3】

告発人　丙　野　三　郎　㊞
【注4】

【注5】
告発人　　住　居　〒
　　　　　　　　　　A市E町○丁目○番○号
　　　　　　職　業　居酒屋経営
　　　　　　氏　名　丙　野　三　郎
　　　　　　　　　　平成○年○月○日生
　　　　　　電　話　○○○（○○○）○○○○
　　　　　　FAX　○○○（○○○）○○○○
【注6】
被告発人　住　居　〒
　　　　　　　　　　A市C町○丁目○番○号
　　　　　　職　業　土工
　　　　　　氏　名　乙　川　二　郎

1　告発人は、A市D町○丁目○番○号において居酒屋「○○」を経営している者ですが、令和○年○月○日午後10時30分ころ、同店においてカウンターで飲食をしていた被告発人が、同じカウンターの隣の席で飲食をしていた甲山一郎（○歳前後）に対し、些細なことに因縁をつけ、右手拳で告発人の左頬部を1回殴打し、その結果甲山に対し左頬部挫傷の傷害を負わせたものです。【注8】【注9】

文例編　第1章　告訴状・告発状の書き方　　121

2　被告発人の上記所為は、刑法204条（傷害罪）に該当すると考えますので、被告発人の厳重な処罰を求めるため、告発をします。【注7】

3　タイトル【注1】

　書面のタイトルは、通常「告訴状」「告発状」と記載します。法律的には、必ずしも「告訴状」「告発状」となっている必要はなく、実質的に告訴・告発の意思表示を内容とする書面であれば、告訴・告発の効果が発生しますが、上記のようなタイトルを付すのがよいでしょう。

4　提出年月日【注2】

　告訴状・告発状の提出年月日を記載します。これを記載しなければならない旨を明確に定めた法律の規定はありませんが、刑訴規則は、私人が作成する場合であっても、作成年月日を記載することを求めています（刑訴規60）。告訴状・告発状は、それ自体としては捜査機関に対する申告を内容とする書面で、告訴・告発の存在等を立証するために裁判所に提出されることが予定されているものですので、その作成については、刑訴規則の定めるところによるべきです。なお、告訴状・告発状は捜査機関に持参しても直ちに受理されることは稀です。その慣行から、作成年月日を空欄にしたまま、受理される段階で記入するという扱いが広く行われています。

5　提出先【注3】

　告訴・告発は、検察官又は司法警察員に対して行わなければなりません（刑訴241。詳細は『40　告訴・告発の受理機関は』参照）。告訴・告発は、捜査機関に対して犯人の処罰を求める意思表示ですから、書面上も提出先を明らかにしておくべきです。

　提出先としては、警察署に提出する場合は「○○警察署長殿」、検察庁に提出する場合は、「○○地方検察庁検察官殿」と、事件を管轄する捜査機関を記載するのが一般的です。

6　告訴人・告発人の署名・押印【注4】

　告訴人・告発人の署名・押印をします。刑訴規則60条によれば、私人が作成する書面には、原則として作成者の署名・押印が必要ですが、例外として裁判所に提出する書面については、署名（自署）ではなく記名で足りるとされています（刑訴規60の2②）。告訴状・告発状もこれに準じて考えるのがよいでしょう。ただし、このような形式を満たさないからといって、直ちに告訴・告発が無効であるということにはなりません。

122 文例編 第1章 告訴状・告発状の書き方

(1) 法人の場合

　法人が告訴人・告発人となる場合は、その法人の代表権を有する者が告訴・告発をしなければなりません（詳細は『17 **法人等による告訴は**』参照）。その際、「○○株式会社代表取締役△△△△」「一般社団法人○○代表者理事長△△△△」などと表示することになります。その上で、法人の代表者印を押します。また、代表権限を証するために、法人の登記事項証明書等を添付する必要があります。

(2) 代理人による場合

　代理人名で告訴・告発する場合は、「告訴人代理人」「告発人代理人」の肩書きを付するとともに、代理人の住所・電話番号・ＦＡＸ番号も記載します。代理人が資格者の場合には、例えば、「告訴（告発）人代理人弁護士○○○○」と記載するのがよいでしょう（詳細は『48 **代理権限授与の委任状の記載内容は**』参照）。委任の事実を証するために告訴状・告発状に委任状を添付します。

　告訴人・告発人が未成年者である場合は、その父母等が法定代理人として行う必要があります。その場合には、「告訴（告発）人法定代理人父○○○○」などと記載します。この場合は戸籍謄本等を添付する必要があります。

モデル様式例3

告 訴 状

令和○年○月○日

○○地方検察庁検事　殿【注3】

〒
A市F町○丁目○番○号○○ビル○階
　戊田法律事務所
　　　電話　　○○○－○○○－○○○○
　　　ＦＡＸ　○○○－○○○－○○○○
　　告訴人代理人
　　　　　弁護士　戊　田　五　郎　㊞
　　　　　　　　　　　　　　　【注4】

　　（以下省略）

7 告訴人・告発人の表示【注5】

告訴人・告発人の表示としては、その者の氏名のみならず住居を表示することによって行われています。表示の仕方としては、住所と居所を区別せず「住居」を明示すれば足りるとされています（被告訴人欄の住居の記載も同様）。

さらに一般的に、捜査機関が告訴人・告発人に連絡を取るための便宜のため、告訴人・告発人の電話番号（携帯電話番号を含みます。）、ＦＡＸ番号、法人が告訴人・告発人の場合には担当者の所属部署・氏名等も記載します。できれば郵便番号も記載した方がよいでしょう。

また、告訴人・告発人の年齢・生年月日・職業も特定のために記載した方がよいでしょう。告訴人・告発人が未成年である場合には、本人による告訴・告発が有効か、あるいは代理人に法定代理権があるか等を判断するためにも、この記載は必要です。職業は「会社員」「学生」「主婦」「無職」などと簡潔に記載すれば足ります。

8 被告訴人・被告発人の表示【注6】

被告訴人・被告発人の氏名、住居、職業、生年月日等を分かる範囲で記載します。

(1) 住居・氏名が不詳の場合

現実には、見知らぬ人から暗がりで突然に襲われた場合など、犯人を特定できない場合も少なくありません。犯人（被告訴人・被告発人）を特定するに当たり、必ずしも氏名、住居などにより特定する必要はありません。仮に特定した者が真犯人でなかった場合も、真犯人の処罰を求める意思が認められる限り、真犯人に対する告訴として有効です。

しかしながら、捜査の実効性を期待するのであれば、可能な限り、氏名はもちろん、本籍・住居・職業・生年月日等も詳しく特定して記載すべきです。捜査機関が、被告訴人が実在するか、現在どこに居住しているか、どんな犯罪歴があるか等を速やかに調査できるからです。

前述したように、見知らぬ人から暗がりで突然に襲われた場合などで、捜査の実効性を期待するのであれば、記憶している限りの詳細な情報を捜査機関に対して提示するように努力してください（犯人の性別、推定年齢、身長、体格、人相、服装等の特徴）。その際、誤捜査を防ぐ趣旨から、確固たる記憶に基づく証拠資料か、曖昧な記憶に基づく証拠資料かも提示するように心掛けてください。

124 文例編　第1章　告訴状・告発状の書き方

　　　氏名が分からない場合は、被告訴人・被告発人として「氏名不詳」と記載するの
　が通常です。住居が不明の場合には、「住居不明」あるいは「住居不詳」と記載し
　ます。

(2)　年齢・生年月日の記載

　　　被告訴人・被告発人の年齢・生年月日の記載は、告訴・告発の要件としては不要
　です。しかし、捜査機関が被告訴人・被告発人を特定する便宜のために、分かる範
　囲で記載した方がよいでしょう。年齢によって犯罪の成否が異なることもありま
　すから、この意味でも記載することが望まれます。

　　　告訴状・告発状で関係者の年齢を表す場合、「当時○○歳」と「当○○歳」とい
　う表現が使われます。「述べられている事態が起こった時（過去）」という意味で「当
　時○○歳」という表現を、「現時点」という意味で「当○○歳」という表現が使い
　分けられています。

モデル様式例4

【被告訴人の住居・氏名が不詳の場合】

```
    【注6】被告訴人　住　居　不詳
                氏　名　不詳
                性　別　男性
                年　齢　当時50歳くらい
                身　長　170cmくらい
                服　装　黒ジャンパー、ジーパン
```

9　処罰意思の明示【注7】

　告訴状・告発状には、その記載内容中に、犯人の処罰を求める旨の意思を表示しな
ければなりません。

　【モデル様式例1】のように、「告訴（告発）の趣旨」として、1項目を立てる書き
方もありますが、【モデル様式例2】のように、文中に記載する方法もあります。告訴
状・告発状のどこかに記載があれば構いません。

　そして、告訴状・告発状全体を総合的に検討して、実質的に犯人の処罰を求める意
思が表示されていると解釈できるかどうかによって、犯人の処罰を求める意思表示の

文例編　第1章　告訴状・告発状の書き方　　125

有無は判断されます。このような記載があれば、有効な告訴状・告発状となり、その効果を生じることになります。

　犯罪による被害の事実を申告することのみならず、犯人の処罰を求める意思を表示することから、単なる被害（＝犯罪）事実の申告にとどまる被害届・盗難届等と区別されることになります。したがって、被害届・盗難届等の提出がある場合、それは捜査の端緒になることはあっても、告訴・告発に関する法律効果は生じることはありません。なお、書面のタイトルが被害届となっていても、書面の内容上、犯人の処罰を求める意思が表示されていると解釈される場合には、告訴の法律効果が生じることになります（詳細は『3　告訴・告発と被害届との違いは』参照）。

10　犯罪事実の記載【注8】

　告訴状・告発状においては、被告訴人・被告発人のどのような行為を申告し、その処罰を求めるかを示す意味で、「告訴（告発）事実」（犯罪事実）の記載は不可欠です。

　犯罪事実については、有効な告訴・告発となるかという観点からは、どのような犯罪事実を申告したのかが識別し得る程度に特定されている必要はありますが、それで十分です。罪名や犯罪の日時・場所・態様等の詳細まで記載する必要はありません。

　犯罪事実の詳細な記載は必要ないとはいえ、申告された犯罪事実があまりにも抽象的であったり、そもそも犯罪に該当しない場合には、犯罪事実の申告があったとはいえません。

　捜査官が、事案の概要を早期に的確に把握して、正しい見通しの下に迅速な捜査が行われることを期待するのであれば、犯罪の日時・場所・態様等を可能な限り詳細に記載して、罪名もできる限り特定して申告することが望ましいことはいうまでもありません。

　嫌疑が濃厚な犯罪事実を第一義的に主張し、別の犯罪事実を予備的に主張することも可能です。また、2つの犯罪事実のどちらかが認められるという択一的な主張も可能です。

　次章以降に犯罪事実のモデル文例を掲載しますが、事案によってそれぞれ個性・特色があるため、モデル文例への単なる機械的当てはめだけでは完全なものとならない場合もありますので、十分注意してください。

11　付随する事情【注9】

　「告訴（告発）事実」欄には、犯罪に該当する具体的事実を記載しますが、そのほかに捜査の実効性を期待するべく、「告訴（告発）に至る経緯・事情」の欄を設け、そ

の前後の事情を詳細に記述するのが一般的です。

記載の仕方については、事件の内容次第で工夫をすれば足りますが、一般的には、冒頭に告訴人・告発人と被告訴人・被告発人などの事件関係者について説明し、その後告訴人・告発人が認識した事実を時系列的に記載していく方法が比較的多く採用されているようです。犯罪の背景事情や経緯等を記載する場合に、いたずらに事件関係者を非難したり犯罪と直接関係ない事項について憶測等を述べると、事件関係者に対する名誉毀損等の問題を生じることになりかねませんので注意してください。

なお、証拠上特定の犯罪の成立が認められるほかに、確たる証拠には乏しいけれども同種の犯行を余罪として繰り返していたことが窺える場合には、付随事情の中で指摘しておくのもよいでしょう。

12　立証方法【注10】

必ずしも記載が必要なわけではありませんが、犯罪事実が起こったことを立証する資料としてどのようなものがあるかを記載することがあります。「立証方法」、「証拠資料」等の欄を設けて、告訴・告発に係る犯罪事実の立証に役立つと思われる証拠書類、物的証拠及び人的証拠の各標目を記載します。

証拠資料は、必ずしも客観的な物証等である必要はなく、ある人が体験した事実を「報告書」「供述書」「陳述書」等のタイトルを付して書面化したものでも構いません。

13　添付書類【注11】

告訴・告発に当たり、証拠書類等の書類を添付することは法律上求められていません。しかしながら、捜査の実効性を期待するのであれば、告訴人・告発人が入手できる立証資料はできる限り添付する必要があります。

ちなみに、犯罪事実について具体的明示を欠く場合、告訴としての効力は生じませんが（詳細は『5　告訴・告発の実質的要件とは』参照）、告訴状に添付された書類によって犯罪事実の内容が特定し得るのであれば、有効な告訴とされます。

添付資料としては、証拠書類等の写しや、代理による告訴権限を明らかにする委任状や戸籍謄本（これらは原本）などを提出します。法人の場合には、代表権限を明らかにするために登記事項証明書等の添付が必要です。

14　その他形式的事項
(1)　用紙、作成部数

告訴状・告発状の用紙については特に定めがあるわけではありませんが、捜査機

関や裁判所の文書の例に倣い、ＪＩＳ規格Ａ4判大の用紙を使用するのが通例です。

　この用紙を縦長にし、これに左から右へ横書きで記載するのが通例です。1行の字数、行数も特に定めはありませんが、読みやすいように10.5ポイントから12ポイント程度の字で、余白なども十分にとった方がよいでしょう。

　そして、これを左綴じにします。

(2)　用字・用語

　日本語を使用することは当然として、漢字の使用については公用文に準じて「常用漢字表」（平成22年内閣告示2号）を使用し、仮名遣いについては「送り仮名の付け方」（昭和48年内閣告示2号）及び「改訂現代仮名遣い」（昭和61年内閣告示1号）に従うのが原則でしょうが、あまりこれにこだわることはなく、新聞・雑誌などで通常用いられる常識的なところを念頭にすればよいでしょう。

(3)　文体

　法律関係の文章ということで、時として文語表現を使用した方が正確を期することができ、また文章が引きしまった感じになる効果がありますが、基本は口語体です。そして、内容あるいは好みに応じて「…である」調と「…です」「…ます」調など適宜の表現を用います。

　この点も特に決まりがあるわけではなく、どちらでも結構です。ただし、犯罪事実の記載については、捜査機関は「である調」で記載しますので、それに合わせて「である調」で記載した方がよいでしょう。

(4)　項目立て

　文章を区分し、あるいは項目を分ける場合は、次のような順番を基本に符号を付けるのが一般的です。

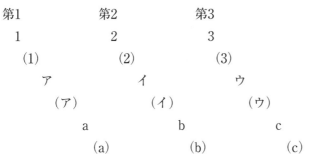

(5)　作成通数

　告訴状・告発状の原本は、同文のものを複数の捜査機関に提出するような例外的な場合を除き、1通を作成するだけで足ります。しかし、話を聴いてもらう捜査官が複数名いる場合の便宜のために、コピーを複数部作成して提出するとよいでしょう。また、必ず告訴人・告発人自身の控えとしてコピーをとって保管しておく必要があります。

128 文例編　第1章　告訴状・告発状の書き方

第2　告訴・告発事実の書き方

① 基本的な文例

　告訴事実・告発事実は、犯罪の構成要件をもれなく記載する必要があります。通常「被告訴人」を主語にして、犯行の日時、場所、犯行状況、犯行の結果などを、その事案に応じて具体的に記載します。犯罪の動機も分かる限り記載します。最後は「……ものである。」と結ぶのが通例です。

モデル文例1　基本文例

告　訴　事　実【注1】

　被告訴人は【注2】、令和○年○月○日午後10時30分ころ【注3】、A市D町○丁目○番○号所在の居酒屋「○○」こと丙野三郎方において【注4】、告訴人に対し【注5】些細なことに因縁をつけ【注6】、左手で告訴人の胸倉を掴んだ上、右手拳で告訴人の左頬部を1回殴打し【注7】、その結果【注8】告訴人に加療約1週間を要する左頬部挫傷の傷害を負わせた【注9】ものである【注10】。

【注1】　告発の場合は「告発事実」「告発人」「被告発人」などに適宜置き換えてください。

【注2】　「被告訴人」を主語にして、以下どのような犯罪行為を行ったかを記載します。被告訴人が1人の場合は、「被告訴人」と表示すれば特定されますが、2人以上を告訴している場合には「被告訴人○○」と氏名を付す必要があります。

【注3】　犯行の日時を示したものです。犯行を特定するために記載するもので、分秒を克明にすることはあまり意味がなく、判明する限り具体的に記載すれば足ります。通常「ころ」を付けます。

【注4】　犯行の場所を示したものです。犯行日時と同様、判明する限りで記載すればよく、地番が分からなければ、「D町○丁目地内の」とか「D町○丁目付近の」などと工夫して記載します。

【注5】　犯行の相手方を示したものです。告訴の場合には、被害者と告訴人が一致する

文例編　第1章　告訴状・告発状の書き方　　129

場合が多いと思われますが、告発の場合は被害者は告発人ではないので注意してください。

【注6】　犯行の原因・動機を示したものです。

【注7】　犯行状況を示したものです。

【注8】　被告訴人の暴行行為の結果、被害者に傷害の結果を生じたという因果関係があることを示したものです。「よって」という言葉を使うこともあります。

【注9】　暴行行為の結果生じた傷害の具体的状況を示したものです。

【注10】　最後は「……ものである」と結びます。本事例は傷害罪の事例ですから、「傷害したものである」という表現で、傷害罪に該当することを端的に示していますが、複雑な事案では、具体的事実を記載した上で、「もって、……したものである」と構成要件を改めて記載することもあります。

② 共同正犯の場合－刑法60条

(1)　共　犯

犯罪行為の主体が複数になった場合、他者の犯罪に参加した場合を広い意味の「共犯」といいます。共犯は、共同正犯（刑60）、教唆犯（刑61）、幇助犯（従犯ともいいます（刑62）。）に分類できます。教唆犯と幇助犯のみを狭義の共犯（加担犯）として共同正犯と区別して扱うのが一般的です。

(2)　共同正犯

「共同正犯」とは、2人以上が共同して犯罪を実行する場合をいいます（刑60）。すなわち、2人以上の者が共同実行の意思（主観的要件）の下で、共同実行行為を遂行する（客観的要件）場合に成立します。各人は犯罪行為の一部にしか関与していないにもかかわらず、全体についての責任を負うことになるところに共同正犯の実質的な意味があります（一部行為の全部責任の原則）。また、例えば、暴力団の組長が事前に組員に犯行を指示し、組員のみが犯行を行った場合には、犯行を指示した組長も「共謀共同正犯」として「共同正犯」としての責任を負うことがあります。

(3)　共謀（共同実行の意思）

共同正犯が成立するためには、共犯者間に「共同実行の意思」すなわち「共謀」があることが必要です。「共謀」は、事前に謀議を行う場合もありますが、犯行時にその場で成立することもあります。言葉を交わさなくても黙示でも足ります。

130　　　　文例編　第1章　告訴状・告発状の書き方

モデル文例2　共同正犯の例（刑60）

告　訴　事　実

　被告訴人両名は【注1】、共謀の上【注2】、令和○年○月○日午後10時30分ころ、A市D町○丁目○番○号所在の居酒屋「○○」こと丙野三郎方において、告訴人に対し、些細なことに因縁をつけ、被告訴人乙川二郎において【注3】、左手で告訴人の胸倉を掴んだ上、右手拳で告訴人の左頬部を1回殴打し、被告訴人己林六郎において【注3】、倒れた告訴人に対し右足で告訴人の腹部を数回蹴りつけるなどの暴行を行い、その結果告訴人に加療約1週間を要する左頬部挫傷の傷害を負わせたものである。

【注1】　被告訴人乙川二郎と同己林六郎が、共同して告訴人に対し暴行を行い、傷害の結果を生じさせた事例において、乙川及び己林両名を被告訴人とした場合を想定しています。乙川のみを告訴の対象とする場合には、「被告訴人は、己林六郎と共謀の上」となります。また、仮に己林が氏名不詳である場合には、「被告訴人は、氏名不詳者と共謀の上、」と記載します。

【注2】　共同正犯の場合には、事前に共謀がある場合も、現場で共謀した場合も、また、共謀共同正犯の場合も、単に「共謀の上」と示すのが通例です。事前にどのような謀議がなされたかは、通常は被害者側では把握することが困難です。

【注3】　被告訴人それぞれが行った行為をできる限り区別して記載します。区別ができない場合には、例えば「被告訴人らは、……こもごも……したものである」と記載する方法もあります（【モデル文例16】の【注5】参照）。

---

③　教唆犯の場合－刑法61条

　「教唆」とは、他人に犯意を生ぜしめて犯罪を実行させることをいいます。

　教唆には、教唆行為と教唆の故意が必要であり、教唆行為については、その手段・方法に限定はありません。「何か悪いことをする気にさせる」程度では教唆とは言えません。被教唆者は、教唆されたことを認識する必要はありません。教唆罪が成立するには、教唆の結果として被教唆者が当該犯罪を実行するに至ったことが必要です。

文例編　第1章　告訴状・告発状の書き方　　　131

モデル文例3　教唆犯の例（刑61①）
（→【モデル文例142】と同じ）

告　発　事　実

　被告発人は、夫甲山一郎に対する窃盗被告事件につき、知人乙川二郎がA地方裁判所刑事第2部から同事件の証人として喚問されたことを知るや、同人に夫甲山のため虚偽の陳述をさせようと企て【注1】、令和○年○月上旬ころ、A市B町○丁目○番○号の自宅において【注2】、前記乙川に対し、同事件の証人として尋問を受ける際には、「甲山は、夜10時ころ窃盗をしたという当日、私（被告発人）と2人で午後3時ころ乙川方を訪れ、同夜はそのまま同人方に2人とも宿泊して翌朝9時ころ帰った。」旨虚偽の陳述をするよう依頼し【注3】、よって前記乙川をして、同月○日、同市A地方裁判所の法廷において、証人として宣誓の上証言するに際し、「甲山は、窃盗をしたという当日の午後3時ころから翌日午前9時ころまで、同人の妻とともに証人方にいた。」旨虚偽の陳述をさせ【注4】、もって偽証の教唆をしたものである。

【注1】　教唆の故意を示したものです。

【注2】　教唆行為の日時・場所を示したものです。

【注3】　教唆行為の内容を具体的に示したものです。

【注4】　教唆罪が成立するには、教唆の結果として被教唆者が当該犯罪を実行するに至ったことが必要であり、告訴・告発事実でもこのことを明らかにしなければなりません。正犯が成立しない限り教唆犯も成立しません。本記載は、正犯の実行行為の内容を具体的に示したものです。

4　幇助犯の場合－刑法62条

　「幇助」とは、実行行為以外の行為で正犯の実行行為を手助けし、その実現を容易にすることをいいます。「従犯」ともいいます。

　幇助行為としては、道具や場所を提供するなどの有形的なものに限らず、犯罪に関する情報を提供したり、精神的に犯意を強めるような無形的なものも含みます。

132　　文例編　第1章　告訴状・告発状の書き方

　一般に犯罪行為の見張り役は、共同正犯とされる例が多く、告訴・告発に当たり判断が付かなければ、共同正犯として告訴・告発すれば足りるでしょう。

　幇助犯も教唆犯と同様に、正犯が当該犯罪を実行するに至ったことが必要です。また、正犯が実行行為を終了してしまった後には幇助犯は成立しません。

モデル文例4　幇助犯の例（刑62①）
【窃盗に使用することを知りながら、ドライバー等を貸与した事例】

告　訴　事　実

　被告訴人は、甲山一郎が、令和○年○月○日午後11時ころ、A市B町○丁目○番○号所在の乙川二郎方における本宅に隣接する施錠された倉庫入口を、被告訴人から借り受けたドライバー及びペンチを利用して解錠して同倉庫内に侵入し、同倉庫内にあったパーソナルコンピュータ1台（時価5万円相当）を窃取する【注1】に先立ち、令和○年○月○日ころ、A市C町○丁目○番所在の被告訴人宅において【注2】、甲山一郎に対し、同人が窃盗に使用するものであることを知りながら【注3】、ドライバー及びペンチ各1丁を貸与し【注4】、もって、甲山の上記犯行を容易にしてこれを幇助したものである【注5】。

【注1】　正犯である甲山の実行行為を示したものです。

【注2】　幇助行為の日時、場所を示したものです。

【注3】　幇助が成立するためには、正犯の実行を容易にするという故意が必要です。本記載はその故意があることを示したものです。

【注4】　幇助行為を具体的に示したものです。

【注5】　幇助に該当することを示したものです。

5　身分犯の場合－刑法65条

　犯罪の構成要素として犯人の「身分」が要件となっている犯罪があります。例えば、収賄罪や虚偽公文書作成罪における「公務員」の地位、偽証罪における「宣誓した証人」という地位、横領罪における「占有者」、背任罪における「他人の事務を処理する者」などがこれに当たります。このような犯罪を「身分犯」といいます。

文例編　第1章　告訴状・告発状の書き方　　133

　このような犯罪において、身分のない者が関与した場合には、その身分のない者も共犯とされます（刑65①）。ただし、身分によって刑の軽重があるときは、身分のない者には通常の刑が科されます（同②）。

モデル文例5　　身分犯の例（刑65）

（→【モデル文例89】と同じ）

告　訴　事　実

　被告訴人甲山一郎は、コンピュータのソフトウェアの開発、販売などを営業目的とする株式会社○○コンピュータ（告訴会社。代表取締役乙川二郎）にインストラクターとして勤務し、告訴会社が「A新聞」の販売店用に開発した同新聞購読者管理システムのオブジェクトプログラムを記録したデータディスクの管理及びこれを使用して告訴会社の顧客である同新聞販売店経営者方に設置されるコンピュータに上記オブジェクトプログラムを入力し、その使用方法につき技術指導するなどの業務を担当するとともに、上記オブジェクトプログラムの入力・使用などに当たっては、告訴会社が業務としてその顧客方に設置するコンピュータに対してのみ、上記データディスクを使用するなど、告訴会社のため忠実にその業務を遂行すべき任務を有していたもの【注1】であり、被告訴人丙野三郎は、告訴会社と競合してこれと同様の営業を行うことを企図していたもの【注2】であるが、被告訴人両名は、共謀の上、被告訴人甲山の前記任務に背き、自己らの利益を図る目的で、令和○年○月○日ころ、A市B町○丁目○番○号C荘○号室の被告訴人甲山方において、A新聞販売店の経営者である丁原四郎方に設置の予定であったオフィスコンピュータ1台に、告訴会社の業務と無関係に前記データディスク5枚分の前記オブジェクトプログラムを入力し、もって告訴会社に対し、同プログラム入力代金相当額（約170万円）の財産上の損害を加えたものである。

【注1】　ここまでが、甲山の業務内容を具体的に記載したものですが、背任罪（刑247）における「他人のためにその事務を処理する者」という身分があることを示しています。

【注2】　これは、丙野の立場を明らかにしたものですが、甲山のような身分を有しないということが明らかとなります。

　　　　このように「他人のためにその事務を処理する者」という身分のない者も、その身分のある甲山一郎と共犯で行う場合には背任罪の主体となり得ます（刑65①）。

134 文例編 第1章 告訴状・告発状の書き方

6 未遂の場合—刑法43条

　犯罪の実行に着手したが、これを遂げなかった場合を「未遂」といいます（刑43）。未遂が処罰される場合は、特に各本条に規定されています（刑44）。行為者が自己の意思により犯罪を中止した場合を中止未遂、中止犯に当たらない通常の未遂のことを障害未遂といいます。中止未遂の場合には、刑が減免されます（刑43後段）。

モデル文例6　未遂罪の例（刑43）

（→【モデル文例81】と同じ）

　　　　　　　　　　告　訴　事　実

　被告訴人は、自分と情交関係のある甲山春子から、同女所有の現金2万円を告訴人（当時21歳）が窃取したことを聞き知るや、このことに因縁をつけて告訴人から金員を喝取しようと企て【注1】、令和○年○月○日午前零時30分ころ、A市B町○丁目○番○号の前記甲山が経営する飲食店「甲山」において、告訴人に対し、「このままじゃすまんぞ。落とし前をどうつける。警察に言えば3年くらいは臭い飯を食わないかんぞ。若い衆を10人くらい使っているから、お前をさらってヤキをいれることだってできる。毎月10万円ずつ5回出せ。」などと語気強く申し向けて金員を要求し【注2】、この要求に応じなければその身体などにどのような危害が加えられるかしれないと告訴人を畏怖させて金員を喝取しようとしたが、告訴人がこれに応じなかったため【注3】、その目的を遂げなかったものである【注4】。

【注1】　恐喝の故意があったことを示します。
【注2】　実行の着手があったことを示します。
【注3】　未遂に終わった理由を示したものです。本事例は障害未遂ですが、中止未遂の場合には、自己の意思により犯罪を中止することが要件ですので、そのことが分かるように記載する必要があります。例えば、「告訴人が『本当に申し訳ありません。許して下さい。』と言って泣き出したので、同人がかわいそうになり、その犯行を中止したため」などと記載します。
【注4】　未遂に終わったことを示す文言です。

文例編　第1章　告訴状・告発状の書き方　　135

7　複数の犯罪（併合罪）の場合－刑法45条

　同一人の犯した、確定判決を経ていない数罪のことを併合罪といいます。すなわち、同時審判の可能性のある数罪のことです（刑45）。同一の種類の犯罪に限らず、全く別の機会に別の犯罪を犯したという場合もありますが、告訴人の立場からすれば、自らの被害を受けた事実について告訴をすれば足りるでしょう。
　併合罪の場合には、原則として、各犯行行為は項を分けて記載します。また、後述するように、犯罪が多数回にわたるなどして、一覧表にした方が分かりやすいという場合には、一覧表を添付して本文でそれを引用するという形をとることもあります。

モデル文例7　　併合罪の例（刑45）
【2件の窃盗行為を行った事例】

告　訴　事　実

　被告訴人は、
1　令和○年○月○日午前2時ころ、A市B町○丁目○番○号甲山工業こと告訴人方敷地内において、告訴人所有の普通貨物自動車1台（時価50万円相当）を窃取し
2　同月○日午前1時ころ、前記告訴人方敷地内において、告訴人所有の切板鉄材約2t（26万円相当）を窃取し
たものである。

【注】　告訴事実中の1と2の犯罪は、別の機会に行われた窃盗罪と言えますので、両罪は併合罪の関係になります。
　　　複数の犯罪が並列的な関係にあるときは、「1……し」「2……し」と項目を別にして記載し、最後を改行して「たものである。」として結ぶのが通例です。

8　科刑上一罪の場合－刑法54条

　数個の犯罪が成立しているものの、1個の刑のみが統一的に科される場合を「科刑上一罪」といいます。「処断上一罪」ということもあります。科刑上一罪には、

「観念的競合」（一所為数法ともいいます）と「牽連犯」があります。

　観念的競合は、1個の行為にして数個の罪名に触れる場合をいいます（刑54①前段）。例えば、1つの爆発物を爆発させて複数の人を死亡させたり、1個の文章で複数の人を虚偽告訴したりする場合などがこれに当たります。

　牽連犯は、犯罪の手段若しくは結果である行為が他の罪名に触れた場合をいいます（刑54①後段）。例えば、窃盗目的で住居侵入をした場合には住居侵入罪と窃盗罪とが牽連犯となります。

　なお、科刑上一罪とは異なり、数罪が成立するように見えますが、全体として1つの犯罪と認められる場合があり、これを「包括一罪」といいます。例えば、1つの行為で複数の所有者の財物を盗んだ場合（これに対して1つの行為で複数の人を殺傷した場合は前述のとおり観念的競合となります。）や、ある人を殺害しようとして包丁で切りつけた後、鉄棒で頭部を殴打したというように、数個の行為が1つの犯罪の実現のためになされたような場合です。

　このような科刑上一罪や包括一罪においては、犯罪行為は1つと考えられますから、そのことを明らかにするため、併合罪のように項を分けず、1つの項目でこれを記載するのが通例です。

モデル文例8　牽連犯の例（刑54①後段）

（→【モデル文例51】と同じ）

告　訴　事　実

　被告訴人は、他人の住居に侵入して金品を窃取しようと企て、令和○年○月○日午後4時ころ、Ａ市Ｂ町○丁目○番○号の告訴人の居宅の勝手口のドアをピッキング用具を用いてこじ開けて、告訴人宅に不法に侵入し【注1】、2階6畳間の押入ダンス内にあった純金製ネックレス等貴金属類5点（時価合計22万円相当）を窃取した【注2】ものである。

【注1】・【注2】　【注1】の住居侵入罪と【注2】の窃盗罪は、手段と結果という牽連犯の関係にあり、科刑上一罪として扱われます。

　　このような科刑上一罪の場合には、一罪であることを表すため、1つの文章の中で続けて書くのが通例です。

　　なお、このような場合でも、文章が長くなって煩雑になる場合には、適宜段落を分けて書いても構いません。

文例編　第1章　告訴状・告発状の書き方　　137

⑨　別表の利用

　窃盗、詐欺等の財産犯で犯行が多数回に及ぶ案件を告訴する場合、別紙として被害金品目録、被害一覧表等を添付することがあります。

　目録の作成に当たっては、分かりやすさの観点から、事案の個性に応じた工夫が必要です。

モデル文例9　　別紙目録の利用の例

告　訴　事　実

　被告訴人は、令和○年○月○日ころ、……において、別紙被害金品目録記載のとおり、告訴人ら2名所有に係る現金30万円及び腕時計など合計7点（時価合計61万円相当）を窃取したものである。

（別紙）　被害金品目録

番号	品　名	数量	時価相当額	所有者又は管理者	備　考
1	現金30万円			告訴人所有	売上金及び生活費
2	財布	1個	1万円	告訴人所有	1の現金が入っていたもの
3	ダイヤ指輪	1個	45万円	告訴人の妻甲山春子	結婚記念指輪
4	・・・・	・・	・・・	・・・・・・	・・・・・

第2章　刑法の罪に関する文例

〔個人的法益に対する犯罪〕

第1　殺人の罪

規定条文：刑法199条（殺人）、201条（殺人予備）、202条（自殺関与・同意殺人）、203条（未
　　　　　遂罪）
保護法益：人の生命
種　　類：非親告罪

1　殺人罪－刑法199条

　殺人罪は、殺意をもって人を殺害したことによって成立します。殺人の実行行為は、「人を殺す」ことですが、人が死亡したことが必要で、実行行為に着手したけれども死亡しなかった場合には殺人未遂（刑203）となります。また、殺人の実行行為に着手する前の準備段階にすぎない場合は、殺人予備罪（刑201）にすぎません。

(1)　殺　意

　　殺意には、確定的殺意と未必的殺意を含みます。未必的殺意とは、一般的には、死亡という結果発生を認識し、これを認容した場合をいいます（認容説）。同じく他人を死亡させた場合であっても、殺意なくして他人に暴行を加え死亡させたような場合は傷害致死罪（刑205）となり、暴行や傷害の故意もなく、過失によって人を死亡させた場合には、過失致死の罪（刑210・211）となります。

(2)　殺害行為

　　人を殺す行為には、包丁で胸部を刺したり、ひもで首を絞めるというような積極的行為（作為）による場合のほか、例えば乳児に授乳せず放置して餓死させるというような不作為による場合も含みますが、社会常識に照らして人を死亡させる危険性が全くないような行為（人を呪い殺すなど）は、いくら殺意があったとしても人を殺す行為とは評価されません。

(3)　告訴・告発の必要性

　　本罪は、非親告罪である上、社会的に重大性を帯びる罪種ですから、捜査機関は、告訴や告発を待つことなく、目撃者や関係者からの110番通報、死体発見などを契機として捜査を開始するのが通常です。したがって、一般的には殺人事件につい

文例編　第2章　刑法の罪に関する文例　　139

てわざわざ告訴・告発をする必要性は乏しいと言えます。しかし、ある人の死亡に
ついて、捜査機関が全く気付かなかったり、気付いていても証拠がないなどの理由
で特定の容疑者に対する捜査を開始しないような場合、告訴・告発をする意義が出
てくる場合があります。保険金目当てに殺害されたと考えられるにもかかわらず、
捜査機関が自殺として処理しようとしている場合なども同様です。

モデル文例10　　殺人罪（刑199）
【口論の上、とっさに殺意を抱き、被害者の頸部を両手で絞めつけて殺害した事例】

告　訴　事　実

　被告訴人は、甲山一郎（当時55歳）と口論となり、とっさに同人を殺害しよう
と決意し【注1】、令和〇年〇月〇日午後4時ころ【注2】、A市B町〇丁目〇番〇号
先路上において【注3】、殺意をもって【注4】、同人に対し、その頸部を両手で強く
絞めつけ【注5】、よって【注6】、即時同所において【注7】、同人を窒息死させて【注
8】殺害したものである。

【注1】　犯行の動機・原因を示したものです。殺人罪や放火罪あるいは強盗殺人罪など
　　　は、動機犯罪と言われ、動機・原因を明らかにすることによって、犯意を具体的かつ
　　　明確にし、ひいては犯罪事実ないし犯情の全貌を示すのに役立つので、それが分かる
　　　限り記載するのが適切です。本事例は、とっさに殺意が生じた場合ですが、あらかじ
　　　め殺害を計画した場合の動機の記載方法は、【モデル文例11】の【注1】を参照してく
　　　ださい。
【注2】　犯行の日時を示したものです。
【注3】　犯行の場所を示したものです。
【注4】　実行行為時に殺意があったことを示したものです。殺意が強い場合（確定的殺
　　　意）には、「同人を殺害しようと決意し、……殺意をもって」とか、「同人を殺害しよ
　　　うと企て」などと記載して、殺意が確定的であることを示す方法もあります。
　　　　これに対し、未必的殺意の場合は、「死の結果を生ずるかもしれないことを予見しな
　　　がらあえて」といったように表現する方法もあります。また、「腹部を刺せば死に至る
　　　かもしれないことを予期しながらあえてこれを認容し」とか、「（場合によっては）死
　　　ぬかもしれないと認識しながら、死んでも構わないという気持ちで」とか、「死亡して
　　　もやむを得ないと考え、あえて」などと記載する方法もあります。
　　　　ただし、告訴・告発の段階で未必的殺意であったか否かを告訴・告発人が判断する

ことは困難ですので、未必的殺意と思われる場合であっても、単に「殺意をもって」と記載すれば足りるものと思われます。

【注5】　人を殺す行為、すなわち殺人の実行行為を示したものです。凶器を用いて殺害した場合には、「柳刃包丁で同人の腹部などを力任せに数回突き刺し」とか、毒殺の場合には「かねて入手していた農薬パラチオンを500mlのコーラ入りペットボトル内に混入させた上、同人に飲用させ」というように、それぞれの犯行の態様に即して実行行為を記載します。

【注6】　殺人の実行行為の結果、被害者の死亡という結果が生じたという因果関係の存在を示すため、「よって」という表現を使うことがあります。「その結果」と言い換えることもできます。

【注7】　死亡の日時・場所も特定できる限り記載します。病院に搬送されて死亡した場合は、「令和○年○月○日午前○時○分ころ、A市B町○○所在の○○病院において」などと記載することになります。

【注8】　殺人罪においては、被害者が死亡したことで犯罪が完了します。したがって、死亡の結果は「告訴事実」に不可欠です。

② 殺人予備罪－刑法201条

　殺人予備罪は、殺人を犯す目的で、その予備行為をした場合に成立します。予備行為とは、殺害の実行行為に着手する以前の準備行為一般を指します。殺人の実行行為を開始した後は、結果が発生しなくても殺人未遂罪となりますので、本罪は殺人罪・殺人未遂罪に吸収されて成立しません。

　例えば、殺害目的のため凶器を準備して被害者の家の周りを徘徊するとか、不特定の人の殺害を目的として毒入り飲料を道端に置くなどの行為が予備行為に当たります。

モデル文例11　殺人予備罪（刑201）

【交際中の女性から交際を断られたことに恨みを持ち、同人を刺し殺す目的で、出刃包丁を隠し持ち、待ち伏せした事例】

告　訴　事　実

　被告訴人は、かねてから告訴人（当時27歳）と交際していたものであるが、告

文例編　第2章　刑法の罪に関する文例　　141

訴人が被告訴人との交際を断り、他の男性と結婚することになったことから、告
訴人に対して恨みを持ち、告訴人を殺害しようと決意し【注1】、令和○年○月○
日午後9時ころ【注2】、A市B町○丁目○番○号の告訴人方付近の路上において【注
3】、告訴人を刺し殺す目的で【注4】、出刃包丁1本（刃体の長さ約15cm）を隠し持
ち【注5】、告訴人が帰宅するのを待ち伏せ【注6】、もって、殺人の予備をしたもの
である。

【注1】　犯行の動機及びその原因を示したものです。殺意に具体性を持たせ、これを明
　　　　確にするため、動機及びその形成事情を簡潔に記載することが望まれます。
【注2】　犯行の日時を示したものです。
【注3】　犯行の場所を示したものです。
【注4】　殺人目的の存在を示したものです。殺人予備罪が成立するには、殺人を行う目
　　　　的をもって予備行為を行うことが必要ですので、その旨を「告訴人を刺し殺す目的で」
　　　　と明らかにしたものです。
【注5】　正当な理由なしに刃体の長さが6cmを超える刃物を携帯すると、原則として、
　　　　銃砲刀剣類所持等取締法違反（同法31の18三・22）となり、本件もこれに該当しますが、
　　　　実務的には、あえて同法違反まで告訴・告発する必要はなく、中心的事実である殺人
　　　　予備の点のみを告訴・告発すれば足りるでしょう。
【注6】　本事例では、出刃包丁を所持して待ち伏せする行為が殺人予備罪の実行行為と
　　　　して構成されています。殺人の目的で拳銃・刃物・毒薬などを入手するだけでも殺人
　　　　予備罪と見られますが、通常は、行為の外形からより生命侵害の危険性が高まった段
　　　　階のものをその実行行為として記載します。

③ 殺人未遂罪―刑法203条

　殺人未遂罪は、殺人の実行行為に着手したけれども死亡に至らなかった場合をいい
ます。例えば、殺意をもって人を殺す行為を実行し始めたところ、被害者が逃げ去る
などしたため、負傷させた程度にとどまり死亡するに至らなかった場合などがこれに
当たりますが、被害者が逃げ去ることもなく実行行為を終えたが死亡するに至らなか
った場合も含みます。救命治療の結果死亡を免れた場合も同様です。

142　　文例編　第２章　刑法の罪に関する文例

モデル文例12　殺人未遂罪（刑203）

【交際中の女性から交際を断られたことに恨みを持ち、同人を出刃包丁で刺し殺そうとしたが、目的を達しなかった事例】

告　訴　事　実

　被告訴人は、かねてから告訴人（当時27歳）と交際していたものであるが、告訴人が被告訴人との交際を断り、他の男性と結婚することになったことから、告訴人に対して恨みを持ち、告訴人を殺害しようと決意し【注1】、令和○年○月○日午後9時10分ころ、A市B町○丁目○番○号の告訴人方付近の路上において【注2】、帰宅してきた告訴人に対し、殺意をもって【注3】、出刃包丁1本（刃体の長さ約15cm）を両手で握り、告訴人の背中付近を狙って強く突き出したが【注4】、告訴人が巧みに体を避けて逃走したため【注5】、告訴人に加療約4週間を要する左背部切傷の傷害を負わせたにとどまり【注6】、殺害の目的を遂げなかったものである【注7】。

【注1】　犯行の動機及び原因を示したものです。本事例は、【モデル文例11】の事案がさらに進んで、実行の着手に至ったが殺害の目的を遂げなかった場合を想定しています。

【注2】　犯行の日時場所を示したものです。

【注3】　殺意があることを示したものです。

【注4】　殺害の実行行為を行ったことを示したものです。

【注5】　殺害行為を行ったが、結果が生じなかった事情を示したものです。本事例は、被害者が巧みに逃げたために刺す行為自体が失敗した事案ですが、事案によっては、実行行為自体は完了したけれども、病院における治療の結果、死亡するに至らなかったような場合もあります。

　　　　中止未遂の場合については、【モデル文例6】の【注3】を参照してください。

【注6】　傷害の結果を生じたことを示したものです。

【注7】　結果として殺害の目的を遂げなかったことが「殺人未遂罪」の要件ですので、そのことを明示する必要があります。

文例編　第2章　刑法の罪に関する文例　　143

第2　傷害の罪

規定条文：刑法204条（傷害）、205条（傷害致死）、206条（現場助勢）、207条（同時傷害の
　　　　　特例）、208条（暴行）、208条の2（凶器準備集合及び結集）
保護法益：生命・身体の安全
種　　類：非親告罪

1　傷害罪－刑法204条

　傷害罪は、暴行その他の手段により他人の身体に傷害の結果を生じさせることにより成立します。

(1)　「暴行」とは、人体に対する直接・間接の不法な有形力（物理的な力）の行使をいい、刑法208条の暴行罪における「暴行」と同じ意味です。人の顔面を手で殴ったり、身体を棒で叩くとか、また、人の着衣を掴んで引っ張ることなどは典型的な暴行の例ですが、人に向かって拳骨や棒で殴りかかったり、あるいは石を投げ付けたりすれば、それが仮に当たらなかったとしても、暴行を行ったことになります。

　　暴行以外の手段としては、感染者が性交をして相手に性病を感染させたり、有効な薬剤を装って毒物を服用させる場合が例として挙げられますが、実務上は暴行により身体傷害を生じさせる場合がほとんどです。

(2)　暴行等を行った結果、傷害の結果が生じた場合には、受傷させる意図の有無にかかわらず傷害罪が成立します。すなわち、傷害の結果についての故意までは必要としません。また、暴行を行ったけれども傷害の結果が生じなかった場合には、単に暴行罪が成立するにとどまります。

(3)　「傷害」とは、身体の生理機能の障害と解する説と、身体の外形の重大な変更もそれに含まれるとする説とがあります。例えば、頭髪を多量に引きちぎった場合には、生理機能の障害を生じない限り前説では傷害となりませんが、外形上変更が見られる場合には後説では傷害となる可能性があります。ただし、数本程度では両説のいずれにも該当せず、傷害罪とはならないものと考えられます。

144　　文例編　第2章　刑法の罪に関する文例

モデル文例13　　傷害罪①（刑204）

【知人方を訪問中相手に立腹し、握り拳で殴打し、腹部を足蹴にするなどの暴行を加えて負傷させた事例】

告　訴　事　実

　被告訴人は、令和○年○月○日午後3時10分ころ、A市B町○丁目○番○号○○アパート2号室の告訴人方において【注1】、告訴人（当時45歳）に対し、口のきき方が悪いなどと因縁を付け【注2】、右の握り拳で告訴人の顔面を3回殴打し、仰向けに転倒した告訴人の腹部を数回足蹴にし【注3】、その結果【注4】、告訴人に加療約10日間を要する顔面及び上腹部挫傷の傷害を負わせたものである【注5】。

【注1】　　犯行の日時・場所を示したものです。

【注2】　　犯行の動機・原因を示したものです。犯行の動機を簡潔に表すことは、事案により難しい場合があります。被害者の些細な言葉や態度に対し相手方が因縁を付けてきた場合には、「些細なことに因縁を付け」などの表現を用います。酔った状態が犯行の一原因となっていると考えられる場合には、「酔余の上」などの表現を用います。

【注3】　　被告訴人が行った具体的な暴行行為を示したものです。「果物ナイフで告訴人の腹部、背部を数回切り付け」とか、「告訴人の顔面を握り拳で3回くらい殴り付け、さらに両手で告訴人を仰向けに突き倒し」などと、その行為の内容を具体的に示します。実行行為が多岐にわたり、いちいち個別的・具体的に表すと繁雑に過ぎるときは、主要な実行行為を中心に簡潔にまとめれば足ります。

【注4】　　暴行行為と傷害の結果との因果関係があることを示したものです。「よって」と記載することもあります。

【注5】　　暴行行為の結果、告訴人にどのような傷害の結果が生じたかを具体的に示したものです。

　　傷害の内容については、原則として、医師から診断書を入手し、これに記載されている病名に従って、部位・程度を次のように具体的に記載します。

・「加療約1週間を要する前額部・顔面挫傷の傷害」

・「入院加療約1か月を要する左第4・第5肋骨骨折、頭部挫創兼打撲、腹部打撲などの傷害」

・「全治まで約3週間を要する左腕部、上背部切創などの傷害」

・「左腕部に深さ骨膜に達し加療約2週間を要する切創」

文例編　第2章　刑法の罪に関する文例　　145

　傷害の記載に当たって特に注意すべきことは、実行行為（通常は暴行）の手段・方法あるいは攻撃部位と、その結果としての傷害の内容が符合していなければならないということです。例えば、実行行為として「頭部・顔面を握り拳で殴打し」となっているのに、その結果、「大腿部骨折、背部切創の傷害を負わせた」という記載をすることは、事実の記載にどこか欠点があることを示しています。

<u>**モデル文例14**</u>　　傷害罪②（刑204）
【同棲中の相手方の子供に対し、虐待行為を行った事例】

告　発　事　実【注1】

　被告発人は、かねてから甲山春子（当時28歳）と交際していたところ、令和○年9月ころから、春子が住んでいたＡ市Ｂ町○丁目○番○号○○マンション315号室において同棲を始め、春子の子である甲山夏子（当時4歳）とも日常的に接するようになったところ、同女がなかなか被告発人になつかず、被告発人に対し反抗的な態度を示していたことから、令和○年9月下旬ころから同女を懲らしめる目的で、同女の顔面を平手で殴る、頬をつねる、顎を手の平で下から持ち上げるように叩く、太股を手拳で殴る、尻を平手で叩いたり蹴ったりするといった暴行を行っていたところ、それでも同女が被告発人に対する反抗的な態度を変えなかったことから【注2】、令和○年○月○日、上記マンション同室において【注3】、同女に対し、拳骨で同女の下顎部を1回強く殴った上、床に倒れた同女の腹部を数回足で蹴るなどの暴行を行い【注4】、よって、同女に対し、加療約10日間を要する下顎部損傷及び腹部打撲の傷害を負わせたものである【注5】。

【注1】　児童虐待の場合は、被害者自身は幼少であり、その法定代理人たる親も犯行に関わっていることが多いことから、その事実を知った第三者が告発することが多いと思われます。
　　　　近時は、高齢者に対する虐待、介護現場での虐待が社会問題化しており、当該虐待行為が暴行罪、傷害罪を構成することもあります。
【注2】　「かねてから」から「態度を変えなかったことから」の部分は、これまでの経緯を記載したものです。本事例では、その後に記載している事実が告発の対象です。
【注3】　犯行の日時・場所を示したものです。
【注4】　暴行の具体的状況を示したものです。
【注5】　傷害の結果を示したものです。

146　　文例編　第2章　刑法の罪に関する文例

モデル文例15　傷害罪③（刑204）

【隣家に向けて騒音を鳴らし、隣家の者に睡眠障害等の傷害を与えた事例】

告　訴　事　実

　被告訴人は、令和○年○月○日から同年○月○日ころまでの間、A市B町○丁目○番○号の自宅から、同所所在【注1】の隣家に居住する告訴人らに向けて、同人らに精神的ストレスによる障害が生じるかもしれないことを認識しながら、あえて【注2】、連日連夜にわたりラジオ音声及び目覚まし時計複数個のアラーム音を大音量で流し続ける等して告訴人に精神的ストレスを与え【注3】、もって同人に対して全治不詳の慢性頭痛症、睡眠障害、耳鳴り症等の傷害を負わせたものである【注4】。

【注1】　隣家が同じ住所表示の事例です。異なる番地、号の場合は明示する方がよいでしょう。

【注2】　傷害の未必的な故意があったことを示したものです。「未必的故意」に関しては、【モデル文例10】の【注4】を参照してください。

【注3】　傷害の実行行為に当たります。

【注4】　傷害の結果を示したものです。

②　同時傷害の特例－刑法207条

　同時傷害の特例とは、2人以上の者が、同一の機会に、同一人に対して、相互に意思の連絡なしにそれぞれ独自に暴行を加え傷害を負わせた場合に、傷害の発生は明らかであるものの、①1個しかない傷害を誰が負わせたのか特定できないとき（刑207後段）、又は②2個以上ある傷害のうちどの傷害が誰の暴行によって生じたか特定できないとき（刑207前段）には、その2人以上の者は、意思の連絡をとって暴行を加えたものとして取り扱う（すなわち、傷害罪の共同正犯の責任を負う）というものです。

　この場合に成立する犯罪を同時傷害罪といい、観念的には考えられるものですが、捜査実務上はあまりこの罪が問題とされる例はありません。この規定に頼ることは捜査不十分を自認することになるので、進んで適用すべき条文ではないと考えているからでしょう。また、同じ現場にいた者については、仮に手を出さなくてもその場で明示又は黙示の共謀が成立したものと考え、通常の共同正犯として取り扱われることも多

文例編　第２章　刑法の罪に関する文例　　147

く、ましてや双方とも手を出しているのであれば、共謀が成立していると見られる場合が多いでしょう。

　したがって、告訴・告発をする場合も、通常の共同正犯として告訴・告発をすれば足りる場合が多いと思われます。

③　傷害致死罪－刑法205条

　傷害致死罪は、暴行その他の手段により身体傷害を生じさせた結果、人を死亡するに至らせたときに成立します。本罪は、人の死の結果の予見可能性があった場合に限り成立すると限定的に解釈するのが多数説ですが、判例はそのような限定を設けていません。被害者の死の結果を予見しながらその結果を認容して傷害行為に及び、人を死亡させたときは、殺人罪になります。

モデル文例16　傷害致死罪（刑205）
【共に飲酒した仲間と口論した末、同人を殴ったり蹴飛ばしたりし、その結果死亡させた事例】

告　訴　事　実【注1】

　被告訴人は、日ごろから告訴人の長男甲山一郎（当時25歳）が被告訴人の悪口を言いふらしていると思い込み、同人に対して快く思っていなかったところ【注2】、氏名不詳者と共謀の上【注3】、令和○年○月12日午後10時過ぎころ、帰宅途中の甲山一郎を、Ａ市Ｂ町○丁目○番○号所在の○○公園に連れ込み、同公園内において【注4】、同人に対し、こもごも【注5】、手拳で頭部、腹部などを多数回殴打し、さらに倒れた同人の腹部を複数回足で踏み付けるなどの暴行を加え【注6】、その結果、同人に肝挫傷、肋骨骨折等の傷害を負わせ【注7】、よって、翌13日午前9時10分ころ、同市Ｃ町○丁目○番○号○○病院において、上記肝挫傷及びその他の全身の創傷に基づく出血性ショックにより同人を死亡するに至らせたものである【注8】。

【注1】　本事例は、死亡した被害者の遺族が告訴したことを想定しています。

【注2】　犯行の動機を示したものです。傷害致死罪は、被害者は既に死亡していますか

ら、分かる範囲で記載するしかありません。犯行後に被害者から話を聞いていれば別ですが、被害者が生存中に話していたこと、周囲の人たちの話などから推測して記載します。

【注3】　本事例は、被告訴人が氏名不詳の者と共同で犯行を行ったものの、他の1人は氏名が分からないことから、主犯と考えられる被告訴人1人を告訴した場合を想定しています。氏名不詳者についても告訴をすることができますが、その場合は、「被告訴人らは、共謀の上」と記載することになります。ただし、動機については、主犯である本例の被告訴人のみに当てはまるのか否かを吟味して記載する必要があります。

【注4】　犯行の日時・場所を特定したものです。そのとき、どのような事情から公園に連れ込んだのかは分からないことが多いでしょう。

【注5】　「こもごも」とは、「共犯者の各自が」という意味を持っています。共犯者のうちの誰がどのような行為を行ったかはっきりしている場合には、それぞれ書き分けた方がよいでしょう。例えば、「被告訴人が、手拳で甲山の頭部を数回殴打し、さらに氏名不詳者が手拳で甲山の腹部を数回殴打した上、倒れた甲山の腹部を数回足で踏み付ける」などと記載します。

【注6】　暴行の態様を示したものです。被害者が死亡していて具体的状況が分からない場合には、医師の診断書や死体検案書に基づき、傷害の結果から推測することになるでしょう。

【注7】　傷害の結果を示したものです。医師の診断書や死体検案書に基づき記載すれば足ります。

【注8】　被告訴人による暴行の結果、傷害の結果をもたらし、さらにその傷害により被害者が死亡したことを具体的に示したものです。死亡の日時・場所や死因についても、医師の診断書又は死体検案書に基づき記載します。

4　暴行罪－刑法208条

　暴行罪は、人に対して、不法な有形力（物理力）を行使した場合で、その結果として傷害が生じないときに成立します。傷害の結果が生じたときは傷害罪となります。

　傷害の意思で暴行を加えた場合でも、結果として傷害が生じなければ、暴行罪が成立するにとどまります。

　なお、暴行罪の特別罪として、集団暴行罪、共同暴行罪（暴力行為等処罰ニ関スル法律1）、常習的暴行罪（同法1の3）があります。

文例編　第2章　刑法の罪に関する文例　　　149

モデル文例17　暴行罪（刑208）

【自動車の接触がどちらの責任であるかを巡って口論となり、右手拳で相手方の左頬部を1回殴った事例】

　　　　　　　　　告　訴　事　実

　被告訴人は、令和○年○月○日午前8時40分ころ、A市B町○丁目○番○号先路上において【注1】、被告訴人運転の普通乗用自動車と告訴人運転の普通乗用自動車が接触したことから、その責任がどちらにあるかを巡って告訴人と口論となり、激高の上【注2】、告訴人に対し、右手拳で告訴人の左頬部を1回殴打する暴行を行ったものである【注3】。

【注1】　犯行の日時・場所を示したものです。

【注2】　犯行の動機を示したものです。

【注3】　誰に対し、どのような手段で、どのような暴行を行ったのかを具体的に示したものです。複数の行為がある場合には、「……などの暴行を行った」として代表的な暴行行為を1つ、2つ挙げればよいでしょう。

150　文例編　第2章　刑法の罪に関する文例

第3　過失傷害の罪

規定条文：刑法209条（過失傷害）、210条（過失致死）、211条（業務上過失致死傷・重過失
　　　　致死傷）
保護法益：生命・身体の安全
種　　類：過失傷害罪は親告罪、それ以外は非親告罪

1　過失傷害罪－刑法209条

　本罪は、一般の注意義務違反により、人を傷害させた場合に成立します。死亡の結果が生じた場合には、過失致死罪（刑210）となります。また、重大な過失による場合は重過失致死傷罪（刑211後段）、業務上の過失による場合には業務上過失致死傷罪（刑211前段）が成立しますので、本罪はそれらには該当しない場合ということになります。

　注意義務とは、人の生命・身体の安全性に配慮しなければならないという法的義務で、通常、結果を予見すべき義務（結果予見義務）と結果を回避すべき義務（結果回避義務）とに分けて論じられます。この2つの義務の内容や相互の関係については、各種の見解があって複雑ですが、実務上は後記の記載例の程度に注意義務を示せば足ります。

モデル文例18　過失傷害罪（刑209①）
【公園でキャッチボールをしていて付近の幼児に送球を命中させ負傷させた事例】

告　訴　事　実

　被告訴人は、令和○年○月○日午後2時ころ、A市B町○丁目○番○号所在のC公園において、自己の長男甲山一郎（当時12歳）を相手に軟式野球ボールを用いてキャッチボールをしていたが、当時その付近には遊戯中の幼児が4、5名遊んでいて、暴送球などが同児らに命中するおそれがあったから【注1】、危害が及ばない場所に同児らを避難させるか、自ら安全な場所に移動するなどして危険の発生を防止すべき注意義務があるのに【注2】、これを怠り【注3】、何らその措置をとらず、漫然とキャッチボールを続け、前記一郎に向けて速球を投げた過失により【注4】、同人がこれを捕球し損なった際、そのボールを同人の右後方約3mの近距離

文例編　第2章　刑法の罪に関する文例　　151

で砂遊びをしていた告訴人の長女乙川春子（当時4歳）の顔面に命中させ【注5】、その結果、同女に対し加療約2週間を要する顔面打撲の傷害を負わせたものである【注6】。

【注1】　これは、注意義務を生じさせる前提となる、人の生命・身体に危険を及ぼすおそれのある客観的状況の存在を示した記載です。

【注2】　幼児を避難させたり、自ら危険を生じさせる恐れのない場所に移動することなどが危険防止のための注意義務の内容となっています。「など」としたのは、ほかにも、例えば低速のボールを投げるなどの方法によっても危険防止を図ることができると考えられるので、その余地を残したものです。

　　　　幼児その他多数の人間がいて、その場でキャッチボールをすること自体が危険と見られる場合には、キャッチボールを中止すべき注意義務があると考えられます。

【注3】　注意義務違反があったことを示したものです。

【注4】　「これを怠り」という文言で抽象的に示した注意義務違反の内容を具体的に過失行為として捉え直した記載です。

【注5】　仮に、被告訴人の長男に重大な補球ミスがあったとしても、被告訴人はその監護者である立場からいって、自らに過失が存することには変わりありません。また、仮に被害者側にも過失があったとしても、本事例の場合であれば、被告訴人の過失責任がなくなることはありません。

【注6】　人の傷害の結果が生じたことを示したものです。過失致死の場合は、この末尾部分が次のようになります。

　　　　「……命中させ、その反動で同女をその場に転倒させて後頭部を付近のコンクリート枠に衝突させ、その結果、同女に頭蓋内出血などの傷害を負わせ、同日午後11時45分ころ、……所在の○○外科病院において、同女を前記出血に基づく脳圧迫により死亡するに至らせたものである。」

　　　　傷害の内容の記載方法については、【モデル文例13】の【注5】を参照してください。

② 業務上過失傷害罪－刑法211条前段

本罪は、業務上必要な注意を怠り、人を死傷させた場合に成立します。

本罪における「業務」とは、人が社会生活を維持する上で反復継続して従事する仕事であって、人の生命・身体に危害を加えるおそれのあるものをいいます。これに当

152 文例編　第2章　刑法の罪に関する文例

てはまる以上、職業又は営業として行うかどうかを問いません。ただし、自動車の運転については、後述する自動車運転処罰法による過失運転致死傷罪（【モデル文例148】参照）が適用されますので、除かれます。

　また、継続して従事する意思があれば、ただ1回の行為でも業務といえます。

モデル文例19　業務上過失致死罪（刑211前段）
【作業事故により作業員を死亡させた事例】

告　訴　事　実

　被告訴人は、船舶の解体・引揚げ業を営む株式会社□□に勤務し、同会社が請け負った座礁船「○○号」残油処理作業の現場であるA県B市C町○丁目○番地において、同作業及び資材運搬用ゴンドラの運転操作などの業務に従事しているものであるが【注1】、令和○年○月○日午後5時ころ、同作業現場の無線担当者乙川二郎の連絡に従い、陸から120m沖の海中に座礁している前記「○○号」の船尾から作業員丙野三郎（当時26歳、告訴人の三男）搭乗の前記ゴンドラを陸側に向けて運転するため、同作業現場に据え付けたウィンチのレバー・ハンドルを操作するに当たり、同操作業務担当者としては、搭乗員に危害を及ぼさないよう、ゴンドラの進行方向を間違えるなどのことなく安全・的確にレバー・ハンドルを操作すべき業務上の注意義務があるのに【注2】、これを怠り【注3】、漫然と同ゴンドラを陸側から「○○号」船尾ハンド・レールなどに衝突させ【注4】、その衝撃で搭乗中の前記乙川二郎を同船の甲板上に転落させ、その結果、即時同所において【注5】、同人を脳挫傷により死亡するに至らせたものである【注6】。

【注1】　行為者が一定の業務に従事するものであることを具体的に示したものです。

【注2】　業務上の注意義務の内容を示したものです。

【注3】　【モデル文例18】の【注3】を参照してください。

【注4】　【モデル文例18】の【注4】を参照してください。

【注5】　「その場において」ということもできます。

【注6】　死亡の結果を示したものです。

文例編　第2章　刑法の罪に関する文例　　153

③　重過失致死傷罪－刑法211条後段

　重過失致死傷罪は、重大な過失により人を死傷させた場合に成立します。「重大な過失」とは、注意義務違反の程度が著しい場合をいいます。

　危険運転致死傷罪や業務上過失致死傷罪が成立する場合には、重過失致死傷罪は成立しません。

　例えば、【モデル文例20】で示した飼い犬の管理が不十分で幼児が噛み付かれたり、路上で後方からの通行人への注意を欠き、ゴルフクラブの素振りをして通行人を負傷させた場合など、日常の生活で生じることがあります。

モデル文例20　重過失傷害罪（刑211後段）
【多数人が集まっている公園で犬を鎖から放した過失により、犬が幼児に噛みつき、負傷させた事例】

告　訴　事　実

　被告訴人は、令和○年○月○日午前11時30分ころ、A市B町○丁目○番○号B町公園において、自己が飼育する柴犬（当時2歳、オス）を鎖につないで運動させていたが、同犬は人を噛む癖があるほか元来狩猟犬として粗暴な性質を有する上、当時、同公園には幼児連れを含む多数の男女が散策などで集まっていたことから【注1】、その飼主としては、同犬を鎖につないだままその鎖を厳重に保持し、同犬が他人を襲って噛み付くなどの危険を未然に防止すべき注意義務があるのに、これを怠り【注2】、同犬がしきりに吠え立てたりするため、これを自由にして運動させようと考え【注3】、同公園中央の噴水付近において、同犬の首輪から鎖を外し取って同犬を解き放った重大な過失により【注4】、同日午前11時40分ころ、同公園東口噴水前広場で遊んでいた告訴人の長男甲山一郎（当時4歳）に前記柴犬が襲いかかり【注5】、同児に加療約2か月間を要する右上下肢咬傷などの傷害を負わせたものである【注6】。

【注1】　注意義務を発生させる前提となる客観的状況を示したものです。

【注2】　注意義務の内容及びこれに違反したことを示したものです。

【注3】　この部分は記載しなくても犯罪事実の表示として欠けることはありませんが、

なぜ被告訴人が本件のような過失行為に及んだかについての事情を示したものです。

【注４】　注意義務に著しく違反した過失の具体的内容を示したものです。

【注５】　注意義務違反によって、どのような事態が生じたのかを明らかにすることにより、後述する傷害の結果との因果関係を示したものです。

【注６】　注意義務違反により傷害の結果が生じたことを示したものです。

文例編　第2章　刑法の罪に関する文例　　155

```
┌──────────────────────────────────────────┐
│　　　　　　　　　　第4　遺棄の罪　　　　　　　　　│
└──────────────────────────────────────────┘
```

第4　遺棄の罪

規定条文：刑法217条（遺棄）、218条（保護責任者遺棄等）、219条（遺棄等致死傷）
保護法益：人の生命・身体の安全性
種　　類：非親告罪

1　遺棄罪－刑法217条

　遺棄罪は、老年者・幼年者・身体障害者・病者であって扶助を必要とする者を遺棄することにより成立します。

　「遺棄」とは、例えば、幼児を危険な場所に移したり（移置）、危険な場所に置き去りにするように、場所的隔離を伴うことにより、要扶助者に生命・身体の危険を生じさせる行為をいいます。

2　保護責任者遺棄罪・遺棄致死傷罪－刑法218条・219条

　保護責任者遺棄罪は、老年者・幼年者・身体障害者・病者を保護する責任のある者が、これらの者を遺棄し、又はその生存に必要な保護をしなかったときに成立します。

　保護責任者遺棄罪では、遺棄にとどまらず、生存に必要な保護をしなかった場合にも成立します。この「生存に必要な保護をしない」（不保護）とは、例えば、同居の重病の老人の面倒を見ないというように、場所的隔離を伴わずに必要な保護をしない場合を指します。

　保護責任の根拠は、法令の規定、雇用関係などの契約、慣習、条理（法の精神）などに求められます。

　遺棄罪、保護責任者遺棄罪を犯し、実際に人に傷害・死亡の結果を生じさせた場合は、遺棄致死傷罪、保護責任者遺棄致死傷罪が成立します。

156　　文例編　第2章　刑法の罪に関する文例

モデル文例21　　保護責任者遺棄致死罪（刑219・218）

【分娩後間もない子供を母親が遺棄して死亡させた事例】

告　発　事　実【注1】

　被告発人は、令和○年○月○日午後零時ころ、Ａ市Ｂ町○丁目○番○号の自宅において、男児を分娩したが、未婚でありながら分娩した事実を両親らに知られることを恐れ【注2】、同児を遺棄しようと決意し【注3】、母親として同児を保護すべき責任があるのに【注4】、同日午後10時ころ、同市Ｃ町○丁目○番○号甲山一郎方玄関前に同児を放置して立ち去り【注5】、その結果、その後、同所において、同児を凍死させるに至らせたものである【注6】。

【注1】　本事例では被害者が死亡し、その遺族である母親が加害者であるため、「告発」としました。

【注2】　犯行の動機を示したものです。

【注3】　遺棄の犯意を明らかにしたものです。

【注4】　保護責任者であることを示したものです。

【注5】　遺棄行為を明らかにしたものです。

【注6】　遺棄行為の結果として、男児が死亡したことを示したものです。死亡時刻は死亡診断書、死体検案書等により分かれば、それを記載すればよいでしょう。

文例編　第2章　刑法の罪に関する文例　　　157

第5　逮捕・監禁の罪

規定条文：刑法220条（逮捕及び監禁）、221条（逮捕等致死傷）
保護法益：人の身体活動の自由
種　　類：非親告罪

1　逮捕罪－刑法220条前段

　逮捕罪は、他人に対し、物理的な力（暴行）又は心理的な力（脅迫・詐言など）を
もって、多少の時間継続して、直接にその身体を拘束し行動の自由を奪うことにより
成立します。

　例えば、人の手足を縄やひもで縛ったり、人の身体を手で掴んだりして、その行動
の自由を奪う行為は暴行による逮捕であり、ピストルや刃物を突き付けたり、警察官
だと詐称して人の自由を奪い他の場所に引き連れる行為は、心理的な力による逮捕と
いうことになります。ただし、ロープで縛ったとしても、身体拘束の時間が短く、瞬
時程度であれば、本罪ではなく、暴行罪が成立するにとどまります。

　逮捕に引き続き監禁行為がなされた場合には、逮捕監禁罪という一罪（包括一罪）
が成立します。特別公務員（司法警察員、検察官など）が職権を濫用して逮捕監禁行
為を行った場合には、特別公務員職権濫用罪（刑194以下）が成立し、本罪は成立しませ
ん。

モデル文例22　逮捕罪（刑220前段・60）
【暴走族から脱退しようとした者をロープで両手を縛り、逮捕した事例】

　　　　　　　　　　　　告　訴　事　実

　被告訴人らは、いずれも暴走族「○○組」の一員であるが、共謀の上【注1】、令
和○年○月○日午前1時ころ、A市B町○丁目○番○号付近の空き地において【注
2】、前記暴走族から脱退しようとした【注3】告訴人（当時16歳）に対し、約30分
にわたり【注4】、ナイロン製のロープで告訴人の両手を縛り付け【注5】、同人を不
法に逮捕したものである【注6】。

---

158 文例編　第2章　刑法の罪に関する文例

【注1】　本事例は、暴走族のメンバーであった告訴人が暴走族から脱退しようと申し出た際に、他のメンバーらが共謀の上に逮捕行為を行ったことを想定しています。共犯の場合の記載方法については、【モデル文例2】を参照してください。

【注2】　犯行の日時・場所を示したものです。閉鎖的な空間であると、「監禁」となることが多いので、どのような場所であったかは注意して記載する必要があります。

【注3】　この部分で犯行の原因が示されていることになります。

【注4】　拘束時間が短いと単なる「暴行」となり、長くなると「監禁」になることが多いので、拘束時間がどのくらいであったかは、できる限り記載した方がよいでしょう。

【注5】　犯行の状況を示したものです。

【注6】　逮捕罪の構成要件に当たることを示したものです。

② 監禁罪－刑法220条後段

　監禁罪は、暴行又は脅迫を加え、あるいはその他の方法により、多少の時間継続して、人を一定の区域から脱出することを不可能若しくは困難にすることによって成立します。

　暴行・脅迫によらず、一定の場所に閉じ込めて監視したり、その出入口に施錠すること、自動車やバイクの荷台に乗せて疾走し降車を困難にすること、女性を裸にしてその着衣を持ち去り、羞恥心によりその場を動けないようにすること、出入口に自動装置が仕掛けてあって逃げ出そうとすれば爆発する旨嘘を言って偽計により脱出を阻止することなどの方法によっても、本罪は成立します。

モデル文例23　監禁罪（刑220後段・60）

【暴力団の組員2名が、共謀の上、貸付金の取立てに関連して、債務者の親族を監禁した事例】

告　訴　事　実

　被告訴人らは【注1】、いずれも暴力団○○組組員であるが、丙野三郎から、同人が丁原四郎（告訴人の弟）に貸し付けた金員の取立てを依頼され、同人の所在を聞き出そうと考え【注2】、共謀の上、令和○年○月○日午後10時40分ころ、A市B町○丁目○番○号○○荘4号室の被告訴人甲山一郎方において【注3】、同人から呼

文例編　第2章　刑法の罪に関する文例　159

び出されて同所に赴いた告訴人に対し、被告訴人甲山一郎が、「弟はどこにいる。知らんはずない。あくまで知らんと言うなら俺らにも考えがある。居所を教えるまで帰さんぞ。」「帰りたければ帰ってもいい。その代わり腕の1本くらいもらうからな。」などと語気強く申し向けて脅迫し【注4】、さらに被告訴人乙川二郎が木刀を手にしながら、引き続き翌日午前1時ころまで、同室において告訴人の行動を監視して【注5】、その間告訴人を同室から退去することができないようにし【注6】、もって告訴人を不法に監禁したものである【注7】。

【注1】　本事例は、被告訴人甲山一郎と同乙川二郎が、共謀して告訴人を監禁した事例です。丙野三郎は丁原四郎に対する取立てを依頼したものの、本件監禁行為については共謀は成立していないとの前提です。共犯の場合の記載方法については、【モデル文例2】を参照してください。

【注2】　犯行の動機を示したものです。

【注3】　犯行の着手のあった日時及び犯行場所を示したものです。

【注4】　被告訴人甲山が行った脅迫行為を示したものです。本事例は脅迫の手段により監禁行為を行ったもので、脅迫行為は監禁罪の中に吸収され、別罪とはなりません。

【注5】　被告訴人乙川が行った行為を示したものです。

【注6】　監禁したことを示したものです。本事例では、「脅迫行為や監視行為により告訴人を同室から退去できないようにした」ことが監禁行為に該当します。

【注7】　「不法に」としたのは、刑法220条の条文がそうなっているからで、監禁行為が違法であることを注意的に記載したにすぎません。

③　逮捕監禁致死傷罪－刑法221条

　逮捕・監禁致死傷罪は、逮捕あるいは監禁行為の結果、人を死傷させた場合に成立します。死傷の結果は、逮捕・監禁の手段としての行為から直接生じたものに限りません。自動車に監禁された被害者が逃げようとして走行中の自動車から飛び降りて死傷した場合なども含みます。監禁の機会に日ごろの恨みを果たすために傷害を加えたような場合には、本罪ではなく監禁罪と傷害罪の併合罪となります。

160　　文例編　第2章　刑法の罪に関する文例

モデル文例24　逮捕監禁致傷罪（刑221・220・60）
【暴行を加えるなどして自動車内に監禁した者をさらにビルの居室に連れて行って監禁し、傷害を負わせた事例】

告　訴　事　実

　　被告訴人は、氏名不詳者2名と共謀の上【注1】、かねてから不快感を抱いていた告訴人（当時25歳）を拉致して監禁しようと企て【注2】、令和○年○月○日午後10時40分ころ、A市B町○丁目○番○号先路上において、待ち受けていた告訴人が通りかかるや、告訴人に対し、こもごも【注3】、「こっちに来い。」「車に乗れ。言うこと聞かんとぶっ殺すぞ。」などと申し向け【注4】、告訴人の両手や胴体を掴んで引っ張るなどして、付近に停めていた普通乗用自動車まで連行し、その顔面を2回手拳で殴打した上【注5】、告訴人を無理やり同車の後部座席に乗車させ【注6】、被告訴人と他の1人が両側から告訴人を挟むようにして座り、運転手に命じて、同車を同所から同市C町○丁目○番○号先路上に至るまで約2kmの間疾走させて告訴人が同車内から脱出することを不可能にし【注7】、さらに引き続いて、同所付近の○○ビル5階の被告訴人の居室に連れ込むため、同車内から告訴人の腕を掴むなどして引っ張り出し、肘でその顔面を1回殴打した上【注8】、その胸倉を掴み、背中を押しながら強いて同ビル1階エレベーターホールまで約20mにわたって連行し【注9】、同日午後11時10分ころ、通行人の通報によりパトカーがサイレンを鳴らして近づくのを知って同所で告訴人を解放するまでその自由を拘束し【注10】、もってその間告訴人を不法に逮捕監禁し、その際、前記暴行により【注11】告訴人に全治7日間を要する顔面挫傷の傷害【注12】を負わせたものである。

【注1】　本事例は、被告訴人と氏名不詳者2名が共謀して本件犯行を行っているものですが、氏名不詳者については告訴をせず、被告訴人だけを告訴したことを想定しています。氏名不詳者であっても告訴をすることができ、その場合には、「被告訴人ら3名は、共謀の上」と記載することになります。共犯の場合の記載方法については、【モデル文例2】を参照してください。

【注2】　逮捕監禁の犯意が共犯者3名の間で事前に固まっていることを示しています。

【注3】　「こもごも」とは、「共犯者の各自が」という意味ですが、ここでは、被告訴人ら3名が、次に記載する脅迫文言のいずれかを述べたことを示しています。共同犯行の場合、そのうちの誰がどのような発言あるいは行為を行ったかが困難な場合があり、

文例編　第2章　刑法の罪に関する文例　　161

各自の言動が不明の場合にこのような表現を用います。

【注4】　「……などと申し向けて脅迫し」と記載することもできますが、ここでは脅迫であることが文言自体から明らかですので、「脅迫し」の文言は省略して差し支えありません。

【注5】　傷害を生じさせる原因となった暴行行為の記載です。結果として傷害の内容との対応関係に注意する必要があります。

【注6】　ここまでの行為は、一応逮捕行為と考えられますが、監禁行為の手段としての評価も可能です。

【注7】　ここまでの行為は、監禁行為を表しています。

【注8】　【注5】と同様に、傷害を生じさせる原因となった暴行行為の記載です。

【注9】　「さらに引き続いて」以下の行為は、それだけを見ると逮捕行為ですが、すでに監禁がなされていますので、監禁を継続するための手段としての評価が可能です。

【注10】　「自由の拘束」は逮捕と監禁の双方に共通するものです。本事例のように、逮捕と監禁とを分けて考えることが不自然・不合理な場合には、あえて両者を区別せず、両者に共通する概念で受け結びすれば足ります。

【注11】　負傷の原因となる暴行が多数ある場合には、「前記一連の暴行により」と記載する方法もあります。

【注12】　傷害の内容の記載につき、【モデル文例13】の【注5】を参照してください。

文例編　第2章　刑法の罪に関する文例

第6　脅迫の罪

規定条文：刑法222条（脅迫）、223条（強要・強要未遂）
保護法益：人の意思決定の自由、意思活動の自由（強要罪のみ）
種　　類：非親告罪

1　脅迫罪－刑法222条

　脅迫罪は、相手方に対し、恐怖心を生じさせる目的で、相手方又はその親族の生命・身体・自由・名誉・財産に対して害を加える旨を告知することによって成立します。

　害悪を告知される相手方は自然人に限られるとするのが通説ですが、法人も含むとする説もあります。害悪は相手方本人（刑222①）か、その親族（同②）に対するものに限られ、「恋人を殺すぞ」と脅しても本罪には該当しません。

　害悪の告知方法は、言語、態度・動作、文書、インターネットなどいずれによってもよく、制限はありません。第三者を介して害悪を告知する場合もあります。

　告知される内容は、一般的に人に恐怖心を生じさせるに足りるものでなければなりませんが、現実にその相手方が恐怖を感じなくても、脅迫罪は成立します。

モデル文例25　　脅迫罪①（刑222）
【飲食店の店員に因縁を付けて脅迫した事例】

告　訴　事　実

　被告訴人は、令和○年○月○日午後6時30分ころ、Ａ市Ｂ町○丁目○番○号所在の飲食店「甲山亭」こと告訴人方において【注1】、同店の経営者である告訴人に対し、応対の仕方が悪いと言って因縁を付け【注2】、テーブルを握り拳で強く叩き、「俺だって客だぞ。俺をなめるな。ふざけたことを言うとただではおかんぞ。お前をぶっ殺したり、こんな店叩きつぶすくらい訳ないぞ。」などと怒鳴って言い【注3】、もって、告訴人の生命、身体及び財産に危害を加えるような気勢を示して脅迫したものである【注4】。

【注1】　犯行の日時・場所を示したものです。

文例編　第2章　刑法の罪に関する文例　　　163

【注2】　犯行の動機を示したものです。

【注3】　脅迫行為の内容は、行為者の言葉や態度を示して、要領よく具体的に記載します。害悪の告知が身体、財産など刑法222条所定のどれに対するものであるかが分かるように記載する工夫が必要です。

　　脅迫文言が長くていくつもある場合には、主要な脅迫文言を代表的に記載した上、「……などと言い」のように結ぶか、あるいは、その脅迫文言の中核的なところを要約して記載した上、「……旨申し向け」などと結ぶ方法があります。

【注4】　脅迫罪の構成要件を満たすことを示したものです。「気勢を示し」以外に、「態度を示し」「言動を示し」なども適宜用います。他に、「……などと荒々しく言って脅迫したものである。」などと表現することもできます。

モデル文例26　　脅迫罪②（刑222）

【交際していた女性に交際中に撮影した裸体の写真を添付したメールを送信して脅迫した事例】

告　訴　事　実

　被告訴人は、告訴人（当時25歳）から別れ話を告げられたことを恨みに思い【注1】、告訴人を脅迫しようと企て【注2】、令和○年○月○日午後11時23分ころ、A市B町○丁目○番○号所在の被告訴人宅において、被告訴人所携の携帯電話から、被告訴人が交際中に告訴人の裸体を撮影した写真を添付の上、「お前のことは絶対に許さない。殺してやる。この写真をお前の周りの人間にばらまいて、お前の人生をめちゃくちゃにしてやる。」などの文言を内容とするメールを、同市内に現在する告訴人の携帯電話に送信し【注3】、そのころ、告訴人の携帯電話に同メールを受信させて告訴人に認識させ【注4】、もって告訴人の身体、生命、名誉等に害を加える旨を告知して脅迫したものである【注5】。

【注1】　犯行の原因・動機を示したものです。

【注2】　犯意を示したものです。

【注3】　具体的脅迫行為の状況を示したものです。メールによる脅迫の場合、身体や名誉など害悪の告知の対象が明確なメールを引用して記載する工夫が必要です。脅迫が多数回にわたる場合には、すべての脅迫文言を記載することは困難ですから、代表的な文言、中心的な文言を記載すれば足ります。

　　インターネットのＥメール等を利用する犯罪では、告訴に際して送られてきたＥメ

ールをプリントアウトしたもの等を証拠として提出しなければならないので、送られてきたＥメール自体を保存しておく必要があります。本事例とは異なり、発信者が不明の場合は、誰が発信したかを確認する必要があり、そのためにプロバイダーに対して、事前に発信者情報開示等の手続を行う必要がある場合があります。

【注４】　脅迫罪は、意思決定の自由を保護法益とすることから、被害者が脅迫行為を認識したことが必要です。

【注５】　脅迫の構成要件に該当することを示したものです。

---

② 強要罪－刑法223条

　強要罪は、脅迫行為又は暴行行為を用いて、他人に義務のないことを行わせたり、他人の権利の行使を妨害することにより成立します。

(1)　法文上、親族に対する暴行を用いて、他人に義務のないことを行わせるなどした場合は、強要罪にはなりません。もっとも、このような場合には、親族に対して暴行を加えることが強要の相手方に対する脅迫となることが多く、そのようなときは強要罪が成立します。

(2)　脅迫行為の相手方が何かは、脅迫罪について述べたとおりです。直接相手方の生命・身体・自由・名誉・財産に対して害悪を加える旨脅迫するか（刑223①）、相手方に対し、恐怖心を生じさせる目的で、相手方の親族の生命・身体などに対して害悪を加える旨脅迫するか（同②）により、適用される条項が違ってきます。

(3)　強要未遂罪は、強要罪を行う目的で脅迫又は暴行を行ったものの、相手方に義務のないことを行わせたり、相手方の権利の行使を妨害するまでに至らなかった場合に成立します。強要罪を行う目的なしに、脅迫を加えるだけの場合が脅迫罪にとどまることはいうまでもありません。

モデル文例27　強要罪（刑223①）

【詐欺罪で警察に訴えられたことから、逆に相手方の悪事を警察に申告する旨申し向けて脅迫し、同人に、詐取した商品の代金相当額の金銭を受領した旨の領収証を作成させた事例】

告　訴　事　実

　被告訴人は、告訴人（当時38歳）が被告訴人に羽毛布団を詐取されたとして警

文例編　第2章　刑法の罪に関する文例　　　　165

察に訴えた事実を知るや、告訴人との間に示談が成立したように装うことを企て【注1】、令和○年○月○日午後8時15分ころ、A市B町○丁目○番○号の告訴人方において、告訴人に対し、前記詐取に係る羽毛布団の代金35万円を告訴人に支払った事実がないのに、「何だ、おれを訴えやがって。お前だってバクチをやってるくせに。お前のバクチだって警察にばらしてやるぞ。そうすればお前もパクられるぞ。お前が俺の事件を取り下げるなら、お前がパクられないよう助けてやる。」【注2】、「パクられたくなかったら、この領収証に35万円と書いて判を押せ。」【注3】などと一方的に申し向けて脅迫し、告訴人を、その要求に応じなければ賭博行為を警察に申告されるなど、自己の自由・名誉などにどのような危害が加えられるかもしれないと畏怖させ【注4】、その結果、同時同所で、羽毛布団の代金相当額35万円を示談金として受領した旨の告訴人作成名義の被告訴人宛て領収証1通を作成させ【注5】、もって告訴人に義務のないことを行わせたものである【注6】。

【注1】　犯行の動機及び犯意を示したものです。

【注2】　脅迫文言を示したものです。他人の犯罪行為（本事例では、告訴人の賭博行為）を警察に申告すること自体は正当なことですが、告訴・告発の意思のない者が、自己の不当な意図を実現させる目的で、告訴・告発する旨を告知する場合は、違法性を帯び、脅迫罪が成立します。

【注3】　現実に代金支払いの事実がないのに、その事実を証明する書類の作成を求める点で、義務のないことを行わせることになります。

【注4】　「畏怖させる」とは、害悪の告知により相手方に恐怖心を生じさせることを言います。

【注5】　脅迫による強要罪では、脅迫行為の結果、相手方が畏怖することが必要であり、さらにその畏怖の結果相手方が義務のないことを行ったり、逆に権利の行使を妨害されることにより犯罪が成立します。

【注6】　結句としては、「もって告訴人をして義務なきことを行わしめたものである」と、文語体で表現することもできます。

166 文例編　第2章　刑法の罪に関する文例

第7　略取・誘拐及び人身売買の罪

規定条文：刑法224条（未成年者略取及び誘拐）、225条（営利目的等略取及び誘拐）、225条の2（身の代金目的略取等）、226条（所在国外移送目的略取及び誘拐）、226条の2（人身売買）、226条の3（被略取者等所在国外移送）、227条（被略取者引渡し等）、228条（未遂罪）、228条の2（解放による刑の減軽）、228条の3（身の代金目的略取等予備）、229条（親告罪）

保護法益：人の生活環境享受の自由とその保護者の利益（保護監督権）。身の代金目的略取・誘拐罪については、ほかに財産権も加味されます。

種　　類：未成年者略取誘拐罪（刑224）及び同条の罪を幇助する目的で犯した被略取者引渡等（刑227①）、これらの未遂罪は親告罪、それ以外は非親告罪（刑229）。

1　未成年者 略取^{りゃくしゅ}・誘拐罪^{ゆうかい}―刑法224条

　未成年者略取・誘拐罪は、未成年者（満20歳未満の者をいいますが、令和4年4月1日施行の民法改正により18歳未満になります。）を保護されている生活環境から離脱させ、犯人又は第三者の事実上の支配下に置くことにより成立し、略取罪と誘拐罪に分かれます。

　略取とは、暴行・脅迫を手段として、他人をその生活環境から不法に離脱させ、自己又は第三者の事実的支配下に置く場合をいいます。必ずしも場所的移転を伴う必要はありませんし、乳幼児を盗む形態も含みます。誘拐とは、虚偽の事実で騙したり、甘言などで誘惑して判断の適正を誤らせて、人を任意に行為者に従わせて支配下に置く場合をいいます。略取と誘拐を併せて拐取^{かいしゅ}といいます。

文例編　第2章　刑法の罪に関する文例　　　167

モデル文例28　未成年者略取罪（刑224前段）

【母の監護下にある幼児を、別居中の父が連れ去った事例】

告　訴　事　実

　被告訴人は、別居中の妻である告訴人が養育している長女甲山春子（当時2歳【注1】）を連れ去ることを企て【注2】、令和○年○月○日午後1時○分ころ、A市B町○丁目○番○号所在の通称○○公園において、告訴人に同伴していた同児を抱きかかえて、同所付近に駐車中の普通乗用自動車に同児を同乗させた上、同車を発進させて、同所からC市D町○丁目○番○号の自宅に連れ去り【注3】、もって未成年者である同児を略取したものである【注4】。

【注1】　被略取者は未成年者であることを要し、かつ行為者がそれを認識している場合でなければ本罪は成立しません。幼児のように未成年者であることが明らかなときは、あえて記載するまでもありませんが、それ以外のときは、「……を認め、同人が未成年者であることを知りながら、……」のように記載して、未成年者である点の認識があったことを示します。

【注2】　別途、犯行の動機・原因も分かれば記載しましょう。例えば、「可愛さの余り、愛慕の情をそそられ」などとします。

【注3】　被略取者を保護されている状態から離脱させ、犯人（又は第三者）の事実上の支配下に置いた状況を具体的に記載します。

【注4】　本事例は、母の監護下にある幼児を別居中の共同親権者である父が連れ去ったという事例です。保護監督権者が未成年者略取誘拐罪の主体となり得るか問題となりますが、最高裁平成17年12月6日決定（刑集59・10・1901）は、母の監護下にある2歳の子を有形力を用いて連れ去った略取行為は、別居中の共同親権者である父が行ったとしても、監護養育上それが現に必要とされるような特段の事情が認められず、行為態様が粗暴で強引なものであるなど判示の事情の下では、違法性が阻却されるものではないとして、本罪の成立を認めています。

② 営利目的等略取・誘拐罪—刑法225条

　営利目的等略取・誘拐罪は、刑法225条の前段と後段の別により、営利・わいせつ・結婚・生命身体加害目的略取罪と営利・わいせつ・結婚・生命身体加害目的誘拐罪に分かれます。

　略取・誘拐が、営利の目的（自ら財産上の利益を得、又は第三者に得させる目的。身の代金目的の場合は刑法225条の2に該当します。）によるか、わいせつの目的（自らわいせつ行為をし、又は第三者のわいせつ行為の客体とする目的）によるか、結婚の目的（自己又は第三者と結婚させる目的。法律上の婚姻に限らず、事実上の結婚を含みます。）によるか、又は生命・身体に対する加害の目的によるかにより、成立する犯罪が区別されます。

　本罪の対象は、成人に限らず未成年者も含み、本罪所定の目的で未成年者を略取・誘拐した場合には、刑法225条のみが成立します。

　略取と誘拐の概念は刑法224条と同じです。

モデル文例29　わいせつ目的誘拐罪（刑225後段）
【下校途中の少女をわいせつ行為の目的で誘拐した事例】

告　訴　事　実

　被告訴人は、令和○年○月○日午後零時30分ころ、A市B町○丁目○番○号先路上において、下校途中の告訴人の二女甲山春子（当時9歳【注1】）を認めるや、同女に対しわいせつ行為をしようと企て【注2】、「○○小学校への道案内をしてほしい。」と嘘を言って、その旨同女を欺いて自己の運転する普通貨物自動車の助手席に乗車させ、同女を同所から同市C町○丁目○番○号△△浄水場の西南約150m地点付近の路上まで連れ出し【注3】、もって同女をわいせつの目的をもって誘拐したものである。

【注1】　本事例の被害者は未成年者ですが、本罪の被害者は成年者・未成年者を問いません。

【注2】　誘拐行為の目的がわいせつ行為をする点にあることを示したものです。

【注3】　被拐取者を保護されている状態から離脱させ、犯人（又は第三者）の事実上の支配下に置いた状況を具体的に記載します。

文例編　第2章　刑法の罪に関する文例　　169

③　身の代金目的略取・誘拐罪等―刑法225条の2、227条4項後段

　身の代金目的略取・誘拐罪は、いわゆる身の代金（釈放の対価。金銭に限らず、品物も含みます。）を取得する目的で、人を略取・誘拐したことにより成立します（刑225の2①）。近親者その他被拐取者の安否を憂慮する者の憂慮に乗じて、身の代金を交付させるという目的が必要です。「憂慮に乗じ」とは、これらの者が被拐取者の生命・身体などの安全を親身になって心配するのに付け込むことをいいます。

　略取・誘拐の意味については、前掲①を参照してください。

　人を略取・誘拐した者が、身の代金を要求した場合は、身の代金要求罪（刑225の2②）が成立します。身の代金目的で略取・誘拐した者が、その後身の代金を要求した場合には、刑法225条の2第1項の拐取罪と第2項の要求罪とが成立し、両罪は牽連犯（刑54）の関係になります。なお、略取・誘拐した後、その者を監禁した場合には、本罪と監禁罪とは併合罪の関係に立つとされます。

　また、被拐取者を引き渡し、収受し、輸送し、蔵匿し、隠避させた者も被略取者引渡し罪等として処罰されますが（刑227①～③・④前段）、被拐取者を収受した者が身の代金を要求した場合も処罰されます（刑227④後段）。

　なお、身の代金目的略取・誘拐・引渡し罪を犯した者が、公訴が提起される前に被拐取者を安全な場所に解放したときは、その刑が減軽されます（刑228の2）。これは、これらの犯罪において被拐取者が殺害されるおそれがあるので、刑事政策的な見地から定められたものです。

文例編　第2章　刑法の罪に関する文例

第8　わいせつ・強制性交等の罪

規定条文：刑法176条（強制わいせつ）、177条（強制性交等）、178条（準強制わいせつ及び
　　　　準強制性交等）、179条（監護者わいせつ及び監護者性交等）、180条（未遂罪）、
　　　　181条（強制わいせつ等致死傷）
保護法益：人の性的な自由、性的自己決定権（人の人格及び身体とする見解もあります。）
種　　類：非親告罪

1　強制わいせつ罪－刑法176条

　強制わいせつ罪は、①13歳以上の者に対し、暴行・脅迫を用いてわいせつな行為を
なし（刑176前段）、あるいは②13歳未満の者に対し、わいせつな行為をした場合（同後
段。手段を問わず、被害者の同意があっても成立します。）に、それぞれ成立します。被害者
の性別を問いません。

　13歳未満の者に対して暴行又は脅迫を用いてわいせつな行為をしたときは、前段・
後段の区別なく、本条の一罪が成立するとされています。

　「わいせつな行為」とは、人の性的自由や自己決定権を侵害する行為であり、自己
又は他人の性欲を刺激興奮させる意味を有する行為をいいます。そのような行為をし
ているという認識が本罪の故意ということになります。以前は、行為者の性的な意図
が必要とされてきましたが、最高裁の判例変更があり、必要なくなりました（最判平29・
11・29判時2383・115）。通常は、着衣の上からでも下からでも男女の股間に手を入れた
り、その陰部を弄んだり、唇にキスをしたり、女性の乳房を弄んだりする例が多いで
すが、必ずしも身体に触れる必要はなく、裸にして写真を撮る行為なども該当します。

　強制わいせつ罪における暴行・脅迫は、反抗を著しく困難にする程度である必要が
あるとされますが、判例上、暴行自体がわいせつ行為である場合を含みますし、力の
大小を問わず、被害者の年齢、性別、素行、経歴等やそれがなされた時間、場所など
の環境その他具体的事情と相伴って、被害者の抗拒を不能にし、又はこれを著しく困
難にさせるものであれば足りる（刑法177条に関するもの。最判昭33・6・6裁判集刑126・171）
とされています。

文例編　第2章　刑法の罪に関する文例　　　171

モデル文例30　　強制わいせつ罪①（刑176前段）

【一人歩きの女性を襲って暴行を加え、わいせつ行為をした事例】

告　訴　事　実

　被告訴人は、令和○年○月○日午後5時ころ、A市B町○丁目○番○号先林道において、告訴人の二女甲山春子（当時19歳【注1】）が1人で歩いているのを認め、強いて同女にわいせつな行為をしようと企て【注2】、後ろからいきなり同女に襲いかかって道路脇に押し倒し、助けを呼び求めながら起き上がろうとする同女の口を左手でふさぎ、右腕を背後から同女の首に回して締め付けるなどの暴行を加え、更に「騒ぐと殺すぞ。」などと言って同女を脅迫し、その反抗を抑圧した上【注3】、同女のパンティーを下げ、右手を同女の陰部に当ててこれを弄ぶなどし、もって同女に対し強いてわいせつな行為をしたものである。

【注1】　被害者が13歳以上のときは、刑法176条前段として暴行・脅迫を手段とする場合でなければ犯罪が成立しません。被害者が13歳以上か未満かによって同条前段と後段のいずれに該当するかが分かれるので、被害者の年齢を明記する必要があります。

【注2】　強制わいせつの犯意が、被害者を認めた時点からあったことを明らかにしたものです。後に続く暴行・脅迫行為又は実行行為の内容自体から、その犯意の存在が明らかといえる場合には、単に「……を認めて劣情を催し」などとする例もあります。

【注3】　被害者の反抗（抵抗）を不可能とするほどに達しない暴行・脅迫の場合には、「反抗を著しく困難にした上」ということも考えられます。

　　　被害者の隙を突いて、不意に股間に手を差し入れたり、陰部に指を挿入し、あるいは唇にキスするなどの行為は、それ自体が暴行であり、かつ、わいせつな行為であると解されていますが、このような場合は、「同女の意に反し、いきなり同女の股間に右手を差し入れてパンティーの上から陰部を触り、もって同女に対し強いてわいせつな行為をしたものである。」などとして、暴行性を示すことになります。

モデル文例31　　強制わいせつ罪②（刑176後段）

【路上で見かけた13歳未満の女児にわいせつ行為をした事例】

告　訴　事　実

　被告訴人は、令和○年○月○日午後5時ころ、A市B町○丁目○番○号株式会社○○倉庫付近路上において、通行人の告訴人の三女甲山春子（当時7歳、平成○年

172 文例編　第2章　刑法の罪に関する文例

○月○日生【注1】）を認めるや、同女【注2】にわいせつな行為をしようと企て【注
3】、同女が13歳未満であることを知りながら【注4】、同女に対し、「お菓子を買っ
てあげるよ。」などと甘言を用いて前記会社の倉庫と倉庫の間の狭い通路に誘い
込み、同所において、着衣の寸法を測定するため必要であるかのように装って、
同女にその着用するブルマー及びパンティーを両膝辺りまで下げさせた上【注5】、
左手指を同女の陰部に当ててこれを弄ぶなどし【注6】、もって13歳未満の同女に
対し【注7】わいせつな行為をしたものである。

【注1】　被害者が13歳未満であることを、被害時の年齢・生年月日の点から明らかにし
　　　　たものです。

【注2】　被害者が女子であることから「同女」という言葉で受けたものです。被害者が
　　　　男子であるときは、一般的な「同人」で受け、「同男」としないことが通例です。被害
　　　　者が小学生以下の場合は、性別を問わず、「同児」と受けてもよいでしょう（本事例で
　　　　も、「同児」として差し支えありません。）。

【注3】　犯意について、【モデル文例30】の【注2】参照。

【注4】　本罪が成立するには、被害者が13歳未満であることの認識が必要なため、その
　　　　認識があったことを示したものです。同じことを「同女が13歳に満たないことを知り
　　　　ながら」とする例もあります。

　　　　　相手の同意を得てわいせつ行為をする場合、相手が実際には13歳未満であるのに、
　　　　13歳以上であると考えて犯行に及んだ場合には、13歳未満の認識（故意）がないので、
　　　　本罪は成立しません。13歳未満でも同意があればよいと思った場合には、法律の錯誤
　　　　であり、故意は阻却されません。他方、13歳以上の者を13歳未満と思った場合には、
　　　　故意が存するものの客観面が欠けるので本罪は成立しません。

【注5】　刑法176条後段の強制わいせつ罪では、暴行・脅迫は要件となっておらず、パン
　　　　ティーを犯人が下げたか、被害者が自ら下げたかで犯罪の成否が変わるわけではあり
　　　　ませんが、犯情という観点から、いずれが下げたかを事実に沿って記載したものです。
　　　　犯人が下げたのなら、「同女の着用する……パンティーを……まで下げた上」とでもす
　　　　ればよいでしょう。

【注6】　わいせつな行為の内容は具体的に記載する必要がありますが、余り品位を損な
　　　　うような表現は好ましくありません。また、その内容が多岐にわたるときは、代表的
　　　　な行為を掲げた上、そのほかの行為を省略し、本事例のように「などし」と結ぶこと
　　　　もできます。

【注7】　「……の女子に対し」としても結構です。【注2】の箇所で「同児」の表現を使
　　　　った場合なら「……の女児に対し」や「……の児童に対し」とした方がよいでしょう。

文例編　第2章　刑法の罪に関する文例　　173

② 強制性交等罪－刑法177条

　強制性交等罪は、①13歳以上の者に対して、暴行又は脅迫を用いて、性交、口腔性交、肛門性交をした場合（刑177前段）、あるいは②13歳未満の者に対して、性交等をした場合（同後段）に成立します。性交、口腔性交、肛門性交とは、それぞれ女性器、口、肛門に男性器を挿入する行為、又は挿入させる行為をいいます。平成29年の刑法改正で、女性器に対する男性器の挿入である強姦から対象行為が広げられ、男性も被害者たり得ることとなりました。

　強制わいせつ罪の場合と同様に、相手が13歳以上か否かで、暴行・脅迫を要件とするかが異なります。13歳未満の児童の了解があったとしても、男性が被害児童の女性器、口、肛門に男性器を挿入した場合、あるいは、加害者が、男児の男性器を女性器、肛門、口に挿入させた場合には、177条後段で処罰されます。

　この場合の暴行又は脅迫は、反抗を著しく困難にする程度のものであることが必要ですが、暴行・脅迫の強さだけで判断されるものではなく、強制わいせつ罪のところで記した最高裁判決により、被害者の年齢、性別、素行、経歴等、時間、場所その他具体的事情のいかんと相伴って、被害者の抗拒を不能にし又はこれを著しく困難にさせるものであれば足りるとされています。

　13歳未満の者に対し暴行又は脅迫を用いて性交等をした場合は、刑法177条の一罪が成立します。

モデル文例32　強制性交等罪（刑177前段）
【通行中の女性に暴行・脅迫を加え、駐車場に連れ込み性交をした事例】

告　訴　事　実

　被告訴人は、令和○年○月○日午後10時ころ、A市B町○丁目○番○号先路上を普通乗用自動車を運転して通行中、帰宅途中の告訴人（当時21歳）と強制的に性交しようと考え【注1】、周囲に街灯や人気のない【注2】同所付近に停車して下車するや、告訴人の前に立ち塞がってその胸元を掴み、刃物様のものを突きつけ【注3】、「車に乗れ。騒ぐと殺すぞ。」と言って脅迫し、告訴人が乗車に応じないでいると、さらに「騒ぐと殺すぞ。静かにしろ。こっちへ来い。」などと語気鋭く申し向けながら、告訴人の右手を掴んで引っ張って同所北側にある同市B町○丁目

174　文例編　第2章　刑法の罪に関する文例

○番○号所在の駐車場に連れ込み、その場に仰向けに押し倒し【注4】、その反抗を抑圧した上、告訴人と性交した【注5】ものである。

【注1】　「……見かけるや、強制的に告訴人と性交しようと企て（又は決意し）」などとも記載します。

【注2】　被害者が反抗を困難にするような周囲の状況があるとき、この程度の記載をしておくことも考えられますし、告訴事実には記載せず、告訴状中に被害者の年齢、性別、素行、経歴等、時間、場所その他具体的事情について詳細に記載することも考えられます。

【注3】　恐怖にかられている被害者は、どのような凶器で脅されたかを漠然としか把握できないことも珍しくありません。その場合は、上記のように、「……様のもの」とか「棒状のもの」あるいは「金属製のもの」などと幅をもたせた記載をします。

【注4】　この記載自体から、被害者の右手を引っ張るなどして駐車場内に連れ込んだことを含めて、暴行が加えられたことが明らかですが、より明確にするため、「押し倒す（という）暴行を加え」とすることもあります。

【注5】　刑法177条は、被害者の男性器を加害者の膣、肛門、口腔に挿入させる行為も含まれますので、男性が被害者である場合には、加害者と被害者のいずれの陰茎が挿入されたのかを明示する必要があります。口腔性交については【モデル文例34】、肛門性交については【モデル文例35】で被害者が男性の場合を記載していますので参照してください。

文例編　第2章　刑法の罪に関する文例　175

③　準強制わいせつ・準強制性交等罪―刑法178条

　　準強制わいせつ罪は、①人の心神喪失又は抗拒不能状態に乗じてわいせつな行為を
し、又は②人を暴行・脅迫以外の方法で心神喪失又は抵抗不能状態に陥れてわいせつ
な行為をすることにより成立します（刑178①）。

　　準強制性交等罪は、①人の心神喪失又は抗拒不能状態に乗じて性交等をし、又は②
人を心神喪失又は抵抗不能状態に陥れて性交等をすることにより成立します（同②）。

　　「心神喪失」とは、例えば、熟睡、泥酔、高度の精神病・知的障害（精神薄弱）、催
眠、薬物中毒による幻覚などの状態をいい、「抗拒不能状態」とは、心神喪失を除き、
その原因のいかんを問わず、心理的又は物理的・身体的に抵抗が不可能又は著しく困
難な状態をいいます。物理的・身体的な抗拒不能としては、他人の行為によって縛ら
れた状態であったり、身動きできない重傷を負っている場合などが考えられますし、
心理的、精神的な抗拒不能としては、催眠術や薬物を用いた場合だけでなく、欺罔等
の加害者の行為と被害者の年齢、生活状況等の事情とが相伴って抗拒不能となった場
合も含まれ、例えば、モデルとなるためには裸体を写真に写さなければならないと欺
罔された例（東京高判昭56・1・27刑月13・1・2・50）、治療のために必要だから性器を見せ
るよう欺罔された例（東京地判昭62・4・15判時1304・147）、信仰を利用して地獄に落ちる
と言われて姦淫行為を受け入れた例（京都地判平18・2・21判タ1229・344）等があります。

　　刑法178条の準強制わいせつ・準強制性交等罪は、いずれも、わいせつな行為又は性
交等行為を実行した以上、当初の性的な目的が達せられたかどうかにかかわらず、既
遂として処罰されます。

176　　文例編　第2章　刑法の罪に関する文例

モデル文例33　住居侵入罪・準強制わいせつ未遂罪（刑130・180・178①）
【他人方に侵入した上、熟睡中の女性にわいせつな行為をしようとして未遂に終わった事例】

告　訴　事　実【注1】

　被告訴人は、令和○年○月○日午前零時10分ころ、A市B町○丁目○番○号の告訴人方住居に勝手口の施錠を外して同所から【注2】正当な理由なく侵入し【注3】、2階居室において、告訴人の二女甲山春子（当時18歳）が1人で就寝している姿を認めるや、同女が熟睡のため心神喪失の状態にあるのに乗じて同女にわいせつな行為をしようと考え【注4】、同女の首などに手を回し、上半身を同女の胸に合わせ、その唇に口づけしようとしたが【注5】、同女がそれまでの気配で目を覚まし、大声をあげて逃げ出したため【注6】、その目的を遂げなかったものである。

【注1】　（準）強制わいせつ罪や（準）強制性交等罪は、既遂・未遂を問わず、他人の住居に侵入した上で敢行されることが少なくありませんので、そのサンプルとして、本事例を掲げました。住居侵入罪と準強制わいせつ未遂罪とは牽連犯の関係になります。この場合の告訴事実の記載の仕方は【モデル文例8】を参照してください。

【注2】　住居に侵入した手段・方法と侵入口を明らかにするものです。

【注3】　当初からわいせつな行為をする目的であった場合はもとより、それ以外の窃盗その他の目的で侵入した場合も、いずれも、侵入行為が違法であるという意味で「正当な理由なく」とか「正当な理由がないのに」などと記載します。

【注4】　この記載によって犯意の内容・発生時点が明らかになります。

【注5】　唇に口づけ（キス）をすれば、準強制わいせつ罪の既遂になります。

【注6】　未遂に終わった理由は、具体的かつ簡潔に記載するとよいでしょう。

4　監護者わいせつ・監護者性交等罪─刑法179条

　平成29年の刑法改正で新設された規定です。
　刑法178条の抗拒不能の要件では、監護者によって子供のころから性的被害を繰り返し受けているような場合には、およそ抗拒するということが不可能な場合があること、そのような関係での性的行為は、類型的に被害者の自由意思によるものではない

ということから立法されました。

18歳未満の者に対し、その者を現に監護する者であることによる影響力があることに乗じてわいせつな行為をした者や性交等をした者は、暴行又は脅迫を用いない場合であっても「強制わいせつ罪」、「強制性交等罪」と同様に処罰されます。

「現に監護する者」とは、法律上の監護権のある者（民820）には限られず、居住場所や、生活費用の負担、生活上の指導監督などから、被害者と加害者との間に、精神的な観点から依存、被依存ないし保護、被保護の関係が認められ、かつ、その関係性に継続性が認められる、親と同視できるような者であることが必要とされています。実親の愛人で同居して現に被害者の保護者の立場にある者、養護施設などの施設長など、血縁関係になくても、社会的にいわゆる「保護者」と評価できるような者は該当します。ただし、教師と生徒、上司と部下のように、生活を共にしていない者については、「現に監護する者」とはいえません。

また、影響力というのは、未成年者を上記のように保護する関係によって生じる影響力のことで、監護者の立場にあることが立証できれば、事実上、この影響力に乗じたものと考えることができます。

上記のとおり、類型的に被害者の自由意思によるものではないとされていることから、被害者の同意によって故意が阻却されません。

モデル文例34　監護者わいせつ及び監護者性交等罪（刑179）
【母親の内縁の夫が未成年の子に口腔性交等をした事例】

告　訴　事　実

被告訴人は、内縁の妻の息子である甲山一郎（当時15歳）と同居してその寝食の世話をし、その指導・監督をするなどして、同人を現に監護する者【注1】であるが、同人が18歳未満の者であることを知りながら【注2】、同人と口腔性交をしようと考え、令和○年○月○日午前5時近くころ、A市B町○丁目○番○号所在の自宅2階四畳間において、同人を監護する者であることによる影響力があることに乗じて、「お父さんの言うとおりしないとどうなるかわかっているね。」などと申し向けた上【注3】、同人の陰茎を被告訴人の口腔に入れさせ、もって口腔性交したものである【注4】。

【注1】　被告訴人と被害者との関係、監護の状況について記載します。

178 　文例編　第2章　刑法の罪に関する文例

【注2】　18歳未満の者への被害を構成要件としていますので、関係上、被害者の年齢を知っているであろう場合にも記載するべきです。

【注3】　【注1】のような関係、監護の状況にあれば、影響力に乗じたと考えることができますが、さらに、脅迫文言などがあれば明示しておくとよいでしょう。

【注4】　刑法177条、178条、179条の性交、肛門性交、口腔性交は、加害者の男性器を挿入する行為だけでなく、被害者の男性器を挿入させる行為も含みます。本事例のように、被害者の男性器を加害者の膣、肛門、口腔に挿入させた場合には、その点を明示する必要があります。

⑤　強制わいせつ・強制性交等未遂罪－刑法180条

強制わいせつ罪（刑176）、強制性交等罪（刑177）、準強制わいせつ・準強制性交等罪（刑178）、監護者わいせつ及び監護者性交等罪（刑179）については、未遂が処罰されます。わいせつ・強制性交等の目的で、暴行・脅迫等に着手したけれども、その目的が達成されなかった場合などです。

モデル文例35　強制性交等未遂罪（刑180・177前段）
【脅迫して肛門性交をしようとして未遂に終わった事例】

　　　　　　　　　　告　訴　事　実

　被告訴人は、強制的に告訴人の長男甲山一郎（当時19歳）と肛門性交をしようと考え、令和○年○月○日午後10時10分ころ、A市B町○丁目○番○号先路上に停車中の被告訴人の車両内において、甲山一郎に対して、「金を返さないなら体で返せ。」等と申し向け、同人の顔に刃体の長さ約7cmのナイフを近づけて「抵抗すると殺すぞ。」などと脅迫し【注1】、その反抗を抑圧し、強いて同人と肛門性交をしようとした【注2】が、同人が抵抗し、車外に逃げ去ったため【注3】、その目的を遂げなかったものである。

【注1】　「甲山一郎に対して」と「脅迫し」が対応し、その中間の記載で脅迫の具体的内容を示しています。

【注2】　加害者が被害者の肛門に加害者の陰茎を挿入する行為も、加害者が被害者の陰

文例編　第2章　刑法の罪に関する文例　　　179

茎を加害者の肛門に挿入させる行為も、いずれも肛門性交に当たります。被害者が男性の場合、未遂のとき、加害者がどちらを企図していたかわからないことも多いので、このような記載でよいと考えます。

【注3】　未遂に終わった理由は、具体的かつ簡潔に記載するとよいでしょう。

⑥　強制わいせつ等致死傷罪－刑法181条

　（準）強制わいせつ罪、（準）強制性交等罪、監護者わいせつ・監護者性交等罪又はこれらの未遂罪を犯した者が、わいせつな行為又は性交等行為自体により、あるいはその手段としての暴行・脅迫によって被害者に死亡又は傷害の結果を生じさせた場合に成立します。さらに、被害者の死傷の結果が、わいせつな行為又は性交等行為の機会に、それと密接に関連する行為に基づいて生じた場合も、本罪が成立すると解されています。

　本罪は、強制性交等・強制わいせつの点が既遂に至った場合はもちろん、未遂に終わった場合にも、被害者の傷害・死亡という結果が生じている限り成立します。

モデル文例36　　強制性交等致傷罪（刑181②・180・177前段）
【暴行を加えて強制性交等しようとしたが未遂に終わり、その際負傷させた事例】

告　訴　事　実

　被告訴人は、令和○年○月○日午後11時ころ、A市B町○丁目○番○号付近において、甘言を用いて誘い自己の運転する普通乗用自動車の助手席に同乗させていた告訴人（当時23歳）と強制的に性交しようと決意し【注1】、不安を覚えて同車から逃げ出した告訴人の手首を掴むなどして逃走を阻み、隙を見て再び逃げ出した告訴人を追いかけ、その腰部を両手で抱え、あるいは手首を掴んで引っ張り戻すなどして強いて告訴人と性交しようとしたが、告訴人が掴まれていた手を振り払って逃走したため、その目的を遂げず【注2】、その際【注3】、前記暴行により【注4】、告訴人に対し加療約3週間を要する右足関節捻挫、左第一趾擦過傷の傷害【注5】を負わせたものである【注6】。

【注1】　犯行現場に到着後強制性交等の犯意が明らかになったことが示されています。

甘言を用いて自動車に乗せた時点からその犯意があったと判じ難いときは、このように記載します。

【注2】　強制性交等が未遂に終わったことを示したものです。

【注3】　「その際」の記載は、被害者の死傷の結果が、性交行為の機会に生じたことを示すものです。

【注4】　本事例における傷害の原因としては、被告訴人自身が告訴人の手首を掴んだり、引っ張り戻したり、告訴人を追いかけたり、腰部を両手で抱えたりした行為が考えられますが、そのほか告訴人側が逃げ出す際に自ら負傷したことも考え得られます。そして、告訴人が自ら負傷した点についても、性交行為の機会に被告訴人の行為に随伴して生じたものとして、致傷罪の責任が問われます。

【注5】　傷害については、原則的に、医師から診断書を入手し、これに記載されている病名に従って、部位・程度を具体的に記載します。

【注6】　強制わいせつ致傷罪の記載例としては、【モデル文例30】の場合を例にすると、その末尾部分を次のように改めるだけで結構です。

「もって同女に対し強いてわいせつな行為をしたが、その際、前記暴行により、同女に全治約10日間を要する上口唇挫創、右下腿挫傷の傷害を負わせたものである。」

そして、【モデル文例31】では、手指で陰部を弄ぶなどしたことに暴行性が認められますが、その際に傷害の結果が生じた場合には、次のように記載すれば足ります。

「もって13歳未満の同女に対しわいせつな行為をしたが、その際、同女に全治約7日間を要する膣入口部擦過傷の傷害を負わせたものである。」

文例編　第2章　刑法の罪に関する文例　　181

第9　住居を侵す罪

規定条文：刑法130条（住居侵入等）、132条（未遂罪）
保護法益：個人生活の基盤である住居内における生活の平穏、すなわち、そこで生活を営
　　　　んでいる者が外部からの侵害を受けず平穏な状態でいられることとする見解
　　　　（事実上の平穏説。通説）と、住居への立入を許否する自由（権利）とする見
　　　　解があります（住居権説）。外形上全く不穏でない態様だが意思に反する場合
　　　　（例えば、万引き目的でスーパーに入る行為）につき、前者では本罪が成立し
　　　　ませんが、後者では成立するとされます。
種　　類：非親告罪

1　住居侵入罪－刑法130条前段

　住居侵入罪は、広い意味では刑法130条の罪全体を指しますが、「侵入」によるもの
（同条前段。狭義の住居侵入罪）と、「不退去」によるもの（同条後段。不退去罪）と
に分かれます。

　前者は、正当な理由なく、つまり適法な理由がないのに、住居等に侵入する場合に
成立し、後者は、当初適法に立ち入った者が退去要求を受けて正当な理由なく退去し
ない場合に成立します。住居侵入の後、退去要求を受けても退去しない場合は、既に
平穏が害されている以上、住居侵入罪に吸収され、単純に住居侵入罪の一罪が成立し
ます。

　本罪は、罪の客体（侵害される場所）により、①人の住居と②人の看取する邸宅・
建造物・艦船に分けられます。「住居」に「侵入」するものを最狭義で住居侵入罪とい
います。

(1)　住居とは

　　「住居」とは、人の起臥寝食に使用される場所をいいます。ホテルの一室も、あ
　る程度継続的に利用している場合には住居となります。他方、起臥寝食に用いな
　い店舗や研究室・地下道・ドラム缶などは、いかに長期間起臥寝食に用いようと住
　居にはなりません。

　　1つの建物中の区画された部屋もそれぞれ独立した住居たり得ます。したがっ
　て、他人の家に許可を得て入った後に、隣の部屋に平穏を害する態様で入れば、本
　罪が成立します。また、縁側、屋根、アパート・マンションの共用階段・通路も住
　居とされます。なお、囲繞地（庭など塀で囲まれた場所）につき、判例は「邸宅」

と解していると見られますが、通説は、このような住居の付属敷地部分は住居に含まれると解しています。

また、犯行当時、現実に人が現在しているかどうかは問いません。

「住居」以外の場所については後掲②を参照してください。

(2) 未遂罪

住居侵入未遂罪は、侵入のための実行行為に着手したが、身体の全部を住居・邸宅などの内部に入れるに至らなかった場合に成立します。例えば、窃盗の目的で民家の玄関口から屋内に侵入しようと考え、ドライバーや細工をした針金で施錠を開けようとしている段階、又は既に施錠を外し正に屋内に立ち入ろうとした段階において家人に発見され、目的を遂げなかったような場合に成立します。

モデル文例37　住居侵入罪（刑130前段）
【窃盗目的で人家に侵入した事例】

告　訴　事　実

被告訴人は、金品窃取の目的で【注1】、令和○年○月○日午後1時30分ころ、A市B町○丁目○番○号告訴人方便所のガラス窓を開けて、同所から【注2】告訴人方屋内に忍び込み、もって人の住居に侵入したものである【注3】。

【注1】　正当な理由がないことを具体的に示したものです。単に「正当な理由がないのに」と記載することもできます。

【注2】　住居に侵入した手段・方法と侵入口を明らかにしたものです。

【注3】　本事例のように、正当な理由のない住居への侵入であることが明らかな場合には、「……から告訴人方屋内に侵入したものである。」と簡潔に表現する方がむしろ普通です。既に「金品窃取の目的で」と不法の理由が示されているので、「もって」の後の「正当な理由がないのに」の記載を省略するわけです。

② 建造物等侵入罪−刑法130条前段

建造物等侵入罪は、人の看守する邸宅・建造物・艦船に正当な理由なく侵入することにより成立します。

文例編　第2章　刑法の罪に関する文例　　183

(1)　邸宅等とは

　　「邸宅」とは、本来住居に使用する目的で建てられた建造物ですが、現在は住居の用に供せられていないもの（空家、現在使用されていない別荘など）をいいます。付属する敷地が塀や垣などを巡らせてその外部と明確に区画されている場合は、その敷地部分も含めて全体が邸宅となります。

　　「建造物」とは、住居用以外の建物一般を指し、官公署の庁舎、学校、事務所、工場、駅舎、店舗、倉庫、物置小屋などとそれに付属する敷地をいいます。

　　「艦船」とは、船舶一般を指し、平穏を保護する必要のある程度の大きさのものをいいます。

(2)　人の看守とは

　　邸宅・建造物・艦船に対する侵入罪は、住居の場合と異なり、いずれも「人の看守する」ものであるときに限って成立します。

　　「人の看守する」とは、人が事実上管理・支配していることをいい、自ら番をしたり、管理人・守衛・警備員などを置いて外来者の出入りをチェックする状態や、建物に施錠してその鍵を保管するような状態がこれに該当します。

モデル文例38　建造物侵入罪（刑130前段）

【窃盗目的で工場に侵入した事例】

告　訴　事　実

　被告訴人は、令和〇年〇月〇日午前零時ころ、窃盗の目的で、A市B町〇丁目〇番〇号所在の告訴人が施錠して看守していた【注1】告訴人経営の塗装工場【注2】内に、同工場南側出入口ドアの施錠を取り外して【注3】侵入したものである。

【注1】　単に「告訴人の看守する」という記載で済ますこともできますが、簡潔かつ具体的に看守の内容・方法を明らかにできるときは記載する方がよいでしょう。

【注2】　住居侵入罪（広義）の客体のうち、「建造物」に対する罪であることを示したものです。

【注3】　建造物に侵入した手段・方法と侵入口を明らかにするものです。本事例のように、侵入口がおのずから明らかであるときには、あえて「同所から侵入し……」とするまでもないでしょう。

184 文例編 第2章 刑法の罪に関する文例

③ 不退去罪－刑法130条後段

　不退去罪は、退去要求を受けたにもかかわらず退去しなかったことにより成立します。退去要求は、居住者・看守者が行い得るもので、賃借期限を過ぎた賃借人等、民事上完全な権限のない者でも退去要求ができます。

モデル文例39　不退去罪（刑130後段）
【学習教材のセールスマンが訪問先の主婦から退去を求められながら応じなかった事例】

告　訴　事　実

　被告訴人は、令和○年○月○日午前11時20分ころ、東京都A区B町○丁目○番○号の告訴人方を訪れ、その玄関内において【注1】、教育問題に関するアンケートをした後、学習教材の購入を勧めたが、同日午前11時30分ころ【注2】、告訴人から速やかに立ち去るよう要求を受けたのに【注3】、これに応ぜず、教材やパンフレットを拡げたり、「あんたみたいに頭の堅い親を持った子供の将来はもう先が読めている。子供に恨まれるなよ。」などと言いながら、同日午後1時ころまで同所にとどまり【注4】、同所から退去しなかったものである。

【注1】　当初の玄関への立入りは適法と考えられます。もしこの段階から正当な理由がないという場合には、既に平穏が害されている以上、住居侵入罪（刑130前段）に吸収され、単純に住居侵入罪の一罪が成立します。

【注2】　不退去罪が成立する前提となる退去要求の時点を明らかにするものです。

【注3】　退去要求は、その内容を具体的・簡潔に記載するほか、それをする権限のある者（本事例では居住者）がしたものであることを示します。

【注4】　不退去の内容を、その終了時刻とともに具体的に示したものです。

文例編　第2章　刑法の罪に関する文例　　　185

第10　秘密を侵す罪

規定条文：刑法133条（信書開封）、134条（秘密漏示）、135条（親告罪）

保護法益：人（法人を含みます。）の秘密

種　　類：親告罪

1　信書開封罪－刑法133条

　信書開封罪は、封をしてある信書を正当な理由がないのに開けることにより成立します。

　「信書」とは、特定人から特定人に宛てた意思を伝達する文書をいい、郵便物に限られません。

　本罪の対象となるのは、封をした信書に限られるので、葉書や開封の手紙などは除かれます。「封」とは、信書の内容を外部から認識し得ないように施された、信書と一体となった外包装置をいい、クリップで留めたり、紐で結んだだけでは足りません。

　処罰対象の行為は、正当な理由がなく、封を開けて第三者が信書の内容を知り得る状態にする行為であり、このような状態にした以上、信書の内容を読んだり、実際に第三者に知られる必要はありません。

モデル文例40　信書開封罪（刑133）

【同居人宛に郵送された封書を開封した事例】

告　訴　事　実

　被告訴人は、令和○年○月○日午前10時ころ、Ａ市Ｂ町○丁目○番○号○○荘の自室郵便受箱に甲山一郎から告訴人に宛てた封書【注1】1通を発見するや、現金が封入されていたらこれを抜き取る目的で【注2】、直ちに同荘裏側の倉庫前において【注3】、同封書の下部を水で濡らして開封し【注4】、もって正当な理由がないのに封をしてある信書を開封したものである。

---

186 文例編　第2章　刑法の罪に関する文例

【注1】　「封をしてある信書」であることを「甲山一郎から告訴人に宛てた封書」又は「差出人を甲山一郎、宛名人を告訴人とした封書」のように記載します。

【注2】　事情が分かるときは、正当な理由がないことを具体的に記載します。

【注3】　開封の時点で既遂となるので、その日時・場所も特定します。

【注4】　開封した手段・方法が分かるときは、これを具体的に記載します。

② 秘密漏示罪－刑法134条

　秘密漏示罪は、医師など列挙された身分を有する者又はかつてこれらの職にあった者が、正当な理由がないのに、業務上取り扱ったことについて知り得た秘密を他人に漏らすことにより成立します。

　業務上取り扱ったことによって知り得た秘密に限りますので、例えば、医師が患者の落とした手紙を読んでも成立しません。

　「秘密」とは、少数者にしか知られていない事実で、他人に知られることが本人の不利益となるものをいいます。それは、一般人からみて保護に値するものであることが必要と解されています。

　処罰の対象となる行為は「漏らす」行為で、これは、秘密をまだ知っていない他人に知らせることをいいます。相手がその内容をきちんと認識・了解する必要はありません。その方法には制限がなく、口頭で告知すると書面で通知するとを問わず、また、公然と知らせる必要はありません。漏示行為が公然となされ、その事項が同時に人の名誉を毀損する内容のものであれば、秘密漏示罪と名誉毀損罪が成立し、両罪が観念的競合（刑54①）となります。

モデル文例41　秘密漏示罪（刑134①）

【医師が患者の秘密を他人に話した事例】

告　訴　事　実

　被告訴人は、A市B町○丁目○番○号において医師を開業しているものであるが、令和○年○月○日、患者たる告訴人を診察して【注1】、同女が子供を妊娠中絶

文例編　第2章　刑法の罪に関する文例　　187

したことを知ったところ、同年○月○日ころ、同市Ｃ町○丁目○番○号甲山一郎方において、雑談中【注2】、同人及びその知人乙川二郎に対し、告訴人が妊娠中絶した前記事実を語って聞かせ【注3】、もって医師として業務上取り扱ったことについて知り得た人の秘密を漏らしたものである。

【注1】　業務に関して秘密を知ったものであることを示したものです。

【注2】　正当な理由がないことを示したものです。

【注3】　他人に秘密を漏らした行為の態様を示したものです。

第11　名誉に対する罪

規定条文：刑法230条（名誉毀損）、230条の2（公共の利害に関する場合の特例）、231条（侮辱）、232条（親告罪）

保護法益：人の価値（品性、能力、社会的地位その他広く社会的評価の対象となるものを含みます。）に対する社会的評価（外部的名誉）、換言すれば人が社会から受ける人格的評価

種　　類：親告罪

① 名誉毀損罪－刑法230条

　名誉毀損罪は、公然と真実又は虚偽の事実を摘示（指摘）して、人の名誉を毀損することにより成立します。

(1)　公然とは

　「公然」とは、不特定又は多数人が知り得る状態をいいます。知り得る状態であれば足り、現実に知る必要はありません。また、ホームページに掲載すれば公然性は認められます。

(2)　事実の摘示とは

　本罪の成立には「事実を摘示」することが必要で、この点において侮辱罪と区別されます。

　ここでいう「事実」とは、人の社会的評価を害するに足りる具体的事実をいい、政治的・社会的・学問的能力、身分、職業、性格、身体的・肉体的特徴、行状・言動などをいいます（経済的能力は信用毀損罪で保護されるので含まれません。）。死者の名誉に関する場合（刑230②）を除き、摘示した事実が真実か否かは問いません。ただし、後述する刑法230条の2の要件を満たす場合は、事実が真実であることを証明することにより処罰を免れることができます。

　また、「摘示」は、特定人の名誉が侵害されたと分かる程度に具体的でなければなりません。噂として述べても摘示になり得ます。被害者を明示的に名指ししなくとも、表現全体の趣旨からみて、特定人を推知させるものであれば摘示と言えます。摘示の方法に制限はなく、口頭・文書によるほか、漫画・写真・動作などの表現方法による場合もあります。

文例編　第2章　刑法の罪に関する文例　　189

(3)　人の名誉毀損とは

本罪は、「人」の「名誉」を「毀損」することにより成立します。

「人」には法人も含まれます。死者については、別途、刑法230条2項の客体として扱われます。「名誉」とは、社会が与える評価としての外部的名誉をいいます。

「毀損」とは、人の社会的評価を低下させるおそれのある状態を発生させることをいい、その評価が現実に害されることまでは必要とされません。

(4)　公共の利害に関する場合の特例

外形的に名誉毀損罪に該当する行為をしても、それが①「公共の利害に関する事実」について、②「専ら公益を図る」目的でしたものであるときは、その事実が真実であることを証明すれば、処罰を免れることができます（刑230の2①）。「公共の利害に関する」とは、公表することが社会一般の利益に役立つ場合をいい、公的な立場の者だけでなく、私人の私行についても認められる場合があります。

そして、起訴前の犯罪行為に関する事実は、前記①の要件を当然に具備するとみなされ（同②）、さらに、公務員又は公選による公務員の候補者に関する事実の摘示ならば、当然に前記①及び②の要件を満たすものとして扱われ、その事実が真実であることを証明すれば、処罰を免れることができます（同③）。ただし、公務と全く関連のない私的事項（性格的・身体的欠陥等）については除外すべきと解されています。

なお、事実が真実であることの証明ができなかった場合でも、「その誤信したことについて、確実な資料、根拠に照らして相当の理由がある時は、犯罪の故意がない」とされ、本罪は成立しません。

▎モデル文例42▎　名誉毀損罪①（刑230①）
【窃盗事件の犯人である旨放言して他人の名誉を毀損した事例】

告　訴　事　実

被告訴人は、A市B町○丁目○番○号において株式会社○○が営む結婚式場「□□」の接客係であるが、令和○年○月○日ころ、同「□□」松の間及び同間前の廊下において、甲山春子ほか数名の同僚の面前で【注1】、同年○月中旬から翌○月下旬までの間に「□□」従業員控室で発生した現金盗難事件について、何ら確信がないのに【注2】、犯人は「□□」の接待係である告訴人で、退職金代わりに盗んだものである旨【注3】放言し【注4】、もって公然と事実を摘示して告訴人の名誉を毀損したものである。

【注1】 話をした場所・相手・態様などを記載して、公然となした状況を示します。

【注2】 本事例は、起訴されていない他人の犯罪行為に関する事実を摘示した場合であり、公益目的でしたと認められる場合には、事実が真実であることを証明すれば処罰されないことになります（刑230の2②）。また、確実な資料、根拠に基づく相当の理由があって真実と誤信した場合も故意がないとされます。そこで、このような例外的場合に当たらないことを示すため、念のため「何ら確信がないのに」と示したものです。もっとも、告訴事実の記載としてはあえて記載しなくても足ります。

【注3】 事実摘示の内容を記載しています。実際に語られた言葉で表すこともできますが、冗長になりそうなときは、本事例のように要旨を記載する方が理解しやすくなります。

【注4】 摘示した事実が虚偽であるときには、「〜旨の虚偽の事実を話し」とか「〜旨の事実無根の話をし」などとすることもあります。

モデル文例43 名誉毀損罪② （刑230①）
【事実無根の内容をインターネットのブログに掲載して他人の名誉を毀損した事例】

告　訴　事　実

　被告訴人は、令和○年○月○日から同年○月○日までの間、東京都Ａ区Ｂ町○丁目○番○号同人方において、パーソナルコンピュータを使用し、インターネットを介して、告訴人のブログに対し【注1】、「告訴人は殺人者である。」【注2】と虚偽の内容【注3】を記載した文章を掲載し続け、これらを不特定多数の者に閲覧させ、もって公然と事実を摘示して告訴人の名誉を毀損したものである。

【注1】 インターネットによるブログへの掲載に公然性が認められます。ここでは掲載の日時・方法・態様を記載して、公然となした状況を示しています。

【注2】 事実摘示の内容を記載しています。

【注3】 本事例は、起訴されていない他人の犯罪行為に関する事実を摘示した場合であり、公益目的・真実性が問題となります（詳細は【モデル文例42】の【注2】参照）。そこで、摘示した事実が虚偽であるときには、そのことを記載しておきます。

文例編　第2章　刑法の罪に関する文例　　191

② 　侮辱罪－刑法231条

(1)　侮辱罪の成立

　　侮辱罪は、事実を摘示する方法によらずに、公然と人を侮辱することにより成立します。名誉毀損罪とは、事実の摘示の有無によって区別されます。

　　本罪は、現行刑法上最も軽い刑が規定されている罪であり、その教唆・幇助は処罰されることがありません（刑64）。

(2)　侮辱とは

　　「侮辱」とは、事実を摘示せずに、人の社会的評価を害し名誉感情を害する表示を行うことをいいます。

　　その方法には、態度・動作による場合も含まれますが、「馬鹿野郎」「死んでしまえ」「穀つぶし」「税金泥棒」「売国奴」などといった抽象的な事実を怒鳴ったり、ビラに書いて張り出したりするのが典型です。この侮辱行為は公然となされなければなりません。

モデル文例44　　侮辱罪（刑231）
【会議の席上でPTA会長を侮辱した事例】

告　訴　事　実

　被告訴人は、令和○年○月○日ころ、A市B町○丁目○番○号所在○○会館会議室において開催されたC学区子供会役員会の席上、甲山一郎ほか10数名の面前で【注1】、「今度のPTA会長は間抜けで困る。あんな役立たずは、早く辞めさせにゃいかん。」【注2】などと放言し、もって公然と同市立C小学校PTA会長である告訴人を侮辱したものである。

【注1】　侮辱罪においても行為が公然となされることが要件であり、その場所、相手及び態様などを記載して公然性を明らかにします。

【注2】　事実を摘示する方法によらずに、他人を侮辱した行為を記載しています。

第12 信用・業務に対する罪

規定条文：刑法233条（信用毀損及び業務妨害）、234条（威力業務妨害）、234条の2（電子計算機損壊等業務妨害）

保護法益：経済的信用と業務活動

種　　類：非親告罪

1 信用毀損罪─刑法233条前段

　信用毀損罪は、虚偽の風説を流布し、又は偽計を用いて、他人の信用を毀損することにより成立します。

(1)　虚偽の風説の流布

　　「虚偽の風説」とは、事実と異なった噂をいいます。一部が虚偽であればよく、他人から聞いた話でも構いません。ただし、虚偽であることの認識が必要なので、他人の話を真実だと思って伝えた場合には本罪は成立しません。「流布」とは、不特定又は多数人に伝える行為をいいます。

(2)　偽計とは

　　「偽計」とは、人を欺罔、誘惑し、あるいは他人の錯誤又は不知を利用する違法な手段一般をいいます。

(3)　信用とは

　　「信用」とは、人に対する社会的評価のうち、特に経済的能力に関するものをいい、具体的には、人の支払能力・支払意思に対する社会的信用をいいます。なお、名誉毀損罪・侮辱罪では、この経済的能力に関するもの以外の人の社会的評価の保護が図られています。

(4)　毀損とは

　　「毀損」とは、人の経済的能力に関する社会的評価を低下させるおそれのある状態を発生させることをいい、現実にその評価が害されることは必要とされません。

文例編　第2章　刑法の罪に関する文例　　　193

モデル文例45　　信用毀損罪（刑233前段）
【同業者の懇親会の席上、欠席同業者につき虚偽の事実を語って信用を毀損した事例】

告　訴　事　実

　被告訴人は、東京都A区内において鉄工業を営むものであるが、同業者である
【注1】告訴人の信用を失墜させようと企て、令和○年○月○日ころ、同区B町○
丁目○番○号「○○会館」で行われた同業者の懇親会の席上、甲山一郎ら10数名
が居並ぶ面前で【注2】、「今日、乙川（告訴人）が来ないのは資金繰りで飛び回っ
ているからだ。最近銀行から融資を断られて、高利貸しで約手を割り引いてもら
ってやり繰りしているようだから、もう2、3か月ともたないだろう。」【注3】など
と嘘を言って虚偽の風説を流布し、もって告訴人の信用を毀損したものである。

【注1】　　被害者の信用の内容をより明らかにするため、実際に行っている経済的活動を
　　示したものです。
【注2】　　虚偽の風説を流布する方法は、不特定人又は多数人に伝わり得るものであれば
　　よく、公然とする必要はありません。直接的には、特定の少数人に伝えた場合でも、
　　その者から順次不特定、多数人に伝わる状況を認識していれば流布したことになりま
　　す。
　　　文書を配布する方法をとった場合には、例えば、「令和○年○月○日ころ、東京都A
　　区C町○丁目○番○号□□百貨店西側出入口前路上などにおいて、……旨の虚偽の事
　　実を記載したチラシ約1,000枚を、多数の通行人に配布し、もって告訴人の信用を毀損
　　したものである。」などとします。
【注3】　　流布された虚偽の事実の内容を示すものです。

---

② 業務妨害罪—刑法233条後段

　業務妨害罪は、広義では刑法234条の威力業務妨害罪や同234条の2の罪を含みます
が、狭義では刑法233条の罪のみを指します。
　狭義の業務妨害罪は、信用毀損罪と同様、虚偽の風説を流布し、又は偽計を用いて、
他人の業務を妨害することにより成立します。
(1)　業務とは
　　「業務」とは、人が社会生活を維持する上で反復・継続して従事する仕事をいい

ます。必ずしも収入を得る目的でなくても構いません。

この「業務」に「公務」が含まれるかについては、公務員の行う「公務」が別に公務執行妨害罪（刑95）による保護を受ける関係上、争いがあります。判例は、強制力を行使する権力的公務を公務執行妨害罪の保護対象とし、強制力を伴わない権力的公務（委員会の条例案採決事務、立候補届出受理事務など）や非権力的・私企業的公務は業務妨害罪の「業務」に当たり、同罪の保護を受けるとしています。

(2) 妨害とは

「妨害」とは、業務の執行又は運営を阻害するおそれのある状態を生じさせることをいい、必ずしも、現実に業務が阻害される結果が生じる必要はありません。

モデル文例46　業務妨害罪（刑233後段）

【多数回の電話をかけることにより電話の発着信を困難にさせ、偽計により業務を妨害した事例】

告　訴　事　実

被告訴人は、甲山春子（平成○年○月○日生）に対する好意の感情が満たされなかったことを根に持ち、令和○年○月○日から同月○日までの間、別紙記載のとおり、前後○回にわたり、東京都A区B町○丁目○番○号「スーパー□□」前等に設置された公衆電話等から、同女が勤務する東京都C区D町○丁目○番○号△△ビル5階所在の告訴人株式会社××（代表取締役　乙川二郎）【注1】に設置された同社の代表電話（03－○○○○－○○○○）に電話をかけ【注2】、同社従業員が受話器を外して対応するや、「甲山いますか」「ブー」などと申し向けたり、無言の状態のままで対応させたりすることを執拗に繰り返し【注3】、その間、同社の代表電話の発信又は着信を困難にさせて、その業務に支障を生じさせ、もって偽計を用いて同会社の業務を妨害したものである。

別紙＜省略＞

【注1】　本事例の被害者は会社ですので、告訴は、その代表者が会社名で行います。

【注2】　電話を利用して意思を伝えることが犯罪行為の内容になる場合には、電話をかけた方とその電話を受けた方の日時・場所が犯行の日時・場所となるので、その双方

文例編　第2章　刑法の罪に関する文例　　　195

が分かれば双方とも特定します。発信場所が分からなければ、受信場所を特定するだ
けでも足ります。

【注3】　犯行に用いた偽計の内容を示すものです。虚偽の風説の流布か、偽計によるか、
いかなる手段がとられたかを区別がつく限り明らかにします。
　　　　「偽計」については、前掲①(2)を参照してください。

---

③　威力業務妨害罪－刑法234条

　威力業務妨害罪は、手段方法が威力を用いるという点で違うだけで、その他は狭義
の業務妨害罪（刑233後段）と同様です。

　「威力」とは、人の意思を制圧するに足りる勢力を用いることで、暴行・脅迫に限
らず、地位や権勢を利用する場合も含みます。現実に他人が意思を制圧されることを
要しません。

モデル文例47　威力業務妨害罪①（刑234）

【インターネット掲示板に殺人予告をし、授業中止など学校の業務を妨害した事例】

告　発　事　実

　被告発人は、令和○年○月3日午前○時○分ころ、A市B町○丁目○番○号又は
その周辺において、持っていた携帯電話機を操作して、インターネット掲示板「○
○」に、「C市△△小学校の小学生を○月18日○時に殺します。」と記載した文章
を送信して同掲示板に掲示し【注1】、同月8日ころ、同掲示板を閲覧した警察官を
介してC市教育委員会にその旨伝達させて、同月11日ころ、同委員会を介してC
市D町○丁目○番○号所在のC市立△△小学校校長甲山一郎らにその旨を伝達さ
せ、同校教職員をして、同校児童の安全確保の必要から、児童を警護しながら教
職員が引率して集団下校する緊急措置を講ずるため、同月18日午後2時35分から
同日午後3時20分ころまで予定していた同校の生徒の6校時の授業等の中止を余儀
なくさせるなどし、もって、威力を用いて【注2】前記小学校の業務を妨害したも
のである【注3】。

【注1】　業務妨害の行為を示しています。インターネットを利用した犯罪予告の例で
す。

196 　文例編　第2章　刑法の罪に関する文例

【注2】　「威力」とは、人の意思を制圧するに足りる勢力を用いることで、予告により授業等を行う意思が制圧されたものです。

【注3】　裁判例を見ると、予告対象者が授業・イベント等を中止したり、自ら警備強化を図ったという場合には対象者の業務に対する威力業務妨害罪とされ、警察が警戒業務等に従事したという場合は、警察の通常業務に対する偽計業務妨害罪（刑233後段）とされています。

モデル文例48　威力業務妨害罪②（刑234）

【営業中の飲食店内で大声を出し、灰皿を洋酒棚に投げ付けるなどして営業を中断させた事例】

告　訴　事　実

　被告訴人は、令和○年○月○日午後10時ころ、折から10数名の飲食客を相手に営業中であった東京都A区B町○丁目○番○号飲食店「○○」こと告訴人方において、従業員甲山春子に飲食代金を掛払いにしてくれるよう申し入れた際、同女から断られるや立腹し、「何でつけにできん。このくらいの金を支払わんで俺が逃げるとでも思っているのか。」などとことさら大声で怒鳴り、これを静かにさせようとして同女と告訴人が近づくと、「大声を出して何が悪い。お前は誰だ。マスターなら俺のいうことが分かるだろう。何が分からん。そんなことが分からん奴の店はガタガタにしてやる。警察でも誰でも呼べ。」などと大声で言いながら、付近の椅子、灰皿などを次々と洋酒棚に投げつけるなどして同店内を混乱に陥れ【注1】、前記飲食客及び同店従業員らを同店の片隅に逃避することをやむなきに至らせるなど約20分間にわたって同店の営業を中断させ【注2】、もって威力を用いて告訴人の業務を妨害したものである。

【注1】　「何でつけにできん。」以下は、用いた威力の内容を具体的に示すものです。同じく業務妨害をしても、威力を用いた場合とそのほかの手段を用いた場合とでは、適用される条文・罪名が異なりますので、どんな手段による犯行かをできるだけ具体的に明らかにする必要があります。

　　営業中の店内で大声で怒鳴ったりすれば、店の営業に支障を来すことになり、それだけでも「威力」になり得ますが、本事例では、更に被害者の自由意思を制圧するに足りる物理的な勢力も示されています。

文例編　第2章　刑法の罪に関する文例　　197

【注2】　営業中断の財産的評価を金銭的に表すことは困難でしょうが、本事例のように、中断の事情・継続時間などによって犯情を示すことができます。

４　電子計算機損壊等業務妨害罪－刑法234条の2

　電子計算機損壊等業務妨害罪は、業務妨害罪（刑233後段・234）が偽計・威力ともに手段が人に向けられることを前提にしているのに対し、コンピュータに向けられた業務妨害行為も処罰できるように設けられたものです。

　本罪の手段は、①業務に使用する電子計算機（コンピュータ）又は電磁的記録（データファイル（刑7の2））の損壊、②虚偽の情報・不正指令を与える行為、③その他の方法によって、コンピュータに使用目的に沿うべき動作をさせず、又は使用目的に反する動作をさせることです。

　「その他の方法」としては、電源の切断、温度・湿度などの環境の破壊、処理不能データの入力などがあります。

モデル文例49　電子計算機損壊等業務妨害罪（刑234の2）

【株式情報提供業者のホームページ内の株式情報画像を消去した上、異なったものに置き換えて同業務を妨害した事例】

告　訴　事　実

　被告訴人は、Ａ市Ｂ町○丁目○番○号所在の株式会社○○がインターネット利用者に提供するために開設したホームページ内の株式情報画像を消去して無意味な数字をアトランダムに羅列しただけの画像に置き換え、同会社の株式情報提供業務を妨害しようと企て【注1】、令和○年○月○日、Ｃ市Ｄ町○丁目○番○号の被告訴人方において【注2】、インターネットを利用して、前記株式会社○○に設置されたサーバコンピュータの記憶装置であるハードディスク内に記憶・蔵置されていた株式情報画像のデータファイル5個を消去して損壊する【注3】とともに、無意味な数字をアトランダムに羅列した画像のデータファイル5個を、消去した株式情報画像のデータファイルと同一のファイル名を付して、前記ハードディスク内に記憶・蔵置させ、前記サーバコンピュータに順次送信するなどし、前記ハードディスク内に記憶・蔵置させ、同サーバコンピュータがインターネット利用

者に対して株式情報画像のデータを提供しようとした場合には、これに代わって新たに記憶・蔵置させたデータファイル5個分のデータを提供する結果をもたらす状況を設定し【注4】、もって人の業務に使用する電子計算機の用に供する電磁的記録を損壊し、かつ同電子計算機に虚偽の情報を与えて、電子計算機に使用目的に沿うべき動作をさせないで人の業務を妨害したものである。

【注1】　犯意の内容を明らかにするものです。

【注2】　犯行の日時・場所を示したものです。

【注3】　犯行手段の一つとして、人の業務に使用する電子計算機の用に供する電磁的記録を損壊した行為を示したものです。

【注4】　犯行手段のもう一つとして、電子計算機に虚偽の情報を与えて、その使用目的に沿う動作をさせないようにする行為を示したものです。

文例編　第2章　刑法の罪に関する文例　　199

第13　窃盗及び強盗の罪

規定条文：刑法235条（窃盗）、235条の2（不動産侵奪）、236条（強盗）、237条（強盗予備）、238条（事後強盗）、239条（昏酔強盗）、240条（強盗致死傷）、241条（強盗・強制性交等及び同致死）、242条（他人の占有等に係る自己の財物）、243条（未遂罪）、244条（親族間の犯罪に関する特例）、245条（電気）

保護法益：財物に対する事実上の支配（占有）、なお、強盗の罪に関しては、人の生命・身体・自由も副次的な保護法益

種　　類：非親告罪。ただし、親族間の犯罪の特例（親族相盗）に該当する場合は親告罪（刑244）

1　窃盗罪－刑法235条

　窃盗罪は、他人の占有する他人の財物を窃取することにより成立します。ここで「窃取」とは、暴行・脅迫の手段によることなく、占有者の意思に反して、目的財物についての占有を侵害し、その財物を行為者（又は第三者）の占有に移転することをいいます。「窃取」といっても、「ひそかに取る」という意味はなく、被害者その他の者が見ている前で占有を移すこと（例　ひったくりなど）も窃取に当たります。

(1)　自己の物であっても窃盗の対象となる場合

　　窃盗罪及び強盗罪（準強盗罪を含みます。）の客体である「財物」は、他人の占有する他人の財物であることが原則ですが、その特例として刑法242条は、行為者自身の財物であっても、①他人が占有しているもの（例　入質物、賃借人に賃貸してある物件）、②公務所の命令により他人が看守するもの（例　差押えにより自己に財物の占有を移した執行官が、その物を第三者に命じて保管させた場合）は、他人の財物として取り扱うことを定めています。この規定は、詐欺及び恐喝の罪についても準用され（刑251）、横領罪（刑252②）、毀棄及び隠匿の罪（刑262）についても類似の規定があります。

(2)　客体としての「財物」

　　財物は、有形的な物（有体物）である場合がほとんどですが、電気・ガス・熱エネルギー・冷気など無体物であっても物理的に管理可能なものは「財物」と解されます（大判明36・5・21刑録9・874）。この見解では、刑法245条は、当然のことを電気

につき注意的に規定したものということになります。

(3) 「財物」の財産的価値

「財物」は財産的価値があることが必要と解されます。経済上の交換価値があることまでは必要ではありませんが、その所有者・占有者にとって、たとえ主観的なものであっても、何らかの利用価値のあるものならば、財産的価値を認めてもよいでしょう。

(4) 未遂罪

窃盗罪・不動産侵奪罪、強盗罪（準強盗罪を含みます。）、強盗殺人罪、強盗・強制性交等罪については、未遂であっても処罰されます（刑243）。

(5) 親族間の窃盗

窃盗罪又は不動産侵奪罪（これらの未遂罪についても同様）の犯人と被害者との間に一定の親族関係があるときは、その他のときと異なった扱いがとられます。このことを「親族間の窃盗」あるいは「親族相盗」と呼びます。

すなわち、窃盗罪などを①配偶者・直系血族・同居の親族相互間で犯したときは、たとえ有罪と認められても刑罰が免除され、②上記①以外の親族（例 傍系血族、同居関係のない親族）相互間で犯したときは、告訴がない限り処罰されない（相対的親告罪）こととなっています。

この特別扱いは、親族間における窃盗罪などの特殊性（親族間の問題については、親族としての意思を重んじ、公刑罰権の介入を差し控えた方が妥当であること、あるいは共同で生活している親族間においては、自分の財産と他人の財産の区別意識が徹底していないこと）を考慮したものです。

モデル文例50 窃盗罪①（刑235）

【他人の居室で金品を窃取した事例】

告 訴 事 実

被告訴人は、令和○年○月○日午前7時ころから午後8時ころまでの間【注1】、A市B町○丁目○番○号C荘102号の告訴人方において【注2】、告訴人所有【注3】の現金20万円在中の黒色皮財布1個（時価3,000円相当【注4】）、普通預金通帳1通（預金残高120万円【注4】）及び印章（時価500円相当【注4】）を窃取したものである。

文例編　第2章　刑法の罪に関する文例　　　201

【注1】　窃盗は被害者の知らないうちに敢行されることが通常であり、犯行時刻を特定するのが困難な場合が多いでしょう。そのような場合、犯行時刻をあえて記載しない方法も考えられますが、できるだけ犯行の可能性のある時間帯の始期と終期を記載し、その特定に努めることが望まれます。しかし、特定が困難な場合は、「○月10日ころから同月17日ころまでの間」などとすることもできます。

【注2】　犯行の場所は、本事例の程度でも足りますが、「告訴人方1階居間において」などともっと具体的に記載する方法もあります。

【注3】　被害財物（被害品）の所有関係を示す記載としては、ほかに「告訴人所有に係る……」と表すこともできます。

　所有者と占有者が同一人であるときは、通常、所有関係のみを表示し、両者がそれぞれ別人であるときは、占有関係を表示することが多いといえるでしょう。

　占有関係を表示するときは、「告訴人管理の……」とか「告訴人管理に係る……」と記載するのが一般的です。

　被害品が多数でかつそれらの所有者あるいは占有者が何人かに分かれている場合は、「告訴人ら3名所有の……」とか、「告訴人ら3名管理の……」、「告訴人ら3名所有又は管理の……」などと記載することができます。

【注4】　被害品は、品名・数量を中心として特定し、その時価評価額を記載するのが普通です。しかし、預金通帳のように、それ自体の時価にはほとんど意味のないものもあります。このようなときは、本事例の「預金残高」のようにその品物の特性に応じた財産的価値の表示に努めます。

　被害品の時価は、商品などでは、新品価値を記載すれば足りますが、使用した品については中古価格を記載することになります。この中古価格がいくらになるかは、厳格に考えると判定が難しくなりますが、取得価格・使用期間などを基準に常識的判断で「……円相当」とか「約……円」などと記載すれば結構です。

　被害品がある程度以上多数に上るときは、本文中では、その代表的なものを具体的に表示するにとどめ、個々の品目は、別紙目録を利用して記載する方法があります（【モデル文例9】参照）。

モデル文例51　住居侵入罪・窃盗罪（刑130・235）

【住居に侵入して、貴金属類を窃取した事例】

告　訴　事　実

　被告訴人は、他人の住居に侵入して金品を窃取しようと企て、令和○年○月○

202 文例編 第2章 刑法の罪に関する文例

日午後4時ころ、Ａ市Ｂ町○丁目○番○号の告訴人の居宅の勝手口のドアをピッキング用具を用いてこじ開けて、告訴人宅に不法に侵入し【注1】、2階6畳間の押入ダンス内にあった純金製ネックレス等貴金属類5点（時価合計22万円相当）を窃取した【注2】ものである。

【注1】　住居侵入罪（刑130）が成立したことを示したものです。

【注2】　窃盗罪が成立したことを示したものです。住居侵入罪と窃盗罪は、手段と結果という牽連犯の関係にあり、科刑上一罪として扱われます（【モデル文例8】参照）。

モデル文例52　窃盗罪②（刑235）
【従業員が店の品を持ち逃げした事例】

告　訴　事　実

被告訴人は、Ａ市Ｂ町○丁目○番○号株式会社○○カメラＡ店に販売契約社員として勤務していたものであるが、令和○年○月○日午後3時ころ【注1】、同店1階携帯電話売場において、同売場主任甲山一郎管理【注2】に係る携帯電話1個（時価9万5,000円相当）を窃取したものである。

【注1】　犯行時期の記載につき、【モデル文例50】の【注1】参照。

【注2】　社員による犯行の場合、財物の占有関係が争点となることがあります。しかし、使用者と社員の場合は、上下主従者の関係にあり、財物の従たる支配者は事実上その物を支配していないとされます。

　　　　被害品の占有関係の記載につき、【モデル文例50】の【注3】参照。

モデル文例53　窃盗罪③（刑235）
【いわゆる万引きの事例】

告　訴　事　実

被告訴人は、令和○年○月○日午後3時ころ【注1】、Ａ市Ｂ町○丁目○番○号株式会社○○デパートＡ店4階紳士用品売場において、店員の隙をうかがい、同売場

文例編　第2章　刑法の罪に関する文例　　　203

主任甲山一郎管理【注2】に係る紳士用緑色財布1個（時価1万5,000円相当）を抜き
取り【注3】窃取したものである。

【注1】　犯行時期の記載につき、【モデル文例50】の【注1】参照。

【注2】　占有関係を表示するときは、「告訴人管理の……」とか「告訴人管理に係る……」
　　　　と記載するのが一般的です。なお、被害品の所有関係を示す記載につき、【モデル文例
　　　　50】の【注3】参照。

【注3】　犯行態様の記載例です。

モデル文例54　　窃盗罪④（刑235・60）
【2人共同で、自動車・鉄材を窃取した事例】

告　訴　事　実【注1】

　被告訴人両名は、共謀の上、
1　令和○年○月○日午前2時ころ、A市B町○丁目○番○号甲山工業こと告訴
　　人【注2】方敷地内において、告訴人所有の普通貨物自動車1台（時価50万円相当
　　【注3】）を窃取し
2　同月○日午前1時ころ、前記告訴人【注2】方敷地内において、告訴人所有の切
　　板鉄材約2t（26万円相当【注3】）を窃取し
たものである。

【注1】　本事例は、複数の被告訴人が共同して、複数の犯罪（併合罪）を犯した事例で
　　　　す。共同正犯については【モデル文例2】を、併合罪については【モデル文例7】を
　　　　参照してください。

【注2】　個人企業の特定は、その屋号とその経営者とを組み合わせ、「甲山工業こと甲山
　　　　一郎」と記載するのが普通です。法人の場合は、「○○工業株式会社（代表取締役甲山
　　　　一郎）」のようにして特定します。

【注3】　被害品の特定につき、【モデル文例50】の【注4】参照。

204　　文例編　第2章　刑法の罪に関する文例

モデル文例55　窃盗罪⑤（刑235）

【会社の機密情報が保存された磁気ディスクを窃取した事例】

告　訴　事　実

　被告訴人は、令和○年○月○日ころから同年○月○日ころまでの間【注1】、A市B町○丁目○番○号株式会社○○製薬のコンピュータ室において【注2】、同室長甲山一郎管理に係る【注3】、薬剤実験データを収録した磁気ディスク3枚【注4】（磁気ディスク自体の時価約1,000円相当）を窃取したものである【注5】。

【注1】　犯行時期の記載につき、【モデル文例50】の【注1】参照。

【注2】　犯行場所の記載につき、【モデル文例50】の【注2】参照。

【注3】　被害品の占用関係の記載につき、【モデル文例50】の【注3】参照。

【注4】　本事例の場合、被害品の財産的価値を金額で表すのは極めて困難といえますが、被害会社にとって重要なデータをインプットした貴重な資料であることを説明すれば、ある程度目的を達することができます。

【注5】　本事例の場合、仮にいったん持ち出した磁気ディスクを被告訴人又は第三者が別のものに複製した後、その元の磁気ディスクを返還したとしても、窃盗罪が成立することに変わりありません。

モデル文例56　窃盗罪⑥（刑235）

【他人のキャッシュカードを不正に使用して銀行のATM機から現金を引き出した事例】

告　訴　事　実

　被告訴人は、令和○年○月○日、A市B町○丁目○番○号株式会社○○銀行A支店において、同店に設置された現金自動預払機に不正に入手した【注1】甲山一郎名義のキャッシュカードを差し入れて同機を作動させ、同店支店長乙川二郎管理に係る現金60万円を引き出し、これを窃取した【注2】ものである。

【注1】　本件キャッシュカードの入手経路については、被告訴人が窃取した場合が最も多いでしょうが、窃盗犯人その他の者から譲り受けたりする場合も考えられるので、「不正に入手した」とやや抽象的に表現してあります。

文例編　第2章　刑法の罪に関する文例　　205

【注2】　本事例のように他人のキャッシュカードを不正に使用してＡＴＭ機から現金を
　　　　引き出す行為は、電子計算機使用詐欺罪（刑246の2）ではなく、窃盗罪となります。

モデル文例57　　窃盗未遂罪（刑243・235）
【他人方での窃盗未遂の事例】

告　訴　事　実

　被告訴人は、令和○年○月○日午後8時ころ、Ａ市Ｂ町○丁目○番○号「甲山靴
店」こと甲山春子方【注1】において、同女の長女である告訴人所有【注2】に係る
現金4万8,350円在中のハンドバック1個（時価3万円相当【注3】）に手をかけ【注4】、
これを窃取しようとしたが、前記甲山春子に発見されて【注5】その目的を遂げな
かったものである【注6】。

【注1】　個人企業を特定する記載方法につき、【モデル文例54】の【注2】参照。
【注2】　被害品の所有関係の記載につき【モデル文例50】の【注3】参照。
【注3】　被害品の特定などにつき、【モデル文例50】の【注4】参照。
【注4】　窃盗未遂罪は、窃盗行為の実行に着手するまでは成立しないので、既に実行の
　　　　着手段階に達していることを具体的行為を記載することにより明らかにしたもので
　　　　す。
　　　　　判例は、窃盗の目的で他人の家屋に侵入し、他人の財物に対する事実上の支配（占
　　　　有）を侵すにつき密接な行為をしたとき（例　金品物色のためタンスに近寄ったとき）
　　　　は、金品に直接手を触れなくても、窃盗の着手が認められるとしています（大判昭9・
　　　　10・19大刑集13・1473）。
【注5】　犯行が未遂に終わった理由を明らかにしたものであり、具体的な中にも簡潔に
　　　　記載する心掛けが必要です。
【注6】　未遂罪における結びの常用句です。

2　**不動産侵奪罪**－刑法235条の2

　不動産侵奪罪は、他人の占有する他人の不動産（土地及び建物などの定着物）を侵
奪することにより成立します。「侵奪」とは、窃盗罪における「窃取」の概念と変わり
なく、不動産に対する窃盗行為を目的物の移動を伴わない点に注目して「侵奪」とい

う表現にしたにすぎません。したがって、不動産侵奪罪は、不動産に対する窃盗罪の特別規定ということができます。

不動産侵奪罪についても、未遂罪が処罰され、また、親族間の犯罪の特例の適用があります。

| モデル文例58 | 不動産侵奪罪（刑235の2）
【他人の空地に住宅を建築した事例】

告　訴　事　実

被告訴人は、建設業を営むものであるが、令和○年○月上旬ころから翌月下旬ころにかけて、A市B町○丁目○番地所在の告訴人所有に係る【注1】約99m²の空地に、床面積約66m²の木造スレート葺平家建住宅1棟を無断で建築し【注2】、もって告訴人所有の土地約99m²（時価3,000万円相当【注3】）を侵奪したものである。

【注1】　被害不動産の所有関係を示す記載につき、【モデル文例50】の【注3】参照。

【注2】　侵奪行為は、占有者の意思に反して、目的不動産についての占有を侵し、その不動産に対する占有を設定することをいいますので、それが具体的に明らかとなるように示してください。

　　　「無断で」の記載は、「勝手に」とか「何らの権限なく」という表現で置き換えることもできます。

　　　空地に有刺鉄線を張り巡らせて不動産を侵奪した場合は、「勝手にその周囲に有刺鉄線を張り巡らせて囲み」などと記載することになります。

【注3】　侵奪された不動産の面積（これは、建築した建物の床面積と合致することもあるでしょうが、犯行の具体的態様により、床面積を超えて空地全体に及ぶ場合があるので留意しましょう。）とその時価は、犯情を示すポイントとなるので、可能な限り示すよう努めましょう。

③　強盗罪─刑法236条

強盗罪は、暴行又は脅迫という手段を用い、①他人の占有する他人の財物を強取すること（刑236①）、又は②行為者（又は第三者）に財産上不法の利益を得させること（刑

文例編　第2章　刑法の罪に関する文例　　207

236②）によって成立します。①の場合を「一項強盗罪」、②の場合を「二項強盗罪」又
は「強盗利得罪」といって両者を区別します。
(1)　強盗罪における暴行・脅迫
　　　強盗罪の手段としての暴行・脅迫は、暴行罪・脅迫罪におけるもの（148ページ・
　　162ページ参照）より更に限定された概念であり、暴行罪における暴行、脅迫罪に
　　おける脅迫の要件を満たすことに加え、さらに、それぞれ相手方の抵抗を抑圧する
　　に足りる程度のものでなければならないと解されています。
(2)　「強取」と「窃取」の異同
　　　前記①の「強取」は、占有者の意思に反して、当該財物についての占有を侵害し、
　　その財物を行為者（又は第三者）の占有に移転することである点においては、窃盗
　　罪の「窃取」と同じ概念ですが、暴行・脅迫を手段とする点で「窃取」と区別され
　　ます。相手方の抵抗を抑圧する程度の手段を用い、その結果として占有を移転さ
　　せることが含意されるため、「強」取というと解されます。
(3)　財産上の利益
　　　前記②の「財産上の利益」とは、財物以外の財産的利益をいい、例えば、債務の
　　免除、支払履行期の延長、労務の提供を受ける利益、債権・抵当権取得の利益など
　　いろいろ考えられます。これらの利益の取得方法が不法であるという意味で「財
　　産上不法の利益」といわれます。

モデル文例59　　強盗罪（刑236①）
【民家の主婦に暴行・脅迫を加えて金品を強取した事例】

告　訴　事　実

　被告訴人は、金品を強取しようと企て【注1】、令和○年○月○日午後零時15分
ころ、A市B町○丁目○番○号告訴人方玄関において、来客と思って応対に出た
告訴人の妻甲山春子（当時28歳）に用意の登山ナイフ様の刃物を突き付け【注2】、
ひるんだ同女を両手で抱えて奥6畳間に引きずり込み、その場にうつ伏せに押し
倒して馬乗りになった上、同所にあったタオル、荷造り用ひも及びベルトを使用
して同女の両手を後ろ手に縛り上げ【注3】、同女に対し、前記刃物を突き付けな
がら「騒ぐと殺すぞ。静かにしろ。金はどこにある。」などといって脅迫し【注4】、
その反抗を抑圧して【注5】、告訴人所有の現金15万4,000円及び腕時計1個（時価3
万円相当【注6】）を強取した【注7】ものである。

---

208 文例編　第2章　刑法の罪に関する文例

【注1】　犯意の記載としては、単に「金品を強取しようと企て」という程度で足ります。特殊な形態の犯行であるときは、例えば「いわゆるタクシー強盗をしようと企て（あるいは、タクシー運転手から金員を強取しようと企て）」とか、「いわゆる銀行強盗をしようと決意し（あるいは、金融機関に押し入って金員を強取しようと決意し）」などと記載することがあります。

【注2】　脅迫の態様・程度を示した記載です。この記載では、行為自体から脅迫と分かりますが、「……突きつけて脅迫し、ひるんだ……」のように記載することもできます（【注4】参照）。本事例では、「脅迫し、……脅迫し」と同じ言葉が繰り返されるのを避けて、初めの「脅迫し」を省略してあります。

【注3】　「同女を両手で抱えて」以下は暴行の態様・程度を示したものです。具体的かつ簡潔に記載することが必要です。

【注4】　脅迫と金員要求の内容を具体的に示したものです。

【注5】　強盗罪の手段としての暴行・脅迫は、相手方の抵抗（反抗）を抑圧するに足りる程度のものでなければならないことにつき、本項冒頭(1)参照。

【注6】　被害財物の所有・占有関係の記載、財物の特定・時価の記載については、窃盗と同様に考えてよいです（詳細は【モデル文例50】の【注3】及び【注4】参照）。

【注7】　「強取」の意味は、本項冒頭(2)で説明したとおりであり、財物の占有が直接被害者の手で犯人に移されたか、被害者の行為を介することなく犯人自らが直接占有を取得したかは関係ありません。被害者の抵抗が抑圧されている以上、被害者の知らないうちに占有を取得したのであっても強取になります。

　　　被害者が犯人に財物を交付したり、被害者が現に身に着けている財物を犯人が勝手に奪ったりした事案だとすると、「……その反抗を抑圧して、同女から、告訴人所有の……を強取したものである。」と記載するのが通例です。この「同女から」の記載は、財物の占有者が「同女」であることを示しているわけです。

モデル文例60　強盗利得罪（刑236②）

【いわゆるタクシー強盗の事例】

告　訴　事　実

　被告訴人は、令和○年○月○日午前零時50分ころ、A市B町○丁目○番○号先路上から告訴人（当時52歳）の運転する○○タクシー株式会社所属の営業用普通乗用自動車【注1】に乗車し、C市D町○丁目○番○号先路上まで運転走行させ、

文例編　第2章　刑法の罪に関する文例　　　209

同日午前1時30分ころ、同所で停車させた際、告訴人からその間の乗車料金の支払
請求を受けるや、その支払を免れようと企て【注2】、やにわにその後方から、持っ
ていたタオルで告訴人の首を強く締めつけてその反抗を抑圧した上【注3】、その
場から逃走して前記区間の乗車料金6,840円の支払を免れ【注4】、もって同額の財
産上不法の利益を得たものである。

【注1】　タクシーの所属会社を明らかにすれば、乗車料金の不払による実質的損害を同
　　　　社が被る状況が分かります。しかし、この部分は単に「……の運転するタクシーに乗
　　　　車し……」と記載することもできます。
【注2】　強盗の犯意を生じた時期については、犯人の供述が得られていない段階ではに
　　　　わかに決し難いところですが、本事例のように、その犯意が歴然と示された時点をと
　　　　らえて告訴すればよいでしょう。
【注3】　強盗罪の手段としての暴行・脅迫は、相手方の抵抗（反抗）を抑圧するに足り
　　　　る程度のものでなければならないことにつき、本項冒頭(1)参照。
【注4】　強盗利得罪（二項強盗罪）において、財産上の利益を得たと言える場合は、被
　　　　害者に財産上の処分あるいは意思表示をさせた場合はもとより、事実上支払の請求を
　　　　することができない状態に陥らせて支払を免れた場合をも含みます。

④　事後強盗罪－刑法238条

　事後強盗罪は、次の昏酔強盗罪とともに本格的な強盗罪（刑236）に準ずるものとい
う意味で「準強盗罪」といわれます。
　事後強盗罪は、窃盗罪の実行に着手した者（未遂、既遂を問わず窃盗犯人といいま
す。）が、犯行の機会に、①目的の財物を得た後それを取り返されるのを防ぐため、又
は②逮捕を免れるため、あるいは③犯人又は犯行特定の資料となる証拠（被害者、目
撃者などの人証を含みます。）を隠滅するために、それぞれ、被害者、目撃者、追呼の
声を聞いて追跡中の第三者その他の人に対し、その抵抗を制圧するに足りる暴行又は
脅迫を加えることにより成立します。
　通説・判例は、窃盗の点が既遂である場合のみ事後強盗罪は既遂になり、窃盗の点
が未遂である場合は本罪の未遂であるとしています（最判昭24・7・9刑集3・8・1188）。し
たがって、上述①の場合は常に財物を得たことを前提にしている（窃盗は既遂状態）
ので、事後強盗未遂罪は考えられません。

210 文例編 第2章 刑法の罪に関する文例

モデル文例61 事後強盗罪（刑238）

【窃盗の途中で家人に発見されて、逮捕を免れるために暴行を加えた事例】

告 訴 事 実

　被告訴人は、令和○年○月○日午後2時30分ころ、A市B町○丁目○番○号告訴人方2階子供部屋において、告訴人の二男甲山二郎所有の現金1万円及び三男甲山三郎所有の腕時計1個（時価1万円相当）を窃取し、更に引き続いて金品を物色中【注1】、階下より上がってきた告訴人（当時49歳）に発見されて逮捕されそうになるや【注2】、同所において【注3】、逮捕を免れるため【注4】、両手で告訴人を突き飛ばし、握り拳でその顔面を数回殴りつけるなどの暴力を加えたものである。

【注1】　物色中に見つかり、逮捕を免れるため暴行を加えていますが、本事例ではその前段階で現金などの窃盗行為が既遂に達しているので、事後強盗罪の未遂ではなく既遂となります。

【注2】　本事例では被害者が逮捕しようとしたことが認められますが、事後強盗罪は犯人に逮捕を免れようとする目的（あるいは、財物の取返しを防ぐ目的）が認められる限り、被害者その他第三者が実際に逮捕（財物の取返し）をしようとしたかどうかと関係なく成立します。

【注3】　事後強盗罪における暴行脅迫行為は、窃盗（未遂を含みます。）の機会に行われたことが必要ですので、その点を明確に示したものです。

【注4】　財物の取返しを防ぐ目的の場合は、「窃取した金品の取返しを防ぐため」とか「現金などの返還を求められるやその取返しを防ぐため」などと記載します。

5　昏酔強盗罪—刑法239条

　昏酔強盗罪は、準強盗罪の一種であり、暴行・脅迫によらず、他人を昏酔させるという手段によって抵抗不能の状態を生じさせ、その結果として、他人の意思に反し、占有を侵害してその占有する財物を行為者（又は第三者）の占有に移すことにより成立します。

文例編　第2章　刑法の罪に関する文例　　　　　211

　法文上、財物を「盗取」するとの用語が使われていますが、その内容は窃盗罪の「窃取」と変わりありません。
　「昏酔」とは、催眠術又は睡眠薬・麻酔薬その他の薬物の使用などの方法によって相手方を抵抗不能の状態に陥れることをいいます。

モデル文例62　昏酔強盗罪（刑239）

【客にウォッカを飲ませて昏酔状態に陥れ、クレジットカード等を抜き取り盗取した事例】

告　訴　事　実

　被告訴人は、東京都A区B町○丁目○番○号Bプラザ1階所在のスナック「○○」を経営していたものであるが、客を昏酔させてその所持金品を盗取しようなどと考え【注1】、令和○年○月○日午前1時ころから同日午前5時ころまでの間、スナック「○○」において、告訴人に対し、アルコール濃度の高いウオッカを混ぜた焼酎のウーロン茶割りを言葉巧みに勧めて飲ませ、昏酔状態に陥れた上【注2】、同日午前5時ころ、同所において、告訴人の財布から同人管理に係る同人名義の△△カード株式会社等発行のクレジットカード3枚及び株式会社□□銀行等発行のキャッシュカード3枚を抜き取り盗取した【注3】ものである。

【注1】　昏酔強盗の犯意を示したものです。
【注2】　相手方を昏酔状態に陥れた行為を示したものです。
【注3】　昏酔状態を利用して、財物を窃取したことを示したものです。

⑥　強盗致死傷罪・強盗殺人罪―刑法240条

　強盗致死傷罪・強盗殺人罪は、強盗罪の実行に着手した者（未遂・既遂を問わず「強盗犯人」といいます。）が、犯行の機会に他人を死亡させ又は傷害した場合に成立します。他人を傷害した場合が強盗致傷罪（又は強盗傷人罪）、殺意なくして死亡させた場合が強盗致死罪、殺意をもって死亡させた場合が強盗殺人罪となります。

212 文例編　第2章　刑法の罪に関する文例

モデル文例63　　強盗致傷罪（刑240・236①）
【民家の主婦に暴行・脅迫を加えて金品を強取した際負傷させた事例】

告　訴　事　実【注1】

　被告訴人は、金品を強取しようと企て、令和○年○月○日午後零時15分ころ、A市B町○丁目○番○号告訴人方玄関において、来客と思って応対に出た告訴人の妻甲山春子（当時28歳）に用意の登山ナイフ様の刃物を突き付け、ひるんだ同女を両手で抱えて奥6畳間に引きずり込み、その場にうつ伏せに押し倒して馬乗りになった上、同所にあったタオル、荷造り用ひも及びベルトを使用して同女の両手を後ろ手に縛り上げ、同女に対し、前記刃物を突き付けながら「騒ぐと殺すぞ。静かにしろ。金はどこにある。」などといって脅迫し、その反抗を抑圧して、告訴人所有の現金15万4,000円及び腕時計1個（時価3万円相当）を強取し、その際【注2】、前記暴行により【注3】、同女に対し加療約7日間の両手首擦過傷・右下腿挫創の傷害【注4】を負わせたものである。

【注1】　　【モデル文例59】の事例で、被害者に傷害の結果が生じた場合を想定しています。【注】については、【モデル文例59】も参照してください。
【注2】　　強盗の機会に傷害の結果が生じたことを示すためのものです。
【注3】　　「上記一連の暴行により」などと言うこともできます。
【注4】　　傷害については、原則として医師から診断書を入手し、これに記載されている病名に従って、その部位・程度を具体的に示します。

⑦　強盗・強制性交等罪・強盗・強制性交等致死罪—刑法241条

　強盗・強制性交等罪は、強盗又は強盗未遂の罪を犯した者が、強制性交等又はその未遂罪をも犯すか（刑241①前段）、逆に、強制性交等又はその未遂罪を犯した者が、強盗又はその未遂罪をも犯した（同後段）場合に成立します。いずれの犯罪の要件をともに充たすことが必要です。例えば、強盗の目的で女性に暴行を振るっている最中に、強制的に性交する意思が生じたという場合には、前段の罪となります。

　平成29年度改正の前には、強盗犯人がその機会に姦淫行為をする強盗強姦罪が本条に規定されていましたが、強盗と強姦の先後で罪名や法定刑が異なることが不合理で

文例編　第2章　刑法の罪に関する文例　　213

あること等から、このような改正がされました。

　本罪は、被害者に大きなダメージを与える2つの罪を同一の機会に行い、また、その羞恥感情を利用して捜査機関への届出を困難にさせ得る悪質性があることから、特に重く処罰するとされたものなので、強盗と強制性交等は「同一の機会」に行われたものである必要があります。

　強盗・強制性交等致死罪（刑241③）は、強盗・強制性交等罪に当たる行為により人を死亡させた場合に成立します。本罪は、死亡結果について故意のない場合と故意のある場合の両方を含みます。

　死亡の原因行為は、強盗又は強制性交等の手段としての暴行・脅迫等には限られず、その機会における行為（又は密接な関連性をもつ行為）であれば足りると考えられ、例えば、強盗・強制性交等を犯した直後に、犯行が発覚しないように被害者を殺した場合も本罪に当たると考えられます。

　刑法243条は、強盗・強制性交等致死罪の未遂を処罰すると明記しており、殺意をもって強盗・強制性交等に当たる行為をしたものの殺害するには至らなかった場合が、これに当たります。

　強盗・強制性交等の罪に当たる行為により人を「負傷」させたときについては規定がありません。この点については、「強盗・強制性交等罪」（刑241①）の刑が重いことから、負傷の結果を量刑上勘案すれば足りると考えられています。

モデル文例64　住居侵入罪・強盗・強制性交等罪（刑130・241）
【窃盗犯が家人に発見され、強盗・強制性交を行った事例】

告　訴　事　実

　被告訴人は、金品を強取しようと企て、令和○年○月○日午後1時30分ころ、A市B町○丁目○番○号の告訴人方に侵入し【注1】、同宅2階寝室のタンスを物色中【注2】、折から帰宅した告訴人の妻甲山春子（当時36歳）に発見されるや、同女と強制的に性交して金品を強取しようと企て【注3】、同女に対し、「騒ぐな」「黙れ」「殺すぞ」などと語気鋭く申し向け、同女の体を持ち上げてベッドに押し倒して馬乗りとなり、手でその肩を押さえつけた上、「騒ぐな」「殺すぞ」などと語気鋭く申し向けるなどの暴行脅迫を加え【注4】、その反抗を抑圧し【注5】、強制的に同女と性交した上【注6】、同女所有の現金2万5,000円を強取した【注7】ものである。

【注1】 住居侵入罪（刑130）が成立します。住居侵入罪と強盗・強制性交等罪は牽連犯です。

【注2】 窃盗の実行行為に着手したことを示しています。

【注3】 この時点で強制性交及び金品強取の犯意が生じたことを示したものです。

【注4】 反抗抑圧の手段としての暴行脅迫行為を具体的に示したものです。

【注5】 暴行脅迫の結果、反抗が抑圧されたことを示したものです。

【注6】 反抗抑圧の上で強制的に性交を行ったことを示したものです。

【注7】 反抗抑圧の上で金員を強取したことを示したものです。

文例編　第2章　刑法の罪に関する文例　　215

第14　詐欺及び恐喝の罪

規定条文：刑法246条（詐欺）、246条の2（電子計算機使用詐欺）、248条（準詐欺）、249条
　　　　　（恐喝）、250条（未遂罪）、251条（準用）
保護法益：財物に対する事実上の支配（占有）
種　　類：非親告罪。ただし、親族間の犯罪の特例（親族相盗）に該当する場合は親告罪
　　　　　（刑251・244）

1　詐欺罪―刑法246条

　詐欺罪は人を欺き、その結果として相手方を錯誤に陥らせた上、①その占有する財
物を交付させること（刑246①）、又は②行為者（又は第三者）に「財産上不法の利益」
を得させること（刑246②）により成立します。
　詐欺罪は、刑法246条1項に規定するものと同条2項に規定するものとに分けられ、後
者を「詐欺利得罪」あるいは「二項詐欺罪」というのに対して、前者を「一項詐欺罪」
と呼ぶことがあります。
(1)　人を欺くこと（欺罔行為）
　　「人を欺く」とは、俗に言えば人を騙すことであり、相手方が財物等の処分行為
　をするかしないかを決する上で重要性のある事実に関し、内容虚偽の言語又は動
　作を用いて人を錯誤に陥らせることをいいます。その方法には制限がなく、積極
　的に事実を虚構したり、事実を歪曲・隠ぺいするなどのほか、相手方が既に錯誤に
　陥っていることを知りながらその状態を継続させたりする場合でも構いません。
(2)　財物を交付させること
　　財物を交付させるとは、錯誤に基づく相手方の処分行為により、財物の占有を取
　得することをいいます。
(3)　財産上不法の利益
　　財産上の利益とは、財物以外の財産上の利益（債務の免除・労務の提供を受けた
　り、債権・抵当権などの権利を取得することなど）をいい、利益の取得方法が不法
　であるという意味で「財産上不法の利益」といいます。
(4)　未遂罪
　　詐欺罪については、未遂についても罰せられます（刑250）。

216　　文例編　第2章　刑法の罪に関する文例

(5)　準用規定

　　刑法251条は、詐欺の罪についても、窃盗の罪などに関して規定されている同法242条（他人の占有等に係る自己の財物）、同法244条（親族間の犯罪に関する特例）、同法245条（電気の財物性）の各規定が準用されることを定めています。窃盗罪における説明（199ページ以下）を参照してください。

(6)　準詐欺罪

　　準詐欺罪（刑248）とは、未成年者で知識や思慮が不足していたり、（未成年者に限らず）物事の判断能力が十分でない者から、それに乗じて、欺罔に準じた行為（誘惑その他の方法）により財物の交付を受けたり、財産上の利得をすることによって成立します。例えば、骨とう品の価値を知らない子供に、「そんな汚い物、おじさんが始末しておいてあげようか。」などといって高価な骨とう茶わんを交付させたりする行為が本罪に当たります。

　モデル文例65　　詐欺罪①（刑246①）

【知人からのいわゆる借用詐欺の事例】

告　訴　事　実

　被告訴人は、知人である告訴人から借用名下に自動車を詐取しようと企て【注1】、令和○年○月○日午後零時30分ころ、A市B町○丁目○番○号の告訴人方において、告訴人に対し【注2】、約束どおり自動車を返還する意思がないのにあるように装って、「嫁さんと子供の調子が悪いので病院に連れて行きたい。1～2時間でいいからちょっと車を貸してほしい。」などと嘘を言い【注3】、告訴人を約束どおり返還してもらえるものと誤信させ【注4】、よって【注5】即時、同所において、告訴人を欺いて【注6】、借用名下に【注7】普通乗用自動車1台（時価40万円相当）【注8】を交付させたものである。

【注1】　詐欺の犯意を明らかに示したものですが、日時・場所以下の欺罔行為の具体的な記載によって詐欺の犯意が示されていますので、これを省略しても構いません。

【注2】　欺かれた者が誰であるかを示したものです。

【注3】　「約束どおり」以下「嘘を言い」までが、欺罔行為を示しています。

【注4】　相手方を錯誤に陥らせたことを示したものです。「告訴人をして……と誤信させ」と少し固い感じで記載すると文意が通じやすく、また文章が引き締まる場合もあ

文例編　第2章　刑法の罪に関する文例　　　217

ります。

【注5】　「よって」に代えて、「その結果」とすることもできます。これは錯誤と財物の交付（処分行為）との間に因果関係があることを明らかにするものです。

【注6】　詐欺罪では、通常詐取された財物は欺かれた者が占有していたと見られ、あえて所有・占有関係を明示しないのが通例です。財物の占有者と所有者が異なり、所有者を明示することに意味があるときは、例えば「告訴人の長女を欺いて、…告訴人所有の普通乗用自動車1台を…」とすることもできます。

【注7】　「借用名下に」とは、真実は借用でないのに、借用名目の下に、つまり借用に名を借りてという意味です（したがって、例えば「借用名下に」の代わりに「借用として」というと誤りになります。）。そのほかに「寸借名下に」「売買名下に」「取引名下に」など、種々の場合が考えられますが、常に「…名下に」と記載する必要はありません。簡潔に「普通乗用自動車1台を交付させたものである」と結んでも構いません。

【注8】　被害財物（被害品）の特定につき、品名、数量を中心に特定し、その時価評価額を記載するのが通例です。

モデル文例66　　詐欺罪②（刑246）

【ホテルに数日間宿泊しながらその間の飲食代金・宿泊料を支払わなかった無銭宿泊の事例】

告　訴　事　実

　被告訴人は、令和○年○月○日午後1時30分ころ、A市B町○丁目○番○号所在の「ホテル○○」こと告訴人方【注1】において、同ホテル支配人甲山一郎に対し、代金支払の意思も能力もないのに、これがあるように装って、「県関係の仕事でちょっと内密の調査のために出張して来たので、1週間くらい泊めてほしい。料金は帰るとき一括して払う。」などと申し向けて宿泊方を申し込み【注2】、同人をして、宿泊滞在後チェックアウトの際には宿泊、飲食代金等の支払いを受けられるものと誤信させ【注3】、よってそのころから同月○日午後零時ころまでの間連日合計8日間にわたって同ホテルに宿泊滞在し、その間宿泊・飲食代金等合計16万8,400円相当の宿泊等の利便及び飲食物等の提供を受け【注4】、もって人を欺いて財物を交付させ、かつ、財産上不法の利益を得たものである【注5】。

【注1】　個人企業の特定につき、【モデル文例54】の【注2】参照。

218 文例編　第2章　刑法の罪に関する文例

【注2】　通常の宿泊客のように代金支払の意思や能力があるように装って宿泊の申込み
をした事実を記載することにより、詐欺の犯意を明らかにしたものです。
　代金支払の意思がないのにあるように装うこと自体、欺罔行為として十分な記載で
すが、その意思があったかどうかは行為者の内心の問題であって立証には困難な面が
あるので、支払能力があったかどうかという比較的客観的に確定しやすい面からの立
証を考慮して、詐欺罪の告訴（告発）事実を構成する際には本事例のような記載をす
るのが通例です。

【注3】　欺罔行為の結果、相手方（本事例では支配人。直接欺かれた者と詐欺の被害者
とは一致しないこともあります。）が、どのような錯誤に陥ったかをできるだけ具体的
かつ簡明に示したものです。

【注4】　錯誤に陥れた結果、被告訴人が交付させた飲食物その他の財物（ホテルから「つ
け」で買った土産代、タバコ代などを含みます。）、及び提供させた宿泊その他のサー
ビス（電話等の通信利用の便益のほか、マッサージ・カラオケ利用の便益、時間外の
接客サービスなどを含みます。）の内容をまとめて示しています。この内容を一覧表
に分かりやすくまとめるなどして更に個別的・具体的に表す記載方法もありますが、
余り細かく煩雑にならないように留意する必要もあります。

【注5】　本事例は、刑法246条の一項詐欺と二項詐欺とが合わさっていて、この全体が一
罪（包括一罪）とみられる事案です。そのため、「もって……したものである。」と締
めくくって、2種類の詐欺罪が一体となった事実を告訴したことを明らかにしたもの
です。

モデル文例67　　詐欺罪③（刑246①）

【他人名義のクレジットカードを不正使用した詐欺の事例】

告　訴　事　実

　被告訴人は、別途入手した【注1】○○株式会社発行の甲山春子名義のクレジッ
トカードを使用して、同会社のクレジット契約加盟店から購入名下に商品を詐取
しようと企て【注2】、令和○年○月○日、A市B町○丁目○番○号株式会社△△
百貨店（告訴人。代表取締役乙川二郎）の時計売場など4か所の売場において、別
紙被害一覧表記載のとおり【注3】、同店店員丙野夏子（当時25歳）ら4名に対し、
代金支払の意思がないのにあるように装い、前記甲山春子に成りすまして【注4】、
前記クレジットカードを提示して商品の購入を申し込み【注5】、前記丙野らをし

文例編　第2章　刑法の罪に関する文例　　　219

て、被告訴人が同クレジットカードの名義人であって正当な使用権限を有し、か
つ後日所定の支払方法で代金の支払いをするものと誤信させ【注6】、よって、そ
の都度【注7】その場で、前記丙野ら4名を欺いて、それぞれ購入名下に告訴人所有
の腕時計など商品合計10点（時価合計37万7,300円相当【注8】）を交付させたもの
である。

（別紙被害一覧表）【注3】

番号	場　　所	欺かれた者 及び交付者	品名	数量	時価相当額
1	時計売場	丙野夏子 （当時25歳）	腕時計	1個	10万円
2	特選売場	丁原秋子 （当時30歳）	紳士セー ター	2着	合計4万7,000円
…	…	…	…	…	…

【注1】　クレジットカードの入手方法は、窃取・詐取など不正な方法による場合が多い
　　　でしょうが、名義人本人の了承の下に入手し、その際の本人との間の取決めの範囲を
　　　超えて不正使用する場合もあります。窃取したものであれば「窃取した」又は「窃取
　　　に係る」などと示します。

【注2】　本事例は、冒頭で犯行の手口、犯意の内容を明確に記載することにより告訴事
　　　実の内容が理解しやすくなる例です。

【注3】　本事例では、同一百貨店の4か所の売場で順次合計10点の商品を詐取したこと
　　　になっていますが、売場、取扱店員、被害品の内訳（品名・数量・時価）を一覧表と
　　　して添付すると分かりやすくなります（詳細は【モデル文例9】参照）。

【注4】　本事例では、代金支払いの意思があるように装った点のほか、名義人本人でな
　　　いのに本人であるように装った点が欺罔行為の要素となっています。しかし、後者の
　　　点につき、わざわざ「前記甲山春子ではないのに同女であるように装って」などと記
　　　載すると、文章としてぎこちないので、単に「前記甲山春子に成りすまして」と簡潔
　　　に表わしたものです。

【注5】　「代金支払の意思が」以下ここまでが欺罔行為の記載です。他人名義のカード
　　　を自分のもののように装って店員に提示する動作自体も欺罔行為の一部となります。

220 文例編　第2章　刑法の罪に関する文例

【注6】　相手方を錯誤に陥らせたことを示したものです。錯誤の内容を抽象的な表現にとどめず、具体的に表しています。

【注7】　詐取行為は、4回に分かれているので、「その都度」詐取したことを示そうとしたものです。

【注8】　被害財物の特定について、【モデル文例65】の【注8】参照。

モデル文例68　詐欺罪④（刑246①）
【いわゆるオレオレ詐欺（振り込め詐欺）の事例】

告　訴　事　実

　被告訴人は、金員を詐取しようと企て【注1】、令和○年○月○日午前11時30分ころ、A市B町○丁目○番○号○○荘の自宅において、携帯電話でC市D町○丁目○番○号所在の告訴人（当時77歳）方に電話をかけ、告訴人に対し、同人の孫を装って、「俺、俺。今、東京にいるんだ。交通事故を起こして、示談金を用意しないと警察に捕まってしまう。100万円必要なので、これから言うところに振り込んでくれ。」などと嘘を言い【注2】、同人をしてその旨誤信させ【注3】、よって、同日午後2時30分ころ、同人をして、C市E町所在の△△銀行C支店において、A市B町○丁目○番○号所在の□□銀行A支店に開設された被告訴人が管理する甲山一郎名義の普通預金口座に現金100万円を振込送金させてその交付を受け【注4】、もって、人を欺いて財物を交付させたものである【注5】。

【注1】　詐欺の犯意を示したものです。

【注2】　欺罔行為を示したものです。本事例では、告訴人の孫でもないのに孫本人であるように装い、交通事故がないのにあったと申し向ける行為が欺罔行為となっています。

【注3】　相手方を錯誤に陥らせたことを示すものです。

【注4】　告訴人による送金が、財物の交付（処分行為）となります。

【注5】　「もって」以下は、詐欺の構成要件に該当することを示したものです。

文例編　第2章　刑法の罪に関する文例　　221

モデル文例69　　詐欺罪⑤（刑246①）

【処分権限のない土地をその権限があるように装って担保に入れ、借入金名下に現金を詐取した事例】

告　訴　事　実

　　被告訴人は、令和○年○月○日ころ、A市B町○丁目○番○号A荘の告訴人方において、告訴人（当時38歳）に対し、被告訴人の母甲山春子所有の同市C町○丁目○番所在の畑（292.55m²）及び△番所在の宅地（231.52m²）【注1】について、同女から何らの処分権限を与えられていないのに、同土地を借入金の担保として提供する権限を同女から与えられているように装って【注2】、「私は甲山春子から不動産の管理を全て任されている。今回、甲山がどうしてもお金が必要になったので、前記各土地を担保に入れるから、500万円貸してほしい。」旨虚偽の事実を申し向け、告訴人をして、真実被告訴人が前記各土地を担保に提供する権限を与えられており、これを担保に提供するものと誤信させ【注3】、よって同月○日ころ、告訴人方において、告訴人を欺いて、借入金名下に現金500万円を交付させたものである。

【注1】　土地など不動産の特定に当たっては、登記事項証明書により所在地番・建物番号、面積などを正確に記載することが望まれます。

【注2】　土地の所有者から何らその処分権限を与えられていないのに、その権限があるように装った場合です。

　　他人の土地を自分が所有者であるように装って欺く場合には、例えば「……土地について、自らが所有者の乙川二郎ではないのに、乙川二郎に成りすました上、『この土地は私のものですが、事情があって売ることになりました。まだまだ値上がりするところで、良い買物ですよ。』などと虚偽の事実を申し向け、」などのように示すことになります。

【注3】　本事例では、誤信の内容を「その旨」とだけ記載したのでは漠然とした感じがしますので、内容を特定するため具体的に示したものです。

222　　文例編　第2章　刑法の罪に関する文例

モデル文例70　　詐欺罪⑥（刑246①・60）
【納品数量や金額の水増しをして、その代金名下に小切手を詐取した事例】

告　訴　事　実

　　被告訴人は、令和〇年〇月〇日から令和〇年〇月〇日までの間、〇〇リース株式会社（告訴人。代表取締役甲山一郎）A支店社員寮の炊事係などを担当し、同社員寮が購入した物品に関する請求書を購入先から受け取り、その内容を確認して同会社A支店に取り次ぐなどの事務に従事していたものであるが【注1】、同社員寮に海苔、茶類を納品していた「乙川園」こと乙川二郎と共謀の上【注2】、乙川が前記社員寮に納品した海苔、茶類の代金の請求に際し、納品した品目・数量・代金を不正に水増し請求して【注3】〇〇リース株式会社から代金名下に金員を詐取しようと企て、令和〇年〇月〇日ころ、A市B町〇丁目〇番〇号所在の同会社A支店において【注4】、被告訴人が同支店経理課長丙野三郎に対し、真実は合計1万7,800円相当の納品があったにすぎないのに、納品の品目・数量・代金を不正に水増しして合計8万3,700円相当の納品があったように記載した内容虚偽の「乙川園」名義の請求書を正当なもののように装って提出し【注5】、前記丙野をして、真実「乙川園」から同額の納品があったものと誤信させ【注6】、よって、同年〇月〇日ころ、同支店において、前記丙野をして前記乙川に対し、代金名下に、〇〇リース株式会社振出し、金額8万3,700円の小切手1通を交付させたものである【注7】。

【注1】　本事例では、犯行態様・犯情を分かりやすくするため、被告訴人の業務内容をこのように具体的に記載しましたが、この記載自体は詐欺罪の成否に関係なく、「被告訴人は、〇〇リース株式会社A支店社員寮の炊事係などを担当していたものであるが」程度の記載でも構いません。

【注2】　物品の納入業者と結託し、共同して犯したもの（刑60）であることを示したものです。共同正犯については、**【モデル文例2】**を参照してください。

【注3】　「……に際し、実際に納品していないものを納品したように装って代金を不正に水増し請求して」のように記載することもできます。

【注4】　犯行が多数回に及ぶときは「……企て、別紙一覧表記載のとおり、令和〇年〇月〇日ころから令和〇年〇月〇日ころまでの間合計〇回にわたり、」のように示すことになります。この場合、交付を受けた回数も多数回になれば、それに対応した記載をすべきことは当然です。

文例編　第2章　刑法の罪に関する文例　　223

別紙の内容としては、次のようなものが考えられます。

番号	欺いた日（ころ）	真実の納品額（円）	請求金額（円）	詐取の日（ころ）	金額・通数（詐取小切手）
1					
2					
…					

【注5】　「真実は」以下ここまでが欺罔行為の記載です。請求書の提出行為自体で明らかなことですが、「……のように装って提出して同額の支払いを請求し」のように示すこともあります。

【注6】　欺罔行為の結果、丙野に錯誤を生じさせたことを示したものです。

【注7】　財物（ここでは小切手1通）の交付を受けたことを示したものです。

モデル文例71　　詐欺罪⑦（刑246①）
【いわゆる取込み詐欺の事例】

告　訴　事　実

　被告訴人は、A市B町○丁目○番○号においてディスカウントショップ「○○産業」を営んでいるものであるが、同店が、経営資金に行き詰まり、倒産必至の状態に陥ったことから、取引名下に商品を詐取しようと企て【注1】、令和○年○月○日ころ、同市C町○丁目○番○号所在の△△電気株式会社（告訴会社）において、同社代表取締役甲山一郎（当時46歳）に対し【注2】、代金を支払う意思も能力もなく、かつ商品入手後はこれを廉価で換金処分する意図であるのに、これらの情を秘して、「この前お宅で仕入れた液晶テレビは大変人気があった。今度また大売出しをするので30台売ってほしい。代金は、毎月20日締めの翌月10日払いで、60日サイトの約束手形で払います。」などと虚偽の事実を申し向け【注3】、前記甲山をしてその旨誤信させ【注4】、よって、同月○日ころ、告訴会社から運搬を依頼された□□運輸株式会社運転手丙野秋子を介し【注5】、告訴会社所有の液晶テレビ30台（時価合計300万円相当）【注6】を前記「○○産業」に納品させ、もって、取引名下にこれらを騙取したものである【注7】。

224 文例編 第2章 刑法の罪に関する文例

【注1】 犯行の動機・原因と犯意を示したものです。本事例のような取込み詐欺は、正規の取引を仮装し、取引の一環であるかのような外観の下に多量の商品を注文し、詐取する手口であるため、正規の取引とは認められないと指摘できる客観的事実をできるだけ具体的に指摘することが望まれます。

　　詐欺に当たるかは、終局的には被告訴人の支払意思の有無という主観的なものに関わるため、本人の供述以外のもので的確な決め手を見つけ出すのは困難ですが、資産・資金状況、銀行取引の状況、大口負債・その支払いの緊急性の有無、買受商品の処分状況（売却・入質など）・その処分価格、入手金の使途など諸々の経営状態を視野に入れて指摘し、立証に努めます。

【注2】 欺罔行為の日時・場所・相手方を示したものです。

【注3】 欺罔行為を具体的に示したものです。実際には、商品注文時の文言はもっと簡単で、それ自体としては詐欺的な文言でない場合もありますが、代金支払の意思も能力もなしに商品の購入名目で注文すること自体が欺罔行為となりますから、注文時の文言自体に詐欺的なものが含まれていなくても差し支えありません。

【注4】 欺罔行為の結果、相手方を錯誤に陥らせたことを示したものです。

【注5】 第三者を介して被告訴人に財物を交付した場合はこのように示します。

【注6】 被害品の額は通常「時価」と表示しますが、新品商品については「価格」で表示することもあります。

【注7】 詐欺の構成要件に該当することを示したものです。「騙取」とは「騙し取る」という意味です。

モデル文例72　詐欺罪⑧（刑246①・60）
【交通事故を装った保険金詐欺の事例】

告　訴　事　実

　被告訴人は、甲山一郎と共謀の上【注1】、故意に自動車を衝突させて損傷を生じさせ、これを過失による物損事故と偽って保険金名下に保険会社から金員を詐取しようと企て【注2】、令和○年○月○日午後9時ころ、前記甲山所有の普通乗用自動車（A300す○○○○号。以下「自車」という。）を運転してA県B市C町○丁目○番地先道路を北進中、先行する乙川二郎運転の普通貨物自動車（A400ふ○○○○号）が左に進路変更するのを認めるや、急遽加速して同車左後部に自車右

文例編　第2章　刑法の罪に関する文例　　225

前部を故意に衝突させて自車を損傷させ【注3】、同日これを所轄のA県B警察署の警察官に過失による物損事故として申告して交通事故証明の交付が受けられるようにするとともに、同月○日、情を知らない【注4】前記乙川をして、同人運転の前記車両について自家用自動車保険契約（対物賠償限度額500万円）を締結している○○損害保険株式会社（告訴人。代表取締役丙野三郎）B支店損害部自動車担当課員に対し、物損事故の保険金を甲山一郎に支払ってほしい旨電話させ【注5】、同月○日、前記甲山が【注6】、同市D町○丁目○番○号所在の自動車修理業丁原四郎方において、前記事故の損害調査に赴いた△△損害調査株式会社調査員戊田五郎に対し、被告訴人が故意に衝突させたことを秘して、前記乙川の一方的過失による事故で自車に235万円の損害が生じた旨虚偽の説明をし、前記戊田をして、前記乙川の過失により同人運転の車両に被告訴人運転の車両が衝突して同車に235万円の損害が生じた旨の虚偽内容の損害調査報告書及び保険金請求書を作成させ、これらを他の必要書類とともに、同月○日ころ、同市E町○丁目○番○号所在の告訴会社B支店において、保険金支払の決定権限を有する同保険会社損害部損害課長己林六郎に提出させて【注7】自家用自動車保険金の支払いを請求し、同人を、真実乙川の過失により被告訴人運転の車両に損害が生じたものと誤信させて欺き【注8】、よって同月○日、同告訴人において、前記己林をして、同会社振出し、額面金額235万円の小切手1通を保険金名下に被告訴人に交付させたものである。

【注1】　2人以上が共同して犯した場合（刑60）は、このように示します。被告訴人と甲山一郎以外に共犯者がいることが分かっているものの、その氏名・人数まで判明しないようなときは、「甲山一郎らと共謀の上」又は「甲山一郎ら数名と共謀の上」などと示します（詳細は【モデル文例2】参照）。

【注2】　犯行の手口・態様を冒頭で明示することによって、以下の長文にわたる内容を理解しやすくしたものです。もっと短く、「故意に自動車を衝突させながら物損事故と偽って……」とか「交通事故を装って」などと示すこともできます。

【注3】　車両を衝突・損傷させるのは、本件詐欺罪の準備的行為にすぎず、その日時・場所・態様を細かく記載するまでの必要はありませんが、故意による"事故"の巧妙さなど犯情を明らかにするため記載した方がよい場合もあります。もっと省略して、「……詐取しようと企て、前記甲山所有の普通乗用自動車（以下「自車」という。）を乙川二郎運転の普通貨物自動車に故意に衝突させて自車を損傷させ」のように示すこともできます。

226 文例編 第2章 刑法の罪に関する文例

【注4】 「情を知らない」の記載により、乙川が詐欺罪の共犯者となっていないことを示しています。

【注5】 「前記乙川をして」から「電話させ」までは、被告訴人らが乙川を無理強いしてその電話をかけさせたということまでを意味するものではありません。被告訴人らの働きかけにより電話した場合のほか、乙川が自発的に電話した場合をも含みます。

【注6】 「前記甲山が」の記載は、そこから後の行為（すなわち、「……生じたものと誤信させ」まで）の主体が甲山であることを示したものです。その反面において、「前記甲山が」の記載の前までの行為の主体は、文頭の「被告訴人は」で示されています。

【注7】 「前記戊田をして」から「提出させ」までについても、【注5】で説明したのと同様、戊田を無理強いして提出させるなどしたことまで意味するものではありません。

【注8】 被告訴人らに欺かれたのは、保険金支払権限を持つ己林課長であり、欺罔行為により同人を錯誤に陥れたことを記載する必要があります。

モデル文例73　詐欺罪⑨（刑246①）

【いわゆる結婚詐欺の事例】

告 訴 事 実

　被告訴人は、かねてから、甲山一郎の偽名を使用し、妻子があるのに独身であると偽って【注1】告訴人（当時40歳）と交際し、令和○年○月下旬ころ、結婚【注2】の意思がないのに告訴人と結婚の約束をして、そのころから告訴人と情交関係を結んでいたものであるが、告訴人が被告訴人と結婚できるものと信じ、信頼しているのに乗じて【注3】、金員を詐取しようと企て、

1【注4】　同年○月○日午後9時ころ、A市B町○丁目○番○号の告訴人方に電話をかけ、告訴人に対し、結婚する意思がなく、かつ金員を事業資金に充てる意思も約束どおり返済する意思もないのに、これらがあるように装って、「来年4月に式を挙げられるよう今仕事を頑張っている。仕事の運転資金が120万円いるが、あと40万円どうしても足りない。式を挙げるまでには返すから、40万円くらい都合してほしい。」などと虚言を申し向け【注5】、告訴人をして、被告訴人と結婚できるとの誤信をますます強くさせるとともに、交付した金員は真実事業資金に充て、約束どおり返済してもらえるものと誤信させて欺き、よって、

文例編　第2章　刑法の罪に関する文例　　227

翌○日、同市Ｃ町○丁目○番○号所在○○銀行Ａ支店前路上において、告訴人から現金40万円の交付を受けてこれを詐取し

2【注4】　同年○月○日ころの午後零時ころ、同市Ｄ町○丁目○番○号喫茶店「△△」において、告訴人に対し、結婚して同居する意思もアパート入居のための権利金に充てる意思もないのに、告訴人と近々結婚の上同居し、そのためアパートの入居契約を締結する意思があるかのように装って、「あなたと一緒に住むアパートを見つけてきた。権利金を今入れないとほかの人に入居されてしまう。明日権利金として36万円持って行くと話してきたから、今晩7時までにその金を用意してほしい。」などと虚言を申し向け【注6】、告訴人をその旨誤信させて欺き、よって、同日夜、前記喫茶店において、告訴人から現金30万円【注7】の交付を受けてこれを詐取し

たものである【注4】。

【注1】　結婚詐欺では、犯人が本当に独身であっても、その他の住居・職業・親族関係など何らかの嘘を交えているのが通例です。その場合には、例えば「定まった住居がなく、かつ定職を有しないのに、○○大学法学部に籍を置く教授であると偽って」などとします。

【注2】　ここでの「結婚」は、「婚姻」すなわち法律上正式の結婚のみならず、事実上の結婚である場合も考えられます。

【注3】　結婚詐欺の場合、被害者は、結婚してもらえるものと信じ、また、そのため相手方を大きく信頼していて、相手方の言うがままになりやすいので、そこに乗じられる余地が生じるといえます。

【注4】　告訴事実が複数あるときは、「1……し」「2……し」と項目を別にして記載し、最後を改行して「たものである。」として結ぶのが通例です（詳細は【モデル文例7】参照）。

【注5】　「結婚する意思がなく」からここまでが1の事実に関する欺罔行為の記載です。本事例のように、交付を受ける金員の使途を偽ったり、約束に従って返済する意思がないときは、それだけでも詐欺罪が成立しますが、被害者は何といっても結婚してもらえるとの錯誤が信用の基礎にあるので、それに関する欺罔内容の記載も欠かせません。

【注6】　「結婚して同居する」からここまでが2の事実に関する欺罔行為の記載です。ここでも、交付を受ける金員の使途を偽った点以上に、結婚・同居の意思を偽った点に欺罔内容の重点が認められます。

228 文例編 第2章 刑法の罪に関する文例

【注7】 　要求額に比し交付額が6万円少なくなっていますが、これにより詐欺罪が未遂になることはもちろんありません。被害者の資力が間に合わなかったり、漠然と不審を抱くとかして交付額が少なくなることは間々あることです。

モデル文例74 　詐欺罪⑩ （刑246①）
【インターネットを利用した詐欺の事例】

　　　　　　　　　　　　告 訴 事 実

　被告訴人は、インターネット利用者を欺いて健康食品の販売名下に金員を交付させようと企て【注1】、健康食品である黒酢を所有しておらず、これを売り渡す意思がないのに、あるように装い【注2】、令和○年○月○日ころ、パソコンを操作してインターネットに接続させて、不特定多数のインターネット利用者が受信できるホームページの「△△ネット」と称する掲示板に、上記黒酢を希望者に売り渡す旨の虚偽の広告を掲示した上【注3】、同月○日ころ、上記広告を閲覧した告訴人が、電子メールで黒酢の購入を申し込んできたことから、そのころ、パソコンを操作し、同人に対し、代金として2万5,000円を被告訴人の指定する預金口座に振込送金すれば、同黒酢を送り届けるかのように装って、「黒酢を購入するなら、○○銀行Ａ支店、名義人「甲山一郎」、口座番号○○○○の普通預金口座に2万5,000円を振り込んだ上で、メールで住所を知らせてください。すぐに宅配便で送ります。」などと虚偽の電子メールを送信し【注4】、これを閲覧した告訴人をしてその旨誤信させ【注5】、よって、令和○年○月○日、告訴人から被告訴人の管理する上記甲山一郎名義の普通預金口座に2万5,000円の振込送金を受け、もって、人を欺いて財物を交付させたものである。

【注1】 　「販売名下」以下は、詐欺の犯意を明らかに示したものです。「名下」の意義については、【モデル文例65】の【注7】を参照してください。
【注2】 　犯行の手口・態様を冒頭で明示するものです。
【注3】 　インターネット上の掲示は、本件詐欺罪の準備的行為となります。
【注4】 　ここまでが欺罔行為になります。
【注5】 　相手方を錯誤に陥らせたことを示したものです。

文例編　第2章　刑法の罪に関する文例　　　229

モデル文例75　詐欺罪⑪（刑246①）

【未公開株を利用した詐欺の事例】

告　訴　事　実

　被告訴人は、株式購入代金等名下に告訴人から金員を詐取しようと企て【注1】、令和○年○月上旬ころから同月○日ころまでの間、数回にわたり告訴人に電話するなどして【注2】、告訴人に対し、真実は発行会社である株式会社○○が近い将来に上場する予定がなく、同社の株式が何ら値上がりを見込めないにもかかわらず、その情を秘し、同社が近い将来に上場する予定があり、同社の株式が購入額の3倍以上の値上がりが確実であるかのように装い、「株式会社○○の株式の譲渡価格は1株50万円です。令和○年秋に上場予定であり、公募価格が60万円から70万円となる予定であり、上場初値が150万円以上の見込みです。」などと嘘を言い【注3】、告訴人をしてその旨誤信させ【注4】、よって、告訴人をして、同年○月○日、A市B町○丁目○番○号所在の株式会社△△銀行A支店の告訴人名義の預金口座から東京都A区B町○丁目○番○号所在の株式会社□□銀行B支店の被告訴人名義の預金口座に、前記○○株購入代金として50万円の振込送金をさせ、もって、人を欺いて財物を交付させたものである。

【注1】　「株式購入代金等名下」以下は、詐欺の犯意を明らかにした記載です。「名下」の意義については、【モデル文例65】の【注7】を参照してください。

【注2】　欺罔行為の回数が明確でない場合は、このように包括的な記載でも足ります。

【注3】　ここまでが欺罔行為になります。

【注4】　相手方を錯誤に陥らせたことを示すものです。

モデル文例76　詐欺未遂罪（刑250・246①）

【買受名下に土地を詐取しようとして未遂に終わった事例】

告　訴　事　実

　被告訴人は、告訴人（当時35歳）がその所有するA市B町○丁目○番所在の宅地165m²を売却したいと考えていることを知り、買受名下に同宅地を詐取しようと企て【注1】、令和○年○月○日ころ、同市C町○丁目○番○号「ホテル○○」の

ロビーに告訴人を呼び出し、同所において、告訴人に対し、株式会社△△代表取締役の肩書きのある名刺を手交した上、前記宅地の代金を支払う意思がなく、かつ前記会社は実体のない会社であるのに、その情を秘し、「当社は、建築業をしている関係で、お客さん用にいつも建築用地をいくつか確保していますが、あなたが所有している土地の周辺が手頃なので、今買いまとめをしているところです。代金は2,000万円で、移転登記と同時に現金で全額払うので、あなたの宅地を是非売ってください。」などと嘘を言い【注2】、告訴人をしてその旨誤信させて同宅地を詐取しようとしたが、同月○日、売買契約を締結するに当たり、告訴人が依頼した立会人に前記株式会社△△が実体のない会社であることなどを看破されて契約締結に至らなかったため【注3】、その目的を遂げなかったものである【注4】。

【注1】　不動産に対しても一項詐欺罪が成立し得ます。不動産の詐取罪は、その占有が現実に犯人又は第三者に移転したとき（未登記不動産の場合）、又はその所有権取得の登記が完了したときに既遂に達すると解されます。

【注2】　既に欺罔行為に着手した以上、詐欺罪の実行に着手した（刑43本文）といえます。その結果として、相手方が錯誤に陥らなかったり、錯誤に陥っても財産上の処分行為をしなかった場合は、未遂罪となります。

【注3】　犯行が未遂に終わった理由を明らかにしたものであり、具体的な中にも簡潔に記載する心掛けが必要です。

【注4】　未遂罪における結びの常用文句です。未遂罪については、【モデル文例6】を参照してください。

---

② 電子計算機使用詐欺罪－刑法246条の2

　電子計算機使用詐欺罪は、コンピュータシステムを悪用した詐欺といえるものです。例えば、銀行のオンラインシステムにおいて、窓口端末機などから虚偽の入金データを入力して事務センターのコンピュータに接続された預金元帳ファイルの残高を勝手に増額させる行為のように、電子計算機がいわば人に代わって自動的に財産権の取得・喪失・変更の事務を処理している場面において、このシステムを悪用して財産上不法の利益を得る行為を処罰の対象としているものです。

(1)　本来の詐欺罪との関係

　　電子計算機使用詐欺罪は、刑法246条の2の条文の冒頭に「前条に規定するものの

文例編　第2章　刑法の罪に関する文例　　231

ほか」と定められていることから明らかなように、刑法246条で規定する本来の詐
欺罪を補充する規定です。したがって、外見上刑法246条の2に当たる行為であっ
ても、事務処理の過程に人が介在し、錯誤に基づいた財産的処分行為を通じ、同人
を被害者とする詐欺罪の成立が認められる場合（例えば、銀行員が事情を知らない
部下を欺いて虚偽の情報をコンピュータに入力させるなどの操作をさせて財産上
の利得をした場合）には、本条は適用されず、刑法246条で規定する本来の詐欺罪
で処罰されます。

(2)　人の事務処理に使用する電子計算機

　　刑法246条の2に規定される「人の事務処理に使用する電子計算機」とは、他人が
その事務を処理するために使用する電子計算機（コンピュータ、情報の保存・検索
等の情報処理機能を備えたワープロを含みます。）をいいます。「人」には、自然人
ばかりでなく、法人その他の団体を含みます。

(3)　電子計算機使用詐欺罪の態様

　　電子計算機使用詐欺罪は、①他人の電子計算機に虚偽の情報又は不正の指令を
与えて、そのシステム内にある財産権の得喪・変更に係る電磁的記録（刑7の2）を不
実のものに改変するタイプと、②犯人の手中にある真実に反した財産権の得喪・変
更に係る電磁的記録を他人のシステム内で使用するタイプとに大別され、このい
ずれかの手段を用いて、行為者（又は第三者）に財産上不法の利益を得させること
により成立します。

　　前記①のタイプに属するものとしては、例えば、電話回線に接続したパソコンを
操作して、預金・為替等の業務のオンライン事務処理に使用されている銀行のコン
ピュータに虚偽の振替操作情報を与え、同行の他人の預金口座から行為者の預金
口座に入金処理を行わせる記録を作出する場合などがあります。②のタイプに属
するものとしては、例えば、残度数の記録を本来のものより多数の度数に改変した
プリペイドカードやICカードを公衆電話機その他の適合機器の差込口に入れる等
して使用する場合などがあります。

(4)　本罪における「財産上不法の利益」

　　ここでいう「財産上不法の利益」を得るとは、不実又は虚偽の電磁的記録に基づ
いて、例えば、一定の預金債権があるものとしてその引出し・振替を行うことがで
きる地位を得ること、不正に作ったプリペイドカードを利用して一定のサービス
を受けることなどをいいます（事実上財産を自由に処分することができる利益を
得たり、債権者の追及を事実上不可能に近い状態にして債務を免れることを含み
ます。）。

232　　文例編　第2章　刑法の罪に関する文例

(5)　電子計算機を使用して金品を取得する行為

　　　他人のキャッシュカードを不正に使用してATM機から現金を引き出した場合
　や、不正に作ったICカードを自動券売機で使用して切符を取得した場合などは、
　財産上の利益を得てはおらず、財物を取得する行為として窃盗罪となります。

モデル文例77　電子計算機使用詐欺罪（刑246の2・60）

【銀行のオンラインシステムのコンピュータに、外部からパソコンを利用して電話回
線を通じアクセスして虚偽情報を与え、預金残高を増加させた事例】

告　訴　事　実

　　被告訴人は、A市B町○丁目○番○号で「甲開発センター」の名称を使用して
ゴルフ場開発等の業務を営む者であるが【注1】、同センターの資金繰りに窮した
末【注2】、株式会社乙銀行（告訴会社）行員として同銀行事務センターに勤務する
丙野春子と共謀の上【注3】、同行が行っている乙パソコンサービスの都度指定方
式による振込みサービス（エレクトロニックバンキング＝電子決済システムの一
つ）を悪用して、財産上不法の利益を得ようと企て【注4】、令和○年○月○日午後
5時30分ころ、前記甲開発センター事務所において【注5】、電話回線に接続したパー
ソナルコンピュータを操作し、丁データ通信が提供する銀行アンサーシステム
を介して【注6】、C市D町○丁目○番○号所在の乙銀行事務センターに設置され、
同行の預金、為替等の業務のオンライン事務処理に使用されている電子計算機に
対し【注7】、実際には振込み事実がないのに、株式会社戊が乙銀行C支店に開設
している普通預金口座から、前記甲開発センターが己信用金庫本店に開設してい
る普通預金口座（当時の預金残高1,357万9,001円）に1億5,000万円の振込み送金
があったとする虚偽の情報を与え【注8】、翌日午前9時ころ、同電子計算機に順次
接続されている社団法人庚銀行協会全国銀行通信システムの電子計算機及び株式
会社辛情報システムが運営する全国信用金庫データ通信システムの電子計算機を
介して、東京都E区所在の丁データ通信内の信金合同事務センター事業組合が運
営する信用金庫オンラインシステムの電子計算機に接続されている記憶装置の磁
気ディスクに記録された前記甲開発センター名義の普通預金口座の預金残高が前
記残高に1億5,000万円を加算した1億6,357万9,001円であるとする財産権の得喪、
変更に係る不実の電磁的記録を作り【注9】、もって1億5,000万円相当の財産上不
法の利益【注10】を得たものである。

文例編　第2章　刑法の罪に関する文例　　233

【注1】　被告訴人と「甲開発センター」とが一体の存在であることによって、財産上不法の利益を得た者が被告訴人にほかならないことが明らかになり、また、被告訴人が営む事業内容（これによって、次の犯行動機との結びつきが理解しやすくなります。）を簡潔に示したものです。

【注2】　犯行の動機を記載することにより、捜査側としても、本件の背景事情が把握しやすくなります。

【注3】　本事例のような犯行をコンピュータシステムを運用する金融機関外部の人間だけで行うのは考え難く、その共犯者が特定できるときはこれを明らかにすることにより、捜査機関の捜査意欲を高めることが可能となります（この共犯者が捜査の協力者となるかどうかが捜査の展開上ポイントとなるので、告訴に当たって、同人を被告訴人から外す便法を考える余地もあるわけです。）。

【注4】　犯行の手段・方法と併せて、犯意を明らかにしたものです。

【注5】　犯行に着手した日時・場所を明らかにしたものです。

【注6】　犯行の具体的方法を示したものです。

【注7】　本罪が成立するには、他人の事務処理に使用する電子計算機であることが必要ですので、この程度に設置場所を含めて電子計算機を特定します。電子計算機をコンピュータと表示することもできます。

【注8】　電子計算機に与えた虚偽情報の内容を特定して具体的に明らかにする記載です。「虚偽の情報」とは、個々の事務処理システムが予定している事務処理の目的に照らして、内容が真実に反する情報のことをいい、これを「与える」とは、その情報をコンピュータに入力することをいいます。

【注9】　「電磁的記録」の意義は、刑法7条の2によります。

【注10】　本罪は、財産上不法の利益を得た（又は得させた）段階で既遂となるわけですが、これは行為者（又は第三者）が事実上財産を自由に処分できる状態に達した段階をいうと解されます。本事例では、行為者（又は第三者）の口座の預金残高の電磁的記録が変更された段階で既遂に達したとみられます。

---

③　恐喝罪－刑法249条

　恐喝罪は、人を「恐喝」し、その結果として、相手方を畏怖（怖がらせ）させて、①その占有する財物を交付させること（刑249①）、又は②行為者（又は第三者）に「財産上不法の利益」を得させること（刑249②）により成立します。

恐喝罪は、刑法249条1項に規定する「一項恐喝罪」と、同条2項に規定する「二項恐喝罪」（「恐喝利得罪」ともいいます。）とに分けられます。

(1)　恐喝とは

　　恐喝罪の手段としての「恐喝」とは、人を畏怖させるに足りる害悪を相手方に告げることをいいます。言語により害悪を告げること（脅迫行為）が通常ですが、暴行行為も、もし財物の交付をしなければ更に暴行を加える内容が示されれば、害悪の告知と見られます。暴行・脅迫が相手方の抵抗を抑圧するに足りる程度に達すれば強盗罪となることとの関連で、恐喝行為のそれは相手方の抵抗を抑圧する程度に至らないものであることを要します。

(2)　畏怖とは

　　恐喝罪が成立するには、「恐喝」の結果として、相手方が畏怖すること、すなわち恐怖心を生ずることが必要です。相手方が畏怖しなかった場合は、恐喝未遂罪にとどまります。既遂と言えるためには、更にその畏怖の結果として、相手方に財産上の処分行為をさせ、これによって財物又は財産上の利益を自ら得又は第三者に得させることが必要です。

(3)　詐欺罪と恐喝罪の構造の類似性

　　以上の説明で分かるように、恐喝罪は、詐欺罪と似た構造を持っています。すなわち、恐喝罪は①恐喝行為（手段）→②相手方の畏怖→③財産上の処分行為という流れに、詐欺罪は①欺罔行為（手段）→②相手方の錯誤→③財産上の処分行為という流れに沿って、それぞれ、欠陥を伴いながらも任意な相手方の意思に基づき財物の交付を受け、又は財産上の利得をするという仕組みになっているのです。そして、それぞれの罪における前記①と②、②と③の間は、互いに原因・結果の関係（因果関係）で結び付いています。このような類似性から、現行刑法も詐欺罪と恐喝罪を同一の章で扱っています。

(4)　財産上の利益

　　恐喝罪における「財産上の利益」も、詐欺罪におけるそれと同じ概念です。

(5)　未遂罪

　　恐喝罪も、未遂の場合は処罰されます（刑250）。

(6)　準用規定

　　刑法251条は、恐喝の罪についても、窃盗の罪などに関して規定されている同法242条（他人の占有等に係る自己の財物）、同法244条（親族間の犯罪に関する特例）、同法245条（電気の財物性）の各規定が準用されることを定めています。

文例編　第2章　刑法の罪に関する文例　　235

モデル文例78　　恐喝罪①（刑249①）
【他人の異性関係を種に恐喝した事例】

告　訴　事　実

　　被告訴人は、株式会社○○の営業部長である告訴人（当時53歳）が同会社の社員甲山春子と情交関係を持ったことを種に告訴人から金員を喝取しようと企て【注1】、令和○年○月○日午後9時ころ、同人の携帯電話に電話をかけ、同人に対し、「部長、甲山春子とホテルに行きましたね。上司が未婚の社員とそんなことをしていいのでしょうか。春子は婚約者がいるが、何なら、これから、奥さんや娘さん、会社の社長にこのことをぶちまけましょうか。問題を穏便にしてもらいたいのなら金で解決するに限る。100万円で勘弁してほしいと言うなら目をつむりますがね。」などと申し向けて金員を要求し【注2】、これに応じなければその名誉・身上などにどのような不利益が及ぶか計りしれないと告訴人を畏怖させ【注3】、よって、同人から、同月○日午後8時ころA市B町○丁目○番○号告訴人方において、現金100万円を交付させて喝取したものである。

【注1】　事実の冒頭部で犯意を明らかにすることにつき、【モデル文例65】の【注1】参照。

【注2】　「部長、甲山春子と……」からここまでが恐喝（行為）を示すものです。

【注3】　ここは、「……にどのような危害が加えられるかしれないと」のように記載することもできます。危害が加えられる事項については、具体的恐喝内容に応じ、「生命・身体・自由・財産・名誉・身上・会社業務」などいろいろ書き分けます。ただ、恐喝内容が漠然としているときなど、その事項の限定が困難なことがあります。このようなときは、本事例のように、はっきりした事項を記載した後に「など」と付加するとか、初めから「……応じなければどのような危害が加えられるかもしれないと」のように示します。

236　　文例編　第2章　刑法の罪に関する文例

モデル文例79　恐喝罪②（刑249①）

【新聞紙上などに暴露記事を掲載するなどして会社の信用を失墜させるような言動を示して恐喝した事例】

告　訴　事　実

　被告訴人は、経営アナリストと称して各種の経済新聞などに経済情報を提供するなどしている者であるが、令和○年○月○日午後3時ころ、A市B町○丁目○番○号○○工業株式会社において、同会社総務部長である告訴人（当時48歳）に対し、「私の懇意にしている△△経済新聞で鉄工関係の特集広告を企画しているので、あなたの会社の広告も載せてやってほしい。」と申し向け、告訴人から断られるや【注1】、「それならそれで結構だ。しかし、あんたらの会社が陰でどんな汚いことをやっているか、こちらはちゃんと情報を掴んでいる。どこの会社も叩けば痛いところを持っている。投書も来ている。裏話を新聞に書かれて会社がつぶれてもいいということはないだろう。持ちつ持たれつというだろう。」などと申し向け、暗に金員の交付を要求し【注2】、この要求に応じなければ前記新聞紙上などに、前記会社について暴露記事を掲載するなどの方法によりその信用が失墜させられるかもしれないと告訴人を畏怖させ【注3】、よって、その場において【注4】、現金10万円を広告掲載料名目【注5】で告訴人から交付させて喝取したものである。

【注1】　本事例において、告訴人から断られる時点以前から恐喝罪の犯意があったことを立証するのは一般に困難であり、冒頭部に犯意を示してありません。また、拒否された後に告訴人に申し向けた言葉が、それ自体として同罪の犯意を明らかにしていると解されますので、そこにもあえて犯意を示す文句を入れてありません。しかし、「断られるや、」のすぐ次に「新聞紙上などに暴露記事を掲載するような態度を示して金員を喝取しようと企て、」とか「広告掲載料名目で金員を喝取しようと企て、」の文句を付け加え、犯意を明らかにすることもできます。

【注2】　「それならそれで」からここまでが恐喝（行為）を示しています。

【注3】　被害者が陥った畏怖の具体的内容を示したものです。

【注4】　「即時、同所において」ということもできます。

【注5】　「広告掲載料名下に」というのと同じです。

文例編　第2章　刑法の罪に関する文例　　237

モデル文例80　　恐喝罪③（刑249①）
【債権取立てに名を借りて恐喝した事例】

告　訴　事　実

　被告訴人は、「甲山建築」を営む甲山一郎から同人の有限会社乙川商店（代表取締役乙川二郎）に対する債権の取立てを依頼され、乙川二郎（告訴人。当時42歳）と返済予定などにつき数回の折衝をしていたものであるが【注1】、令和○年○月○日午後10時ころ、A市B町○丁目○番○号C荘102号室の告訴人方において、告訴人から残債務の返済計画を提示された際、債権取立名下に告訴人から金員を喝取しようと企て【注2】、告訴人に対し、「この間言っとったことと全然違うじゃないか。ちゃんと筋を通して話に乗ってやっていたのに、お前がいいかげんな態度をとるんだったら、こっちも考えを改める。残金全額とこれまでの手間賃30万円を合わせ、250万円を明日中に持ってこい。サラ金でもどこからでも借りてこい。それができなければ、こっちで女房をソープランドに連れて行って働かせて稼いで返してもらう。甘く見ていると後悔するぞ。一声かければやくざだって動かせるんだから、お前でも店でも自由にできる。権利があるから警察だって動けない。」などと語気荒く申し向けて金員を要求し【注3】、この要求に応じなければ告訴人及び告訴人の妻の身体・自由あるいは告訴人が経営する前記会社の業務などにどのような危害が加えられるかも知れないと告訴人を畏怖させ【注4】、よって翌日午後3時30分ころ、同市C町○丁目○番○号喫茶店「□□」において、告訴人から前記要求金額の一部内入金名下に現金50万円を交付させて喝取したものである。

【注1】　債権の回収を権利者から依頼されて、債務者とその返済につき交渉すること自体は適法な行為とみられます。ただし、報酬を得る目的の場合は、弁護士法77条3号及び72条違反となります（438ページ参照）。

【注2】　たとえ債権回収という権利行使の形態をとる場合でも、その権利の範囲を超え、社会通念上一般に債務者が認容すべきものと認められる程度を逸脱して権利の実行をすることは違法となり、恐喝罪が成立しますが、本事例も脅迫の方法、内容などに照らし、これに当てはまる事案です。元々権利がないのに権利があるように仮装した場合や、権利があっても、真にその権利を行使する意思がなく、単に権利行使に名を借

238 文例編　第2章　刑法の罪に関する文例

りたにすぎない場合に恐喝罪が成立することは明らかです。

【注3】　「この間」からここまでが恐喝（行為）を示すものです。ちなみに「権利があるから警察だって動けない。」という考えが間違いであることは、【注2】で指摘したとおりです。

【注4】　被害者が陥った畏怖の具体的内容を示したものです。

モデル文例81　恐喝未遂罪（刑249①・250）

【他人の犯罪事実に因縁を付けて恐喝しようとしたが、未遂に終わった事例】

告　訴　事　実

　被告訴人は、自分と情交関係のある甲山春子から、同女所有の現金2万円を告訴人（当時21歳）が窃取したことを聞き知るや、このことに因縁を付けて告訴人から金員を喝取しようと企て【注1】、令和○年○月○日午前零時30分ころ、A市B町○丁目○番○号の前記甲山が経営する飲食店「甲山」において、告訴人に対し、「このままじゃすまんぞ。おとし前をどうつける。警察に言えば3年くらいは臭い飯を食わんならんぞ。若い衆を10人くらい使っているから、お前をさらってヤキを入れることだってできる。毎月10万円ずつ5回出せ。」などと語気強く申し向けて金員を要求し【注2】、この要求に応じなければその身体などにどのような危害が加えられるかもしれないと告訴人を畏怖させて金員を喝取しようとしたが告訴人がこれに応じなかったため【注3】、その目的を遂げなかったものである【注4】。

【注1】　真実窃盗の被害に遭った者から依頼されて加害者と損害賠償などにつき交渉するのであれば、権利行使の範囲内のことですが、本事例のようにその権利を行使する意思がなく、単に権利の実行に名を借りたにすぎない場合には恐喝罪が成立します（詳細は【モデル文例80】の【注2】参照）。

【注2】　「このままじゃすまんぞ」から「金員を要求し」までが恐喝（行為）の記載です。この恐喝行為まで実行した以上、財物・財産上の利益を得るまでに至らなかった場合はもちろん、相手方が畏怖するに至らなかった場合でも、恐喝未遂罪は成立します。本事例は、相手方が畏怖するに至ったものの、最終的に財物の交付まではしなかった場合です。

【注3】　犯行が未遂に終わった理由を明らかにしたものです。

【注4】　未遂罪における結びの常用文句です。

文例編　第2章　刑法の罪に関する文例　　239

第15　横領・背任の罪

規定条文：刑法252条（横領）、253条（業務上横領）、254条（遺失物等横領）、255条（準用
　　　　　規定）、247条（背任）、250条（背任未遂罪）
保護法益：他人の財産
種　　類：非親告罪。ただし、親族間に関する特例が準用される場合には例外的に親告罪。

1　横領罪－刑法252条

　横領罪は、既に自己が占有している他人の財物を横領することにより成立します。
後述する業務上横領罪と比較して、単純横領罪ということがあります。

(1)　横領とは

　　横領とは、自己の占有する他人の物を不法に領得することをいい、自己の占有す
　る他人の財物を不法に領得する意思（不法領得の意思）を発現する一切の行為がこ
　れに当たります。しかし、単に内心にこの意思を抱いただけでは足りず、この意思
　が外部に発現されたときに犯罪が成立します。そして、不法領得意思の発現行為
　に着手すれば、その意思が客観的に認められ、直ちに既遂となるので、未遂罪はあ
　りません。

(2)　横領行為の態様

　　横領行為は、物に対する法律的処分である場合（売却・贈与・交換・入質その他
　の担保提供・貸与・預金、その引出しなど）に限らず、事実的処分行為の場合（費
　消・着服・拐帯・抑留・返還拒絶・隠匿など）であっても構いません。

(3)　横領罪における占有

　　横領罪における占有は、基本的には財物に対する事実的支配を意味する点では
　窃盗罪などの場合と同様ですが、更に広く法律的支配を含むものと解されていま
　す（例えば、登記記録上の土地の所有名義人は、その土地を事実的に支配していな
　くても、法的に支配しているものとして占有していることになります。）。

(4)　横領罪の対象となる財物

　　動産であるか不動産であるかを問いません。刑法245条を準用する規定はありま
　せんが、電気その他の管理可能なエネルギーも対象となります。自己の物であっ
　ても、公務所から保管を命じられたものは横領罪の対象となります（刑252②）。

240　　文例編　第2章　刑法の罪に関する文例

モデル文例82　　横領罪①（刑252①）
【割賦購入した高級腕時計を代金完済前に売却処分した事例】

　　　　　　　　　　　告　訴　事　実

　被告訴人は、令和○年○月○日、株式会社○○信販（告訴会社、代表取締役甲
山一郎）から、初回代金2万3,000円で、残代金は毎月2万円ずつ20か月割賦払いと
し、代金を完済したとき告訴会社から被告訴人に所有権を移転する契約で、同会
社所有の高級腕時計1個（価格42万3,000円相当）を購入してその交付を受け【注1】、
これを告訴会社のために預かり保管中【注2】、いまだ代金完済に至らない【注3】
令和○年○月○日ころ、東京都A区B町○丁目○番○号乙川時計店こと乙川二郎
方において、乙川二郎に対し、前記高級腕時計を勝手に【注4】10万円で売却し【注
5】、もって【注6】横領したものである。

【注1】　　所有権留保付きの割賦売買契約により、告訴人と被告訴人間に売買物件につき
　　　委託関係が生じたことを示したものです。
　　　　　この部分の記載をより簡略化して、「……を介し、月賦代金完済に至るまで告訴会社
　　　にその所有権が留保される約束の割賦購入契約に基づいて高級腕時計1個（価格42万
　　　3,000円相当）を買い受け」のように書くこともできます。

【注2】　　被告訴人が他人の財物（本事例では高級腕時計）を占有していることを示した
　　　ものです。前後の文脈から判断がつくので、「これを」の文言はあえて記載せず、省略
　　　することもできます。この部分を「告訴会社のため保管中」と短縮しても構いません。

【注3】　　契約の条件上、代金を完済したとき所有権が被告訴人に移ることになっている
　　　ので、その条件が実現されておらず、したがって、対象物件がなお他人の所有物であ
　　　ることを示したものです。

【注4】　　不法領得意思の実現行為として処分行為を行ったことを明らかにするため、「勝
　　　手に」の記載をしたものです。ほかに同じ意味を示すものとして、「無断で」「ほしい
　　　ままに」「何ら権限がないのに」などが使われます。

【注5】　　不法領得の意思を売却行為によって実現したことを示したものです。

【注6】　　「10万円で売却して横領したものである」と簡略化して示すこともできます。

文例編　第2章　刑法の罪に関する文例　　　241

モデル文例83　　横領罪②（刑252①）

【売却依頼を受けた貴金属を、金融業者からの借入れの担保に供した事例】

告　訴　事　実

　　被告訴人は、令和○年○月○日ころ、宝石貴金属商である告訴人から、告訴人
所有のダイヤモンド指輪3個を2,000万円以上の売値で売却するよう依頼され【注
1】、これを告訴人のために預かり保管中【注2】、同月○日ころ、東京都A区B町○
丁目○番金融業甲山一郎方において、同人との間で金1,000万円の消費貸借契約
を締結するに当たり【注3】、同人に対し、ほしいままに【注4】上記指輪3個を、そ
の担保として提供し【注5】、もって横領したものである。

【注1】　　販売の仲介契約により、委託関係が生じたことを示したものです。

【注2】　　【モデル文例82】の【注2】参照。

【注3】　　この部分は、「……において、同人から金1,000万円を借り受けるに当たり、」と
　　　　　することもできます。

【注4】　　「ほしいままに」の記載につき、【モデル文例82】の【注4】参照。

【注5】　　不法領得の意思を担保提供行為によって実現したことを示したものです。

モデル文例84　　横領罪③（刑252①）

【所有地を売却後、買主に移転登記をしないうちに、借入金の貸主のために同土地に
根抵当権設定登記をした事例】

告　訴　事　実

　　被告訴人は、令和○年○月○日ころ、自己所有の東京都A区B町○丁目○番○
号の宅地200m²を代金完済と引換えに所有権移転登記をする約束の下に、代金
8,000万円で告訴人に売却し、令和○年○月○日上記代金全額を受領したが、たま
たま所有権移転登記未了のまま推移し、いまだ上記宅地が被告訴人名義に登記さ
れたままでこれを告訴人のため保管中であったことから【注1】、令和○年○月○
日、同区C町○丁目○番金融業甲山一郎方において、同人から5,000万円の融資を
受けるに当たり、ほしいままに、その担保として上記宅地を提供する契約をし、
同日、同区D町○丁目○番東京法務局E出張所において、同人のため極度額を1億

円とする根抵当権設定登記を了し【注2】、もって上記宅地を横領したものである【注3】。

【注1】　宅地の所有名義が登記上被告訴人に残っていることにより、被告訴人が宅地を占有しているものと解されます。しかし、権利の実質関係としては、売買契約に基づいて宅地は告訴人に属しているので、結局、横領罪における「自己の占有する他人の財物」の要件が備わっていることになります。

　　　　「保管中であったことから」の部分を「保管中であったのを奇貨として」や「保管中であったことをよいことに」などと記載することもできます。

【注2】　根抵当権設定登記を完了したことによって横領が既遂になると解されます。

【注3】　不動産の横領は、いわゆる二重売買の形態で行われることもあります。このときは、例えば、

　　　　「被告訴人は、令和○年○月○日ころ、自己所有の……の宅地200m²を告訴人に売却したものであるが、その所有権移転登記が未了であった令和○年○月○日、ほしいままに、これを……において、○○に対して代金1,000万円で売り渡し、即日、……法務局において、同人に対し所有権移転登記を完了し、もって前記宅地を横領したものである。」

　　　　などと記載します。

---

② 業務上横領罪－刑法253条

　業務上横領罪は、財物を占有する根拠が業務上のものである点（また、そのゆえに法定刑が加重されている点）が異なるだけで、そのほかは全く（単純）横領罪と異なるところはありません。

　「業務」は、基本的には、業務上過失致死傷罪における業務の概念と異なるものではありませんが、人の生命・身体に対する危険を伴うものとの限定がない点が異なります（151ページ参照）。

文例編　第2章　刑法の罪に関する文例　　243

 モデル文例85 　　業務上横領罪①（刑253）
【集金業務の担当者が集金した現金・小切手を横領した事例】

告　訴　事　実【注1】

　　被告訴人は、令和○年○月○日から令和○年○月○日まで【注2】東京都A区B町○丁目○番○号所在の株式会社甲山商会（告訴会社、代表取締役甲山一郎）に事務員として勤務し、外交及び集金などの業務に従事していたもの【注3】であるが、

第1　　令和○年○月○日、得意先の乙川二郎から告訴会社の売掛代金200万円を集金し、告訴会社のため業務上保管中【注4】、そのころ、告訴会社の事務所内において、ほしいままに【注5】、自己の用途に充てるため、そのうち100万円を告訴会社に納入せず着服して【注6】横領し

第2　　令和○年○月○日、得意先の株式会社丙野工務店から、告訴会社の売掛代金として、上記株式会社丙野工務店振出し、金額270万円の小切手1通を集金し、前同様に業務上保管中【注4】、同日、東京都C区D町○丁目○番○号○○銀行D支店において、ほしいままに【注5】、これを同支店における被告訴人名義の普通預金口座に入金して【注6】横領し

第3　　令和○年○月○日、得意先の東京都C区E町○番○号株式会社丁原商事から告訴会社の売掛代金55万7,000円を集金し、前同様に業務上保管中【注4】、同日、ほしいままに【注5】、これを自己の用途に充てるため、被告訴人名義の普通預金口座に入金して【注6】横領し

たものである。

【注1】　　業務上横領罪は、財物の占有が業務上のものである点で（単純）横領罪と区別されますが、その他は基本的に全く同じですので、文例としても、業務上の占有である点の記載を付加するだけで、その他は（単純）横領罪の文例をそのまま生かして使うことができます。したがって、業務上横領罪の各種の態様については、本事例のほか、前出の横領罪の各文例を参考にしてください。

【注2】　　業務に従事していた期間を明らかにしたものですが、判明する限りで記載すれば足ります。また、この記載は省略しても差し支えありません。

【注3】　　他人の財物を占有する基盤となる業務の種類・内容を示したものです。これは欠かすことはできず、できるだけ具体的かつ簡潔に表します。

244 文例編 第2章 刑法の罪に関する文例

【注4】 「得意先の」から「集金し」までは、業務に基づく集金であること、したがって、集金した物の占有が業務上のものであることを示したものです。

そして、この占有が業務上のものであることを改めて明確化するため、「……のため業務上保管中」と記載したものであり、この部分は「……のため業務上預かり保管中」と表しても同じです。

「前同様に」（又は「前同様」）は、実務上よく使う常用句で、前出の同一内容の記載を繰り返すのを避けるために用いたものです。本事例では「告訴会社のため」の文言を代替しています。

【注5】 「ほしいままに」につき、【モデル文例82】の【注4】参照。

【注6】 それぞれ着服・貯（預）金持ち逃げ（拐帯）の行為によって、不法領得の意思が実現したことを示しています。同じ集金横領といっても、横領行為の態様としては、各種の態様が組み合わさって行われることがあります。

モデル文例86 業務上横領罪②（刑253）
【経理担当者がコンピュータを操作して会社の資金を横領した事例】

告　訴　事　実

被告訴人は、令和○年○月○日から令和○年○月○日まで東京都A区B町○丁目○番○号所在の甲山株式会社（告訴会社、代表取締役甲山一郎）の経理課主任として同社の金銭出納及び経理処理等の事務を担当していたものであり【注1】、告訴会社が金融機関に開設した同社の預金口座の預金を同社のため業務上預かり保管中【注2】、別紙被害一覧記載のとおり【注3】、令和○年○月○日ころから令和○年○月○日ころまでの間【注4】、前後30回にわたり【注5】、同社のコンピュータシステムに虚偽の経費支出を入力し、次いでインターネットを利用することにより前記預金から合計1,800万円を被告訴人名義の預金口座に入金した上、払戻しを受けて【注6】、いずれもその都度、同社において、ほしいままに、これを着服して横領したものである。

（別紙）被害一覧表（省略）

【注1】 業務の種類・内容の記載につき、【モデル文例85】の【注3】参照。

【注2】 横領罪における占有は、広く法律的支配を含むものと解されていますから、経理担当者として会社名義の預金口座を管理している場合には、その担当者は口座内の現金を占有していると言えます。

文例編　第2章　刑法の罪に関する文例　　　245

【注3】　犯行が多数回にわたるときの記載方法につき、【モデル文例9】参照。

【注4】　不正な入力が行われた期間（これを基準とした犯行期間）の始期と終期を示して特定したものです。

【注5】　犯行回数を特定したものです。

【注6】　横領行為の態様を示したものです。

---

③　遺失物横領罪－刑法254条

　遺失物横領罪は、本来の占有者の意思に基づかないでその占有を離れた他人所有の財物（占有離脱物）について、不法領得の意思をもってその占有を取得することにより成立します。

　遺失物も漂流物も、占有離脱物の例示です。これに該当するものは、風に乗って飛んできた近隣者の洗濯物、誤って配達された郵便物などのように、誤って占有が移転された物のほか、電車内に忘れられた乗客の荷物、酩酊者が放置して所在もわからなくなった自転車、窃盗犯人が乗り捨てた自動車など様々なものがあります。しかし、例えば、旅館の便所・脱衣場に宿泊客が置き忘れた物は、本来の占有者の占有を離れたことにより直ちに占有離脱物にはならず、その場所を事実的に支配する旅館主の占有するものとなるので、これを領得すれば窃盗罪が成立します。

┃モデル文例87┃　遺失物横領罪（刑254）
【路上で拾得した携帯電話を横領した事例】

告　訴　事　実

　被告訴人は、令和○年○月○日ころ、東京都A区B町○丁目○番○号付近路上で、告訴人が遺失した【注1】携帯電話1台（時価8万円相当）を拾得しながら、正規の届出をせず【注2】、そのまま同所において、勝手に【注3】、これを自己のものにするため持ち去り【注4】もって遺失物を横領したものである。

【注1】　遺失とは、財物が本来の占有者の意思に基づかずにその占有を離れるに至った場合（占有離脱）の一態様であり、落とし物、忘れ物などが該当します。

246 文例編 第2章 刑法の罪に関する文例

【注2】 他人が遺失した物件の拾得者は、遺失物法1条1項の規定により、遺失者らにその物件を返還し、又は警察署長にそれを差し出すべき義務を負っているので、これに従う必要があります。警察署長に対しては、通常、遺失物拾得の届として行うことになります。同趣旨のことを「所定の届出をせず」と記載することもできます。

【注3】 「勝手に」の記載につき、【モデル文例82】の【注4】参照

【注4】 遺失物横領罪においても、不法領得意思の発現たる横領行為のあることが成立要件となります。

「正規の届出をせず」から以下を「自己の用途に使用する目的で横領したものである。」とすることもできます。

④ 背任罪－刑法247条

他人のために事務を処理する者が、①自己又は第三者の利益を図る目的、あるいは②本人（上記「他人」）に加害する目的で、任務違背の行為をし、その結果本人に財産上の損害を加えることにより成立します。

(1) 他人のために事務を処理する者とは

他人との委任・信任関係に基づき、一定の注意をもって、その他人の事務を代わって処理する法的任務を有する者をいいます。事務には、法律行為に関する事務に限らず、事実行為たる事務が含まれます。また、事務を処理するに至った原因としては、法令・慣習・身分など、いずれも根拠となります。義務なくして他人のために事務管理をする場合（民697①）も含まれます。

なお、株式会社の代表者である場合は、特別背任罪（355ページ参照）が成立します（会社960①三）。

(2) 背任罪における目的

上記の①又は②の目的（図利・加害目的）については、自己の利益を図る目的、第三者の利益を図る目的、本人に損害を加える目的のうち少なくとも1つあることが要件となります。事案によっては、2つ以上併存することもあります。

ここでいう「利益」及び「損害」は、財産上のものに限らず、身分上・精神上その他の社会生活上の利益・損害すべてを含むと解されています（通説・判例（大判大3・10・16刑録20・1867））。

文例編　第2章　刑法の罪に関する文例　　247

モデル文例88　　背任罪①（刑247）

【事業協同組合の組合長が組合の定款に反する不正貸付けをした事例】

告　訴　事　実

　被告訴人は、令和○年○月○日から令和○年○月○日までの間【注1】、A市B町○丁目○番○号所在の○○農業協同組合（告訴人、現組合長甲山一郎）の組合長として、同組合の財産の管理、金銭の貸付け、貯金その他の業務全般を統括し、同組合のため忠実に業務を遂行すべき任務を有していたものであるが【注2】、令和○年○月○日、上記組合の組合長室において【注3】、組合員である義弟乙川二郎に金銭を貸し付けるに当たり、上記組合の定款には組合員に対する貸付限度額は800万円と定められ、これを超える貸付けをするには組合総会の承認を要することになっているにもかかわらず【注4】、同人の利益を図る目的で【注5】、その任務に背き【注6】、同人に対し、上記組合の保有する現金1,000万円を同組合名義で貸し付け【注7】、もって【注8】同組合に同額の財産上の損害を加えたものである【注9】。

【注1】　任務に従事していた期間を明らかにした記載ですが、判明する限りで示せば足ります。また、これは省略しても構いません。

【注2】　被告訴人が誰のためにどのような事務（任務）に従事していたかを具体的に示すことにより、「他人のためその事務を処理する者」の身分を保有していることを示したものです。これはまた、「その任務に背く行為」の内容を特定し、明らかにすることにも役立ちます。「……業務全般を統括し」に代えて、「……業務全般を掌理し」などとも記載します。なお、背任罪にいう事務は、その担当者（行為者）に決済権があって、同人が単独で処理し得るものに限られず、ほかにその事務の遂行について指揮、監督その他決裁の権限を有する者がいて、単にその者の補助機関として処理する場合の事務をも含みます。後者の場合は、例えば「……組合の貸付係として、同組合○○課長及び貸付係長らを補佐し、その監督を受けて、組合員に対する金銭貸付けなどの業務に従事し、同組合のため忠実にその業務を遂行すべき任務を有していたもの……」のように示すこととなります。

【注3】　犯行の日時・場所の記載を忘れないようにします。

【注4】　違背した任務の内容をより具体化し、明らかにするため、委託された事務の内容、その趣旨から導き出される、行為者の遵守事項ないし義務を、「……することとな

248 文例編　第2章　刑法の罪に関する文例

っているのに（にもかかわらず）」とか「……すべき義務があるのに（にもかかわらず）」などと示します。

【注5】　背任罪における図利・加害目的を示したものです。この目的は、本事例のほか、「……に利得させるため」、「……に損害を加える目的で」のように示します。

【注6】　「その任務に背き」は、「……いるにもかかわらず、」の次に記載することもあります（例　「……にもかかわらず、これを無視してその任務に背き、……」）。

【注7】　「上記組合の定款には」からここまでが任務違背の行為を示すものです。

【注8】　この「もって」を省略する書き方もあります。

【注9】　本人（被害者）に財産上の損害を加えたことを明らかにしたものです。事案によっては、その損害の額を明示することが困難な場合がありますが、これは可能な限り明らかにしたい事項です。ただし、告訴（告発）の時点で被害内容の全体を正確に把握することが困難な場合もあるので、そのような場合はとりあえず証拠がしっかりしている被害に絞って告訴（告発）しておき、その後捜査機関の事情聴取を受ける際などに、ほかにも関連被害があること、その概要、証拠関係等を追加・補充して申告するという方法もあります。

モデル文例89　背任罪②（刑247・60）

【コンピュータ会社でコンピュータの操作などを担当する者が、共謀して会社の業務外で他人用にプログラム入力した事例】

告　訴　事　実

　被告訴人甲山一郎は、コンピュータのソフトウェアの開発、販売などを営業目的とする株式会社○○コンピュータ（告訴会社。代表取締役乙川二郎）にインストラクターとして勤務し、告訴会社が「A新聞」の販売店用に開発した同新聞購読者管理システムのオブジェクトプログラムを記録したデータディスクの管理及びこれを使用して告訴会社の顧客である同新聞販売店経営者方に設置されるコンピュータに上記オブジェクトプログラムを入力し、その使用方法につき技術指導するなどの業務を担当するとともに、上記オブジェクトプログラムの入力・使用などに当たっては、告訴会社が業務としてその顧客方に設置するコンピュータに対してのみ、上記データディスクを使用するなど、告訴会社のため忠実にその業務を遂行すべき任務を有していた者【注1】であり、被告訴人丙野三郎は、告訴会社と競合してこれと同様の営業を行うことを企図していた者【注2】であるが、被

文例編　第2章　刑法の罪に関する文例　　　　249

告訴人両名は、共謀の上、被告訴人甲山の前記任務に背き【注3】、自己らの利益を図る目的で【注4】、令和○年○月○日ころ、Ｂ市Ｃ町○丁目○番○号Ｄマンション○号室の被告訴人甲山方において【注5】、Ａ新聞販売店の経営者である丁原四郎方に設置の予定であったオフィスコンピュータ1台に、告訴会社の業務と無関係に上記データディスク5枚分の上記オブジェクトプログラムを入力し【注6】、もって告訴会社に対し、同プログラム入力代金相当額（約170万円）の財産上の損害を加えた【注7】ものである。

【注1】　任務の記載方法につき、【モデル文例88】の【注2】参照。

【注2】　丙野三郎のように「他人のためその事務を処理する者」という身分のない者も、その身分のある者（甲山一郎）と共犯で行う場合には背任罪の主体となり得ます（刑65①）。

【注3】　違背した任務の内容は、既に【注1】に対応する部分で個別的に明らかにされているので、任務違背の内容を具体的に知ることができます。

【注4】　図利・加害目的の記載につき、【モデル文例88】の【注5】参照。

【注5】　犯行の日時・場所の記載を忘れないようにします。

【注6】　任務違背行為を示したものです。

【注7】　損害額の記載につき、【モデル文例88】の【注9】参照。

モデル文例90　　背任罪③（刑247）

【先順位として根抵当権設定に協力すべき相手方を差し置いて、後順位となるべき者に先に根抵当権設定登記をさせた事例】

告　訴　事　実

　被告訴人は、令和○年○月○日ころ、告訴人との間に、被告訴人所有のＡ市Ｂ町○丁目○番地の宅地200㎡につき、極度額を5,000万円とする根抵当権設定契約を締結し、告訴人を先順位者とする根抵当権設定に協力すべき任務を有していた者【注1】であるが、告訴人がその登記手続を完了していないことを知りながら【注2】、令和○年○月○日、甲山一郎から現金3,000万円を借り受けるに当たり、自己の利益を図る目的で【注3】、上記任務に背き、上記宅地について同人との間に極度額を5,000万円とする根抵当権設定契約を締結した上、同日、同市Ｃ町○丁目○番○号○○法務局Ｃ主張所において、同人を第一順位者として根抵当権設定登記

を完了し【注4】、よって、告訴人の上記根抵当権を後順序に甘んじるに至らせて、告訴人に財産上の損害を加えた【注5】ものである。

【注1】　任務の記載方法につき、【モデル文例88】の【注2】参照。

【注2】　背任罪における故意は、行為者が任務違背の点及びそれによって本人に財産上の損害を加えることを認識していることが必要ですが、これらの認識の程度は、確定的なものであることを要さず、未必的なもので足りるとされています。

　　　　告訴事実の記載上、任務の内容・任務に違反する行為・損害発生事実の記載自体によって、既に任務違背の認識及び損害発生の認識があることが推認されるのが通常ですが、事案によっては故意の存在を明らかにする必要が生じます。

【注3】　図利・加害の目的の記載につき、【モデル文例88】の【注5】参照。

【注4】　新たに根抵当権設定契約を締結したのみでは、まだ背任罪は成立しませんが、その登記をすることにより損害が発生し、同罪が成立します。

【注5】　損害額の記載につき、【モデル文例88】の【注9】参照（根抵当権が後順位となったことによる損害は、金額的に特定することも可能ですが、あえて特定するまでの必要はありません。）。

文例編　第2章　刑法の罪に関する文例　　251

第16　盗品等に関する罪

規定条文：刑法256条（盗品譲受け等）、257条（親族等の間の犯罪に関する特例）
保護法益：本犯（窃盗罪や強盗罪などの財産犯罪）の被害者らが有する被害物に対する法
　　　　　律上の追求権（返還請求権）
種　　類：非親告罪

1　盗品等無償譲受け罪－刑法256条1項

　盗品等無償譲受け罪は、盗品等を、盗品等と知りながら、無償で譲り受けることにより成立します。
(1)　「盗品等」とは
　　　「盗品その他財産に対する罪に当たる行為によって領得された物」（刑256①）であって、その被害者が法律上返還を請求できるものをいい、窃盗・強盗・詐欺・恐喝・横領・背任などの罪の被害金品がその例です。ただし、盗品等に関する罪は、他人の財産犯罪により取得された財物についてのみ成立し、自己の財産犯罪により取得した財物（例えば、自分が盗んだ物）について本罪が成立することはありません。
(2)　無償譲受け
　　　無償譲受けとは、盗品等（その所有権）を無償で取得することをいい、贈与を受ける場合がその典型です。

モデル文例91　盗品等無償譲受け罪（刑256①）
【盗品と知りながらこれをもらい受けた事例】

告　訴　事　実

　被告訴人は、令和○年○月○日午前1時30分ころ、A市B町○丁目○番○号○○運輸倉庫北側空地において【注1】、甲山一郎から【注2】、同人が告訴人から窃取した【注3】パーソナルコンピューター5台（時価合計40万円相当）を、それが盗品であることを知りながら【注4】もらい受け、もって、盗品を無償で譲り受けたものである。

【注1】　本罪の犯行日時・場所は、もちろん譲受け行為のそれによって決まります。

【注2】　甲山一郎が窃盗の犯人、つまり本犯者です。

【注3】　無償で譲り受けた財物が盗品であること、すなわち財産犯罪に当たる行為により領得されたものであることを明らかにしています。本犯の日時・場所あるいは被害者名まで特定して記載する必要は必ずしもありません。

【注4】　「窃取した」以下を、「窃取したものであることを知りながら、パーソナルコンピューター5台（……相当）をもらい受け……」のように記載しても構いません。

　　　　目的の財物が盗品であることまではっきりと認識していなくて、何らかの財産犯罪に当たる行為によって領得したものであるとの認識程度であった場合には、「それが財産に対する罪に当たる行為によって領得された物であることを知りながら」と改めるだけで足ります。

② 盗品等運搬罪－刑法256条2項

　盗品等運搬罪は、盗品等を、盗品等と知りながら、運搬することにより成立します。「盗品等」については前掲①(1)を参照してください。

　「運搬」とは、財産犯罪を行った者の委託を受けてその盗品等を場所的に移動させることをいいます。有償で行ったか無償で行ったかは問いません。

③ 盗品等保管罪－刑法256条2項

　盗品等保管罪は、盗品等を、盗品等と知りながら、保管することにより成立します。「盗品等」については前掲①(1)を参照してください。

　「保管」とは、財産犯罪を行った者の委託を受けて、その盗品等を占有（事実上の支配）することをいいます。保管には、賃貸借で借り受ける場合や質物など貸金の担保として受け取る場合を含みます。保管を有償で行ったか無償で行ったかは問いません。

文例編　第2章　刑法の罪に関する文例　　　253

モデル文例92　　盗品等保管罪（刑256②）

【金融業者が、横領品かもしれないと思いながら貴金属を担保として預かった事例】

告　訴　事　実

　被告訴人は、A市B町○丁目○番○号の事務所で貸金業を営んでいるものであるが、令和○年○月○日ころ、上記事務所において【注1】、貴金属行商を営む甲山一郎から、同人が貴金属卸売業者から預かっているダイヤ指輪2個（卸価格合計650万円相当）を横領して持参した【注2】ものであるかもしれないと思いながら【注3】、被告訴人に現金100万円を貸し付けるに当たり、上記ダイヤ指輪2個を上記貸金の担保として受け取って預かり【注4】、もって盗品の保管をしたものである。

【注1】　　犯行の日時・場所を示したものです。

【注2】　　盗品等であることの記載方法につき、【モデル文例91】の【注3】参照。

【注3】　　この記載は、盗品等であることの認識（盗品等の知情性）が未必的なものにとどまることを明らかにしたものです。

【注4】　　貸金の担保として動産を提供させることは保管行為となります。質取りも、当然その対象物の保管を伴うものであり、保管行為となります。この場合は、「……（日時・場所）において、甲山一郎に現金100万円を貸し付けるに当たり、同人が貴金属卸売業者から……との情を知りながら、これを100万円で質取りして……」のように改めれば足ります。

4　盗品等有償譲受け罪−刑法256条2項

　盗品等有償譲受け罪は、盗品等を、盗品等と知りながら、有償で譲り受けることにより成立します。

　「盗品等」については前掲1(1)を参照してください。

　「有償譲受け」とは、盗品等（その所有権）を有償で、すなわち売買・交換・代物弁済・債務の弁済などによって取得することをいいます。このように、盗品等を有償で取得する点で「無償譲受け」と区別されます。現に盗品等の授受が行われると、売買代金などの対価の支払いが済んでいなくても、あるいは対価の額の決定が後日に延ばされていても、本罪は成立します。

254 文例編　第２章　刑法の罪に関する文例

モデル文例93　盗品等有償譲受け罪（刑256②）
【中古本・中古家電品販売店が、盗品かもしれないと思いながらこれを買い受けた事例】

告　訴　事　実

　被告訴人は、Ａ市Ｂ町○丁目○番○号において中古本・中古家電品販売店「甲山○○店」を営んでいるものであるが、別紙一覧表記載のとおり【注1】、令和○年○月○日ころから令和○年○月○日ころまでの間、4回にわたり、いずれも同店において【注2】、乙川二郎から、同人が告訴人ら4名から窃取した【注3】書籍10冊（時価合計約1万円相当）を、それが盗品であるかもしれないと思いながら【注4】、代金合計4,200円で買い取り【注5】、もって盗品を有償で譲り受けたものである。

　（別紙一覧表）＜省略＞

【注1】　犯行が多数回に及ぶときは、一覧表を別紙として添付する方法があります（【モデル文例9】参照）。
【注2】　犯行の日時・場所を示したものです。
【注3】　盗品等であることの記載方法につき、【モデル文例91】の【注3】参照。
【注4】　盗品等であることの認識の記載方法につき、【モデル文例92】の【注3】参照。
【注5】　「……で買い受け」とも記載できます。

⑤　盗品等有償処分あっせん罪－刑法256条２項

　盗品等有償処分あっせん罪は、盗品等を、盗品等と知りながら、その処分のあっせんをすることにより成立します。
　「盗品等」については前掲①(1)を参照してください。
　「有償処分あっせん」とは、盗品等の法律上の有償的処分行為（売買・交換・質入れなど）を仲介・周旋することをいいます。仲介・周旋を有償で行ったか無償で行ったかは問いません。
　なお、売買などの仲介・周旋行為をした以上は、その売買契約などの有償的処分行為が成立するに至らなくても、本罪が成立すると解するのが判例ですが、契約が成立してはじめて本罪が成立すると考える反対説も有力です。

文例編　第2章　刑法の罪に関する文例　　　255

モデル文例94　　盗品等有償処分あっせん罪（刑256②）

【恐喝により入手したかもしれないと思いながら、その売却の周旋をした事例】

告　訴　事　実

　被告訴人は、令和○年○月○日ころ【注1】、甲山一郎から、同人が告訴人から喝取してきた【注2】ゴルフセット（ゴルフクラブ14本在中、時価合計20万円相当）の売却方を依頼され【注3】、それが盗品等であるかもしれないと思いながら【注4】これを承諾し【注5】、そのころ、A市B町○丁目○番○号のゴルフ中古ショップ「○○」において【注6】、同店長乙川二郎に対して上記ゴルフセットを代金10万円で売却してやり【注7】、もって、盗品の有償の処分のあっせんをしたものである【注8】。

【注1】　売買などの有償的処分行為を依頼されてこれを承諾することも犯行の一部となるので、その日時・場所もできる限り特定して記載します。

【注2】　盗品等であることの記載方法につき、【モデル文例91】の【注3】参照。

【注3】　質入れの依頼の場合は、「入質方を依頼され」と記載するのが普通です。

【注4】　盗品等であることの認識の記載方法につき、【モデル文例92】の【注3】参照。

【注5】　「これを引き受け」としても同じです。

【注6】　周旋行為の日時・場所を示すものです。

【注7】　盗品等有償処分あっせん罪は、盗品等である認識をもって目的物の売却などの仲介・周旋をすればそこで成立し、その売買などが完成する必要はありません。この意味で、本事例を「同人に対して上記ゴルフセットを買い取ってほしい旨申し入れて周旋し、もって……」というように構成することもできます。しかし、通常は、売買などが完成していることが多いでしょう。その場合は、売却時点までをとらえて「甲山のために同店長乙川二郎に対して上記……を代金……円で売却してやり……」と記載することができます。

【注8】　告訴事実の全体の構成を、「被告訴人は、令和○年○月○日ころ、A市B町○丁目○番○号のゴルフ中古ショップ「○○」において、甲山一郎から、同人が告訴人から喝取してきたゴルフセット（ゴルフクラブ14本在中、時価合計20万円相当）を、それが盗品等であるかもしれないと思いながら、上記甲山のために、同店長乙川二郎に対して代金10万円で売却する周旋をし、もって……。」というようにまとめて記載する方法もあります。

256　　文例編　第2章　刑法の罪に関する文例

第17　毀棄・隠匿の罪

規定条文：刑法258条（公用文書等毀棄）、259条（私用文書等毀棄）、260条（建造物等損壊
　　　　　及び同致死傷）、261条（器物損壊等）、262条（自己の物の損壊等）、262条の2（境
　　　　　界損壊）、263条（信書隠匿）、264条（親告罪）
保護法益：財物の利用価値・効用
種　　類：私用文書等毀棄罪・器物損壊罪・信書隠匿罪は親告罪（刑264）。その他は非親
　　　　　告罪。

1　公用文書毀棄罪・公用電磁的記録毀棄罪—刑法258条

　公用文書毀棄罪・公用電磁的記録毀棄罪は、公務所が使用する目的で保管中の文書
（公用文書）又は電磁的記録（公用電磁的記録）を毀棄することにより成立します。
(1)　公用文書とは
　　公務所が使用する目的で保管中の文書であれば足り、公文書であるか私文書で
　あるかを問わず、また、公務所の庁舎内にあるものに限られません。公文書（例え
　ば、自動車運転免許証や外国人登録証）であっても、私人に交付されて私人が保管
　しているものは、公用文書ではありません。
(2)　公用電磁的記録の例
　　公用電磁的記録としては、例えば磁気ディスクなどをもって調製された自動車
　登録ファイル（道路運送車両法6）、特許原簿（特許法27②）、住民票（住民基本台帳法6③）
　などがこれに当たります。電磁的記録の意味については290ページを参照してくだ
　さい。
(3)　毀棄すること
　　毀棄行為は、物質的に文書等に損傷を与える行為（例えば、破る、丸めてしわく
　ちゃにする、燃やす、文字を消すなど）に限らず、文書等の効用＝利用価値を害す
　る一切の行為をいい、文書を全体的に又は部分的に隠匿したり、電磁的記録を消去
　又は変更したりすることを含みます。

文例編　第2章　刑法の罪に関する文例　　257

モデル文例95　　公用文書毀棄罪（刑258）

【収税官吏作成の差押え調書謄本を引き裂いた事例】

告　発　事　実

　被告発人は、令和○年○月○日午後4時ころ、東京都A区B町○丁目○番○号方
において【注1】、収税官吏であるK税務署勤務財務事務官甲山一郎が上記被告発
人に対する令和○年度分所得税の滞納処分として財産の差押手続を執行中、上記
甲山が作成を了し、上記被告発人の妻乙川夏子に交付しようとしていた差押調書
謄本1通【注2】をいきなり奪い取ってその場で引き裂き【注3】、もって公務所の用
に供する文書を毀棄したものである。

【注1】　犯行の日時・場所を示すものです。

【注2】　本罪の対象である公用文書は、その表題、一般的呼称などにより特定するのが
　　　　通常ですが、事案によっては、文書内容の要旨を引用して「……などの旨記載してあ
　　　　る文書綴り」といった方法で特定する方が分かりやすいことがあります。

【注3】　毀棄行為を具体的に示したものです。

---

② 私用文書毀棄罪・私用電磁的記録毀棄罪－刑法259条

　私用文書毀棄罪は、公用文書以外の文書のうち、他人が所有する権利・義務に関す
る文書を毀棄することにより成立します。

　私用電磁的記録毀棄罪は、公用電磁的記録以外の電磁的記録のうち他人が支配・管
理しているものであって、権利義務に関するものを毀棄することにより成立します。

　毀棄の意味については、前掲①の(3)を参照してください。

　権利義務に関する文書とは、公文書・私文書を問わず、権利や義務の発生・変更・
消滅などを証明することができる文書をいい、例えば、売買・賃貸借などの契約書、
契約解除の通知書、借用証、領収証、債権その他の権利の譲渡証、小切手・手形・株
券などの有価証券がこれに当たります。

258　　　文例編　第2章　刑法の罪に関する文例

モデル文例96　私用文書毀棄罪（刑259）

【自分が差し入れた借用証書を貸主の妻に見せてもらったその場で破るなどした事例】

告　訴　事　実

　被告訴人は、令和○年○月下旬ころ、告訴人から550万円を借り受けるとともに、その借用証書1通を告訴人に差し入れていたものであるが、いまだその返済を終了していない【注1】令和○年○月○日午前11時ころ、告訴人方を訪れ【注2】、告訴人の妻甲山春子に対し、口実を設け、同証書を一見したい旨強く要求してその交付を受けるや、その場で、告訴人所有の同証書1通を引き破って両手で丸めるなどし【注3】、もって権利義務に関する他人の文書を毀棄したものである。

【注1】　借入金を完済すれば、その弁済者は、借用証書の返還請求権を取得する（民487）ので、返還を受ける状況によっては、適法に借用証書を取得できます。そこで、いまだ完済前である事情を記載して、借用証書の返還請求権が生じていないことを明らかにしたものです。

【注2】　犯行の日時・場所を示したものです。

【注3】　毀棄行為を具体的に示したものです。

---

③　建造物等損壊罪－刑法260条前段

　建造物等損壊罪は、他人が所有する建造物あるいは艦船を損壊することによって成立します。

　建造物とは、家屋その他これに類似する工作物であって土地に定着したものをいい、艦船とは、軍艦及び船舶をいいます。

　なお、重要文化財の指定を受けた建造物を損壊した場合には、重要文化財損壊罪（文化財保護法195①）が成立し、本罪は成立しません。

(1)　建造物を構成する一部分の損壊

　　建造物の構成部分については、建物本体との一体性が強くて、それを破壊しなければ取り外せないもの（天井板、屋根がわら、柱、鴨居、敷居など）は建造物に属します。しかし、畳、戸、障子など破壊することなく取り外せるものは建造物に属しないため、これらを損壊することは器物損壊罪となります。

文例編　第2章　刑法の罪に関する文例　　259

(2)　損壊とは

　　本質的には前掲①や②の毀棄と同様の概念であって、物の効用を害する一切の行為をいいます。物理的に損傷を与える行為はもちろん、心理的に建造物に対する不快感・嫌悪感を生じさせるような手段を用いて、そのために建造物を本来の用途に使用できないようにする行為や、建造物の扉や外壁に塗料でマークや文字などを記載して、容易に原状回復できない程度に汚損する行為も損壊に当たります。

モデル文例97　　建造物損壊罪（刑260前段）
【公園内の公衆便所の外壁にスプレー式ペンキを吹き付け「反戦」等と大書した事例】

告　訴　事　実

　　被告訴人は、令和○年○月○日午後10時ころ、東京都A区B町○丁目○番○号に所在する同区立C公園内に設置された同区所有の公衆便所白色外壁に【注1】、赤色及び青色のスプレー式ペンキを吹きつけて外壁全体に「反戦」「戦争反対」などと大書し【注2】、もって告訴人所有の建造物を損壊したものである。

【注1】　公衆便所は、本罪の対象となる建造物です。

【注2】　損壊の手段を示したものです。損壊とは、物理的に損傷を与える行為のほか、心理的に建造物に対する不快感・嫌悪感を生じさせるような行為を含むので、この事例のように、建造物の外観・美観を著しく損なう行為も、本罪の対象となり得ます。ただし、外壁への落書きがすべて損壊に当たるわけではないので、「壁全体に」「大書した」などと建造物の外観を著しく損なうもので「損壊」に該当することが分かるような記載をする必要があります。

④　器物損壊罪・動物傷害罪―刑法261条

　　刑法261条は、刑法258条から260条に規定された物以外の物に対する損壊又は傷害を処罰する規定です。動物を対象とするものが動物傷害罪（刑261後段）で、動物以外（動産のほか建造物以外の不動産を含みます。）を対象とするものが器物損壊罪（刑261前段）です。

260　　　文例編　第2章　刑法の罪に関する文例

(1)　損壊とは

　　建造物損壊罪の場合と同様で、物の効用を害する一切の行為をいいます。物理的に損傷を与える行為のほか、心理的嫌悪感を生じさせてその物を本来の用途に使用できないようにする行為（例えば、食器に小便を掛ける行為）、物を隠匿する行為、看板を取り外して約140m離れた他家の塀の中に投げ捨てる行為などもこれに当たります。

　　なお、重要文化財の指定を受けた器物を損壊・毀棄・隠匿した場合には、重要文化財損壊等罪（文化財保護法195①）が成立し、本罪は成立しません（【モデル文例207】参照）。

(2)　傷害とは

　　傷害は、動物の肉体や健康の安全性を害する行為（死亡させることも含みます。）、動物を失わせたり、隠匿したりする行為（例えば、他人が飼育中の魚を養魚池の外に逃がす行為）などを含みます。

　　なお、本罪は他人の動物を対象としていますが（ただし、刑法262条により賃貸している場合には自己の動物でも対象になります。）、「動物の愛護及び管理に関する法律」（動物愛護法）は、牛・馬・豚・めん羊・山羊・犬・猫・いえうさぎ・鶏・いえばと・あひる（これらは他人が占有しているか否かを問いません。）、及び「人が占有している動物で哺乳類、鳥類又は爬虫類」を「愛護動物」とし、みだりに殺傷等した場合に罰則を科しています（同法44、第3章第12③参照）。また、鳥獣の保護及び管理並びに狩猟の適正化に関する法律（鳥獣保護管理法）は、鳥類又は哺乳類に属する野生動物を「鳥獣」とし、一定の場合を除いて捕獲等した場合に罰則を科しています（同法2①・83①一。第3章第9③参照）。したがって、他人が飼っている愛護動物を殺傷した場合には、器物損壊罪と動物愛護法違反との観念的競合になります。

モデル文例98　器物損壊罪（刑261）
【他人方の玄関ガラスや玄関前の自動車のフロントガラスなどを割った事例】

告　訴　事　実

　被告訴人は、かねてから知人である告訴人を一方的に逆恨みしていたものであるが、令和○年○月○日午後8時ころ、A市B町○丁目○番○号の告訴人方を訪ねた際、玄関入口のドアが施錠されていて、告訴人を呼んでも応答がなかったことから、居留守を使われたものと考えて立腹し【注1】、同ドアの下部（時価5万円相

文例編　第2章　刑法の罪に関する文例　　261

当）を金属バットでたたき壊し、更に引き続いて、玄関前路上に駐車してあった告訴人所有の【注2】普通乗用自動車のフロントガラス1枚（時価20万円相当）を同金属バットで割り【注3】、もって器物を損壊したものである。

【注1】　器物損壊罪は、それ自体は軽微な事犯と見られますが、犯行に至る経緯・動機などを合わせて考えると、看過し難い問題点を含んだ悪質な実態のものもあります。告訴までする事犯は、ほとんどこのようなものでしょう。そこで、告訴をするに当たって、捜査機関に軽微な事犯と見過ごされてしまわないための工夫の一つとして、犯行の背景事情をある程度詳しく記載する方法が考えられます。本事例は、この点を比較的簡単にまとめてあります。

【注2】　器物損壊罪の対象となるものは、原則として他人の所有に属する物に限られます（例外は、刑法262条の場合のみ）ので、その所有関係を明示する必要があります。これは、告訴権者すなわち被害者を特定する関係からも重要なことです。しかし、本事例の、居住家屋の玄関ガラス戸や窓ガラスの場合には、おのずから告訴権者（被害者）が特定され、かつその所有者は被告訴人以外の者であることが読み取れますので、これらのガラス戸・窓ガラスの所有関係まであえて明示するには及ばないでしょう。

【注3】　損壊行為を具体的に示したものです。

モデル文例99　動物傷害罪（刑261）
【他人の飼い犬を殺害した事例】

告　訴　事　実

　被告訴人は、自宅の向かいに居住する告訴人方の飼犬タロー【注1】（チワワ2歳。血統書付きで、時価18万円相当）の吠える声がうるさいとして、度々告訴人に抗議をしていたものであるが、令和○年○月○日午後3時ころ、A市B町○丁目○番○号先路上において、上記タローが首輪鎖を引きずったまま通りかかったのを認めるや、日頃のうっ憤を晴らそうと考え【注2】、同路上においてタローをバットで数回殴打して撲殺し【注3】、もってこれを傷害【注4】したものである。【注5】

【注1】　刑法261条の対象である「物」には動物も入り、他人の所有する動物を傷害した場合に成立します。

【注2】　犯行の背景事情（経緯・動機）の必要性につき、【モデル文例98】の【注1】参照。

262   文例編　第2章　刑法の罪に関する文例

【注3】　犯行が残忍で悪質な点を強調した記載です。

【注4】　刑法261条の「傷害」には、動物を死亡させることが含まれます。

【注5】　「犬」は他人所有か否かにかかわらず、「動物の愛護及び管理に関する法律」（動物愛護法）の「愛護動物」にも当たります（動物愛護44④）。したがって、他人が飼っている愛護動物を殺傷した場合には、刑法261条と動物愛護法44条1項の罪が成立し（前者は親告罪で、後者は非親告罪）、観念的競合となります（本事例では刑法261条のみを取り上げています。）。

5　境界損壊罪—刑法262条の2

　境界損壊罪は、境界標を損壊・移動・除去したり、その他の方法を通じて、土地の境界を認識できないようにすることにより成立します。

(1)　境界標とは

　　権利者を異にする土地の境界を示すために土地に設けられた工作物（柱・木杭・石杭・コンクリート杭・ビニール杭・鉄びょう・塀・柵など）・立木その他の標識をいいます。それ自体が土地の境界線上にあることを要せず、それを基準として境界線の認識をすることができるものであれば足ります。

　　境界標自体の所有権が他人に属するか、自己に属するかは関係なく、無主物であっても構いません。また、それが地表に露出しているか、地下に埋没しているかも問いません。

(2)　その他の方法とは

　　境界標に対するものに限られず、土地の境界となっている川の流れを変えたり、境界となっている溝を埋めたり、土地の高低によって境界が画されている境を平らにならしたりする行為を含みます。

文例編　第2章　刑法の罪に関する文例　　263

　モデル文例100　　境界損壊罪（刑262の2）
【隣接地の境界に植えてあった杉の木を引き抜いたり、境界線を除去した事例】

告　訴　事　実

　被告訴人は、告訴人が所有するＡ市Ｂ町○丁目○番地の畑の隣接地である同所
○番地の山林の所有者であり、かねてから上記両土地の境界につき告訴人と争っ
ていたものであるが【注1】、令和○年○月○日ころから同年○月○日ころまでの
間に【注2】、上記両土地の境界に以前から植えてあった杉の木2本を根付きのまま
引き抜き、また、上記境界の北端に埋設してあったコンクリート製境界標1個を掘
り起こして除去し【注3】、もって土地の境界を認識することができないようにし
たものである。

【注1】　　本罪は、犯行の経緯・動機などを示した方が事案の理解に役立ちます。

【注2】　　居住するなどして日頃から出入りしている土地であれば、その境界標などがい
　　　つ除去されたかは、すぐに分かることですが、管理人も置かず、たまにしか現地へ行
　　　かない土地ですと、境界標などがいつなくなったかを明らかにすることが極めて困難
　　　になります。このような場合は、境界標等などを確認した最後の時点からこれがなく
　　　なっているのに気が付いた時点までの期間内に損壊行為があったと構成する方法があ
　　　ります。

　　　　しかし、この期間が長かったりすると、事案により公訴時効が既に完成してしまっ
　　　た部分が含まれるときが生じ、時効完成に至っていないことを明らかにしない限り、
　　　犯人の処罰は期待困難になります。そうならないようにするためには、問題の土地付
　　　近の居住者・所有者・使用者・土木業者など関係がありそうな人達からできるだけ多
　　　くの情報を得て、損壊行為の時期の絞り込みをする必要があります。

【注3】　　実行行為として、境界標を除去する方法により土地の境界を認識することがで
　　　きないようにしたことを示しています。

6　信書隠匿罪－刑法263条

　信書隠匿罪は、他人の所有する信書を隠匿することにより成立します。
　信書とは、特定人に宛てて意思を伝達する文書をいい、封書に限られません。また、
行為者が発信したものを含みます。

264 文例編　第2章　刑法の罪に関する文例

　隠匿とは、文書の所在を分からなくする行為をいいます。文書の効用を害する行為のうち、本来の効用を害するほどには至らない、比較的軽微な態様のものをいうと解されており、信書の利用を不可能にするような行為は、文書毀棄罪や器物損壊罪として本罪より処罰が重くなります。

モデル文例101　信書隠匿罪（刑263）

【他人宛の封書を隠した事例】

告　訴　事　実

　被告訴人は、A市B町○丁目○番○号Cマンション○号室に居住している○○大学学生で、その隣室である○号室に居住し、△△女子短期大学に通う告訴人に機会あるごとに話しかけるなどしてかねてから深い関心を寄せていたものであるが【注1】、令和○年○月○日ころ、上記Cマンション1階の階段昇降口において【注2】、同所に設置してある居住者別集合郵便受箱のうち告訴人用のものの中に甲山一郎が告訴人宛に発信した封書【注3】1通を認めるや、これを一時告訴人の目に触れないようにする目的で【注4】、そのころから数日間にわたり上記封書を被告訴人用の郵便受箱内に隠し【注5】、もって他人の信書を隠匿したものである。

【注1】　本罪についても、器物損壊罪と同様（詳細は【モデル文例98】の【注1】参照）、犯行の経緯・動機などを記載した方が事案の理解に役立ちます。

【注2】　犯行（着手行為）の日時・場所を示したものです。

【注3】　「告訴人に宛てた発信人甲山一郎の封書」と記載しても同じです。

【注4】　これを全く受信人に見せない目的で隠すなどした場合は、封書の本来の効用を果たせないこととなるために、むしろ器物損壊罪が成立すると解されるので、それとの区別を示すために、目的を示したものです。

　　　　また、封書を領得の意思（簡単に言えば、自分の所有物とする意思）で隠したのであれば、窃盗罪が成立するので、それと区別するという意味もあります。

【注5】　信書隠匿の実行行為を具体的に示したものです。

文例編　第2章　刑法の罪に関する文例　　　265

〔社会的法益に対する犯罪〕

第18　放火・失火の罪

規定条文：刑法108条（現住建造物等放火）、109条（非現住建造物等放火）110条（建造物
　　　　　等以外放火）、112条（未遂罪）、113条（予備）、111条（延焼）、114条（消火妨
　　　　　害）、116条（失火）、117条の2（業務上失火等）
保護法益：不特定又は多数人の生命・身体・財産
種　　類：非親告罪

1　現住建造物等放火罪—刑法108条

　現住建造物等放火罪は、例えば、他人の住宅を燃すなどすることであり、放火して、
①「現に人が住居に使用し」、又は②「現に人がいる」建造物（又は汽車・電車・艦船・
鉱坑）を焼損することにより成立し、死刑・無期懲役を含む重い刑罰が決定されてい
ます。

(1)　放火すること

　　「放火」するとは、目的物たる建造物などの燃焼の原因を与えることであり、大
　ざっぱに言えば、火を点けることです。目的物に直接点火することはもちろん、目
　的物との間の導火材料（媒介物）に点火することや目的物に自然発火装置をセット
　することも「放火」行為であり、これらがあれば、放火罪の実行行為の着手があっ
　たことになります。

(2)　人の現住性と現在性

　　本罪の目的物は建造物その他の物件ですが、これらは前記の①又は②の要件を
　満たしていることが必要です。①は、犯人（又は共犯者）以外の者が日ごろ住居用
　（日常的生活を行う場所的空間）に使用しているということであり、②は、犯行着
　手時に犯人（又は共犯者）以外の者が内部に居合わせるということです。建造物な
　どの一部を住居に使用し、あるいはその一部に現に人がいれば、「人が住居に使用
　し」又は「現に人がいる」という要件を満たします。また、目的物が犯人（又は共
　犯者）の所有に属する場合であっても、上記①又は②に該当する限り、要件を満た
　すことになります。例えば、自分の所有家屋であっても、妻や子供らと同居してい
　れば、妻子は犯人（共犯者）以外の者ですから、「人」の住居となります。

(3) 建造物等

「建造物」とは、家屋その他これに類似する建築物であって、土地に定着したものをいいます（刑法260条で定める建造物等損壊罪におけるものと同じ概念。建造物の構成部分のうち、屋根、柱、壁、天井、敷居・鴨居のように、それを破壊しなければ取外しができないものは建造物に属しますが、畳、戸、障子、窓ガラスのように破壊することなく取り外せるものは建造物に当たらないこと、及び「艦船」の意義については、第17③の建造物等損壊罪の説明を参照してください。）。「鉱坑」とは、炭坑のように、地下の鉱物を採取するために地表下に掘削して備えられた設備をいいます。

(4) 焼損とは

「焼損」とは、火が点火の媒介物（例　着火したマッチ・ライター・紙くずその他の可燃物、時限発火装置）を離れ、目的物上で独立して燃焼作用を継続する状態に達することをいい、その目的物の効用が害されることを要しないと解されます（独立燃焼説。大判明43・3─4刑録16・384）。簡単に言えば、目的物自体が媒介物なしに燃える状態に達することです。

(5) 本罪の未遂

目的物の一部分でも（前述の屋根・柱・天井などのように建造物に属するものの一部分でも同じです。）、目的物自体が媒介物なしに燃える状態に至れば、目的物の全部あるいは重要部分が燃え上がらなくとも、「焼損」の結果が生じたことになり、本罪は既遂となります。放火したものの焼損の結果が生じるまでに至らなかった場合が本罪の未遂罪ということです。

モデル文例102　現住建造物等放火罪（刑103）

【ベニヤ製板壁に火を点けて人家を全焼させた事例】

告　訴　事　実

被告訴人は、交際を申し込んだ告訴人の長女甲山春子から思わしい返事を得られなかったことから一方的に憤慨し、同女への腹いせに、同女の自宅に放火しようと決意し【注1】、令和○年○月○日午前2時15分ころ、A市B町○丁目○番○号所在の告訴人所有に係る木造瓦葺2階建家屋（床面積合計約125m²）の北側に設置された階段前において【注2】、付近から集めた紙くず、木切れ、段ボール箱などの可燃物を前記家屋のベニヤ製板壁に接着して置き、これに所持していたライター

文例編　第2章　刑法の罪に関する文例　　267

で点火して【注3】放火し、その結果、同女及び告訴人ら合計5名の家族が現に住居
に使用し、かつ現在する【注4】前記家屋1棟を全焼させて焼損したものである【注
5】。

【注1】　放火罪は、動機犯といわれており、犯行に至る動機・原因が重視されます。こ
　　　れにより、犯意の強さ、悪質性その他の犯情が明らかとなるとともに、事案の杷握が
　　　容易になるので、可能な限りでその記載に努めます。「……への鬱憤（恨み）を晴らす
　　　ため、……に放火して焼損しようと企て」などと表すこともできます。

【注2】　犯行の日時・場所を示したものです。

【注3】　犯行の手段・方法をできるだけ具体的に明らかにする必要があります。例えば
　　　次のような例があります。
　　　・用意してきた新聞紙を筒状に巻いて襖の下方にもたせかけた上、これにマッチで点
　　　　火して放火し、
　　　・同所にあった毛布1枚、座布団3枚を積み重ね、これら及びその周辺の畳の上などに
　　　　ポリ容器入りの灯油を振りまいた上、台所のガス湯沸器の種火を燃え移らせた紙片
　　　　を前記毛布の上に落下させて放火し、
　　　・多数の紙くずが入ったビニール製ごみ箱を木製本棚の最下段に置いた上、ごみ箱内
　　　　の紙くずにマッチで点火して放火し、その火を前記ごみ箱、本棚、板壁などに順次
　　　　燃え移らせ、（その結果、……）

【注4】　被害家屋が、他人が現に住居に使用し又は現在するものであることを示したも
　　　のです。現に住居に使用している家屋であっても、犯行当時その中に他人が居合わせ
　　　たかどうかにより犯情に差が出るので、他人が現在していたときは、それが分かるよ
　　　うにする必要があります。

【注5】　焼損の態様は、全焼・半焼に限らず、家屋の一部分を燃焼させた場合も含みま
　　　す。この場合には、「……家屋の北側階段付近の板壁約3m²を焼損したものである。」
　　　などと記載します。

2　非現住建造物等放火罪－刑法109条

　非現住建造物等放火罪は、放火して、現に人が住居に使用せず、かつ現に人がいな
い建造物（又は艦船、鉱坑）を燃損することにより成立します。例えば、空き屋など
を燃やす場合であり、現住建造物等放火罪と比べ、目的物が「現に人が住居に使用せ
ず」かつ「現に人がいない」ものである点（すなわち、前掲1につき説明した①及び

②の要件を両方とも欠くこと）、並びに汽車・電車が除かれている点において差異があります。そのほかは、現住建造物等放火罪と同様に理解されます。

(1)　自己所有物に対する本条の罪の場合

　　本罪の目的物が犯人（又は共犯者）の所有物である場合は、それが焼損されたことにより、抽象的にではなく、具体的に公共の危険が生じたときに限って処罰されます（刑109②ただし書）。「公共の危険」とは、不特定又は多数人に対して、その生命・身体・財産に火災による実害が及ぶかもしれないとの不安・危惧感を覚えさせる状態をいいます。

(2)　特別規定

　　目的物が犯人（又は共犯者）の所有に属する場合であっても、差押えを受け、物権（例　抵当権、質権）を負担し、又は賃貸し、保険に付したものであるときには、それは他人の物と同一視されるとの特別規定（刑115）があるので注意する必要があります。

モデル文例103　非現住建造物等放火罪（刑109①）

【物置小屋に火を点けて全焼させた事例】

告　訴　事　実

　被告訴人は、被告訴人の金遣いの荒さ等につき叔父の告訴人から叱責されて口論となり、告訴人から罵られたことなどに憤激し、告訴人所有の物置小屋に放火して焼損しようと企て【注1】、令和○年○月○日午後11時30分ころ、Ａ市Ｂ町○丁目○番○号所在の告訴人の居宅の裏庭西北隅に建てられた物置小屋内において【注2】、用意の新聞紙数枚を筒状に巻いたものを板壁に沿って立て掛け、これに同所にあった古カーテンその他の可燃物を接着して置いた上、前記新聞紙に所持していたライターで点火して【注3】放火し、その火を前記カーテン、板壁などに燃え移らせ、その結果、告訴人所有の現に人が住居に使用せず、かつ現に人がいない【注4】木造スレート葺平家建物置小屋1棟（床面積約29.7m²）を全焼させて焼損したものである。

【注1】　犯行の動機・原因及び犯意を示したものです（詳細は【モデル文例102】の【注1】参照）。

【注2】　犯行の日時・場所を示したものです。

文例編　第2章　刑法の罪に関する文例　　269

【注3】　犯行の手段・方法を示したものです（詳細は【モデル文例102】の【注3】参照）。

【注4】　被害建造物が刑法109条1項に該当するものであることを明らかにしたものです。

　　仮に被害建造物が被告訴人所有のものであるとすると、刑法109条2項により、「公共の危険」を生じさせたことが要件となりますので、同罪が成立する場合には、例えば、「その結果」以下を次のように記載します。

　　「……その結果、現に人が住居に使用せず、かつ現に人がいない被告訴人所有の木造スレート葺平家建物置1棟を全焼させて焼損した上、同物置小屋の北側に近接する、告訴人ら5名が現に住居に使用する木造2階建家屋に延焼するおそれのある状態を生じさせ、もって公共の危険を生じさせたものである。」

③　建造物等以外放火罪－刑法110条

　　建造物等以外放火罪は、刑法108条及び109条に記載したもの以外の物、すなわち、建造物・艦船・鉱坑に当たらないもの、及び、汽車・電車であって「現に人が住居に使用せず」かつ「現に人がいない」もの一切（例えば、自動車、航空機、家具、取外し可能な建具など）に放火して、これを焼損し、その結果公共の危険を生じさせた場合に成立します。この「公共の危険」は、非現住建造物等放火罪で説明したものと同じです。

　　目的物が犯人（又は共犯者）の所有物である場合は、そうでない一般の場合に比し、軽く処罰されます（刑110②）。

　　目的物が犯人（又は共犯者）の所有に属する場合でも、差押えを受けるなどしたものであるときは、他人の物と同一に取り扱われることは、非現住建造物等放火罪と同様です（刑115。前掲②(2)参照）。

モデル文例104　　建造物等以外放火罪（刑110①）
【アパートの窓の外の駐車車両のボディーカバーに火を点けるなどした事例】

告　訴　事　実

　　被告訴人は、失職後長期間にわたって就職先が見付からず、感情をいら立たせるとともに、世間を恨み、内心に不満を募らせていたが、令和〇年〇月〇日午前

1時ころ、飲酒して徒歩で帰宅する途中、A市B町○丁目○番○号所在の木造モルタル造2階建アパート「甲山荘」前に至った際、同アパート1階1号室の告訴人方北側窓の外に告訴人所有の普通乗用自動車1台が駐車してあるのを認めるや、内心の鬱憤を晴らすため同車を焼損しようと決意し【注1】、その場において【注2】、同車の給油口を取り外し、ガソリンタンク内に、付近に干してあったタオルの一方の端を差し込んで他方の端を給油口から外に垂らした上、同車にかぶせてあったビニール製ボディーカバーの下端側数か所に所持していたライターで点火して【注3】放火し、その結果、同ボディーカバー及び同車のボンネット部の塗装のそれぞれ一部分を焼損し【注4】、そのまま放置すれば、ガソリンタンクのガソリンに引火し、あるいは告訴人方北側窓に設けてある竹製スダレ及びビニール製網戸に燃え移るなど【注5】して告訴人方など10世帯が現住する前記「甲山荘」に延焼するおそれがある状態を発生させ、もって公共の危険を生じさせたものである【注6】。

【注1】　犯行の動機・原因を示したものです。犯意が自動車にとどまらず、アパートの建物の焼損にまで及ぶときは、当然、現住建造物等放火（未遂）罪になります。

【注2】　犯行の日時・場所を示したものです。

【注3】　犯行の手段・方法を示したものです。特に、タンク内にタオルの片方の端を差し入れ、他端を給油口から外に垂らすという手口は危険に結び付くという意味で、手段の悪質性を明らかにしています。

【注4】　建造物等以外放火罪は、刑法108条、109条の物件以外のものを焼損することが前提ですので、それを明らかにする必要があります。

【注5】　「そのまま放置すれば」以下ここまでは、アパートに延焼するおそれがある状態の発生、すなわち「公共の危険の発生」を根拠付けるための具体的事実関係を明らかにしたものです。この具体的状況の記載を省略して、「そのまま放置すれば、近接する前記「甲山荘」に延焼するおそれがある状態を発生させ、……」などとしても差し支えありませんが、危険性・悪質性をより明確にしたいときは、是非ほしい記載です。

【注6】　「公共の危険」の記載例については、【モデル文例103】の【注4】末を参照してください。

文例編　第2章　刑法の罪に関する文例　　271

4　建造物等延焼罪－刑法111条

　延焼罪は、①自己所有非現住建造物等放火罪（刑109②）又は自己所有建造物等以外放火罪（刑110②）を犯した結果、予期せずして現住建造物その他刑法108条の物件あるいは非現住建造物その他刑法109条1項の物件にまで火が移って延焼させてしまった場合（刑111①）、あるいは②自己所有建造物等以外放火罪（刑110②）を犯した結果、予期せずして非建造物その他刑法110条1項の物件にまで火が移って延焼させてしまった場合（刑111②）に成立します。

　この①、②とも、延焼の結果を予見していないことが前提であり、もしその結果を予見し、認容していたとしたら、それぞれ刑法108条・109条1項・110条1項の罪が成立します。

モデル文例105　　建造物等延焼罪（刑111①・110②）

【自己所有の着衣を燃やすため火を点けたところ、燃え移って付近の物置小屋を全焼させた事例】

告　訴　事　実

　被告訴人は、飲食店「○○屋」を営む告訴人方に雇われて出前などに従事していたものであるが、令和○年○月○日出前先を間違えるなどして告訴人から注意されたことに憤慨し、同店の裏庭で被告訴人所有の仕事着を燃やして内心の鬱憤を晴らそうと考え【注1】、同日午後11時30分ころ、A市B町○丁目○番○号「○○屋」の裏庭において【注2】、その西北隅に建てられた物置小屋の板壁から約1.5m離れた地面上に捨てられていた、折り畳んだ段ボール製りんご箱の上に自己所有の仕事着上下各1着を重ねて置き、その上から約1.8ℓの食用廃油をかけた上、これに所持していたマッチで点火して【注3】放火し、同仕事着・りんご箱を炎上させて焼損し、もって公共の危険を生じさせた【注4】が、その火が更に現在人が住居に使用せず、かつ現に人がいない、木造スレート葺平家建の前記物置小屋1棟（床面積約29.7m²）に燃え移り、同建物を全焼させて【注5】延焼したものである。

【注1】　犯行の動機・原因とともに、犯意は仕事着の焼損にとどまることが示されています。

272　　文例編　第2章　刑法の罪に関する文例

【注2】　犯行の日時・場所を示したものです。

【注3】　犯行の手段・方法を示したものです（詳細は【モデル文例102】の【注3】参照）。

【注4】　本事例の冒頭からここまでの記載は、被告訴人が、自分の所有する仕事着につき自己所有建造物等以外放火罪（刑110②）を犯したことを表しています。

【注5】　「その火が」からここまでは、自己所有建造物等以外火罪の結果、刑法109条1項の物件が焼損するに至ったことを示しています。

---

⑤　放火未遂罪－刑法112条

　現住建造物等放火罪（刑108）及び他人所有非現住建造物等放火罪（刑109①）については、未遂であっても処罰されます。なお、実行行為の着手について前掲①の(1)の説明を、既遂時期について同(4)の説明をそれぞれ参照してください。

モデル文例106　現住建造物等放火未遂罪（刑112・108）
【学校の教室（宿直室等に接続）に火を点けたが、発見・消火されて未遂に終わった事例】

告　訴　事　実

　被告訴人は、令和○年○月○日深夜、飲酒して帰宅する途中、出身校であるA市B町○丁目○番○号所在の同市立○○中学校（同校校長告訴人甲山一郎）前を通りかかり、運動場南側の金網フェンスの破れ目から同校校庭に立ち入って校舎などの変容振りを見歩いているうち屋根付き廊下を経て校務員室及び宿直室棟（同校西第2棟）につながる理科室を見付けるや、同校に在校中理科担当の教師による成績評価が悪く不快に感じていたことを思い起こし、酔余、同理科室に放火して焼損し、理科担当教師に対する当時の恨みを晴らそうと決意し【注1】、同日午後11時45分ころ、同理科室西側の施錠漏れの窓から同室内に入り込み【注2】、同室内準備室において、木製の薬品戸棚脇に、付近にあった白衣2着、セーター1着及び紙くずなど在中の段ボール製みかん箱を接着して置き、これらに同戸棚内から取り出したびん入りのエチルアルコール約500mℓを振り掛け、更に前記みかん箱などを置いた箇所から準備室出入口付近までのリノリューム敷床上に、約3mにわたって前記エチルアルコールの残量を点々とたらし、この床上に滴下さ

文例編　第2章　刑法の罪に関する文例　　273

せたエチルアルコールの一端に点火すれば、順次引火してみかん箱などを設置した箇所に火が燃え移り、これら及び前記薬品戸棚を経て前記準備室を含む理科室の板壁・天井などが燃焼するように装置した上【注3】、同準備室出入口付近において、所持していたマッチを擦って軸木2本に点火し、この軸木をエチルアルコールを滴下させた床上に投下した【注4】ところ、床上に引火すると同時に、その火が被告訴人の履いていたズック靴及びズボンの両足すそに飛散していたエチルアルコールに引火して靴及びズボンが燃え出し、被告訴人が大声を上げたため、折から校内を巡回中であった前記中学校教諭乙川二郎が駆け付けて火災を発見し、直ちに自動消火装置（スプリンクラー）のボタンを押して消火したため【注5】、前記薬品戸棚横の板壁を幅約20cm・高さ約30cmにわたってくん（燻）焼したにとどまり【注6】、前記理科室及び西第2棟を焼損するに至らなかったものである【注7】。

【注1】　犯行の動機・原因及び犯意を示したものです（詳細は【モデル文例102】の【注1】参照）。

【注2】　本事例では、現住建造物等放火（未遂）罪の手段として、住居侵入罪を犯していますが、その点については、特に悪質と認められない限り、あえて告訴事実として取り上げなくてもよいでしょう。この記載例では、住居侵入の点は、単に放火（未遂）罪の事情の一つとして記載したものです。

【注3】　この装置は、自然発火装置（前掲①(1)参照）とはいえないので、その後点火したマッチの軸木を床上に落下させてエチルアルコールに引火させた時点で「放火した」、すなわち実行行為に着手したと認められます。

【注4】　実行行為の着手時点につき、【注3】を参照してください。

【注5】　犯行が未遂に終わった事情・理由を明らかにしたものです。

【注6】　目的物が焼損の状態に達すれば既遂ですから、未遂罪では、そこまでの状態に達しなかったことを示す必要があります。この点を通常「……くん（燻）焼したにとどまり」、「……焦がしたにとどまり」とか「……（点火の媒介材料など）を焼損したにとどまり」、「……（点火の媒介材料など）の一部を燃焼させたのみで」などと記載します。

【注7】　焼損の結果が発生しなかったことを示し、未遂罪であることを明らかにしたものです。

274 文例編　第2章　刑法の罪に関する文例

⑥　放火予備罪―刑法113条

　放火予備罪は、現住建造物等放火罪（刑108）か他人所有非現住建造物等放火罪（刑109①）を犯す目的で予備をすることにより成立します。ここで「予備」とは、放火の実行行為に至る前の準備的行為として、放火の目的実現に役立つ行為をすることをいい、例えば、放火の材料・道具を準備したり、これを携えて目的物のある場所に赴くなどの行為がこれに当たります。

モデル文例107　放火予備罪（刑113）
【自宅を燃やそうとして居間などに灯油を散布するなどした事例】

告　発　事　実

　被告発人は、かねてから酒癖が悪く、飲酒の上妻甲山春子（告発人の長女）に暴力を振るうなどするため、令和○年○月○日ころ告発人から今後妻に乱暴したら離婚するほかない旨申し渡されていたものであるが、同月○日夜、A市B町○丁目○番○号の自宅で飲酒の上、妻春子が口答えしたなどと文句を付け、同女の腹部・背部を数回足蹴にし、その頭髪をつかんで引っ張るなど、同女に暴行を加えるに及び、同女が「父さんに相談してくる。」といって長男及び長女の2人と共に自宅から逃げ出したため、鬱憤を募らせた末、翌○日午前零時30分ころ、被告発人の妻子が現に住居に使用する木造平家建家屋1棟（床面積約31.25㎡）に放火して焼損しようと決意し【注1】、灯油約2ℓを同家屋の台所、居間、玄関などに散布し、その上にごみ箱内の紙くずや広げた新聞紙多数を散乱させ【注2】、これに点火すれば同家屋が容易に焼損するように装置し【注3】、もって放火の予備をしたものである。

【注1】　犯行の動機・原因及び犯意を示したものです（詳細は【モデル文例102】の【注1】参照）。
【注2】　犯行の手段・方法を示したものです（詳細は【モデル文例102】の【注3】参照）。
【注3】　この装置が自然発火装置であったなら、この段階で放火罪の実行行為の着手が認められることになります（前掲①(1)参照）が、本事例の装置は、それとは違うので、この段階では予備罪にすぎません。

文例編　第2章　刑法の罪に関する文例　　275

7　消火妨害罪－刑法114条

　消火妨害罪は、火災の際に、①消火用の物（消防自動車、消防ホース、消火器、消火栓、消防用の器具・設備など）を隠匿・損壊する方法、又は②その他の方法（消火作業中の消防士を殴って妨害するなど）で、消火を妨害することにより成立します。

8　失火罪、業務上失火等罪－刑法116条、117条の2

(1)　失火罪

　失火罪は、①失火により（すなわち、過失によって出火させて）、現住建造物など刑法108条の物件又は他人所有非現住建造物など刑法109条1項の物件を焼損した場合、又は②失火により、自己所有非現住建造物など刑法109条2項の物件又は建造物等以外の刑法110条の物件（自己所有であるか他人所有であるかを問いません。）を焼損し、その結果公共の危険を生じさせた場合に成立します（刑116①）。

　「公共の危険」については、前掲2(1)を参照してください。

(2)　業務上失火罪

　業務上失火罪は、業務上の過失に基づく失火罪です（刑117の2前段）。単純な失火罪に比べて法定刑が重くなっています。

　業務上失火罪における「業務」とは、人が社会生活を維持する上で反復・継続して従事する仕事であって、特に火気の安全に配慮すべき職務を伴うものをいうと解されます。例えば、ガソリンスタンドの従業員、調理師、ボイラーマン、高圧ガス取扱業者や、公衆の滞在などに伴い火災の発見・防止の義務が認められる旅館・ホテル・映画館・劇場の経営者や支配人や防火責任者などのほか、火災の発見・防止を職務内容とする警備員・宿直員などがその業務者ということになります。

(3)　重過失失火罪

　重過失失火罪とは、重大な過失に基づく失火罪です（刑117の2後段）。単純な失火罪に比べて法定刑が重くなっています。

　「重過失」とは、結果の予見及び回避についての、注意義務違反の程度が重大な場合、すなわち、わずかの注意を働かせれば結果を予見し、またその結果の発生を回避し得たはずであるといえる場合のことであり、結果の重大性とは直ちに結びつきません。

276　　文例編　第2章　刑法の罪に関する文例

モデル文例108　業務上失火罪（刑117の2・116①）

【建物の2階で鉄パイプの溶断作業をした際、溶断塊を階下の可燃物に落下させて建物を燃した事例】

告　訴　事　実

　被告訴人は、○○株式会社の取締役兼配管工として、同会社が請け負ったＡ市Ｂ町○丁目○番○号△△冷蔵センターの内装工事現場において、空調機器の配管工事を担当し、ガスバーナーを使用して鉄パイプを溶断するなどの作業に従事しているものであるが【注1】、令和○年○月○日午前10時30分ころ、同センター2階の内装工事現場において【注2】、ガスバーナーを使用して2階の天井付近に設置された鉄パイプの溶断作業を開始するに当たり、同作業箇所直下付近の2階床面には、1階に通じる配管用開口部があり、この開口部から通じる1階にはウレタン発泡材くずなどの可燃物が散在する、青果冷蔵室（幅、奥行、高さがそれぞれ約12.8m、約7.8m、約5mのもの）の内装工事現場があって、鉄パイプの溶断塊が前記開口部を経て1階工事現場に落下すれば、その周辺の可燃物に引火して出火するおそれがあったから【注3】、前記溶断作業の従事者としては、あらかじめ同配管用開口部を不燃シートで覆うなど、溶断塊が1階工事現場に落下して周辺の可燃物を燃え上がらせない措置を講じ、火災の発生を未然に防止すべき業務上の注意義務があるのに【注4】、これを怠り【注5】、漫然と同開口部を閉塞しないまま溶断作業を行った過失により【注6】、同日午前11時ころ、2階から落下させた溶断塊を同開口部から1階工事現場に落下させ、同所に散在していたウレタン発泡材くずに着火させた上、前記冷蔵室内壁に着装済みのウレタン発泡材に引火させてこれを燃え上がらせて火を失し【注7】、その結果、同冷蔵室入口付近で配線工事に従事中の告訴人らが現にいる建造物である前記△△冷蔵センター内の青果冷蔵室などを焼損した【注8】ものである。

【注1】　行為者が一定の業務に従事するものであることを具体的に示したものです。この場合の「業務」の意味、具体例については、前掲⑧(2)を参照してください。

【注2】　犯行の日時・場所を示したものです。

【注3】　後述（【注4】参照）の注意義務が要請される根拠となる具体的状況ないし事実関係を明らかにしたものです。

文例編　第2章　刑法の罪に関する文例　　　277

【注4】　ここには、業務者として法律上尽くすべき注意義務の内容を、現実に発生した
　　結果との対応上重要と認められる点に絞って簡潔かつ的確に記載することが肝要で
　　す。
　　　しかし、どのような注意義務があるかは、事案に応じて様々であり、また視点の置
　　き方により微妙に変わり得るので、事実関係の把握が進んでいない告訴・告発の段階
　　では、必ずしも完全を期し難いのも現実です。そのような場合には、注意義務の内容
　　を、例えば、「……の従事者としては、出火を防止すべき業務上の注意義務があるのに、
　　……」とか「……の従事者としては、出火の事態が生じないよう措置すべき業務上の
　　注意義務があるのに、……」などのようにごく抽象的な記載で済ますこともやむを得
　　ないでしょう。
　　　なお、注意義務の記載については、過失傷害の罪におけるそれが参考となりますの
　　で、【モデル文例18】以下を参照してください。
【注5】　注意義務違反があったことを示す常用文句として「これを怠り」の語を使いま
　　す。
【注6】　「これを怠り」の記載で抽象的に示した注意義務違反の内容を具体的に過失行
　　為として捉え直して表したものです。
【注7】　「同日午前11時」からここまでは、過失行為に基づき「火を失した」ことすな
　　わち失火行為を行ったことを示したものです。
【注8】　「その結果」以下は、「火を失した」結果、他人が現にいる建造物（刑108）を焼
　　損するに至った事実を示したものです。

278　文例編　第2章　刑法の罪に関する文例

第19　爆発物・危険物に関する罪

規定条文：刑法117条（激発物破裂）、118条（ガス漏出等及び同致死傷）
保護法益：不特定又は多数人の生命・身体・財産
種　　類：非親告罪

1　激発物破裂罪－刑法117条1項

　激発物破裂罪は、火薬・ボイラー（汽缶）・その他の激発物（LPガス・高圧ガス・その他）を破裂させ、①刑法108条の物件（現住建造物など）、刑法109条1項の物件（他人所有非現住建造物など）を損壊すること、又は②刑法109条2項の物件（自己所有非現住建造物など）、刑法110条1項・2項の物件（建造物等以外の物など）を損壊し、その結果公共の危険を生じさせることにより成立します。これらの罪に対する処罰は、それぞれ、損壊の対象となる物件に対して放火罪を犯した場合の法定刑と同じとなっています。

　「公共の危険」とは、不特定又は多数人に対して、その生命・身体・財産に激発物の破裂による実害が及ぶかもしれないとの不安・危惧感を覚えさせる状態をいいます。

2　過失激発物破裂罪、業務上過失激発物破裂罪等－刑法117条2項、117条の2

　過失激発物破裂罪は、過失によって激発物を破裂させ、激発物破裂罪と同様の結果を生じさせることにより成立します（刑117②）。その処罰は、損壊の対象物件に対する失火罪の刑と同じです。

　その過失が、業務上必要な注意を怠った過失であるときは業務上過失激発物破裂罪が、重大な過失であるときは重過失激発物破裂罪が成立することになります（刑117の2）。なお、失火罪の解説を参照してください。

文例編　第2章　刑法の罪に関する文例　　　　279

| モデル文例109 | 重過失激発物破裂罪 （刑117の2・117①） |

【プロパンガスのコックの開閉状態の点検を怠った重大な過失により、屋内に漏れ出たガスに冷蔵庫の電気火花が引火してガス爆発を起こした事例】

告　訴　事　実

　　被告訴人は、A市B町○丁目○番○号所在の告訴人所有に係る木造スレート瓦葺モルタル塗2階建店舗兼住宅（床面積延べ150.92m²、1階は3店舗に区画、2階は甲山一郎など4世帯8名が居住）の1階東側部分の21.50m²を賃借し、令和○年○月1日以降飲食店「スナック○○」を営んでいたものであるが【注1】、同月7日午前零時30分ころ、営業を終わり閉店して帰宅するに際し、同店では開業後間もない同月3日、店内小座敷の客席床上の東側壁に設置していたプロパンガス配管の二口カランの一方のコックが前夜の営業中に客の接触又はいたずらによって半開されガスが放出されていたことがあり、同3日昼過ぎころ開店前の掃除中にこれを発見した被告訴人においてコックを閉止し、応急の措置として同カランの両方のガス排出口にそれぞれビニールテープを巻き付け、その先端を圧しておいたものの、その排出口にゴムキャップをはめるなどの適切なガス漏れ防止措置を講じないまま放置していたため、排出口の閉塞措置としては極めて不完全な状態にあった上、同月6日午後6時ころから翌7日午前零時過ぎころまでの営業時間中に多数の飲食客が前記小座敷を使用したため、上記3日の場合と同様のガス漏れのおそれが十分予見される状態にあったのであるから【注2】、このような場合、閉店時において上記コックの開閉状態を厳に点検して、これが開放されているときは完全に閉止してガス漏れによる危険の発生を未然に防止すべき注意義務【注3】があるのに、これを怠り【注4】、同コックを点検せず、そのまま帰宅した重大な過失により【注5】、同コックの一方が客の接触又はいたずらによって開放され、上記ガス排出口に巻き付けたビニールテープの透き間からプロパンガスが流出していたのに気付かず、これを同店内に滞留させ【注6】、同月7日午前6時ころ、同店北側に設置されていた電気冷蔵庫のサーモスタットの電気火花を滞留したガスに引火させて激発すべき物であるプロパンガスを破裂させ【注7】、その結果、現に人が住居に使用し、かつ上記甲山ら5名が現にいる前記店舗兼住宅1棟を損壊したほか、これと近接する現に人が住居に使用せず、かつ現に人がいない告訴人所有の同所○番○号所在の木造亜鉛葺2階建店舗兼住宅1棟（床面積延べ54.2m²）及び乙川二郎所有の同所○番○号所在の木造亜鉛葺平屋建店舗1棟（床面積16.92m²）をそれぞれ損壊したものである【注8】。

280　　文例編　第2章　刑法の罪に関する文例

【注1】　冒頭からここまでの記載は、本件被害建物の所在・所有・利用関係及び同建物と被告訴人との関係などを明らかにするものであり、激発物を取り扱う業務に従事していることを示すものではありません。

【注2】　後述（【注3】参照）の注意義務が要請される根拠となる具体的状況ないし事実関係を示したものです。

【注3】　ここに記載された注意義務は、業務上のものではありません。結果の予見及び回避についての注意義務であって、わずかの注意を働かせれば結果を予見し、またその結果発生を回避し得たはずであると言える程度のものをいいます。

【注4】　詳細は【モデル文例108】の【注5】を参照してください。

【注5】　「これを怠り」の記載で抽象的に示した注意義務違反の内容を具体的に過失行為として捉え直して表したものです。

【注6】　プロパンガス（液化石油ガス）は、空気よりも比重が重いため、床上に滞留し、徐々に上方に積もっていく形になります。

【注7】　本罪は、「激発すべき物」を破裂させることを基本要件として成立することになっているので、やや回りくどい感じの言葉ですが、「激発すべき物であるプロパンガスを……」のように記載するのが通例です。

【注8】　「その結果」以下は、激発物を破裂させた結果、現住建造物（刑108）とともに非現住建造物（刑109①）を損壊するに至らせた事実を示したものです。

③　ガス漏出等罪－刑法118条1項

　ガス漏出等罪は、ガス（可燃性ガス、有毒ガスなど）・電気・蒸気を漏れ出させたり、流れ出させたり、又は遮断して、その結果他人の生命・身体・財産に危険を生じさせることにより成立します。その危険は、不特定又は多数人に対するものに限られず、特定かつ少数人に対するものであっても構いません。

④　ガス漏出等致死傷罪－刑法118条2項

　ガス漏出等罪を犯した結果、人の生命・身体に実害を生じさせた場合は、ガス漏出等致死傷罪が成立します。

　傷害の結果のみを生じさせたときはガス漏出等致傷罪、死亡の結果のみを生じさせたときはガス漏出等致死罪が成立します。

文例編　第2章　刑法の罪に関する文例　　281

第20　往来を妨害する罪

規定条文：刑法124条（往来妨害及び同致死傷）、125条（往来危険）、126条（汽車転覆等及び同致死）、127条（往来危険による汽車転覆等）、128条（未遂罪）、129条（過失往来危険）

保護法益：陸上及び水上における交通の安全

種　　類：非親告罪

---

① 往来妨害罪－刑法124条

　往来妨害罪は、陸路（公衆往来用の陸上の通路で、私道を含みます。）・水路・橋（陸橋・桟橋を含みます。）を損壊・閉塞して公衆の通行（往来）の妨害となる状態を生じさせることにより成立します。そのような妨害の危険があれば足り、現実に通行が害されたことは必要ではありません。

　本罪の未遂罪も処罰されます（刑128）。往来妨害罪の結果、人を死傷させたときは、往来妨害致死傷罪（刑124②）が成立します。

モデル文例110　往来妨害罪（刑124①）

【道路上に大量の土砂をうず高く投棄した事例】

> 告　発　事　実
>
> 　被告発人は、令和○年○月○日の深夜、A市B○丁目○番○号株式会社○○建設（代表取締役告発人）の倉庫前及び同所から南方に向け約10mにわたり、公衆の通行の用に供されている幅員約5mの非舗装道路上【注1】に、事情を知らない【注2】土建業者「甲山組」こと甲山一郎を利用して、ダンプカーに積載した大量の土砂を道路幅員一杯に、頂上までの高さ約1.5mに達するまで投棄たい積させ、道路として使用できないようにし【注3】、もって陸路を閉塞して往来の妨害を生じさせたものである【注4】。

【注1】　道路は、公衆の往来の用に供されている陸上の道路という概念に当てはまる限り、舗装・非舗装を問わず、また私道であっても構いません。

282　　文例編　第2章　刑法の罪に関する文例

【注2】　甲山が事情を知って被告発人の犯行に関与したのなら、本罪の共同正犯者となります。

【注3】　本罪は、通行を不可能にする場合のみならず、困難にする程度でも成立します。また、通行人が現実に通行を妨害されたということも必要ではありません。

　道路を損壊して道路として使用できないようにした場合には、「……番地先の幅員約5mの非舗装道路において、幅約5m、深さ約1m、長さ約8mにわたって前記道路を掘削損壊して、道路として使用できないようにし、」のように表すことができます。

【注4】　往来妨害罪の構成要件に該当することを示しています。

---

②　往来危険罪－刑法125条

　往来危険罪は、①鉄道・鉄道標識の損壊又はその他の方法で、汽車・電車の往来の危険を生じさせること（刑125①）、又は②灯台・浮標の損壊又はその他の方法で、艦船の往来の危険を生じさせること（刑125②）により成立します。これらの未遂罪も処罰されます（刑128）。

　「往来の危険」とは、衝突・転覆・破壊・脱線・沈没・座礁などの実害（事故）が生ずるおそれのある状態をいいます。実害が現に発生したり、発生が目前に迫ったりしなくとも、事故発生の可能性があれば足ります。

　往来危険罪の結果、汽車・電車の転覆・破壊、艦船の転覆・沈没・破壊を生じさせた場合は、汽車等往来危険転覆罪が成立し（刑127）、刑法126条（汽車等転覆罪・同致死罪）の例に従って処罰されることになります。

モデル文例111　往来危険罪（刑125①）
【鉄道線路上に自転車を投げ入れて放置した事例】

告　訴　事　実

　被告訴人は、酔余うっ憤を晴らすため【注1】、令和○年○月○日午後11時ころ、A市B町○丁目○番○号先の○○鉄道株式会社甲本線乙鉄橋北詰付近において【注2】、同所の下り軌道上に、付近に駐輪していた自転車3台を投げ入れてそのまま放置し【注3】、もって電車の往来の危険を生じさせたものである【注4】。

文例編　第2章　刑法の罪に関する文例　　283

【注1】　犯行の動機を示したものです。

【注2】　犯行の日時・場所を示したものです。

【注3】　刑法125条1項の「その他の方法」により往来の危険を生じさせたことを示した
記載です。

【注4】　本罪が成立するには、往来の危険が生ずるだけで足り、実害が生ずることは必
要ではありません。

③　汽車等転覆罪、同致死罪－刑法126条

　汽車等転覆罪は、①現に他人が中にいる汽車・電車を転覆・破壊すること、又は②
現に他人が中にいる艦船を転覆・沈没させ、破壊することにより成立します。

　これらは未遂であっても処罰されます（刑128）。

　汽車等転覆罪の結果、その汽車等の内外の人を死亡させた場合は、殺意の有無にか
かわらず、汽車等転覆致死罪が成立します。殺意が存した場合は、ほかに殺人罪が成
立し、観念的競合になると解されます。

④　汽車等往来危険転覆罪、同致死罪－刑法127条

　汽車等往来危険転覆罪は、刑法125条の往来危険罪の結果、汽車・電車の転覆・破壊
又は艦船の転覆・沈撃・破壊という事態を生じさせた場合に成立し、その処罰は刑法
126条の例に従い、重い刑が定められています。

　汽車等往来危険転覆の結果、その汽車等の内外の人を死亡させた場合は、汽車等往
来危険転覆致死罪が成立します。

⑤　過失往来危険罪－刑法129条

　本罪は、過失往来危険罪（刑129①前段）と過失汽車等転覆罪（刑129①後段）とに区分さ
れますが、前者は、過失により車船の往来の危険を生じさせることによって成立し、
後者は、過失により車船の転覆・破壊などの事態を生じさせることによって成立しま
す。

　「往来の危険」については、前掲②で説明したとおりです。

汽車・電車・艦船の交通に関し直接的又は間接的に関係のある業務に従事する者が過失往来危険罪に当たる行為をしたときは、業務上過失往来危険罪が成立します。

モデル文例112　過失往来危険罪（刑129①）

【自動車運転者が踏切で一旦停止を怠るなどして、接近した電車に自動車を衝突させた事例】

告　発　事　実

　被告発人は、令和○年○月○日午前10時ころ、普通乗用自動車を運転し、A市B○丁目○番地先の警報機の設置してある○○旅客鉄道株式会社甲線乙第9号踏切に差し掛かったが【注1】、このような場合、同踏切の直前で一旦停止した上、前方左右を注視するのはもちろん、警報機の警報音に留意し、左右から進行してくる電車の有無を確かめ、交通の安全を確認してから前記踏切内に進入し、電車の往来の危険の発生を未然に防止すべき注意義務【注2】があるのに、これを怠り【注3】、同踏切の直前で一旦停止せず、かつ左右をわずかに見渡したのみで、警報機が警報音及び赤灯点滅により電車の接近を告知しているのに気付かず、漫然と同踏切内に進入した過失【注4】により、折から右方より進行してきた告発人運転のC駅発D駅行6両編成急行電車の1両目前部に自車右前部を衝突させ【注5】、その影響により同電車を約10分間同所付近に臨時停車することやむなきに至らせ【注6】、もって電車の往来の危険を生じさせたものである。

【注1】　冒頭からここまでは、犯行の日時・場所を示したものです。

【注2】　この注意義務は業務上のもの（刑129②）ではなく、一般人の払うべき注意義務（刑129①）です。注意義務は、現実に発生した結果との対応上重要と認められる点に絞り込んで、できるだけ簡潔かつ的確に記載することが肝要です。

【注3】　「これを怠り」は、注意義務違反があったことを示す常用文句です。

【注4】　「これを怠り」の記載で示した注意義務違反の内容を具体的に過失行為として捉え直して表したものです。警報機の赤灯点滅に気付かなかったことは、注意義務の内容の1つである前方注視に対応する過失行為です。

【注5】　本罪における「往来の危険」は、実害（事故）発生の可能性が存することで足り、現実に事故が発生することまでは必要としません（前掲②参照）。

【注6】　この記載は、衝突のみでとどまらず、その結果、電車が約10分間停車するまでの実害が生じたことを事情的に示したものです。

文例編　第2章　刑法の罪に関する文例　285

第21　文書偽造の罪

規定条文：刑法154条（詔書偽造等）、155条（公文書偽造等）、156条（虚偽公文書作成等）、
　　　　　157条（公正証書原本不実記載等）、158条（虚偽公文書行使等）、159条（私文書
　　　　　偽造等）、160条（虚偽診断書等作成）、161条（虚偽私文書等行使）、161条の2（電
　　　　　磁的記録不正作出及び供用）
保護法益：文書に対する社会一般の信用
種　　類：非親告罪

1　公文書偽造・変造罪－刑法155条

　公文書偽造罪（刑155①）は、真正なもの（本物）のように見せかけて使う目的（行使
の目的）で、①公務所又は公務員の真正な印章（はんこ及びそれによる印影）・署名を
使用して公務所又は公務員の作成すべき文書・図画を偽造し、あるいは②偽造した公
務所又は公務員の印章・署名を使用して公務所又は公務員の作成すべき文書・図画を
偽造することにより成立します。
　公文書変造罪（刑155②）は、行使の目的で、公務所又は公務員の押印・署名した文書
を変造することにより成立します。
(1)　偽造と変造
　　文書・図画を「偽造する」とは、作成権限がないのにかかわらず他人名義の文書・
　図画を作成すること、言い換えると、作成名義を偽って文書・図画を作成すること
　です。
　　「変造」とは、真正な他人の文書・図画に、権限がないのにかかわらず変更を加
　えることをいいますが、文書・図画の同一性を害しない範囲でなされることを要し
　ます。文書の本質的な部分を変更し、その同一性を失わせる新たな文書を作り出
　すと、それは偽造となります。
(2)　有印か無印か
　　刑法155条1項の偽造罪（あるいは2項の変造罪）は、文書・図画上に公務所や公
　務員の印章（あるいは押印）・署名が表示されているものであるのに対し、同条3項
　の罪は、公務所や公務員の印章（あるいは押印）・署名を使用しない点で区別され
　ます。同項は特に無印公文書偽造（変造）罪と呼ばれ、同条1項及び2項は有印公文
　書偽造（変造）罪と呼ばれます。

286 文例編　第2章　刑法の罪に関する文例

② 偽造（変造・虚偽）公文書行使罪－刑法158条

　偽造（変造・虚偽）公文書行使罪は、刑法154条から157条までの罪によって作成された文書・図画を、真正なもの（本物）のように見せかけて使うこと（行使）により成立します。

　この罪の主体となるのは、偽造・変造などの行為をした者には限られません。

　不実の記載がされた公正証書原本（後掲④参照）は、通常、一般人又は利害関係人などの利用に供するため公務所に備え付けることが予定されているものであり、公務所に備え付けられれば、いつでも閲覧可能な状態になるので、備え付けただけで「行使」したことになります。

　未遂も処罰されます（刑158②）。

モデル文例113　　（有印）公文書偽造罪・同行使罪①（刑155①・158①）
【区役所職員が区長名義の領収書を偽造した上行使した事例】

告　発　事　実

　被告発人は、A市役所職員であるが、同市B町○丁目○番○号甲山一郎から、先にA市所有の土地の払い下げ代金名目で同人から詐取した100万円について同市名義の領収書を請求されるや、何ら権限がないのにこれを作成し、前記甲山に渡して取り繕おうと考え【注1】、令和○年○月○日ころ、A市役所内において【注2】、行使の目的で、同所に備え付けの罫紙を使用し、これにボールペンで領収書と題した上、「1、金百万円也、上記は本市所有の土地払い下げ代金として領収しました。令和○年○月○日、甲山一郎殿」と記載し【注3】、無断で【注4】A市長乙川二郎の記名印を押すとともに、その右横【注5】に同市長の職印を押して同市乙川二郎名義の領収書1通を偽造し【注6】、直ちにその場で、上記甲山に対し、真正に成立したもののように装い【注7】、これを交付して行使した【注6】ものである。

【注1】　動機・原因及び犯意を示したものです。

【注2】　犯行の日時・場所を示したものです。

文例編　第2章　刑法の罪に関する文例　　　287

【注3】　この文例では、犯行の動機等の記載の部分に被告発人の権限がないことが記載されているので省略しましたが、通常は、「行使の目的で、」の次に「ほしいままに」あるいは「何ら権限がないのに」「無断で」などの語句を加入するのが通例です。

【注4】　区長の署名・印章の使用が無権限であることを特に明らかにするために、「無断で」の語句が使われています。

【注5】　領収書が縦書きであれば、「……の氏名の下に」の意味で「名下に」の慣用的記載が使われますが、現在の領収書はほとんどが横書きですので、例文のように「右横に」ということになります。

【注6】　本罪の偽造罪と行使罪は牽連犯（刑54①）の関係にあり、科刑上一罪として扱われます。

【注7】　行使罪においては、偽造などの文書・図画を「真正に成立したもののように装う」ことが必要です。

モデル文例114　　（有印）公文書偽造罪・同行使罪②（刑155①・158①）

【自己名義の健康保険証の白黒コピーを改ざんしたものをファクシミリにセットし、その画像データを送信して端末機の画像に表示させて相手方に提示した事例】

告　発　事　実

　被告発人は、東京都A区B町○丁目○番○号所在○○モバイルショップB店の店員であるが、自己の生年月日及び住所等を偽って携帯電話を取得しようと企て【注1】、令和○年○月○日ころ、同店において、行使の目的で、ほしいままに、C市の記名及び公印があり、被告発人を被保険者とする国民健康保険証を同店備付けのファクシミリ複合機で複写し、そのコピーの生年月日欄に印字された「7」の字の上に「3」の数字が印字された紙片を張り付けるなどし、生年月日欄に「平成＊年＊月＊日」、住所欄に「C市D町○丁目○番○号Eアパート302」などと記載されたC市作成名義の国民健康保険被保険者証の写し1通を偽造し【注2】、前記ファクシミリ複合機に読み取らせ、その画像データを東京都内所在株式会社△△のOCRサーバーを介して東京都F区G町○丁目○番○号Hビル所在の△△ショップG町店に送信し、これを同店所在の端末機の画面に表示させて同店従業員甲山

288　　文例編　第2章　刑法の罪に関する文例

春子に閲覧させ、もって上記偽造に係る国民健康被保険者証の写し1通をあたか
も真正に成立したもののように装って行使した【注3】ものである。

【注1】　犯行の動機・原因を示したものです。
【注2】　健康保険証等の公文書それ自体を改変すれば偽造罪になることは明らかです
　　　　が、それを複写することによって作成された文書や、電磁的読み取り（スキャン）に
　　　　より閲覧に供する状態に置いた場合であっても、偽造罪が成立するとされています。
【注3】　本事例は、ファクシミリ複合機により画像を読み取らせ、そのデータを携帯電
　　　　話会社のサーバーを介して、遠隔地にある携帯電話会社販売店の端末画面に表示させ
　　　　ています。偽造文書と画像の同一性が維持されていることの説明として、このように
　　　　その画像データの送信経路を明示するべきでしょう。

③　虚偽公文書作成罪—刑法156条

　虚偽公文書作成罪は、公務員が、その職務に関し、行使の目的（前掲①(1)参照）で
①内容の虚偽の文書・図画を作成し、あるいは②文書・図画の内容を虚偽のものに変
更することにより成立します。

モデル文例115　虚偽公文書作成罪（刑156・60）

**【市立の給食センター所長と職員が共謀の上、職務に関し、内容虚偽の注文書を作成
した事例】**

告　発　事　実

　被告発人甲山一郎は、令和○年○月○日からA県B市立給食センター所長とし
て同給食センターの事務全般を掌握していたもの、被告発人乙川二郎は、令和○
年○月○日から同センター主事として同所長の事務を補助する職務に従事してい
たものである【注1】が、被告発人両名は、共謀の上、発注していない厨房器具を
発注したように装ってその代金名下にB市から金員を詐取するために行使する目
的【注2】で、令和○年○月○日ころ、同市C町○丁目○番○号所在の上記給食セ
ンターにおいて、自動食品切断機1台を納入させる意思がないのに【注3】、同給食

文例編　第2章　刑法の罪に関する文例　　289

センター所長甲山一郎の記名のある、同所備え付けの発注用紙の品名・数量欄に「自動食品切断機・1台」、金額欄に「58万円」、宛名欄に「○○調理設備有限会社」などと記載した上、同給食センター所長甲山一郎の記名の右横に「B市学校給食センター所長之印」と刻した角印を冒捺し【注4】、もって被告発人甲山の前記職務に関し、あたかも前記自動食品切断機1台を上記○○調理設備有限会社に発注したかのような内容虚偽の注文書【注5】1通を作成したものである。

【注1】　被告発人両名が公務員であること及びその職務内容について明示したものです。

【注2】　行使の目的の記載は抽象的なもので足りますが、ここでは、詐欺罪の手段として使う目的があることを特に明らかにしています。

【注3】　自らの職務行為として行う意思がないことを明らかにすることにより、文書の内容が虚偽であることを示したものです。

【注4】　印章（本事例では正規のものです。）を勝手に押すことを「冒捺」と表記しましたが、「勝手に押し」等とすることもできます。

【注5】　「あたかも～注文書」の部分はもっと簡潔に、「虚偽の注文書」と記載しても結構です。

④　公正証書等原本不実記載罪－刑法157条1項前段、2項

公正証書等原本不実記載罪は、公務員に対し、虚偽の申立てをして、①登記簿（例　土地登記簿、建物登記簿、商業登記簿、寺院登記簿）、戸籍簿その他の権利・義務に関する公正証書の原本（例　公証人が作成する公正証書、住民票）、又は②免状（例　自動車運転免許証、火薬譲受許可証）・鑑札（例　犬の鑑札、質屋の許可証）・旅券に、真実に反する記載（不実の記載）をさせることにより成立します。

行為者が虚偽の申立てであることに気付かない公務員を利用して、内容の虚偽な文書を作成させる点に本罪の特徴が見られます。

なお、行使の点については前掲②を参照してください。

文例編　第2章　刑法の罪に関する文例

5　電磁的公正証書原本不実記載罪等－刑法157条1項後段

　電磁的公正証書原本不実記載罪は、公務員に対し、虚偽の申立てをして、権利・義務に関する公正証書の原本として用いられる電磁的記録に不実の記載をさせることにより成立します。

　刑法157条で保護されている文書が、現在コンピュータシステムで管理されるようになったことに伴い、それが文書であれば公正証書の原本に相当するものとして、その記録に基づいて利害関係人のために権利・義務に関する一定の事実を公的に証明する効力を有する電磁的記録（例　磁気テープや磁気ディスクなどによりコンピュータシステム化された自動車登録ファイル・特許登録マスターファイル・住民基本台帳ファイルなど）に不実の記載をさせることも処罰されるようになりました。

　電磁的記録は、刑法7条の2で定義され、電子的方式、磁気的方式、その他人の知覚をもって認識することができない方式（すなわち、可視性・可読性などのない方式）によって作られた記録であって、電子計算機による情報処理の用に供されるものをいいます。これは情報（データ）それ自体又は記録に用いられる媒体そのものを意味するものではなく、一定の媒体上に情報が記録、保存された状態を表したものです。

　また、不実が記録された電磁的公正証書原本が供用された場合には、不実公正証書原本行使罪と同様に処罰されます（刑158①）。「供用」は、不実の記録がされた電磁的記録を公正証書の原本と同様の機能を有するものとして使用されるべき状態に置くことをいいます。

モデル文例116　電磁的公正証書原本不実記載罪・同供用罪（刑157①・158①）

【偽装結婚のための婚姻届をした事例】

告　発　事　実

　被告発人3名は【注1】、○○国の国籍を有する外国人である被告発人△△が日本人の配偶者等の在留資格を得るため婚姻を偽装しようと考え【注2】、共謀の上、令和○年○月○日、東京都A区B町○丁目○番○号A区役所において、情を知らない同区役所○部○課戸籍係職員に対し、婚姻した事実がなく、婚姻する意思も有していないのに【注3】、被告発人甲山一郎を夫とし、被告発人△△を妻として

文例編　第2章　刑法の罪に関する文例　　291

婚姻する旨の内容虚偽の婚姻届等の原本を提出して受理させ【注4】、同月○日、情を知らない前記職員に、前記婚姻届等の原本をC県D市○町○番地D市役所に送付させた上、同月○日、同市役所において、情を知らない同市役所○部○課戸籍係職員に、権利義務に関する公正証書の原本として用いられる被告発人甲山一郎の戸籍の原本である電磁的記録に被告発人△△と婚姻した旨不実の記録をさせ【注5】、これを同市役所に備え付けさせて公正証書の原本としての用に供したものである【注6】。

【注1】　本事例は、被告発人を、偽装結婚をして在留資格を得ようとする△△、その婚姻相手甲山一郎、仲介者の3名としているものです。

【注2】　長期間の在留資格を得るため、婚姻を偽装しようとする故意を示しています。

【注3】　婚姻の事実も意思もないことを示しています。

【注4】　本事例はA区役所に婚姻届を提出し、偽装結婚相手の本籍地であるC県D市役所に送付されて不実記録がされたもので、本注記以下にその経緯を示しています。

【注5】　刑法157条1項の対象は、権利義務に関する公正証書の原本と公正証書の原本たるべき電磁的記録ですが、本事例は、電磁的記録が対象となっていることを示したものです。

【注6】　刑法158条1項の構成要件に該当することを示したものです。

⑥　私文書偽造・変造罪－刑法159条

　私文書偽造罪は、行使の目的（前掲②参照）で、①他人の真正な印章・署名を利用して、権利・義務又は事実証明に関する文書・図画（例　契約書、借用書、請求書、遺言書）を偽造し、あるいは②偽造した他人の印章・署名を利用して①と同様の文書・図画を偽造することにより成立します（「偽造」の意味については前掲①(1)参照）。

　私文書変造罪は、行使の目的で、他人の押印・署名した権利・義務又は事実証明に関する文書・図画を変造することにより成立します（「変造」の意味については前掲①(1)参照）。

　刑法159条3項は、無印私文書偽造・変造罪を定めたものであり、これに対応して、前記の私文書偽造罪（刑159①）・変造罪（刑159②）が他人の印章・署名を使用するものであることから、有印私文書偽造・変造罪といいます。

292　　文例編　第2章　刑法の罪に関する文例

⑦　偽造（変造・虚偽）私文書行使罪─刑法161条

　偽造（変造・虚偽）私文書行使罪は、刑法159条・160条の罪によって作成された文書・図画を、真正なもの（本物）のように見せかけて使うこと（行使）により成立します。

　この罪の主体となるのが、偽造・変造などの行為をした者に限られないことは、偽造公文書行使罪などの場合と同様です。例えば、虚偽診断書作成罪の主体は医師に限られますが、虚偽診断書等行使罪は、医師以外の者でも犯すことができます。また、未遂であっても処罰されます（刑161②）。

モデル文例117　　（有印）私文書偽造罪・同行使罪・電磁的公正証書原本
　　　　　　　　　不実記載罪・同供用罪（刑159①・161①・157①・158①）

【他人名義の住民異動届を偽造・行使して、住民基本台帳に虚偽内容を記載させた事例】

告　発　事　実

　被告発人は、令和○年○月○日、A市B区C町○丁目○番○号B区役所において、行使の目的で、ほしいままに、同所備え付けの住民異動届【注1】用紙の異動年月日欄に「○・10・8」、新住所欄に「B区D町○丁目○番○号」、旧住所欄に「B区E町△丁目△番△号」、新旧の世帯主欄に「甲山一郎」、本籍欄に「A県F市G町○丁目○番地」、筆頭者欄に「甲山一郎」と記入し、その届出人欄に「甲山一郎」と記載して、その右横に「甲山」と刻した丸印を押し、もって甲山一郎作成名義の住民異動届を偽造した上、即時同所において、同所区民課区民係職員乙川二郎（告発人）に対し、前記偽造の住民異動届を真正に成立したもののように装い提出して行使するとともに、甲山一郎が旧住所のA市B区E町△丁目△番△号から同区D町○丁目○番○号に転居した旨の虚偽の申立てをし【注2】、その結果、そのころ、情を知らない告発人乙川をして住民基本台帳の原本として用いられる電磁的記録に不実の記載をさせ、そのころ同所においてこれを真正なものとして備え付けさせて公正証書の原本としての用に供したものである【注3】。

【注1】　同じ市区町村内で住所を変更するときは転居届を、他の市区町村に住所を移す

文例編　第2章　刑法の罪に関する文例　　293

ときは転出届をすることになっていますが、住民異動届は、その両方を兼ねたものです。

【注2】　ここで「虚偽」というのは、内容が真実に反することをいいます。

【注3】　本事例の私文書偽造・同行使罪・電磁的公正証書原本不実記載罪・同供用罪は、それぞれが手段・結果の関係にあり牽連犯（刑54）となるので、科刑上は一罪として取り扱われます（詳細は【モデル文例8】参照）。

モデル文例118　　（有印）私文書偽造罪・同行使罪①（刑159①・161①）
【委任状を偽造の上、他人を介して行使した事例】

告　訴　事　実

　被告訴人は、令和○年○月○日ころ、東京都又はその近郊において【注1】、行使の目的で、ボールペンを用いて、市販の委任状用紙の委任事項欄に「甲山一郎を代理人と定め、同人に乙川夏子の印鑑証明書の交付申請及びその受領の権限を委任する。」旨及びその委任者欄に「東京都A区B町○丁目○番○号　乙川夏子」と各記入して、乙川の氏名の右横に「乙川」と刻した市販の丸印を押捺し【注2】、もって上記乙川夏子名義の委任状1通を偽造した上【注3】、同月○日、A区役所において、情を知らない前記甲山一郎をして【注4】、同所窓口課証明係職員に対し、これを真正に成立したもののように装い、同人作成の印鑑証明交付申請書1通とともに提出させて行使したものである。

【注1】　犯行場所が不明な場合の記載の仕方です。

【注2】　「丸印を押し」と記載しても結構ですし、勝手に押したことを強調する場合には「冒捺し」と記載することもできます（詳細は【モデル文例115】の【注4】参照）。

【注3】　本事例の私文書偽造とその行使罪は、牽連犯（刑54①）であって、科刑上は一罪として取り扱われます。

【注4】　「……をして」の記載が文語調であることが気になれば、「……前記甲山一郎を介して……申請書1通とともに提出し……」とすることもできます。

294 文例編 第2章 刑法の罪に関する文例

モデル文例119 （有印）私文書偽造罪・同行使罪②（刑159①・161①）

【金銭消費貸借証書の連帯保証人欄に無断で他人の氏名を記入、押印した上、これを行使した事例】

告 訴 事 実

　被告訴人（告訴人の妻甲山春子の実兄）は、A県B市C町○丁目○番○号所在の乙川金融有限会社（代表取締役乙川二郎）から金銭を借り受けるに当たり、連帯保証人になってくれる者がいなかったため【注1】、令和○年○月○日ころ、D県E市F町○丁目○番○号○○アパート○号室の自宅において、あらかじめ前記乙川から用紙を入手し、借入金額を300万円、借入期間を6か月、借主を被告訴人とするなど所要事項を記入しておいた前記会社宛の金銭消費貸借証書末尾の連帯保証人住所・氏名欄に、行使の目的で、告訴人（甲山一郎）に無断で、ボールペンを用いて「A県G市H町○丁目○番○号　甲山一郎」と記入し、その右横にかねて買い求めていた「甲山」と刻した丸型印を押し、もって告訴人作成名義の連帯保証書1通を偽造した上【注2】、そのころ、前記会社において、前記乙川を介して同会社から金銭を借り入れるに当たり、同人に対して、前記連帯保証書の真正を装い【注3】、前記金銭消費貸借証書1通を差し入れ、もって偽造に係る連帯保証書を行使した【注2】ものである【注4】。

【注1】　犯行の動機・原因を示したものです。

【注2】　罪数関係については、【モデル文例118】の【注3】を参照してください。

【注3】　「前記連帯保証書が真正に作成したもののように装い」と記載しても構いません。

【注4】　本件は、乙川金融有限会社に対する詐欺の実行行為の着手があったものと考えられますが、告訴人としては、自らが被害を受けた案件についてのみ告訴すれば足りるでしょう。

文例編　第2章　刑法の罪に関する文例　　　295

　モデル文例120　　（有印）公文書偽造罪・同行使罪・（有印）私文書偽造
　　　　　　　　　　罪・同行使罪・詐欺罪（刑155①・155③・159①・161①・246①）

【偽造した運転免許証を用いて、他人名義で借入申込書を作り、金融業者の無人受付コーナーで契約申込みをして、クレジットカードを詐取した事例】

告　発　事　実

　被告発人は、令和○年○月○日午後2時ころ、A県B市C町○丁目○番○号付近路上に停車中の普通乗用自動車内において【注1】、行使の目的をもって、ほしいままに、A県公安委員会の記名、公印のある被告発人の運転免許証の上に、甲山一郎の運転免許証写しから氏名、生年月日、住所、交付の各欄及び免許証番号の一部（上四桁）を切り取ってこれを該当箇所に重なるようにして置き、上からメンディングテープを全体に貼り付けて固定し、もって、被告発人が甲山一郎であるような外観を呈するA県公安委員会作成名義の運転免許証（免許証番号○○○○○○○○○○○○○）1通を偽造し、次いで、同日午後3時ころ、同所○丁目○番○号所在のHビル2階の○○株式会社C町支店無人受付コーナーにおいて、行使の目的をもってほしいままに、同所備え付けの借入申込書用紙の氏名欄に「甲山一郎」、自宅住所欄に「A県D市E町○丁目○番○号」などと、備え付けのボールペンを用いてそれぞれ記載し、もって、甲山一郎作成名義の借入申込書及び極度借入基本契約書各1通を偽造し、引き続き同コーナーに設置された自動契約受付機の画像情報入力装置に前記偽造にかかる運転免許証、借入申込書及び極度借入基本契約書を順次読み取らせ、同画像情報入力装置と回線で接続された同支店設置の画像出力装置にこれを表示させるなどし、対応した同支店係員乙川夏子に対し、前記偽造にかかる各文書が真正に作成されたものであるかのように装って一括提示して行使し、同人をして、真実甲山一郎が借入の申込みを行い、所定のとおり融資金の返済をなすものと欺いて、そのころ、同コーナーにおいて、前記乙川夏子から前記自動契約受付機を通じて、甲山一郎名義の乙カード1枚の交付を受けたものである【注2】。

【注1】　偽造をした日時、場所が特定できない場合は、それぞれ「令和○年○月○日ころ」、「A県ないしその付近において」という程度の記載でも構いません。

【注2】　公文書偽造罪と同行使罪、私文書偽造罪と同行使罪、詐欺罪は、それぞれ手段・結果の関係があり、牽連犯（刑54①）として、科刑上一罪となりますので、全てを1つの文章にまとめることが可能です。項目立てをし、公文書偽造までの部分を(1)、私文

書偽造の部分を(2)、行使の部分を(3)、詐欺の部分を(4)というように分けても構いません。

8 虚偽診断書作成罪－刑法160条

虚偽診断書作成罪は、医師が、公務所に提出すべき診断書（又は死体検案書・死亡診断書）に虚偽の内容を記載することにより成立します。原則として、虚偽の私文書の作成は刑法の処罰の対象になりませんが、医師の作成する文書の影響の大きさを考え、処罰が定められています。

9 電磁的記録不正作出罪－刑法161条の2

電磁的記録不正作出罪は、人の事務処理を誤らせる目的で、当該事務処理の用に供する権利・義務又は事実証明に関する電磁的記録を不正に作ることにより成立します。

本罪は、文書と同様、社会的重要事項につき証明機能を果たしている電磁的記録に関し、文書とは独立してその証明機能を保護するものです。

(1)　公電磁的記録と私電磁的記録

不正作出の対象が公務所又は公務員により作られるべき電磁的記録（公文書と対応させ、公電磁的記録といいます。）の場合と、それ以外の電磁的記録（私文書と対応させ、私電磁的記録といいます。）の場合とを区別し、前者の場合をより重く処罰することにしています（刑161の2②）。私電磁的記録については、私文書偽造と同様に、権利、義務又は事実証明に関する電磁的記録に限定されます。

(2)　不正作出とは

「不正に作る」とは、①データの入力・処理の過程に関与する権限がないのに勝手に入力し、又はプログラムを改変するなどして、システムの設置者など、当該記録の内容について決定権を有する者の意図しない記録を作り出したり、②設置者の補助者としてデータの入力・処理の過程に関与する者が、その権限を濫用して設置者などの意思に反して虚偽のデータを入力し、権限内では作ることが許されない記録を作り出したりする行為のように、違法に記録を存在させるに至る行為をいいます。

文例編　第2章　刑法の罪に関する文例

(3)　人の事務処理を誤らせる目的とは

「人の事務処理を誤らせる目的」とは、不正に作り出された電磁的記録が用いられることにより、他人の事務処理、（財産上、身分上その他一般に人の生活関係に影響を及ぼす事務の処理）を誤らせる目的のことをいいます。例えば、キャッシュカード（CDカード）の磁気ストライプ部分に、他人の口座番号や暗証番号などをエンコーダー（磁気書込機）を用いて印磁する場合——CDカードから対銀行関係においてCD取引を行う資格証明の機能を持つことから——当該銀行のCD取引における身分確認の事務処理を誤らせる目的が認められることになり、私電磁的記録不正作出罪が成立します。しかし、そのようなカードを専ら身分証明書代わりに限定して使用することを超えて、財産上の事務処理を誤らせる目的（例えば、他人名義を冒用して預金を引き出すこと）で作る行為については、刑法163条の2第1項後段で引出用カード電磁的記録不正作出罪が成立します。

10　不正電磁的記録供用罪－刑法161条の2第3項

この罪は、不正に作出された権利・義務又は事実証明に関する電磁的記録を、人の事務処理を誤らせる目的で、その事務処理の用に供することにより成立し、電磁的記録不正作出罪と同一の刑で処罰されます。また、未遂罪も処罰されます（刑161の2④）。

モデル文例121　私電磁的記録不正作出罪・同供用罪（刑161の2①③）

【ネットオークションで入札の事実がないのに虚偽の情報を送信し、電磁的記録を不正に作出し、用に供した事例】

　　　　　　　　　　告　訴　事　実

　被告訴人は、インターネットプロバイダーである○○株式会社及び○○の会員である甲山一郎【注1】らの事務処理を誤らせる目的で、ほしいままに、令和○年○月○日午前10時11分29秒から同日午前11時58分23秒ころまでの間、多数回にわたり、A市B町○丁目○番○号△△マンション○号室の被告訴人方において、同所に設置されたパーソナルコンピュータから電気通信回線を介して、東京都C区D町○丁目○番○号D町ビル内に設置された○○の会員情報等を管理する電子計算機である□□データ株式会社のサーバーコンピュータに対し、実際は、甲山一

郎が、○○オークションにおいてオークションID「＊＊＊＊」等として出品された商品に対して入札を行った事実がないのに、甲山一郎が同商品に対して入札を行った旨の虚偽の情報を送信し、上記電子計算機に接続された記憶装置に上記情報を記憶蔵置させ【注2】、もって、権利、義務に関する電磁的記録を不正に作出し、○○株式会社及び甲山一郎らの事務処理の用に供したものである【注3】。

【注1】　オークションサイトの運営者や、IDを冒用された甲山以外にも、出品者等、他の入札者らが事務処理を誤ることになりますが、主たる事務処理の誤りが起こるところを記載すれば足りるでしょう。

【注2】　不正作出の方法を明示したものです。

【注3】　私電磁的記録不正作出罪と不正電磁的記録供用罪とは、牽連犯（刑54①）の関係になります。

文例編　第2章　刑法の罪に関する文例　　299

第22　有価証券偽造の罪

規定条文：刑法162条（有価証券偽造等）、163条（偽造有価証券行使等）

保護法益：有価証券に対する社会一般の信用

種　　類：非親告罪

1　有価証券偽造・変造罪、虚偽記入罪—刑法162条1項、2項

　有価証券偽造・変造罪、虚偽記入罪は、真正なもの（本物）のように見せかけて使う目的（行使の目的）で、①有価証券を偽造・変造し、又は②有価証券に虚偽の内容を記入することにより成立します。

(1)　有価証券とは

　　有価証券とは、財産権を表示した証券で、その権利を行使・譲渡するのにその証券の所持（占有）を必要とするものをいい、取引上流通性を有するかどうかを問いません。刑法162条は、その例示として公債証書（例　国債や地方債の債券）・官庁の証券（例　財務省証券、郵便振替証書）・会社の株券を挙げていますが、そのほか手形・小切手・社債券・鉄道の（普通・定期）乗車券・商品券・競馬の勝馬投票券・競輪の車券・宝くじなど広く有価証券性が認められます。

　　なお、テレフォンカード、パチンコカード、図書カードなどのプリペイドカードも有価証券と認められていますが、その使用可能残度数を増やす改ざん行為は、支払用カード電磁的記録不正作出罪（刑163の2①）を構成することになり、「支払用カード電磁的記録に関する罪」との関係を十分検討することが必要です。

　　一方、郵便貯金通帳、預金通帳、無記名定期預金証書、郵便切手、収入印紙などは有価証券性が認められません。もっとも、切手の偽造・変造などについては郵便法84条（なお、郵便切手類模造等取締法2条参照）、印紙の偽造、変造などについては印紙犯罪処罰法1条（なお、印紙等模造取締法2条参照）に特別の処罰規定があります。

(2)　偽造、変造、虚偽記入の異同

　　文書偽造の罪と同様、「偽造」とは、作成権限がないにもかかわらず他人名義の有価証券を作成することをいい（後掲2参照）、「変造」とは、真正な他人名義の有価証券に、権限がないにもかかわらず、その同一性を害しない範囲で、変更を加え

ることをいいます（例　他人の振り出した約束手形の振出日付や金額の変更）。

　また、有価証券虚偽記入罪における「虚偽記入」とは、有価証券に真実に反する記載をすることをいいます。ただ、判例上は、有価証券の偽造は、基本的証券行為（例えば、手形・小切手においてはその振出行為）にのみ考えられるとし、それ以外の付属的証券行為（手形・小切手においては裏書・保証など）に関しては、たとえ作成権限のない者が他人名義の文書を作出しても、偽造には当たらず、虚偽記入であるとしています（最決昭32・1・17刑集11・1・23）。したがって、判例では、虚偽記入罪には、基本的又は付属的証券行為に関し、作成権限のある者が真実に反して内容虚偽の記載をする場合と、付属的証券行為に関し、作成権限のない者が他人名義で記載する場合とを含むことになります。これに対しては、文書偽造の罪における概念規定と別異に解するのは不統一であるとして、後者の場合は「偽造」であって、「虚偽記入」はあくまで前者の場合に限られるべきであるという学説も有力です。

② 偽造（変造・虚偽記入）有価証券行使・交付・輸入罪－刑法163条

　「行使」とは、偽造有価証券を真正な有価証券（本物の有価証券）と見せかけて使用することを意味し、偽造通貨行使罪とは異なり、流通に置く必要はありません。他人が認識し得る状態におけば既遂となります。

　偽造・変造又は虚偽記入された有価証券を、そのことを明かして引き渡し、又はそのことを既に知っている人に引き渡すことを、その有償・無償を問わず、「交付」といいますが、行使の目的（前掲①(1)参照）で、前記有価証券を交付すれば、偽造（変造・虚偽記入）有価証券交付罪が成立します。また、交付のほか、輸入をすることも処罰されます（刑163①）。

　これらの罪については、未遂罪も処罰されます（刑163②）。

文例編　第2章　刑法の罪に関する文例　　　　301

モデル文例122　　有価証券偽造罪・同行使罪・詐欺罪（刑162①・163①・246①）

【勤務先会社の代表者印などを無断使用して約束手形を偽造した上、これを行使して木材を詐取した事例】

告　訴　事　実

　被告訴人は、A市B町○丁目○番○号○○建設株式会社（告訴会社、代表取締役甲山一郎）の営業員をしていたものであるが、同社振出名義の約束手形を偽造・行使して同社の取引から木材を詐取しようと企て【注1】、令和○年○月○日ころ、同社事務室において、何ら権限がないのに【注2】、同社が株式会社△△銀行本店から交付を受け、支払地欄にA市、支払場所欄に株式会社△△銀行本店と記載されている約束手形用紙3枚の各振出人欄に、同室にあった「A市B町○丁目○番○号○○建設株式会社代表取締役甲山一郎」と刻したゴム印を、その氏名横に「○○建設株式会社代表取締役社長之印」と刻した丸型印をそれぞれ押し【注3】、その各金合計欄にチェックライターを使用してそれぞれ「1,000,000」、「1,000,000」、「1,500,000」と記入したほかその他の所要事項【注4】を記載し、もってそれぞれ同社代表取締役甲山一郎振出名義の約束手形3通（額面100万円2通及び額面150万円1通）を順次【注5】作成して偽造した上、同月○日ころ、同市C町○丁目○番○号木材商「乙川屋」こと乙川二郎方において、同人に対し、前記偽造に係る約束手形3通をいずれも真正に成立したもののように装い、「これで支払うので木材を売って下さい。」などと虚偽を述べて一括して手渡して行使し【注6】、同人を、前記3通の約束手形はいずれも真正に作成されたものであると誤信させて欺き、よってそのころ、同市B町○丁目○番○号先の前記○○建設株式会社資材置場において、乙川二郎から、杉板など200点の木材（時価320万8,400円相当）を交付させて詐取したものである【注7】。

【注1】　冒頭において偽造・行使・詐取の各犯意をまとめて示した記載です。その一部として「行使の目的」も示されているので、後の偽造事実の記載の中には、「行使の目的で」とか「行使の目的をもって」と記載する必要はありません。

【注2】　「ほしいままに」「勝手に」などと記載することが可能です。

【注3】　会社に備え付けの印章を勝手に使うことを強めて「盗捺し」と記載する例や、「冒捺し」と記載する例もあります（詳細は【モデル文例115】の【注4】参照）。

【注4】　その他の所要事項としては、振出地・支払期日・振出期日などの欄の記載もあ

りますが、その記載が特別重要な意味を持たない限り、本事例のように記載して構いません。

【注5】　有価証券偽造罪では、有価証券1通ごとに1罪が成立する（同一機会に数通の偽造をしても包括一罪にはならない）ので、その趣旨を示すために「順次」という表現をしたものです。

【注6】　行使罪も、偽造有価証券の通数ごとに成立しますが、これが一個の行為によって行われた場合（刑法54条1項の観念的競合の場合）には、そのことを明らかにするため「一括行使し」という表現を用いるのが通例です。

【注7】　本事例の有価証券偽造罪とその行使罪と詐欺罪は、それぞれが手段・結果の関係にある牽連犯（刑54①）なので、科刑上一罪として取り扱われます。

モデル文例123　有価証券変造罪・同行使罪（刑162①・163①）

【支払期日が経過した約束手形を、期日が未経過のもののように変造した上、行使した事例】

告　発　事　実

被告発人は、支払期日が経過した約束手形を、それが経過していないもののように変造し、これを行使して自己の債務の返済に充てようと企て【注1】、令和＊2年8月上旬ころ、A市B町○丁目○番○号の被告発人方において、何ら権限がないのに【注2】、所持していた振出名義人甲山一郎、支払期日令和＊1年3月31日、金額200万円の約束手形1通の支払期日中「＊1年」の「1」を抹消してボールペンで「2」と、「3月」の「3」を「8」とそれぞれ記載して、その支払期日を令和＊2年8月31日と改変し【注3】、もって前記約束手形1通を変造し、同年8月15日ころ、同市C町○丁目○番○号の告発人方において、告発人に対し、甲山一郎が真実支払期日を同年8月31日として振り出した約束手形であるかのように装って、告発人に対する債務の支払いのため手渡し【注4】、もって前記変造に係る約束手形1通を行使したものである【注5】。

【注1】　変造とその行使の各犯意を明らかにするための記載です。

【注2】　【モデル文例122】の【注2】参照。

【注3】　「変造」の意義につき、前掲①(2)を参照。なお、手形・小切手の金額や振出日を変更することなども変造となります。

【注4】　変造した有価証券を行使した具体的事実を示したものです。

【注5】　本事例の有価証券変造罪とその行使罪は牽連犯（刑54①）です。

文例編　第2章　刑法の罪に関する文例　　303

第23　支払用カード電磁的記録に関する罪

規定条文：刑法163条の2（支払用カード電磁的記録不正作出等）、163条の3（不正電磁的記
　　　　　録カード所持）、163条の4（支払用カード電磁的記録不正作出準備）、163条の5
　　　　　（未遂罪）
保護法益：支払用カードの真正性とカードによる支払決済システムに対する社会的信頼
種　　類：非親告罪

1　支払用カード電磁的記録不正作出罪—刑法163条の2第1項

　支払用カード電磁的記録不正作出罪は、人の財産上の事務処理を誤らせる目的で、
支払用カード又は預貯金引出用カードの電磁的記録を不正に作り出すことにより成立
します。また、未遂行為も処罰されます（刑163の5）。

(1)　支払用カードと預貯金引出用カード

　　支払用カードとは、クレジットカード（後払式支払用カード）、プリペイドカー
　ド（テレフォンカード、パチンコカード、図書カードなどの前払式支払用カード）
　を指し、預貯金引出用カードとは、銀行等のキャッシュカードのことを指します。
　それぞれ同項の前段と後段で保護されています。

　　カードはプラスチックなどの板にすぎませんが、これと一体となった電磁的記
　録は、一定のシステムで用いられることによって情報を証明する機能を果たすこ
　とになります。ですから、カードそのものに会員番号等の刻字や印刷が何もなかっ
　たとしても、あるいは、一見して不正に作出された外観を呈するものであっても、
　機械的処理が可能な状況になっていればこの罪が成立します（例えば、パチンコカ
　ードに磁気テープを貼り付けてデータを改ざんするなど）。

(2)　人の財産上の事務処理を誤らせる目的

　　この罪が成立するためには、他人の財産的な事務処理を誤らせる目的が必要で
　す。例えば、身分証明書代わりにクレジットカードを示しても、本罪にはなりませ
　ん。

(3)　不正作出とは

　　「不正に作る」とは、無権限で（権限を濫用する場合も含みます。前掲第21⑨参
　照）、正規の支払用カード又は預貯金引出用カードとして機械的処理が可能な状態

の電磁的記録カードと一体となっている記録媒体上に存在せしめることをいいます。既存の記録を部分的に改変、抹消して新たな電磁的記録にする場合も含まれます（例えば、500円のテレフォンカードを1,000円分使える電磁的記録に書き換えるなど）。

モデル文例124　支払用カード電磁的記録不正作出罪（刑163の2①）
【キャッシュカードの電磁的記録を不正に作出した事例】

告　訴　事　実

　被告訴人は、株式会社○○銀行の預金管理等の事務処理を誤らせる目的で【注1】、ほしいままに【注2】、令和○年○月○日ころ、A市B町○丁目○番○号△△技術教育サービス株式会社実習室において、あらかじめビデオテープを貼付したキャッシュカード大のプラスチック板1枚【注3】の磁気ストライプ部分に、オフィスコンピュータ及び実習用ATM機等を用いて【注4】、暗証番号「＊＊＊＊」、銀行番号「□□□□」、支店番号「××××」、口座番号「＋＋＋＋＋＋」などを表する印磁をそれぞれし【注5】、もって前記銀行の預金管理等の事務処理の用に供する預金引出用カードを構成する電磁的記録を不正に作ったものである【注6】。

【注1】　「人の財産上の事務処理を誤らせる目的」を示したものです。

【注2】　「ほしいままに」とは、行為者が当該電磁的記録を作り出す権限がない場合はもちろん、権限があってもその権限内では作ることが許されない電磁的記録を作り出す場合をいい、「不正に」の意味を表す記載です。「正当な権限がないのに」とか「勝手に」などと記載することも可能です。

【注3】　カード作成用の原料を示したものです。本事例では、たった1枚の偽造で告訴をしていますが、この種の犯罪では多数のカードを偽造している場合がほとんどであるため、この告訴を手がかりに、被告訴人の周辺を捜査してもらうことが期待できます。告訴人としては、手元には不正作出カード1枚しか入手できないことも多いでしょうから、このような形式での告訴をすることが一般的であろうと思われます。

【注4】　犯行の手段を示したものです。判明する限度で明らかにすれば足ります。

【注5】　電磁的記録の作出方法及び内容を示したものです。

【注6】　本罪の構成要件に該当することを示したものです。

文例編　第2章　刑法の罪に関する文例　　305

② 不正作出支払用カード電磁的記録供用罪－刑法163条の2第2項

　不正作出支払用カード電磁的記録供用罪は、不正に作られた支払用カード又は預貯金引出用カードを構成する電磁的記録を、他人の財産上の事務処理のため、これに使用される電子計算機において用い得る状況に置くことで成立します。例えば、クレジットカードをCAT（信用照会端末）に通させたり、テレフォンカードを電話機に挿入する行為がこれに当たります。また、未遂行為も処罰されます（刑163の5）。

モデル文例125　不正作出支払用カード電磁的記録供用罪・窃盗罪（刑163の2②・235）

【使用済みのパチンコ用プリペイドカードを利用して不正に作出された料金支払用カードをパチンコ遊技機の自動玉貸機に挿入するとともに、パチンコ玉を窃取した事例】

告　訴　事　実

　被告訴人は、令和○年○月○日午後3時30分ころから同40分ころまでの間、A市B町○丁目○番所在の○○株式会社パチンコ○○B町店において【注1】、△△カード株式会社等の財産上の事務処理を誤らせる目的で【注2】、何者かが同社発行の使用済みの□□カードと称する料金支払用カードの電磁的記録部分に、ほしいままに【注3】、5,000円分のパチンコ玉の貸出しを可能とする電磁的記録を複写印磁し、これを不正に作出した支払用カード1枚を【注4】、同店に設置されているパチンコ遊技機の自動玉貸機のカード挿入口に挿入して、同社の□□カードによる玉貸し及びカード利用額計算の事務処理の用に供し【注5】、同機等を作動させ、同店の遊戯機から、同店店長甲山一郎管理のパチンコ玉合計625個（貸出価格2,500円相当）[YM1]を窃取したものである【注6】。

【注1】　犯行の日時・場所を示したものです。

【注2】　「人の財産上の事務処理を誤らせる目的」の記載です。

【注3】　「ほしいままに」につき、【モデル文例124】の【注2】を参照。

【注4】　何者かが不正作出した支払用カードであることを示したものです。

【注5】　「人の財産上の事務処理の用に供した」点を具体的に示したものです。

【注6】　上記【注5】とあいまって、「他人の財物を窃取した」点を示したものです。

③ 不正電磁的記録カード譲渡し（貸渡し、輸入）罪・同所持罪
―刑法163条の２第３項、同163条の３

　本罪は、不正に作られた電磁的記録を構成要素とする支払用カード又は預貯金引出用カードを、他人の財産上の事務処理を誤らせる目的で、譲り渡し、貸し渡し、輸入し（刑163の2②）、あるいは所持した場合（刑163の3）に成立します。

　他人にその処分権を付与するものが譲渡し、付与しないものが貸渡しです。引き渡しを受けた相手が不正作出されたものであるかの認識があるかどうかを問いません。また、譲渡し（貸渡し・輸入）罪については、未遂行為も処罰されます（刑163の5）。

④ 支払用カード電磁的記録不正作出準備罪―刑法163条の４

　支払用カード又は預貯金引出用カードの不正作出の主要な準備行為を罰するものです。
(1)　電磁的情報の不正取得（刑163の4①前段）
　　不正作出の用に供する目的で、支払用カードの電磁的ストライプ部分に記録されている、カード名義人、会員番号、有効期限などの情報処理に供される電磁的記録の情報（データ）を不正に取得することをいいます。この未遂罪も処罰されます（刑163の5）。その方法としては、正規の支払用カードの券面からスキマーを用いてカード情報を複写して、その記録媒体に蓄積させるなどしてカードの情報を盗み取る行為（スキミング）や、記録媒体に蓄積されたカード情報をその媒体ごと受領する行為などがあります。また、電磁的情報ではなく、それをプリントアウトしたものを入手する方法も取得の一形態です。
(2)　電磁的記録情報の知情提供（刑163の4①後段）
　　不正作出の用に供する目的で、情を知りながら、不正取得によって盗み取った情報を相手が利用できる状態に置くことをいいます。カード情報が記録されているCD等の記憶媒体を相手方に交付するような電磁的情報を相手に提供する方法だけでなく、紙面に符号を印刷した形でファクシミリで送付するなどの、カード情報を事実上相手方が利用できる状況に置けば提供と評価できます。この未遂罪も処罰されます（刑163の5）。

（3） 不正取得電磁的情報記録の保管（刑163の4②）

　不正に取得された支払用カード等を構成する電磁的情報を、不正作出の用に供する目的で保管する行為をいいます。例えば、パソコンのハードディスクに保存する行為や、USBメモリ等の記録媒体に保管するなど、カード情報を自己の事実上の支配下に置くことがこれに当たります。

（4） 器械・原料の準備（刑163の4③）

　不正作出の用に供する目的で、器械や原料を準備する行為を罰するものです。例えば、電磁的方式で記録されているカード情報を複写して、内蔵する記録媒体に蓄積させるなどの機能を有するスキマーや、電磁的情報を打ち出すカードライター等の器械や、カード情報を印磁するカード原板などの原料を購入、製作するなどして用意し、これを利用して不正目的を遂行できる状態におくことをいいます。これらを準備して、実際に不正作出罪に当たる行為をしたときには、準備罪は不正作出罪に吸収され、後者の罪のみが成立します。

第24　不正指令電磁的記録に関する罪

規定条文：刑法168条の2（不正指令電磁的記録作成等）、168条の3（不正指令電磁的記録取得等）

保護法益：電子計算機のプログラムに対する社会一般の信頼

種　　類：非親告罪

1　不正指令電磁的記録作成等－刑法168条の2

今日、電子計算機は、情報処理の上で極めて重要な社会的機能を有しています。本罪は、平成23年に新設されたコンピュータ・ウイルスに関する処罰規定であり、電子計算機のプログラムが電子計算機に対してその使用者の「意図に沿うべき動作をさせず、又は意図に反する動作をさせるべき不正な指令」を与えるものではないという社会一般の信頼を保護法益とするものです。

コンピュータ・ウイルスとは、「人が電子計算機を使用するに際してその意図に沿うべき動作をさせず、又はその意図に反する動作をさせるべき不正な指令を与える電磁的記録」（刑168の2①一）です。

本罪は、不正指令電磁的記録等の作成、提供、供用等の行為を対象とします。

同条1項本文の「作成」とは、コンピュータ・ウイルスを新たに記録媒体上に存在させることをいい、「提供」とはコンピュータ・ウイルスであることを認識しつつこれを取得しようとする者に対し、その者の支配下に移して事実上利用できる状態に置くことをいいます。同条2項の「実行の用に供した」（供用）とは、コンピュータ・ウイルスをコンピュータの使用者が実行する意思がないのに、実行させる状態に置くことをいいます。例えば、コンピュータ・ウイルスを電子メールに添付して送付する行為がこれに該当します。供用罪には未遂処罰の規定（刑168の2③）があります。

文例編　第2章　刑法の罪に関する文例　　309

モデル文例126　不正指令電磁的記録供用罪（刑168の2②・168の2①一）、詐欺罪（刑246①）

【不正指令電磁的記録を供用して、使用料名下に金員を詐取した事例】

　　　　　　　　　　　　告　訴　事　実

　被告訴人は、インターネットにアダルト動画サイトを開設した上、同サイトにおいてアダルト動画を再生しようとした者が使用する電子計算機上に、マウス操作による移動、サイズ変更及び最小化ができず、閉鎖しようとしても数秒後に再表示され、かつ電子計算機を再起動しても再表示される機能を有した、同サイトの有料会員登録が完了した旨及び同サイトの閲覧料金を支払うまでそのウィンドウが消えない旨等を半裸の女性像や卑わいな文言と共に表示するウィンドウを常時表示させるとともに、同サイトの利用料金名下にその者に金員を交付させようと企て【注1】、

第1　あらかじめ、サーバーコンピュータ上に、接続電子計算機に対して前記ウィンドウを表示させる指令を与えるphpファイル「○○_××.php」並びに接続電子計算機に対して前記「○○_××.php」に毎起動時及び2分ごとに接続させる指令を与えるphpファイル「▲▲_××.php」【注2】を蔵置し、前記サーバ上に開設された株式会社○○名義に係るアダルト動画サイト「○○」内において、「動画再生」と表示されたボタン画像をクリックした者の使用する電子計算機に対して前記「▲▲_××.php」に接続する指令を与えるhtaファイルの実行を促す表示がなされるように設定した上、令和○年○月○日頃、A市B町○丁目○番○号所在の告訴人方において、情を知らずに【注3】上記画像をクリックした同人をして、同人の使用する電子計算機上で同ファイルを実行させ【注4】、もって、正当な理由がないのに【注5】、人が電子計算機を使用するに際してその意図に反する動作をさせるべき不正な指令を与える電磁的記録を人の電子計算機における実行の用に供した

第2　同日頃、前記告訴人方において、同人が前記のとおり「動画再生」と表示されたボタン画像をクリックした際、同人には同サイトの会員制有料動画配信サービス利用契約を申し込む意思がなく同契約が成立していないのに、これが成立して利用料金支払義務が生じたように装い、同人の使用する前記コンピュータ上に、同契約が成立して利用料金支払義務が生じた旨の内容虚偽の画面表示を行うなどして、振込期日までに利用料金を指定の口座に振り込

むよう求め、同人をして、同契約が成立して振込期日までに利用料金を支払う義務が生じたものと誤信させ、よって、同月○日午前○時○分頃、A市B町○丁目○番○号所在の○○郵便局において、同人をして、○○銀行株式会社○○支店に開設した前記株式会社○○名義の普通預金口座に対して、○万円を振込入金させ、もって、人を欺いて財物を交付させた

ものである【注6】。

【注1】　詐欺の犯意を明らかに示した記載です。
【注2】　「人が電子計算機を使用するに際してその意図に沿うべき動作をさせず、又はその意図に反する動作をさせるべき不正な指令を与える電磁的記録」（刑168の2①一）の具体的内容を示したものです。
【注3】　電子計算機の使用者において、不正指令電磁的記録であることを認識していないことが必要です。
【注4】　「実行の用に供した」ことを示すものです。
【注5】　「正当な理由がない」とは「違法に」という意味です。
【注6】　不正指令電磁的記録供用罪と詐欺罪は併合罪の関係に立ちます。

② 不正指令電磁的記録取得等－刑法168条の3

　本罪は、正当な理由がないのに、人の電子計算機における実行の用に供する目的で、コンピュータ・ウイルスを取得し、又は保管する行為を対象とします。
　取得又は保管が提供・供用の前段階の行為に当たり、害悪を社会に拡散させるおそれがある行為であるため、処罰対象とされています。
　「取得」とは、コンピュータ・ウイルスであることを認識して、自己の支配下に移す行為をいい、「保管」とは、コンピュータ・ウイルスを自己のコンピュータのハードディスクや、自己が自由にダウンロードできるサーバーに保存するなどして、自己の支配下に置く行為をいいます。

文例編　第2章　刑法の罪に関する文例　　311

モデル文例127　　不正指令電磁的記録取得罪（刑168の3・168の2①一）
【不正指令電磁的記録を取得した事例】

告　発　事　実

　被告発人は、正当な理由がないのに【注1】、人の電子計算機における実行の用
に供する目的で【注2】、令和○年○月○日ころ、東京都A区B町○丁目○番○号
の被告発人方において、甲山一郎が作成したパーソナルコンピュータの電磁的記
録媒体に記録されているファイルを使用不能の状態にするなどの機能を有するコ
ンピュータ・ウイルス【注3】を、同人から、電子メールの添付ファイルとしてイ
ンターネットに接続した自己のパーソナルコンピュータに送信を受けて取得し
【注4】、もって人が電子計算機を使用するに際してその意図に沿うべき動作をさ
せず、又はその意図に反する動作をさせるべき不正な指令を与える電磁的記録を
取得したものである。

【注1】　　「正当な理由がない」とは「違法に」という意味です。

【注2】　　「人の電子計算機における実行の用に供する」目的が必要です。

【注3】　　「人が電子計算機を使用するに際してその意図に沿うべき動作をさせず、又は
　　　その意図に反する動作をさせるべき不正な指令を与える電磁的記録」（刑168の2①一）
　　　の具体的内容を示したものです。

【注4】　　コンピュータ・ウイルスであることを認識して自己の支配下に移す行為です。

第25　公然わいせつの罪

規定条文：刑法174条（公然わいせつ）、175条（わいせつ物頒布等）

保護法益：健全な性風俗

種　　類：非親告罪

[1]　公然わいせつ罪－刑法174条

　公然わいせつ罪は、公然とわいせつな行為をすることにより成立します。

(1)　公然とは

　　「公然」とは、不特定又は多数の人が認識し得る状況をいいます。現実に認識されなくても、不特定人又は多数人に認識される可能性があれば足りることになります。

(2)　「わいせつな行為」とは

　　わいせつな行為とは、判例上、「その行為者又はその他の者の性欲を刺激興奮又は満足させる動作であって、普通人の正常な性的羞恥心を害し、善良な性的道義観念に反するもの」をいうとされます（東京高判昭27・12・18高刑5・12・2314）。何がわいせつ行為に当たるかは、我が国における歴史的・社会的事情を基礎として、行為が行われた時代の一般社会人の良識に従って決定されるものであり、その具体的内容が時代によって変遷が生じる性格のものです。今日では、人前で接吻したり、乳房・太もも・尻などを一部露出させるなどしても、おおむねわいせつ行為とはならないでしょう（ただし、乳房や尻などの露出行為は、軽犯罪法1条20号違反として処罰されることがあります。）。これに対して、全裸を見せたり、性器を露出させる行為は、一般的にわいせつ行為に当たると解されています。

文例編　第2章　刑法の罪に関する文例　　　313

モデル文例128　　公然わいせつ罪（刑174）

【路上で陰茎を露出させた事例】

告　訴　事　実

　被告訴人は、告訴人【注1】の居住する町内に居住しているものであるが、令和
○年○月○日午後4時ころ、A市B町○丁目○番○号甲山一郎方前路上において、
買い物帰りに通りかかった【注2】告訴人に対し、露出した陰茎を示して【注3】公
然とわいせつな行為をしたものである。

【注1】　公然わいせつ罪の保護法益は健全な性的風俗とされますが、直接的に被害を受
　　　　ける個人を想定することは可能であり、そのような者は告訴をすることができます。

【注2】　公然とわいせつな行為をした相手がたまたま近所の面識のある者であったとし
　　　　ても、また、1人だけであったとしても、不特定又は多数人が通行する道路上のことで
　　　　あれば、その行為が通行人らの目に触れる可能性があるので、公然性が明らかになり
　　　　ます。

【注3】　通行人が面前に至ってから陰茎を取り出し、これを見せた場合には、「自己の陰
　　　　茎を露出して示し」とすることもできます。

---

②　わいせつ物頒布（販売・陳列・所持）等―刑法175条

　わいせつ物頒布（販売・陳列・所持）罪は、わいせつな内容の文書（本・雑誌・チ
ラシなど）・図画（写真・フィルム・絵画・ビデオテープなど）・電磁的記録（ソフト
ウェア・データなど）・その他の物（彫刻・置物・録音テープ・レコード・コンパクト
ディスク・DVDなど）を①頒布又は販売し、あるいは②公然と陳列し、③販売の目的
で所持することにより成立します（刑175①）。図画とその他の物を合わせて「わいせつ
物」という言い方で、「わいせつ文書」と区別した言い方をします。また、電気通信の
送信によりわいせつな電磁的記録その他の記録を頒布した者、例えば、わいせつ画像
のデータをメールで送信した者も同様に処罰されます。

　また、有償頒布の目的で、上記の物を所持したり、上記の電磁的記録を保管した者
も同様に処罰されます（刑175②）。

(1)　「わいせつ」とは

　　　本罪における「わいせつ」の概念については、前掲①(2)を参照してください。

(2) 頒布、販売、陳列、所持とは

「頒布」とは、不特定又は多数の人に対し、無償（対価をとらない）で配布することをいいます。現に配布する相手が数名にすぎなくても、当然又は成り行き上、同人らから不特定又は多数の人に配布されるべき場合には、頒布があったと解されます。

「販売」とは、不特定又は多数の人に対し、有償で譲渡することをいいます。現実の引渡しを要し、売買契約をしただけの段階では販売とは言えません。客が持ち込んだ生テープにわいせつなビデオテープ画像を転写（ダビング）して有料で客に交付する行為は販売に当たるとする裁判例があります（大阪地堺支判昭54・6・22刑月11・6・584）。また、レンタルビデオのような形で賃貸に供することも販売の一態様であるとの見方があります。不特定又は多数の人に対してする意思があれば、1人に対して1回行われたにとどまる場合も販売に当たると解されます。

「陳列」とは、不特定又は多数の人が観覧し得る状態に置くことをいいます。映画フィルムの映写、ビデオテープ・録音テープの再生なども陳列に当たります。

販売目的で「所持」するとは、わいせつ文書・図画などを販売する目的で自己の支配下に置くことをいいます。これらを直接携帯している場合に限らず、行為者の管理する場所（居室・店舗その他）に置いたり、他人に預けて保管しておくことなども所持となります。幾つものわいせつ文書を数か所（例　自宅・店舗・知人方その他）に分けて所持する場合には、一連のものと認められるに限り、包括一罪とされ、全体を併せた一個の所持が認められることになります。

▌モデル文例129　わいせつ図画販売罪・同目的所持罪（刑175）
【わいせつ図画のDVDを販売し、同目的で所持した事例】

告　発　事　実

被告発人は、

1　令和○年○月○日、東京都A区B町○丁目○番○号○○ビル前路上に設置した露店において、甲山一郎に対し、男女の性交性戯場面を露骨に撮影記録した【注1】わいせつ図画であるDVD「厳重秘！　春子の×××」他2巻を代金合計1万円で売り渡し、もってわいせつな図画を販売し【注2】

2　販売の目的で【注3】、前記1記載の日時場所において、前同様のわいせつ画像

文例編　第2章　刑法の罪に関する文例　　315

であるDVD20巻を所持し
たものである。

【注1】　写真・映画フィルム・ビデオテープ、DVDなどの場合、内容がわいせつなもの
であることを示すには、この程度の記載で足ります。「露骨に録画した」とすることも
できます。
　　　わいせつな文書の場合であれば、「男女の性交、性戯の場面などを露骨に描写記述し
た『(題名〜)』と題するわいせつな単行本」などと表します。

【注2】　「……代金合計1万円で販売し」とひとまとめにしても構いません。

【注3】　「販売の目的で」は、「販売する目的で」「販売の目的をもって」という表現も
できます。また、これは、日時場所の次に入れても構いません。

モデル文例130　わいせつ図画陳列罪（刑175）
【わいせつ画像をインターネット上に掲示した事例】

告　発　事　実

　被告発人は、令和〇年〇月〇日から令和〇年〇月〇日ころまでの間、A市B町
〇丁目〇番〇号所在の自宅において、パーソナルコンピュータを利用しインター
ネットを介して、男女の性器や性交場面を露骨に撮影した【注1】わいせつ画像デ
ータ合計84画像分を、順次、レンタルサーバー会社であるアメリカ合衆国C州D
市F通り〇番所在の△△インターネットカンパニー管理に係るサーバーコンピュ
ータに送信し、同コンピュータの記憶装置であるディスクアレイ内に記憶、蔵置
させ、被告発人開設のホームページにアクセスして会員登録した日本国内の不特
定多数のインターネット利用者が、電話回線を利用し、上記各画像データを受信
してわいせつ図像を再生閲覧することが可能な状況を設定し【注2】、もってわい
せつな図画を公然と陳列したものである。

【注1】　【モデル文例129】の【注1】参照。

【注2】　「公然陳列」の具体的方法を示したものです。わいせつ画像を記憶、蔵置した
サーバーが海外にあったとしても、国内から容易に閲覧できる状況にあれば、公然陳
列に当たるとされています。

316 文例編　第2章　刑法の罪に関する文例

第26　賭博に関する罪

規定条文：刑法185条（賭博）、186条（常習賭博及び賭博場開帳等図利）、187条（富くじ発
　　　　　売等）
保護法益：国民一般の健全な経済観念、勤労観念の保持
種　　類：非親告罪

1　賭博罪－刑法185条

　賭博とは、偶然の事情によって決せられる勝負に関して、財物（広く財産的利益のこと）を賭けてその得失を争うこと、すなわち、偶然性に左右されて決まる勝負に、2人以上の者が財物を賭け、互いにその獲得を目指して争うことを指します。

　花札やサイコロを使用して行う、ヤクザ映画などに出てくるいわゆる鉄火賭博がこれに当たることはもちろんですが、野球や相撲などのスポーツ、将棋、トランプ、くじ、闘犬、闘鶏などの勝負に賭け、財物の取得を争えば、一般人によるものであっても本罪が成立します。ただし、例えば、その場で費消する飲食物など「一時の娯楽に供する物」を賭けたにとどまるときは、処罰されないことになっています（刑185ただし書）。しかし、その物が金銭である場合は、金額が少ないとしても、性質上、一時の娯楽に供する物とは言えないとされています。

モデル文例131　単純賭博罪（刑185）

【旅館の客室で花札賭博をした事例】

　　　　　　　　　　　　告　発　事　実

　被告発人は、令和○年○月○日ころ、A市B町○丁目○番所在「○○旅館」の客室において、甲山一郎ら10数名とともに、花札を使用して金銭を賭け、俗に「こいこい」と称する賭博【注】をしたものである。

【注】　賭博の方法の記載です。その方法が一般に周知した典型的なものである場合は、
　　　本事例程度の記載をし、その周知の名称を示せば足ります。麻雀賭博の場合なら、

文例編　第2章　刑法の罪に関する文例　　　317

「……乙川二郎ら3名とともに、麻雀の勝負に金銭を賭けて賭博をしたものである。」
という記載になります。

「……と称するばくちをしたものである。」という記載も可能です。

② 常習賭博罪・賭博場開帳図利罪・博徒結合図利罪―刑法186条

常習賭博罪は、賭博罪を犯した場合に、それが行為者に備わった賭博を繰り返す習
癖に基づいて犯されたと認められるときに成立します。

賭博場開帳図利罪は、利益を図る目的で賭博場（賭場）を開設し、主宰することに
よって成立します。

利益を得る目的で博徒（職業的賭博者に限らず、常習的賭博者を含むと解されます。）
を随時集めて、賭博に参加させ得る程度に自己の統率下におくと、博徒結合図利罪に
なります。

318　　文例編　第2章　刑法の罪に関する文例

第27　死体遺棄等の罪

規定条文：刑法188条（礼拝所不敬及び説教等妨害）、189条（墳墓発掘）、190条（死体損壊
　　　　　等）、191条（墳墓発掘死体損壊等）、192条（変死者密葬）
保護法益：国民の宗教感情ないし心情的平穏や死者に対する崇敬の情
種　　類：非親告罪

1　礼拝所不敬及び説教等妨害罪―刑法188条

　礼拝所不敬罪は、神祠、仏堂、墓所その他の礼拝所に対し、公然と不敬な行為をすることにより成立します。「神祠」とは神道によって神を祀った神社の社や祠、「仏堂」とは仏教の寺院のお堂本堂など、「墓所」とは人の遺体や遺骨を埋葬・安置して死者を祀り、又は記念する場所、「その他の礼拝所」とは、宗教を問わず、一般の人達が宗教的な崇敬を捧げる場所を指します。礼拝所は、建物の必要はなく、ご神体である自然物、ひめゆりの塔のような慰霊の施設なども該当します。

　「公然」とは、不特定又は多数人が認識し得る状態です。

　「不敬な行為」とは、上記の礼拝所やそこに安置された神像や十字架などの宗教的崇敬を捧げられるべき対象物に対して、その尊厳を害する行為です。

　説教等妨害罪は、説教、礼拝又は葬式を妨害する行為をすることにより成立します。条文上「葬式」とはなっていますが、通夜も「礼拝」として保護されます。

モデル文例132　礼拝所不敬罪（刑188）
【墓石を転落させた事例】

告　訴　事　実

　被告訴人は、令和〇年〇月〇日午後3時ころ、A市B町〇丁目〇番地所在のC寺墓地において、墓参する甲山一郎の遺族の面前で【注1】、甲山一郎の墓の仏石を押し倒して転落させ【注2】、もって墓所に対して、公然と不敬な行為をしたものである。

文例編　第2章　刑法の罪に関する文例　　319

【注1】　公然性や宗教的な心情を害する行為をしたことを明確化するために、墓参する
　　　遺族の面前であることを記載してあります。しかし、深夜の墓地のように通常は人が
　　　いない場所であっても、他の人が通りかかる可能性などがあれば「公然」とみなされ
　　　ます（最決昭43・6・5刑集22・6・427）ので、この記載は必須ではありません。

【注2】　墓の一部を転落させる行為が不敬な行為に当たります。仏石とは棹石とも呼ば
　　　れ、墓の上部の「○○家の墓」等と文字が刻まれるなどした部分です。

② 死体損壊（遺棄・領得）罪－刑法190条

　死体損壊罪は、死体・遺骨・遺髪又は棺に納めてある物（副葬品）を損壊すること
により成立しますが、刑法191条（次項）に該当する場合は除きます。「損壊」とは、
物理的に破壊することです。

　刑法191条に該当する場合を除き、死体などを遺棄すれば死体遺棄罪、領得すれば死
体領得罪が成立します。「遺棄」とは、死体などを場所的に移動して放置することはも
ちろん、場所的移動を伴わなくても、法令又は慣習などにより葬祭の義務のある者又
は死体などを監護すべき義務のある者が、葬祭又は監護の意思なく死体などをそのま
ま放置することを含みます。死体を地中に埋没させても、宗教的習俗上埋葬と認めら
れない方法によるものであれば、遺棄になります（例　嬰児を殺害後、自宅の裏庭に
出産汚物とともに埋没した場合）。

　人を殺害した上、その死体を遺棄すれば、殺人罪と死体遺棄罪が成立し、両方は併
合罪となります（大判明44・7・6刑録17・1388、大判大3・2・21新聞925・28）。

　「領得」とは、方法の如何を問わず、不法に占有を取得することをいいます。

　これらの客体となる「死体」とは、死者の身体の全部又は一部をいい、その内部の
臓器も含みます。また、生命活動を失った胎児（死胎）も、妊娠期間のいかんにかか
わらず、人の形体を備えている限り「死体」と解されます。「遺骨」「遺髪」は、死者
の祭祀又は記念のために保存し、又は保存すべき骨、頭髪をいいます。また、「棺に納
めてある物」とは、死者の副葬品として、死体などとともに棺内に入れられた死者の
遺愛品などをいい、その所有権者の有無は問わないとされています。

③ 墳墓発掘死体損壊等罪－刑法191条

　本罪は、墳墓を不法に発掘した者（刑189）が、刑法190条に該当する行為をした場合に成立します。したがって、その反面として、刑法190条の死体損壊等の罪が成立するのは墳墓の発掘が適法に行われた際、あるいは他人が墳墓を不法に発掘した際に、死体などが露出した場合とか、墳墓の発掘を要さずに犯した場合（つまり、死体などがまだ埋没されるに至っていない場合）に限られます。

文例編　第2章　刑法の罪に関する文例　　321

〔国家的法益に対する犯罪〕

第28　公務の執行を妨害する罪

規定条文：刑法95条（公務執行妨害及び職務強要）、96条（封印等破棄）、96条の2（強制執
　　　　　　行妨害目的財産損壊等）、96条の3（強制執行行為妨害等）、96条の4（強制執行
　　　　　　関係売却妨害）、96条の5（加重封印等破棄等）、96条の6（公契約関係競売等妨
　　　　　　害）
保護法益：公務（国又は地方公共団体の作用自体）
種　　　類：非親告罪

1　公務執行妨害罪－刑法95条1項

　　公務執行妨害罪は、公務員の職務執行に当たり、公務員に対して暴行又は脅迫を加
えることにより成立します。しかし、その職務の執行行為は、適法なものでなければ
なりません。
(1)　暴行とは
　　　「暴行」とは、公務員に向けられた不法な有形力の行使であれば足り、必ずしも
　　公務員の身体に直接加えられることを要しないとされています。この意味で暴行
　　罪における「暴行」より広い概念となっています。
(2)　脅迫とは
　　　「脅迫」とは、公務員に対し、その職務執行を妨害するに足りる程度の恐怖心を
　　起こさせる目的で害悪を告知することをいいます。脅迫罪における「脅迫」は、人
　　の生命・身体・自由・財産に対する害悪の告知をいうのに対し、公務執行妨害罪で
　　は害悪を加える対象は生命・身体・自由・財産に限定されません。

322　　文例編　第2章　刑法の罪に関する文例

モデル文例133　　公務執行妨害罪（刑95①）
【区役所の窓口業務担当者に暴行を加えてその職務を妨害した事例】

告　訴　事　実

　　被告訴人は、令和〇年〇月〇日午後零時15分ころ、A市B町〇丁目〇番〇号所
在のA市役所第一庁舎東棟1階の住民戸籍課住民登録係窓口において、戸籍謄本
等の発行業務に従事中【注1】の職員である告訴人（当時52歳）から、「身分証を持
参しないと戸籍謄本の発行ができない。」と言われたことに激高し、告訴人に対し
【注2】、「目ん玉くり抜くぞ、表に出ろ。」と怒鳴りつけた上、持っていた鞄を同人
の顔面目掛けて投げつけるなどの暴行を加え【注3】、もって告訴人の前記職務の
執行を妨害したものである。

【注1】　　いかなる職務を遂行中であったかを具体的に示したものです。

【注2】　　暴行又は脅迫の向けられた相手が公務員であることを示したものです。

【注3】　　暴行により傷害の結果が生じた場合は、公務執行妨害罪のほかに傷害罪が成立
　　　　し、両罪は観念的競合（刑54①前段）の関係になります。この場合には、例えば、「……
　　　　などの暴行を加え、もって告訴人の前記職務の執行を妨害するとともに、同暴行によ
　　　　り、告訴人に対し加療約1週間を要する顔面打撲の傷害を負わせたものである。」のよ
　　　　うに示すことになります。

---

② 職務強要罪－刑法95条2項

　　職務強要罪は、公務員に対し、①ある処分をさせる目的か、②ある処分をさせない
目的か、あるいは③その職を辞させる目的かのいずれかの目的をもって、暴行又は脅
迫を加えることにより成立します。

　　「ある処分」とは、当該公務員がなし得ることのすべてを含み、職務権限内の処分
であると職務権限外の処分であるとを問いません。

　　「暴行」、「脅迫」の意味は、公務執行妨害罪におけるそれと同様です（詳細は前掲
①参照）。

文例編　第2章　刑法の罪に関する文例　　　323

モデル文例134　　職務強要罪（刑95②）
【市有地貸与を求めて、市長を脅迫した事例】

　　　　　　　　　　告　訴　事　実

　被告訴人は、A市の市議であるが、令和○年○月○日午前10時過ぎころ、A市
B町○丁目○番地○所在のA市役所内の市長室において、A市内のスーパーマー
ケット建設予定地の市有地の貸与を求める目的で【注1】、市長である告訴人（当
時58歳）に対し【注2】、告訴人が上半身裸の女性に抱きつかれている写真を示し
ながら、「これはスキャンダル写真だ。この写真が世に出たら、家族親戚が恥ずか
しい思いをするだけでなく、お前に対する世間の信用は完全に失墜するぞ。それ
が嫌なら、スーパーマーケット建設のため、とっとと市有地を貸し出せ。」と述べ
て【注3】、告訴人を脅迫し、もって職務を強要したものである。

【注1】　　ある処分をさせる目的が存在することを示したものです。ある処分とは、広く
　　　　公務員が職務上なし得る行為をいい（処分とは公務員がなし得ることすべてを含みま
　　　　す。）、それにより直ちに一定の法律上の効果が生じるかどうかは問いません。事実行
　　　　為も含まれます。
【注2】　　暴行又は脅迫の向けられた相手が公務員であることを明らかにすることを示し
　　　　たものです。
【注3】　　脅迫文言を具体的に示したものです。

---

③　封印等破棄罪－刑法96条

　封印破棄罪は、公務員が施した封印又は差押えの表示を、損壊又はその他の方法で
その封印若しくは差押えの表示に係る命令若しくは処分を無効にすることにより成立
します。なお、封印等が不法に除去された後における妨害行為も、平成23年改正によ
り処罰されることになりました。
　「封印」とは、中味を開けてみたり、内容物を取り出したりすることを禁止する趣
旨で物の外装に施す封緘、その他これと同様の機能を有する物的方法（任意の処分を
禁ずるために、開くことを禁止する旨の意思を表示して施された封緘等の物的設備）
をいいます。必ずしも印影を使用したものに限られません。

324 文例編 第2章 刑法の罪に関する文例

「損壊」とは、物理的に毀損・破壊し、事実上の効用を喪失させることをいいます。

「その他の方法」で無効にするとは、物質的な破壊を伴うことなく、事実上の効力を滅却又は減殺させることをいいます。

「命令」は裁判所によるもの、「処分」はその他の公務員によるものをいい、適法・有効でなければなりません。

④ 強制執行妨害目的財産損壊等罪－刑法96条の2

強制執行妨害目的財産損壊等罪は、強制執行を妨害する目的で、①強制執行を受け、若しくは受けるべき財産を隠匿・損壊・仮装譲渡、又は仮装債務を負担したり、②強制執行を受け、又は受けるべき財産について、その現状を改変して、価格を減損し、又は強制執行の費用を増大させたり、③無償譲渡等により金銭執行の引当財産を減少させることにより成立します。なお、情を知って③の譲渡又は権利の設定の相手方となった場合も、同じ法定刑で処罰されます。

モデル文例135 強制執行妨害目的財産損壊等罪 (刑96の2)

【民事訴訟の被告が強制執行を妨害する目的で、自己所有の物品を他人方に隠匿した事例】

告 発 事 実【注1】

被告発人は、告発人から借り受けた500万円を弁済期に返済しなかったため、告発人から貸金返還請求の訴えを提起され、現在同訴訟がA地方裁判所に係属中であるが、前記訴えに基づく強制執行を妨害する目的で【注2】、令和〇年〇月〇日ころ、A市B町〇丁目〇番〇号の自宅から、被告発人所有のダイヤ指輪3点など合計約20点の貴金属・書画類（時価合計700万円相当）を秘かに同市C町〇丁目〇番〇号所在の甲山一郎（被告発人の妻の実兄）方に運搬して同人に預け、情を知らない【注3】同人をして同人管理の物置内に収納させ、もって前記財産を隠匿したものである。

【注1】 本件告発人は、告訴することもできます。

【注2】 本罪が成立するためには、強制執行を妨害する目的の存在が必要です。しかし、

文例編　第2章　刑法の罪に関する文例　　325

　　単に行為者の主観においてその目的が存すればよいというものではなく、訴えの提起
　　とか判決の言渡しなど現実に強制執行を受けるおそれがある客観的状況下でその目的
　　があることを要します。
【注3】　被告発人の義兄甲山が情を知って財産の隠匿に協力した場合には、同人との共
　　同正犯（刑60）が成立することになります。

⑤　強制執行行為妨害等罪－刑法96条の3

　強制執行行為妨害等罪は、①偽計又は威力を用いて、立入り、占有者の確認その他
の強制執行の行為を妨害した場合、②強制執行の申立てをさせず又はその申立てを取
り下げさせる目的で、申立権者等に対して暴行又は脅迫を加えた場合に成立します。
　本条は、強制執行妨害行為のうち人に対するものを処罰の対象とする規定です。

⑥　強制執行関係売却妨害罪－刑法96条の4

　強制執行関係売却妨害罪は、偽計又は威力を用いて、強制執行において行われ、又
は行われる売却の公正を害すべき行為をした場合に成立します。
　競売開始決定前に行われた公正阻害行為も、処罰の対象となります。また、強制執
行関係の談合も、偽計を用いた売却の公正を害すべき行為として本条の対象となりま
す。

⑦　加重封印等破棄等罪－刑法96条の5

　加重封印等破棄等罪は、報酬を得、又は得させる目的で、人の債務に関して、封印
等破棄罪、強制執行妨害目的財産損壊等罪、強制執行行為妨害等罪、強制執行関係売
却妨害罪を犯した場合に成立します。
　報酬の取得等の目的が、刑の加重要件となっています。

326　　　文例編　第2章　刑法の罪に関する文例

8　公契約関係競売等妨害罪−刑法96条の6

　公契約関係競売等妨害罪は、偽計又は威力を用いて、公の競売又は入札で契約を締結するためのものの公正を害すべき行為をすることにより成立します。

　「競売」とは、競売施行者（売主）が多数者に対し、口頭・文書で買受けの申出をすることを募り、最高価額の申出人に売却する手続をいいます。「入札」とは、2名以上の者を競争させ、原則として最も有利な申出をした者を相手方として契約する競争契約の手続であって、他の者には内容を知られずに文書によってその申出をすることをいいます。

　「偽計」とは、人を欺罔しその正当な判断を誤らせる術策をいい、「威力」とは、人の意思を制圧するに足る勢力を示すことをいいます。

9　談合罪−刑法96条の6第2項

　談合罪は、公の競売又は入札で契約を締結するためのものにおいて、①公正な価格（公正な自由競争によって形成されるべき競落価格・落札価格）を害する目的、又は②不正な利益（社会通念上「祝儀」の程度を超える、不当に高額な談合金）を得る目的で談合することにより成立します。

　「談合」とは、競売人ないしは入札者が相互に通謀して、特定の者を契約者とするために、他の者は一定価格以上（以下）の値をつけない（入札しない）ことを協定することをいいます。

モデル文例136　談合罪（刑96の6②）
【中学校改装工事の指名競争入札に関し談合した事例】

告　発　事　実【注1】

　被告発人甲山一郎は、A市B町○丁目○番○号において建築請負業甲山組を、被告発人乙川二郎は、同市C町○丁目○番○号において建築請負業乙川組を営み、それぞれ、令和○年○月○日A市役所において施行された同市立△△中学校の改築工事の指名競争入札【注2】に指定業者として参加したものであるが、被告発人

文例編　第2章　刑法の罪に関する文例　　327

両名は、共謀の上、同工事の入札を表面上は公正に競争入札するもののように装って、その実は入札者間で不正に価格を協定して、前記甲山組に落札させようと企て【注3】、そのころ、同市D町○丁目○番○号所在の「喫茶店□□」において、前記入札に関し、前記甲山組に2億4,500万円で落札させるため、乙川組が2億6,800万円で入札し、その謝礼として甲山組から1,000万円を支払う旨を協定し【注4】、もって入札の公正な価格を害し、不正な利益を得る目的で談合したものである。

【注1】　被告発人両名の談合の結果、入札を妨げられた会社が告訴することも考えられます。

【注2】　本件の入札が公の入札であることを示したものです。

【注3】　入札の公正な価格を害し、かつ不正の利益を得る目的があることを具体的に示したものです。

【注4】　談合の内容を示したものです。判明する限りで具体的に、しかし冗長にならないように示します。

文例編　第２章　刑法の罪に関する文例

第29　犯人蔵匿・証拠隠滅の罪

規定条文：刑法103条（犯人蔵匿等）、104条（証拠隠滅等）、105条（親族による犯罪に関する特例）、105条の2（証人等威迫）

保護法益：刑事司法作用の適正な運営（証人等威迫罪については個人の私生活の平穏も考慮）

種　　類：非親告罪

1　犯人蔵匿等罪－刑法103条

　本罪は、罰金以上の刑に当たる罪（罰金又は禁錮刑あるいは懲役刑を法定刑とする犯罪）を犯した者又は法令に基づく拘禁中に逃走した者を、その情を知りながら、蔵匿すること（犯人蔵匿罪）、又は隠避させること（犯人隠避罪）により成立します。

　「蔵匿」というのは、官憲による発見・逮捕を免れるための場所を提供してかくまうことをいいます。

　「隠避」させるとは、蔵匿以外の方法で捜査機関による発見・逮捕を免れさせるすべての行為をいいます。例えば、自分あるいは他人を身代わり犯人に立てること、逃走資金・変装用品を与えたり、捜査の進行状況の情報を与えたりして逃走の便宜を図ることなどがこれに当たります。

　本条の罪は、蔵匿又は隠避された犯人が、捜査開始前であっても、捜査中であっても、裁判進行中であっても、裁判確定前であっても、どの段階にあっても成立しますが、その犯人が真実罪を犯した者（真犯人）であることを要するか、あるいは罪を犯した嫌疑者として捜査又は訴追を受けている者であれば足りるかについては、争いがあります。判例は後者の見解に立っていますが（大判大8・4・22刑録25・589）、前者の見解に立つ反対説も有力です。

文例編　第2章　刑法の罪に関する文例　　　329

モデル文例137　犯人隠避罪（刑103）

【道路交通法違反につき、身代わり犯人となって警察官に申告した事例】

告　発　事　実

　被告発人は、甲山一郎が令和○年○月○日午後10時25分ころA市B町○丁目○番○号付近路上において、公安委員会の運転免許を受けないで普通貨物自動車を運転し、罰金以上の刑に当たる道路交通法違反の罪を犯したものであることを知りながら【注1】、その処罰を免れさせるため、翌○日午前10時ころ、同市C町○丁目○番○号所在のD県A警察署において、同署交通課司法警察員乙川二郎に対し、前記道路交通法違反事件の犯人は自己である旨虚偽の事実を申し立て【注2】、もって前記甲山を隠避させたものである。

【注1】　隠避の対象が「罰金以上の刑に当たる罪を犯した者」であること及びそれについての認識があることを示したものです。

【注2】　いわゆる身代わり自首の行為を示したもので、隠避行為の具体的内容を明らかにしています。

---

②　証拠隠滅等罪－刑法104条

　証拠隠滅罪は、他人の刑事被告事件・被疑事件に関する証拠を隠滅・偽造・変造し、又は偽造・変造の証拠を真実のものとして裁判所又は捜査機関に対して使用することにより成立します。

(1)　他人とは

　「他人」とは、自己以外の者のこと（自己の事件に関する証拠の隠滅行為は処罰されません。）です。判例によれば共犯者を含むとされています。この考え方は、共犯者の中の一人が、専ら他の共犯者のためにだけ証拠を隠滅し、自己のためにする意思を欠いていた事案に限って妥当すると考えられます。

(2)　証拠とは

　「証拠」とは、他人の刑事事件に関する証拠であり、犯罪の成否に関するものはもとより、刑の加重減免あるいは情状に関する刑事事件の処理に関する資料一切を含みます。書証・物証のみならず人証をも含み、証人を隠匿したり殺害すること

も証拠隠滅行為となります。

(3) 隠滅とは

「隠滅」とは、証拠の物理的損壊に限らず、証拠の顕出を妨げ、又はその価値を失わせたり、低下させる一切の行為（物理的に滅失させることに限らず、証拠を隠したり証人となるべき者を逃避させたりする行為を含みます。）を意味します。

(4) 親族による犯罪に関する特例

犯人（又は逃走者）の親族（民725）が犯人（又は逃走者）の利益のために犯人蔵匿罪・証拠隠滅罪を犯した場合には、親族間の人情を考え併せると、処罰することが適切でないときがあるので——それらの罪を犯さないことの期待可能性が少ないことを背景として——裁判官の裁量により刑の免除ができることとしたものです。

モデル文例138 証拠隠滅罪（刑104）

【交通事故事件の裁判で被告人に有利な判決を得させるため、内容虚偽の領収証を作成した事例】

告　発　事　実

被告発人は、かねてA地方裁判所に公判係属中の知人甲山一郎に対する自動車運転過失傷害被告事件（被告発人が被害者）につき【注1】、同人に有利な判決を得させようと企て【注2】、令和〇年〇月〇日ころ、A市B町〇丁目〇番〇号の自宅において、前記被告事件につき同裁判所に提出すべき証拠書類として、前記甲山からは示談金10万円を受領していたにすぎないにもかかわらず、同人から示談金150万円を受領した旨の虚偽の領収証1通を作成し、もって他人の刑事被告事件に関する証拠【注3】を偽造したものである。

【注1】　「他人の刑事被告事件」であることを具体的に特定したものです。

【注2】　他人の刑事被告事件に関する証拠を隠滅することの認識を示すとともに、他人の利益のために行ったものであるとの犯情をも示したものです。

【注3】　証拠は、犯罪の成否などに関するものに限らず、本事例の示談金領収証のように刑の量定に関するものも含みます。

文例編　第2章　刑法の罪に関する文例　　331

③　証人等威迫罪－刑法105条の2

　証人等威迫罪は、自己又は他人の刑事被告事件・被疑事件の捜査又は審判に必要な知識を有すると認められる者（例　被害者・目撃者など参考人ないし証人、鑑定人）又はその親族に対し、その事件に関して、正当な理由がないのに、面会を強請し、又は強談・威迫の行為をすることにより成立します。

(1)　面会の強請

　　「面会を強請し」とは、面会の意図のないことの明らかな相手方に対して面会を強要することをいいます。言語・挙動等により相手方に対し直接的な面会を求めることを要し、電話・文書・使者などにより間接的に面会を求める場合までは包含されません。

(2)　強談・威迫とは

　　「強談」とは、相手方に対し、言葉を用いて自己の要求に従うよう強要することをいいます。「威迫」とは、勢力を示す言葉・動作を用いて相手を困惑させ不安感を生ぜしめることをいいます。強談も威迫も、脅迫に当たる程度に達した強制・威嚇の行為を含みますので、この程度にまで達した場合は、事案により、脅迫罪（刑222）あるいは強要罪・同未遂罪（刑223）としても処罰し得ることになります。

［モデル文例139］　証人等威迫罪（刑105の2）

【恐喝事件で裁判中の被告人が、同事件の被害者方に赴き、同人に執拗に面会を求めた事例】

告　訴　事　実

　被告訴人は、告訴人から現金20万円を喝取した嫌疑【注1】で検挙され、次いで恐喝事件の被告人としてA地方裁判所に起訴されて公判係属中のものであるが【注2】、令和○年○月○日午後5時30分ころ、同被告事件の被害者であるA市B町○丁目○番○号の告訴人方に赴き、その玄関口において、示談交渉のため告訴人に面会を求めたところ、告訴人から、その弟甲山一郎を介して面会の意思がないと告げられるや、同所から室内の告訴人に対し、大声で「そこにいるんだろう。いるんだったら顔くらい出してもいいじゃないか。お前に迷惑をかけたから弁償をしてやるといってわざわざ会いに来ているのに何で会わんというのだ。おれは

332 文例編 第2章 刑法の罪に関する文例

刑務所に入ることは何とも思っとらん。そんなにおれの顔を見るのが怖いか。顔を見せろよ。来ないならおれの方から上がって行くぞ。いいな。」などと申し向けながら、約20分間にわたって執拗に面会を求め【注3】、もって前記恐喝被告事件について、その審判に必要な知識を有する告訴人に対し、正当な理由がないのに面会を強請したものである。

【注1】 嫌疑（事件）の内容をより具体的に示し、「令和○年○月○日ころ、A市B町○丁目○番○号喫茶店○○において告訴人から現金20万円を喝取した嫌疑」などと示すこともあります。

【注2】 公判係属の段階に至っていない場合、すなわち捜査中の段階であっても本罪が成立します。

【注3】 面会強請の具体的状況とともに、それが「当該事件に関し」て行われたものである事情を示したものです。

面会強請の結果、その相手方が不安困惑の感情を生ずることは必ずしも本罪成立の要件ではありませんが、不安困惑を生じさせた場合には、例えば「……執拗に面会を求め、告訴人に不安困惑の念を抱かせ、もって……」などのように記載して、面会強請の状況をより明らかにすることもできます。

文例編　第2章　刑法の罪に関する文例　　　333

第30　偽証の罪

規定条文：刑法169条（偽証）、170条（自白による刑の減免）、171条（虚偽鑑定等）
保護法益：国家の司法作用・懲戒作用の適正
種　　類：非親告罪

1　偽証罪－刑法169条

　偽証罪は、法律により宣誓した証人が虚偽の陳述をすることにより成立します。
　宣誓をしていない者については、本罪が成立することはありません。
　例えば、民事訴訟法201条や刑事訴訟法154条に基づき宣誓した証人、あるいは国家
公務員法16条・74条・91条に依拠する人事院規則に基づき公務員懲戒手続において宣
誓した証人などが、自己の記憶に反する事実を陳述する場合が本罪の例です。
(1)　虚偽の陳述
　　　「虚偽の陳述」とは、通説・判例によれば、陳述（供述）内容が陳述者自らの記
　　憶に反している場合がこれに該当し、仮に客観的真実に合致する陳述であっても、
　　それが陳述者自身の記憶内容に反していれば虚偽ということになります（大判大3・
　　4・29刑録20・654）。本罪の成立には、陳述内容が裁判・懲戒の結果に現実に影響を及
　　ぼしたかどうかとか、その影響の程度いかんは関係ないというのが判例の立場で
　　す（大判明43・10・21刑録16・1714、大判大2・9・5刑録19・844など）。
(2)　自己の刑事被告事件の場合
　　　自己の刑事被告事件につき、他人を教唆して虚偽の証言をさせたときに偽証教
　　唆罪が成立するかどうかが問題とされます。被告人自身が自らの刑事被告事件に
　　つき虚偽の陳述をしても、偽証罪の要件を満たさず、罰せられないことは明らかで
　　すが、他人を教唆して自己のために偽証させることまで期待可能性がないとは言
　　えず、この場合は偽証教唆罪が成立するというのが通説・判例です（大判明42・8・10
　　刑録15・1083）。
(3)　自白による刑の減免
　　　偽証罪を犯した者が、証言した事件の裁判確定前（訴訟事件・非訟事件の場合）
　　又は懲戒処分前（懲戒事件の場合）に自白（自分が偽証したことを告白すること。
　　自首も含まれます。）したときは、その刑を減軽又は免除することができるという

334　　文例編　第2章　刑法の罪に関する文例

　規定です。この場合における自白の宛先は、裁判所・懲戒権者・捜査機関に限られ、私人を含まないと解されます。

　偽証教唆者にも刑法170条の適用があると解されます。

モデル文例140　偽証罪（刑169）

【刑事被告事件の証人が、被告人の利益を図って、自己の記憶に反する証言をした事例】

　　　　　　　　　　　告　発　事　実

　被告発人は、令和○年○月○日、A市B町○丁目○番○号のA地方裁判所3号法廷において、友人の甲山一郎に対する覚せい剤取締法違反被告事件につき、証人として宣誓の上証言した際【注1】、「被告人甲山は、覚せい剤を譲り受けたという当日午後3時ころから午後10時ころまで私方にいてビールを飲んだり、カラオケで歌ったり雑談をしていた。譲受けが午後7時ころだということなら、その時間帯には私方にいたので、犯人が甲山だということは間違いである。」【注2】旨自己の記憶に反した虚偽の陳述をし、もって偽証したものである。

【注1】　行為者が法律により宣誓した証人であることを示したものです。
【注2】　行為者の記憶、すなわち認識に違反した虚偽の陳述の要旨を具体的にしかも簡潔に記載することが肝要です。

モデル文例141　偽証教唆罪（刑169・61①）

【窃盗被告事件の被告人の妻が、被告人のために有利な証言をしてくれるよう知人に依頼し、偽証させた事例】

　　　　　　　　　　　告　発　事　実

　被告発人は、夫甲山一郎に対する窃盗被告事件につき、知人乙川二郎がA地方裁判所刑事第2部から同事件の証人として喚問されたことを知るや、同人に夫甲山のため虚偽の陳述をさせようと企て【注1】、令和○年○月上旬ころ、A市B町○丁目○番○号の自宅において【注2】、前記乙川に対し、同事件の証人として尋問を受ける際には、「甲山は、夜10時ころ窃盗をしたという当日、私（被告発人）

文例編　第2章　刑法の罪に関する文例　　335

と2人で午後3時ころ乙川方を訪れ、同夜はそのまま同人方に2人とも宿泊して翌朝9時ころ帰った。」旨虚偽の陳述をするよう依頼し【注3】、よって【注4】前記乙川をして、同月○日、同市Ａ地方裁判所の法廷において、証人として宣誓の上証言するに際し、「甲山は、窃盗をしたという当日の午後3時ころから翌日午前9時ころまで、同人の妻とともに証人方にいた。」【注5】旨虚偽の陳述【注6】をさせ、もって偽証の教唆をしたものである。

【注1】　犯行の動機・原因及び犯意を示したものです。

【注2】　教唆行為の日時・場所を示したものです。

【注3】　教唆行為の内容を具体的に示したものです。

【注4】　教唆罪が成立するには、教唆の結果として被教唆者が当該犯罪を実行するに至ったことが必要であり、告訴・告発事実でもこのことを明らかにしなければなりません（詳細は【モデル文例3】参照）。

【注5】　被教唆者が自己の記憶に反してした虚偽の陳述の要旨を具体的かつ簡潔に記載します。その内容が教唆した内容と一致する場合は、「……の法廷において、証人として宣誓の上、前記のとおり虚偽の陳述をさせ、もって……」と示せば足ります。

【注6】　「虚偽の証言」とすることもできます。

② 虚偽鑑定等罪－刑法171条

　虚偽鑑定・通訳罪は、法律により宣誓した鑑定人・通訳人が虚偽の鑑定・通訳をすることにより成立します。

　通訳人は、日本語と外国語のいわゆる通訳者のみでなく、耳又は口の不自由な者と健常者の意思伝達を仲介する手話通訳者などを含みます。

　「虚偽」とは、客観的真実と符合するかどうかということではなく、自己の認識に反して、意見・判断（鑑定の場合）又は他人の表示した意思・観念（通訳の場合）を表出することをいうと解されます。

　裁判確定前又は懲戒処分前に自白した場合に刑が任意的に減軽又は免除されることは、前出の偽証罪の場合と同様です（前掲①(3)参照）。

第31　虚偽告訴の罪

規定条文：刑法172条（虚偽告訴等）、173条（自白による刑の減免）
保護法益：国家の司法作用・懲戒作用の適正（虚偽告訴の罪は、国家の司法作用のうち刑
　　　　　事司法作用のみの保護を図っている点が特徴）
種　　類：非親告罪

虚偽告訴罪─刑法172条

　虚偽告訴罪は、他人に「刑事の処分」又は「懲戒の処分」を受けさせる目的で、虚
偽の告訴・告発・その他の申告をすることにより成立します。
(1)　刑事処分、懲戒処分とは
　　　「刑事の処分」とは、刑罰のほか、これに類する処分、例えば、少年法による保
　　護処分、売春防止法による補導処分、検察官による起訴猶予処分を含むと解されま
　　す。
　　　「懲戒の処分」とは、公法上の監督関係に基づいて職務規律維持のために課され
　　る制裁のことをいい、公務員に対する懲戒のほか、弁護人・公証人・司法書士など
　　に対する懲戒、刑務所在監者に対する懲罰を含むと解されます。
(2)　処分を受けさせる目的以外の主観的要素
　　　人に刑事（又は懲戒）の処分を受けさせる目的を必要としますが、その結果の発
　　生を意欲することまでを要するか、あるいは単に未必的に認識することで足りる
　　かどうかについては見解が分かれています。判例は、後説の見解をとっており、他
　　人が処分を受けることになるかもしれないという認識があれば足り、その処分の
　　確実なことを認識し、又は希望・意欲することを要しないとしています（最判昭28・
　　1・23刑集7・1・46）。さらに、人に刑事処罰を受けさせることは特に希望したところ
　　ではなく、民事事件を有利に解決させる手段として虚偽の申告をした場合でも、本
　　罪の目的ありとされていますので、処分を受けさせることが窮極の目的あるいは
　　唯一の動機でないときでも、事案により虚偽告訴罪が成立します。
(3)　虚偽の告訴、告発その他の申告
　　　「虚偽の告訴、告発その他の申告」は、偽証罪の場合と異なり、客観的真実に反
　　する事実の申告をいいます。

文例編　第2章　刑法の罪に関する文例　　337

　　この申告は、必ずしも告訴・告発の方式によることを要するものではなく、刑事
又は懲戒の処分を行うにつき相当の機関（刑事の処分については捜査機関、懲戒の
処分については懲戒権者はもとより懲戒権の発動を促すことができる機関を含み
ます。）に対し、口頭でしたものも書面でしたものも該当します。また署名の有無
を問わず、匿名・他人名義によるものでも該当します。

　　郵便などによる申告の場合には、それが当該機関に到達して閲覧可能の状態に
なったとき本罪は既遂となり、当該機関による受理とか捜査・懲戒手続の開始など
があったことを必要としません。

(4)　自白による刑の減免

　　刑法173条は、偽証罪における刑法170条と同趣旨で設けられた規定です（詳細は
第30[1](3)参照）。

■モデル文例142■　虚偽告訴罪（刑172）

【他人を強制わいせつ罪に陥れる目的で、警察署に虚偽の事実を記載した告訴状を提
出した事例】

　　　　　　　　　　　　　　告　訴　事　実

　被告訴人は、○○株式会社に勤務していたが、同会社の同僚である告訴人に交
際を断られたことの腹いせから、告訴人をして、被告訴人が令和○年○月○日に
わいせつ行為を受けたとの強制わいせつ事件の犯人として刑事上の処分を受けさ
せる目的で【注1】、告訴人が同強制わいせつ事件を犯した事実がないのに【注2】、
令和○年○月○日、A市B町○丁目○番○号A警察署において、同署警察官に対
し、「甲山一郎は、令和○年○月○日、A市C町○丁目○番○号所在の○○株式会
社内給湯室に1人でいた乙山春子を認め、強いて同人にわいせつな行為をしよう
と企て、後ろからいきなり抱きつき、パンティーを下げ、右手を同人の陰部に当
ててこれを弄ぶなどし、もって同人に対し強いてわいせつな行為をした。」【注3】
旨虚偽の事実を記載した告訴状を提出し、もって虚偽の告訴をしたものである。

【注1】　この目的の記載は欠かせません。

【注2】　以下の事実の申告が客観的真実に反した虚偽のものであることを示したもので
　　　　す。

【注3】　虚偽の告訴の内容は、具体的であるとともになるべく簡潔に表すようにします。
　　　　ちなみに、甲山一郎が本件虚偽告訴の罪の告訴人、乙山春子が本件虚偽告訴の罪の被
　　　　告訴人となります。

338　　文例編　第2章　刑法の罪に関する文例

第32　汚職の罪

規定条文：職権濫用罪（広義）；刑法193条（公務員職権濫用）、194条（特別公務員職権濫
　　　　　用）、195条（特別公務員暴行陵虐）、196条（特別公務員職権濫用等致死傷）
　　　　　賄賂罪；197条（収賄、受託収賄及び事前収賄）、197条の2（第三者供賄）、197
　　　　　条の3（加重収賄及び事後収賄）、197条の4（あっせん収賄）、197条の5（没収
　　　　　及び追徴）、198条（贈賄）
保護法益：職権濫用罪（広義）；国家の司法作用・行政作用の適正
　　　　　賄賂罪；職務行為の公正及びその公正に対する社会一般の信頼の維持
種　　類：非親告罪

1　公務員職権濫用罪—刑法193条

　公務員職権濫用罪は、公務員がその職権を濫用して（すなわち、自らに属している
職務上の権限を不法に行使して）、他人に対し、①法律上義務のないことを行わせ、又
は②法律上認められている権利の正当な行使を妨げることにより成立します。

　犯行の手段・方法は、暴行・脅迫による場合（この場合は強要罪（刑223）との観念的
競合となり、刑の重い強要罪で処罰されることになります。）に限定されず、法律上又
は事実上、被害者に対し結果の甘受を余儀なくさせる程度に意思の自由を圧迫するも
のであれば足ります。

　なお、刑法193条ないし196条の（広義）職権濫用罪について、告訴・告発をしたに
もかかわらず検察官が不起訴の処分をした場合、その告訴又は告発をした者は、不起
訴処分に不服があれば、裁判所に付審判の請求をすることができます（刑訴262①、90ペ
ージ参照）。

モデル文例143　公務員職権濫用罪（刑193）

【児童相談所職員が児童の資質鑑別に当たり職権を濫用した事例】

告　訴　事　実

　被告訴人は、A県事務吏員としてA県B市C町○丁目○番○号所在のB児童相
談所に勤務し、児童の資質鑑別などに関する職務に従事しているものであるが【注

文例編　第2章　刑法の罪に関する文例　　339

> 1】、令和○年○月○日、同相談所鑑別室において、児童である甲山春子（当時14歳、平成○年○月○日生）を鑑別するに当たり、資質鑑別に仮託して、同女に、ブラウス及びブラジャーをまくり上げたり、またパンティーをずり下げるようしつこく要求して、左右の乳房及び陰部を露出させ【注2】、もってその職権を濫用して同女に義務のないことを行わせたものである。

【注1】　公務員としての具体的職務内容を記載します。
【注2】　職権を濫用して行った具体的な行為を示しています。

② 特別公務員職権濫用罪－刑法194条

　特別公務員職権濫用罪は、裁判官・検察官・司法警察員又はこれらの職務の補助者（例　裁判所書記官・検察事務官・司法巡査）がその職権を濫用して、他人を逮捕又は監禁することにより成立します。

　特別公務員職権濫用致死（傷）罪は、特別公務員職権濫用罪を犯し、そのために人の死亡又は傷害の結果を生じさせた場合には、特別公務員職権濫用致死（傷）罪が成立します（刑196）。

③ 特別公務員暴行陵虐罪－刑法195条

　特別公務員暴行陵虐罪は、裁判官・検察官・司法警察員又はこれらの職務の補助者（前掲②参照）が、その職務を行うに当たり（必ずしも職務遂行の手段・方法として行う場合に限られません。）、刑事被告人、その他被疑者・証人・参考人などに対して暴行又は陵虐・加虐の行為をすることにより成立します（刑195①）。

　法令により拘禁された者を看守又は護送する者（例　刑務官・少年院などの法務教官）が、被拘禁者に対し暴行又は陵虐・加虐の行為をしたときにも同罪が成立します（刑195②）。

(1)　陵辱加虐の行為

　　「陵辱加虐の行為」とは、人を辱めたり、又は苦しめいじめたりする行為ということですが、例えば、わいせつな行為・性交行為とか、相当な飲食物を給しない行為、全裸にして辱める行為、睡眠の妨害行為などのように、暴行（直接又は間接的

340　　文例編　第2章　刑法の罪に関する文例

に人に向けられた物理力の行使）以外の方法により精神的又は身体的に苦痛を与える行為を広くいいます。

(2)　特別公務員暴行陵虐致死傷罪

特別公務員暴行陵虐致死傷罪とは、特別公務員暴行陵虐罪を犯し、そのために人の死亡又は傷害の結果を生じさせた場合には、特別公務員暴行陵虐致死傷罪が成立します（刑196）。

モデル文例144　　特別公務員暴行陵虐致傷罪（刑196、195②）

【刑務所看守が受刑者に対し暴行を加え、傷害を負わせた事例】

告　訴　事　実

　被告訴人は、刑務所看守長として、A市B町○丁目○番○号所在のA刑務所に勤務し、法令により同刑務所に拘禁されている受刑者を看守する職務に従事しているものであるが【注1】、令和○年○月○日午前11時30分ころ、受刑者数名を引率して同刑務所第2工場東側入口に至った際【注2】、前記受刑者の1人である告訴人が自己の号令に従わず反抗的な態度を示したとして【注3】憤慨し、同所付近において、告訴人に足払いをかけて転倒させ、さらにほか数名の刑務官と共謀の上【注4】、その場に転倒した告訴人の背部、腰部、脚部を足蹴にするなどの暴行を加え、その結果告訴人に対し、加療約1か月間を要する右鎖骨々折、腰部・左下腿挫傷など【注5】の傷害を負わせたものである。

【注1】　被告訴人が法令により拘禁されている者を看守する職務を行っている者であることを具体的に示したものです。

【注2】　刑法195条2項は、同条1項と異なり、条文には「職務を行うに当たり」の記載がありませんが、やはり「職務を行うに当たり」犯した場合を処罰する趣旨と解されますので、そのことが分かる記載にする工夫が必要です。この点は、例えば「受刑者数名を引率するなどの看守の職務を行うに当たり、……」などと端的に表すこともできます。

【注3】　「反抗的な態度を示したとして」の記載は、被告訴人側の主観的評価として反抗的な態度と受け止めたというニュアンスを表現しているにとどまり、告訴人の行為が実際に反抗的な態度であったことを意味するものではありません。後者の場合には、「反抗的な態度を示したことに憤慨し」という記載になります。

文例編　第2章　刑法の罪に関する文例　　　341

【注4】　共犯者の氏名などが特定できないときには、「ほか数名」程度の記載で足ります。

【注5】　結果として生じた傷害がいくつもの病名にわたるときは、そのうちの主要な病名を代表として記載し、その他は「など」の中に含めて構いません。

4　単純収賄罪－刑法197条1項前段

　単純収賄罪は、公務員が、自らに属する職務に関し、賄賂を受け取ったり（収受）、要求したり、その授受を約束することにより成立します（平成15年の改正により、仲裁人についての贈収賄罪は、仲裁法に規定されています。）。

　「職務に関し」とは、職務行為そのものに関する場合に限らず、その職務と密接な関係のある行為（準職務行為又は事実上所管する職務行為）に関する場合を含むと解されます。

　「賄賂」とは、公務員の職務に関する不正の報酬としての利益をいいます。金品などの財産的利益に限らず、金融の利益・供応接待・異性間の情交・就職のあっせん・地位の供与など、およそ人の需要・欲望を満たすに足りる一切の利益を含みます。

モデル文例145　　単純収賄罪・贈賄罪（刑197①前段・198）
【市長が建築工事に関し、建築業者から収賄した事例・対応する贈賄事例】

告　発　事　実

　被告発人甲山一郎は、令和○年○月から同○年○月までの間A市長として在任し【注1】、同市が発注する土木建築工事に関し、指名競争入札における入札参加業者の指名及び入札予定価格の決定などの事務を統括掌理していたもの【注2】、被告発人乙川二郎は、同市B町○丁目において土木建築請負業を営む乙川建設株式会社の代表取締役をしていたもの【注3】であるが

1　被告発人甲山は、令和○年○月上旬ころ、A市C町○丁目○番○号の自宅において、被告発人乙川から【注4】、同市が令和○年度に発注する同市立児童館新築工事などの指名競争入札参加業者に前記乙川建設株式会社を指名するなど有利かつ便宜な取扱いを受けたい趣旨【注5】の下に供与されるものであることを知りながら【注6】、現金400万円の供与を受け、もってその職務に関し、賄賂を収受した

342　　文例編　第2章　刑法の罪に関する文例

2　被告発人乙川は、前同日、同所において、被告発人甲山に対し、前同趣旨【注7】のもとに現金400万円を供与し、もって同人の職務に関し賄賂を供与したものである。

【注1】　収賄者が公務員であることを示したものです。

【注2】　収賄者の職務内容を示したものです。できるだけ具体的に示します。

【注3】　贈賄者についても、その関与する事実ないし業務の内容、あるいは地位などを明らかにしておくと、その半面において、授受された金品などが「職務に関する」ものと認められるかどうかの判断に役立つことになります。

【注4】　賄賂の供与者（贈賄者）が誰であるかを示したものです。

【注5】　いわゆる賄賂性（贈収賄の趣旨）を示したものであり、賄賂が職務に関する行為の対価（報酬）の趣旨を持つ関係にあることを明らかにしています。

【注6】　本罪成立のためには、公務員が贈収賄の趣旨（詳細は【注5】参照）を認識して賄賂を収受することが必要ですので、その認識があることを示したものです。「……趣旨のもとに供与されるものであることの情を知りながら」とも記載します。

【注7】　前記1の事実で賄賂の趣旨として示したところと同じ趣旨という意味です。

5　受託収賄罪－刑法197条1項後段

受託収賄罪は、請託を受けた上で収賄行為をすることにより成立します。

「請託」とは、公務員に対して、職務に関し一定の行為を行うことを依頼することをいいます。そして、この依頼は不正な職務行為の依頼に限らず、「鉄道を早く敷設してほしい」というような正当な職務行為の依頼でも構いません。

モデル文例146　受託収賄罪（刑197①）

【税務署員が税金の賦課、犯則の取締りなどにつき商店主から請託を受けて収賄した事例】

告　発　事　実

被告発人は、財務事務官であって、A税務事務所個人課税第○部門統括国税調査官として【注1】、同署管内における所得税の賦課減免、その課税標準の調査な

文例編　第2章　刑法の罪に関する文例　　343

> どの職務に従事しているもの【注2】であるが、令和○年○月上旬ころ、税務調査に赴いたA市B町○丁目○番○号所在の居酒屋「○○甲山」こと甲山一郎方において、同人から【注3】、同店に対する所得税の賦課に手心を加えてもらいたい旨の請託を受け【注4】、その謝礼の趣旨で供与されるものであることを知りながら【注5】、その場で現金50万円の供与を受け、もって自己の前記職務に関し請託を受けて賄賂を収受したものである。

【注1】　収賄者が公務員であることを示したものです。

【注2】　収賄者の職務内容につき、【モデル文例145】の【注2】参照。

【注3】　請託及び贈賄の主体が誰であるかを示したものです。

【注4】　贈賄者からの請託の内容及び収賄者がその請託を承諾したことを示したものです。

【注5】　賄賂性の認識につき、【モデル文例145】の【注6】参照。

６　事前収賄罪－刑法197条2項

　事前収賄罪は、将来公務員になろうとする者が、その担当予定の職務に関し、請託を受けた上、賄賂の収受・要求・約束をし、後に公務員となることにより成立します。

　「請託」については、前掲⑤を参照してください。

７　第三者供賄罪－刑法197条の2

　第三者供賄罪は、公務員が、その職務に関し、請託を受けた上、第三者のために賄賂を供与させたり、その供与を要求・約束することにより成立します。

　「第三者」とは、当該公務員以外の者のことをいい、自然人に限らず、法人でも、また法人格のない団体（例　官庁の外部団体や公務員の職場における親睦会）でも構いません。

8 加重収賄罪―刑法197条の3第1項

加重収賄罪は、公務員が収賄罪（刑197①②）又は第三者供賄罪を犯し、その結果として、不正な行為をし、又は当然しなければならない行為（相当の行為）をしないことにより成立します（刑197の3①）。このように、収賄行為のほかに、職務に違反して作為又は不作為をすることが要件となっており、枉法収賄罪ともいいます。

公務員が職務上不正な行為をしたこと、又は当然しなければならない行為（相当の行為）をしなかったことに関し、①賄賂を収受・要求・約束し、又は②第三者のために賄賂を供与させたり、その供与を要求・約束したときにも本罪が成立します（刑197の3②）。

9 事後収賄罪―刑法197条の3第3項

事後収賄罪は、公務員であった者が、在職中に請託を受けて職務上不正な行為をしたこと又は当然しなければならない行為（相当の行為）をしなかったことに関し、公務員を退職後に賄賂を収受・要求・約束することにより成立します（刑197の3③）。

10 あっせん収賄罪―刑法197条の4

あっせん収賄罪は、公務員が、請託を受けた上、他の公務員に①職務上不正な行為をさせるため、又は②当然しなければならない行為（相当の行為）をさせないためにあっせんをすること、又はそのあっせんをしたことの報酬として、賄賂を収受・要求・約束することにより成立します。

公務員が自己の地位に伴う影響力を利して、他の公務員に対し、その所管事項につき職務違背をするようあっせん（周旋）をし、その経緯の中で賄賂の授受が行われるという事態を取り締まろうとするものです。

将来あっせんをすることの報酬として賄賂を収受するなどした場合には、後にそのあっせん行為が現実に行われたか否かを問いません。

文例編　第2章　刑法の罪に関する文例　　　345

[11]　贈賄罪－刑法198

　贈賄罪は、刑法197条ないし197条の4に規定する賄賂を供与し（受け取らせること）、その申込みをし、又はその授受の約束をすることにより成立します。すなわち、刑法197条ないし197条の4に規定するそれぞれの類型の収賄罪に対応して、これと向かい合う行為が処罰の対象となっています。

　本罪の基本型は、（単純）収賄罪（刑197①前段）に対応するもので、公務員の職務に関し、賄賂の供与・申込み・約束をすることがそれです。

モデル文例147　　贈賄罪（刑198）
【事務用品などの製造・販売会社の役員が県庁職員に贈賄した事例】

告　発　事　実

　被告発人は、机、椅子その他の事務用品などの製造・販売を業とする株式会社○○の専務取締役であるが【注1】、令和○年○月上旬ころ、A県B市C町○丁目○番○号所在の割烹料理店「△△家」において、A県財務部用度課長【注2】として同県における物品購入に関する契約・検収などの職務に従事している【注3】乙川二郎に対し、従来前記株式会社○○が同県に机、椅子などの備品を納入するに当たり、その購入契約及び検収の手続上種々有利な取り計らいを得たことに対する謝礼並びに将来も同様に有利な取り計らいを得られるよう便宜を図ってもらいたいとの趣旨【注4】の下に、合計金50万円相当の商品券及びワイシャツ仕立券2枚（時価合計5万円相当）を供与し【注5】、もって前記乙川の職務に関し贈賄したものである。

【注1】　贈賄者の業務・事業内容などの記載につき、【モデル文例145】の【注3】参照。

【注2】　収賄者側が公務員であることを示したものです。

【注3】　収賄者の職務内容を示したものです。

【注4】　贈賄の趣旨を具体的に示したものです。

【注5】　「供与し」の代わりに「贈与し」あるいは「贈り」とすることもできます。

第3章　特別法の罪に関する文例

第1　自動車事故に関する犯罪

法令名：自動車の運転により人を死傷させる行為等の処罰に関する法律（自動車運転処罰法）

　自動車事故については、従来、刑法の危険運転致死傷罪（刑旧208の2）及び自動車運転過失致死傷罪（刑旧211②）で対処されてきました（ともに平成13年法律138号で追加）。しかし、危険運転致死傷罪の要件に当てはまらないが、悪質で危険な運転が原因で事故を起こした場合、過失犯である自動車運転過失致死傷罪として軽く処罰されるのは適切でないという意見もあり、運転の悪質性や危険性などの実態に応じて処罰ができるように、平成25年、新たに「自動車の運転により人を死傷させる行為等の処罰に関する法律」（自動車運転処罰法）が制定されました（施行は平成26年5月20日）。

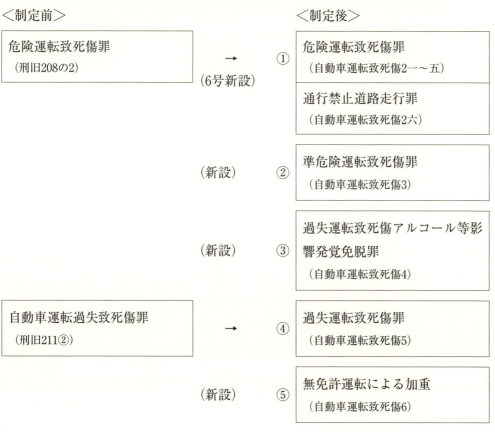

1 過失運転致死傷罪－自動車運転処罰法5条

　本罪は、自動車の運転上必要な注意を怠り、人を死傷させた場合に成立します。飲酒運転や一定の危険な運転行為により人を死傷させた場合には、危険運転致死傷罪（自動車運転致死傷2）や準危険運転致死傷罪（自動車運転致死傷3）が成立します。

　注意義務違反（過失）の内容は、前方注視義務違反、安全確認義務違反、急制動措置義務違反、制限速度遵守義務違反、徐行義務違反、一時停止義務違反など、事故の態様によって様々です。

　この注意義務違反は事故と因果関係があることが必要で、一般的には、事故の原因を事故から遡って究明し、事故と直近の過失が事故と因果関係のある過失と考えられます（直近過失論）。例えば、制限速度オーバーがあっても、前方を注視し適切に急制動措置をとっていれば事故を回避できた場合には、前方注視義務違反のみが過失となります。

モデル文例148 　過失運転傷害罪 （自動車運転致死傷5）
【自動車を運転して前方注視義務違反・安全確認義務違反により交通事故を起こした事例】

告 訴 事 実

　被告訴人は、令和○年○月○日午後2時40分ころ、普通乗用自動車を運転し【注1】、A市B町○丁目○番○号先の信号機により交通整理の行われていない交差点をA市C町方面からD町方面に向かい時速約50キロメートルで直進進行するに当たり【注2】、自動車運転者としては、前方を注視して、進路の安全を確認して進行すべき注意義務があるのに、これを怠り【注3】、同交差点内で右折のため停止していた対向車両に注意を奪われて、前方を注視せず、かつ、進路の安全を確認しないで、漫然と前記速度で進行した過失により【注4】、同交差点出口側の横断歩道付近を左から右に横断歩行中の告訴人（当時58歳）の発見が遅れたため、急制動措置をとったが間に合わず、自車前部を告訴人に衝突させて告訴人を路上に転倒させ【注5】、その結果、告訴人に対し入院加療約5か月間を要する胸骨骨折などの傷害を負わせたものである【注6】。

---

348 文例編　第3章　特別法の罪に関する文例

【注1】　「自動車を運転」することが、本罪の要件となっていますので、これを明示したものです。

【注2】　日時・場所を特定し、さらに注意義務が発生する前提となる客観的状況を示したものです。

【注3】　注意義務の内容及びこの違反があったことを示したものです。本事例では、前方注視義務及び安全確認義務が注意義務の内容となっています。当然のことながら、告訴の対象となる違反行為に相応する注意義務を記載します。

　　　急制動措置義務違反の場合は、「適切な急制動措置をとるべき注意義務があるのに、これを怠り」などと記載し、制限速度遵守義務違反の場合は、「法定の制限速度である時速50キロメートルを遵守して走行すべき義務があるのに、これに違反し」などと記載します。

【注4】　注意義務に違反した具体的過失行為を示したものです。

【注5】　具体的な事故の状況を示し、後述する傷害の結果との因果関係を明示したものです。

【注6】　事故により傷害の結果を生じたことを示したものです。

② 危険運転致死傷罪－自動車運転処罰法2条

　危険運転致死傷罪は、次のような状況で自動車を走行させ、人を死傷させた場合に成立します。

① アルコール・薬物の影響により正常な運転が困難な状態で自動車を走行させる行為

② その進行を制御することが困難な高速度で自動車を走行させる行為

③ その進行を制御する技能を有しないで自動車を走行させる行為

④ 人又は車の通行を妨害する目的で、走行中の自動車の直前に進入し、その他通行中の人又は車に著しく接近し、かつ、重大な交通の危険を生じさせる速度で自動車を運転する行為

⑤ 赤色信号又はこれに相当する信号を殊更に無視し、かつ、重大な交通の危険を生じさせる速度で自動車を運転する行為

⑥ 通行禁止道路を進行し、かつ、重大な交通の危険を生じさせる速度で自動車を運転する行為

　⑥は本法により新たに追加された類型です。通行禁止道路は、政令により、車両通行止め道路、自転車・歩行者専用道路・一方通行道路（の逆走）、高速道路の反対車線などが当たります。

文例編　第3章　特別法の罪に関する文例　　　　349

　「自動車」とは、道路交通法上の「自動車」（原動機を用い、かつ、レール又は架線によらないで運転する車。自動二輪車も含まれます。）及び原動機付自転車をいいます（自動車運転致死傷1）。

　また、本条には、構成要件として、酒酔い・速度違反・無免許・信号無視等の道路交通法違反が取り込まれており、本罪が成立する場合には、別途道路交通法違反が成立することなく、本罪のみが成立します。

モデル文例149　危険運転致死罪（自動車運転致死傷2一）

【飲酒の上、普通乗用自動車を運転し、居眠りをして交通事故を起こし、被害者を死亡させた事例】

告　訴　事　実

　被告訴人は、令和○年○月14日午後9時ころ、A市B町○丁目○番○号付近道路において【注1】、運転開始前に飲んだビールの影響により、前方注視及び運転操作が困難であるにもかかわらず【注2】、普通乗用自動車を時速約50キロメートルで走行させ【注3】、同日午後9時10分ころ、同市C町○丁目○番○号付近において【注4】、居眠りをして、自車を対向車線上に進出させ、折から対向進行してきた甲山一郎（当時58歳）運転の普通自動二輪車に自車前部を衝突させて同車を転倒させ【注5】、よって、同人に脳挫傷の傷害を負わせ、翌15日午前11時25分、A市D町○丁目○番○号所在の○○病院において、同人を上記傷害により死亡させたものである【注6】。

【注1】　危険運転行為を開始した日時・場所を示したものです。これが分からない場合には、特に記載する必要はありません。

【注2】　「アルコールの影響により正常な運転行為が困難な状態」であること（自動車運転致死傷2一＝アルコール影響類型）を示したものです。

　危険運転致死傷罪の他の類型では、次のような記載をします。

・「最高速度が時速50キロメートルとされているにもかかわらず、その進行を制御することが困難な時速120キロメートルの高速度で普通乗用自動車を走行させ」（自動車運転致死傷2二＝高速度運転類型）

・「公安委員会の運転免許を受けないで、かつ、自動車の運転経験がなく、その進行を制御する技能を有しないで普通乗用自動車を走行させ」（自動車運転致死傷2三＝無技能運転類型）

・「乙川二郎運転の普通乗用自動車の進行を妨害する目的で、重大な交通上の危険を生じさせる速度である時速約70キロメートルに加速して左に急転把し、自車を前記乙川運転車両の直前に進入させたことにより」（自動車運転致死傷2四＝通行妨害目的運転）

・「対面信号機が赤色の灯火信号を表示しているのを同交差点の停止線の手前約30メートルの地点で認め、直ちに制動措置を講じれば同停止線の手前で停止することができたにもかかわらず、これを殊更に無視し、重大な交通の危険を生じさせる速度である時速約60キロメートルの速度で自車を運転して同交差点に進入したことにより」（自動車運転致死傷2五＝赤信号殊更無視運転類型）

・「道路標識により自動車の通行が禁止された道路を走行し、かつ、重大な交通の危険を生じさせる速度である時速60キロメートルの速度で自車を運転したことにより」（自動車運転致死傷2六＝通行禁止道路走行類型）

【注3】　「自動車を走行させた」ことを具体的に示したものです。

【注4】　事故を起こした日時・場所を示したものです。

【注5】　事故の態様を示したものです。

【注6】　事故の結果、被害者を死亡させたことを具体的に示したものです。

③　準危険運転致死傷罪－自動車運転処罰法3条

　本罪は、自動車運転処罰法2条の危険運転致死傷罪における危険運転行為と同等とまではいえないものの、なお危険性・悪質性が高い運転行為をあえて行い、客観的に正常な運転が困難な状態に陥って人を死傷させる行為を罰するもので、本法制定により新たに設けられた類型です。すなわち、①アルコール・薬・病気のために「正常な運転に支障が生じるおそれがある状態」で、そのことを自分で分かっていながら自動車を運転し、②その結果、アルコール等のために「正常な運転が困難な状態に陥り」、人を死傷させた場合に成立するものです。正常な運転が困難な状態になったことを自分で分かっている必要はありませんし、逆に、分かっている場合には、病気の場合を除き同法2条1号が成立します。

　また、本条には、構成要件として、酒気帯び・酒酔い運転・薬物影響運転・病気影響運転の道路交通法違反がとり込まれており、本罪が成立する場合には、別途道路交通法違反が成立することなく、本罪のみが成立します。

文例編　第3章　特別法の罪に関する文例　　351

モデル文例150　　準危険運転致死罪（自動車運転致死傷3②）

【てんかんの影響により正常な運転に支障が生じるおそれがある状態で、運転中にてんかんの発作により意識を喪失して交通事故を起こし、被害者に傷害を負わせた事例】

告　訴　事　実

　被告訴人は、令和○年○月○日午前9時10分ころ【注1】、意識障害をもたらす発作が再発するおそれがあるてんかんの影響により、自動車の走行中に正常な運転に支障が生じるおそれがある状態で、普通乗用自動車を運転し【注2】、A市B町○丁目○番○号から発進して同町○丁目方面に向かい進行し、よって、同日午前9時14分ころ、同市○町○丁目○番付近道路を南方から北方へ向かい、時速約30ないし40キロメートルで進行中、前記てんかんの発作により意識を喪失して自動車の正常な運転が困難な状態に陥り【注3】、そのころ、同所において、前記普通乗用自動車を右斜め前方の歩道上へ暴走させ【注4】、同歩道を歩行中の告訴人に同車を衝突させて路上に転倒させ【注5】、その結果、告訴人に対し入院加療約3か月間を要する胸骨骨折などの傷害を負わせたものである【注6】。

【注1】　準危険運転行為を開始した日時を示したものです。

【注2】　病気（てんかん）の「影響により、その走行中に正常な運転に支障が生じるおそれがある状態」で運転したことを示したものです。

　　　　自動車運転処罰法3条は、①アルコール、②薬物、③「自動車の運転に支障を及ぼすおそれがある病気として政令で定めるもの」の影響により、「その走行中に正常な運転に支障が生じるおそれがある状態」で運転することを要件としています。③の病気として自動車運転処罰法施行令3条は、統合失調症・てんかん・再発性失神・低血糖症・そう鬱病・睡眠障害を挙げています。

【注3】　病気の「影響により正常な運転が困難な状態に陥」ったことを示したものです。

【注4】　事故を起こした日時・場所を示したものです。

【注5】　事故の態様を示したものです。

【注6】　事故の結果、被害者に傷害を負わせたことを具体的に示したものです。

352　文例編　第3章　特別法の罪に関する文例

---

④ 過失運転致死傷アルコール等影響発覚免脱罪－自動車運転処罰法4条

　本罪は、アルコール等の影響によりその走行中に正常な運転に支障が生じるおそれがある状態で自動車を運転し、過失により人を死傷させた場合において、運転時のアルコール等の影響の有無・程度が発覚すること（それにより、自動車運転処罰法2条1号・3条1項の危険運転致死傷罪が成立すること）を免れる目的で、アルコール等の影響についての証拠収集を妨げる行為を対象とするものです。

　危険運転致死傷罪（自動車運転致死傷2一・3①）を補充するものなので、同罪が成立する場合には本罪は成立しません。また、本罪は過失運転致死傷罪を取り込んでいるので、本罪が成立する場合には、過失運転致死傷罪は成立しません。

　また、本条には、構成要件として、酒気帯び・酒酔い運転・薬物影響運転の道路交通法違反が取り込まれており、本罪が成立する場合には、別途道路交通法違反が成立することなく、本罪のみが成立します。他方、救護義務違反・報告義務違反とは、構成要件が異なるので併合罪の関係になります（【モデル文例151】の【注11】参照）。

モデル文例151　過失運転致死傷アルコール等影響発覚免脱罪（自動車運転致死傷4、道交72①）

【自動車を飲酒運転して過失により交通事故を起こした後、そのままその場を離れて警察に出頭するまで別の場所で過ごした事例】

告　訴　事　実

　被告訴人は【注1】、

第1　令和○年○月○日午前0時○分ころ、普通乗用自動車を運転し、A市B町○丁目○番○号先の信号機により交通整理の行われている交差点をC方面からD方面へ向かい時速約50キロメートルないし60キロメートルで直進するに当たり【注2】、運転開始前に飲んだ酒の影響により、前方注視及び運転操作に支障がある状態で同車を運転し、もってアルコールの影響により正常な運転に支障が生じるおそれがある状態で自動車を運転し【注3】、その際、同交差点の対面信号機の信号表示に留意し、その信号表示に従って進行すべき自動車運転上の注意義務があるのにこれを怠り【注4】、携帯電話機の操作に気を

文例編　第3章　特別法の罪に関する文例　　353

取られ、同信号表示に留意せず、同信号機の信号表示が赤色信号を表示して
いるのを看過して漫然と前記速度で進行した過失により【注5】、折から同交
差点入口に設けられた横断歩道を青色信号に従って左方から右方に向かい横
断歩行中の告訴人（当時○歳）を前方約4メートルの地点に迫って認めたが、
急制動の措置を講じる間もなく、同人に自車右前部を衝突させ、同人を路上
に転倒させ【注6】、よって、同人に入院加療約5か月を要する胸骨骨折等の傷
害を負わせ【注7】、さらに、同日午前0時○分ころから同日午前6時○分ころ
までの間、その運転の時のアルコールの影響の有無又は程度が発覚すること
を免れる目的で【注8】、事故現場から逃走してA市E町○丁目○号○番先F
方で過ごし、もってアルコールの影響の有無又は程度が発覚することを免れ
るべき行為をした【注9】
第2　　同日午前0時○分ころ、同市B町○丁目○番○号先において、前記車両を運
　　転中、前記のとおり、告訴人に傷害を負わせる交通事故を起こし、もって自
　　己の運転に起因して人に傷害を負わせたのに【注10】、直ちに車両の運転を停
　　止して、同人を救護する等必要な措置を講じず【注11】、かつ、その事故発生の
　　日時及び場所等法律の定める事項を、直ちに最寄りの警察署の警察官に報告
　　しなかった【注12】
ものである。

【注1】　　本事例は、過失運転致死傷アルコール等影響発覚免脱罪と道路交通法違反（救
　　護義務違反等）との併合罪です。併合罪の書き方については、【モデル文例7】を参照
　　してください。

【注2】　　日時・場所を特定し、さらに注意義務が発生する前提となる客観的状況を示し
　　たものです。

【注3】　　「アルコール……の影響によりその走行中に正常な運転に支障が生じるおそれ
　　がある状態」で運転したことを示したものです。

【注4】　　注意義務の内容及びこの違反があったことを示したものです。本事例では、信
　　号に従って走行すべき義務が注意義務の内容となっています。

【注5】　　注意義務に違反した具体的過失行為を示したものです。

【注6】　　具体的な事故の状況を示し、後述する傷害の結果との因果関係を明示したもの
　　です。

【注7】　　事故により傷害の結果を生じたことを示したものです。

【注8】　　運転時のアルコールの影響の有無・程度が発覚することを免れる目的があるこ
　　とを示したものです。

354　　文例編　第3章　特別法の罪に関する文例

【注9】　「その場を離れて」アルコールの影響の有無又は程度が発覚することを免れるべき行為をしたことを示したものです。この行為については、事故現場から立ち去ることにより即時に成立するのではなく、離れて一定時間を経過させるなど、運転時のアルコールの影響の有無・程度の発覚に影響を与えることができる程度の行為が必要で、その時点で本罪が成立します。

　なお、発覚免脱行為には、本事例のようにその場を離れる場合と、更にアルコール等を摂取する場合があります。

【注10】　道路交通法72条に定める救護義務等の前提となる客観的状況を示したものです。

　道路交通法は、道路における危険を防止し、その他交通の安全と円滑を図ること、道路の交通に起因する障害の防止に資することを目的としています。同法は、この目的のために自動車の運転者に運転上の様々な義務を課していますが、さらに交通事故を起こした場合には、運転者その他の乗務員は、直ちに車両の運転を停止して、負傷者を救護し、道路における危険を防止する等必要な措置を講じなければならないとされています（道交72①前段）。また、事故を起こした運転者は、警察官が現場にいるときはその警察官に、警察官が現場にいないときは直ちに最寄りの警察署の警察官に、その事故の発生した日時・場所、死傷者の数、負傷者の負傷の程度、損壊した物及びその損壊の程度などについて報告しなければならないとされています（道交72①後段）。いわゆる「ひき逃げ」の場合には、これらの義務に違反することになります。

【注11】　道路交通法72条1項前段に定める救護義務違反の事実を示したものです。

　自動車運転処罰法4条（その場を離れる場合）と救護義務違反等とは、作為犯（同法4条の場合）と不作為犯という点で異なること、同法4条の罪は立ち去ることによって直ちに成立する罪ではないこと（【注9】）等から、救護義務違反・報告義務違反とは併合罪の関係になります。

【注12】　道路交通法72条1項後段に定める報告義務違反の事実を示したものです。

文例編　第3章　特別法の罪に関する文例　　355

第2　企業経営に関する犯罪

法令名：会社法、不正競争防止法、私的独占の禁止及び公正取引の確保に関する法律（独占禁止法）、労働基準法、労働安全衛生法

① 特別背任罪－会社法960条

　会社法は、会社の財産を保護し、ひいては、株主や会社債権者を保護するために、様々な罰則規定を設けています。

　特別背任罪は、刑法の背任罪の特別規定です。主体以外は、背任罪と同じ内容です。刑法の背任罪については、246ページ以下を参照してください。

(1)　主　体

　　刑法の背任は、「他人のためにその事務を処理する者」ですが、特別背任の場合は、「取締役、監査役、執行役、会計参与、発起人、支配人、検査役」等が明示されています。

(2)　任務違背

　　一般的に言えば、通常の業務執行の範囲内の行為であるか否かによって判断されます。法令、定款や内規に違反しているか否かは、重要な要素となりますが、これらに形式的に違反しても、それだけで直ちに任務違背になるとは限りません。

　　また、企業活動や商取引では、しばしば、冒険的取引が行われることがあり、任務違背か否かの判断が困難な場合があります。

(3)　財産上の損害

　　会社に財産上の損害が発生したことが必要です。経済的見地で会社の財産を評価し、会社の財産が減少したこと、又は増加すべき価値が増加しなかったことです。

(4)　故　意

　　故意犯なので、①自らが取締役等の身分を有していること、②自己の行為が任務に違背すること、③会社に財産上の損害を与えることの認識が必要です。

(5)　図利加害目的

　　特別背任は目的犯です。自己又は第三者の利益を図る目的、会社に損害を与える目的のいずれかが必要です。したがって、会社の利益を図る目的で行った場合には、背任罪が成立しません。会社の利益を図る目的と、自己又は第三者の利益を

356 文例編 第3章 特別法の罪に関する文例

図る目的が併存する場合は、いずれが主な目的かで判断します。

　自分や第三者の利益は、財産上の利益に限られず、自己保身などの身分上の利益で足りるとされています。

モデル文例152 特別背任罪①（会社960）

【社長が自らが経営している他の会社に金銭を貸し付けて会社に損害を与えた事例】

> ### 告　訴　事　実
>
> 　被告訴人は、A市B町○丁目○番○号に本店を置く株式会社○○（以下「○○」という。）の代表取締役社長として【注1】、同社の業務全般を統括し【注2】、同社の利益を図るとともに同社に損害を与えないように忠実にその職務を執行する任務を有していた者【注3】であるが、被告訴人が代表取締役を務める△△株式会社（以下「△△」という。）の利益を図り、かつ、○○を害する目的をもって【注4】その任務に背き、△△が貸付金の返済能力を有さず、その回収が著しく困難であることを熟知しながら【注5】、何ら担保を徴求することなく、○○従業員をして、令和○年○月○日、○○名義の当座預金口座から△△名義の普通預金口座に3億円を振込送金させて同額を△△に貸し付け【注6】、もって○○に同額の損害を負わせた【注7】ものである。

【注1】　取締役などの特別背任の主体であることを示したものです。

【注2】　任務違背の前提として、行為者が負っている身分に基づく任務の内容を示したものです。

【注3】　任務違背の前提として、行為者が負っている任務の内容を、事案に即して、具体的に明らかにしなければなりません。

【注4】　図利加害目的があることを、具体的に明らかにする必要があります。

【注5】　任務違背及び財産上の損害について被告訴人が認識していたことを示したものです。

【注6】　実際に行った任務違背行為を示したものです。

【注7】　財産上の損害を明示したものです。

文例編　第3章　特別法の罪に関する文例　　357

モデル文例153　　特別背任罪②（会社960）
【自己取引における不正取引（商品の高額買取）の事例】

告　訴　事　実

　被告訴人は、Ａ県Ｂ市Ｃ区Ｄ町○番○号に本店を置く株式会社○○（以下「○
○」という。）の代表取締役社長として【注1】、同社の業務全般を統括掌理してい
た【注2】ものであるが、自己が代表取締役社長を務める、同社の子会社である株
式会社△△（以下「△△」という。）が多量の在庫商品を抱えていたところ、同商
品は、流行遅れなどにより商品価値を減じており、同商品を仕入れても販売する
見込みがなく、かつ、これを仕入れるなどして△△の財務支援を行う差し迫った
必要もなかったのであるから、同商品の仕入れを差し控えるなど○○のために忠
実に職務を遂行すべき任務があったにもかかわらず【注3】、△△の利益を図る目
的をもって【注4】、その任務に背き、令和○年○月○日、販売の見込みのないま
ま、△△から上記商品を購入し、令和○年○月○日、同市Ｃ区Ｅ町○丁目○番○
号所在の株式会社□□銀行Ｅ町支店等の△△名義の普通預金口座に上記商品購入
代金として、合計3億5,000万円を振込送金し【注5】、もって上記○○に対し、同額
の財産上の損害を加えた【注6】ものである。

【注1】　　取締役などの特別背任の主体であることを示したものです。

【注2】　　任務違背の前提として、行為者が負っている身分に基づく任務の内容を明らか
　　　　　にする必要があります。

【注3】　　任務違背の前提として、行為者が負っている任務の内容を、事案に即して、具
　　　　　体的に明らかにしなければなりません。

【注4】　　図利加害目的があることを示したものです。

【注5】　　実際に行った任務違背行為を示したものです。

【注6】　　財産上の損害を明示したものです。

358 文例編 第3章 特別法の罪に関する文例

② 違法配当（粉飾決算）―会社法963条5項2号

会社法は、会社の役職員による会社財産を危うくする行為のうち一定の類型の行為を本罪によって処罰しています。裁判所・総会等への虚偽申述（会社963①～④）、自己株式取得（会社963⑤一）、違法配当（会社963⑤二）、会社の目的の範囲外の投機取引（会社963⑤三）です。いずれも、特別背任と同様に、株式会社の財産を保護する規定です。

違法配当は、資本充実の原則に反し、会社財産を危険に陥らせることから処罰の対象となっています。

(1) 主 体

取締役、監査役、執行役、会計参与、支配人等です。

(2) 法令又は定款の規定に違反した剰余金の配当

①配当可能な剰余金を超えて配当を行った場合（いわゆる蛸配当）、②株主総会の決議を経ずに剰余金の配当を行った場合が該当します。

通常、収益の架空計上や資産の過大計上、負債の過小評価などの粉飾決算が行われています。なお、特別背任が成立する場合には、違法配当の罪は成立しません。

モデル文例154 違法配当（会社963⑤二）

【違法配当（粉飾決算）の事例】

告 訴 事 実

被告訴人甲山一郎は、令和○年○月○日より令和○年○月○日まで株式会社○○の代表取締役として同会社の業務一切を統轄していたもの【注1】、被告訴人乙川二郎は、令和○年○月○日より令和○年○月○日まで同会社の常務取締役の職にあり、その間令和○年○月○日より令和○年○月○日までは経理事務を担当していたものであるが【注1】、両名は共謀の上、同会社の令和○年○月以降令和○年○月期までの各期の決算に当たり、別表1の「真実の損失額」欄記載のとおり当期損失並びに繰越損失があって法令・定款の規定【注2】により剰余金【注3】の配当をなすことができないのに、いわゆる粉飾決算を行うことにより剰余金の配当をしようと企て、資産を水増しして計上し、負債を隠蔽する等の方法によって同表の「架空計上利益額」欄記載のとおり架空の利益を計上し【注4】、これを定時株主総会において真実な利益であるように装って決算報告するとともに、別表2記

文例編　第3章　特別法の罪に関する文例　359

載のとおり剰余金の配当を行う旨の議案を提出し、同議案を原案通り決議させて配当を行い、もって3回にわたり合計8,500万円の違法な剰余金の配当をしたものである。

別表1

事業年度	真実の損失額			架空計上利益額		
	当期損失	繰越損失	合計	当期利益	繰越利益	合計
期	円	円	円	円	円	円

別表2

番号	事業年度	配当年月日	受配当株主	配当率	配当金額
1	期		名	年　割　分	円

【注1】　取締役などの本罪の主体であることを明示します。

【注2】　法令とは、法律・命令・規則が該当し、通達・訓令は含まれません。

【注3】　剰余金の額は、資産の額等から負債の額や資本金及び準備金の合計額等を減じた額です。剰余金の額は、会社法446条によって計算します。

【注4】　収益の架空計上や資産の過大計上、負債の過小評価などの粉飾決算が行われるのが一般的です。

③　会社の目的の範囲外の投機取引—会社法963条5項3号

　本罪は抽象的危険犯であり、構成要件に該当する行為が行われれば、会社財産に具体的な危険が生じなくても成立します。特別背任は「図利加害目的」や「財産上の損害」など立証に困難が伴うことがあり、本罪は特別背任の受け皿としての役割を担うものとされています。特別背任が成立した場合には、本罪の適用はありません。

(1)　主　体

　　会社法960条1項3号から7号までに掲げる者であり、取締役、会計参与、監査役、執行役、これらの職務代行者、一時取締役等の職務を行う者、支配人、委任を受けた使用人です。

360　　文例編　第3章　特別法の罪に関する文例

(2)　株式会社の目的の範囲外

　　会社の目的の範囲外とは、定款所定の目的に沿う業務又はその遂行上必要な付帯的業務の通常の範囲外のことです。会社の活動は多少なりとも投機的な意味合いを持つものですから、本罪は、会社の通常の活動や商取引に付随する投機性を超えて、投機取引のために会社の財産を処分した場合に成立します。

(3)　株式会社の財産を処分

　　会社の金銭を、証券取引市場における有価証券の売買に使用したり、信用取引の証拠金の預託や取引の決済に使用することなどが、会社財産の処分行為に該当します。

モデル文例155　　会社の目的の範囲外の投機取引（会社963⑤三）
【会社の目的の範囲外の投機取引（商品取引）をした事例】

告　訴　事　実

　　被告訴人は、A市B町○丁目○番○号に本店を有する資本金○○○万円の□□株式会社の代表取締役【注1】で、同社は、○○の製造・販売及びこれに付帯する業務を会社の目的【注2】とするものであるが、同社が営業上損失を出したことから投機取引を行って利を得ようと企て、いずれも商品取引所仲買人であるD商事株式会社○○支店に対し、大豆などの商品取引を委託し、令和○年○月○日ころから同年○月○日ころまでの間、前後○○回にわたり同取引の委託証拠金として前記□□株式会社の財産である預金、小切手等合計○○○○円を預託し、いずれもそのころ、これを同取引の差損金に充当して支払い、もって、同会社の目的の範囲外において投機取引【注3】のために会社財産を処分した【注4】ものである。

【注1】　取締役など本罪の主体であることを明示します。

【注2】　本罪違反の投機取引は、会社の目的の範囲外の行為としてなされるものであるため、会社の目的の範囲を示す必要があります。

【注3】　「投機取引」とは、広く解する立場からは、相場若しくは価格の変動によって生ずる差額を利得しようとする取引のことをいい、狭く解する立場からは、取引の目的物を現実に授受しないで、専ら相場変動による差額の授受によって決済する差金取引のことをいうとされています。

【注4】　具体的な会社財産の処分行為を示したものです。

文例編　第3章　特別法の罪に関する文例　　361

④　株主等の権利の行使に関する利益供与─会社法970条1項

　本罪は、株式会社の取締役、使用人等が、株主等の権利行使に関して、当該株式会社又はその子会社の計算において財産上の利益を供与することにより成立します。

　総会屋が株主総会の議事の進行に関与することにより、株主総会から一般株主を遠ざけ、株主総会が形骸化することの大きな要因となっています。さらに、総会屋に会社の資金が流れることによって、企業経営の公正さについて不信感が生じ、また、経営者の保身のために会社資産が費消されるという問題もあります。

(1)　主　体

　　会社の取締役、監査役、執行役、会計参与、支配人及び使用人です。

(2)　株主等の権利

　　株主等の権利には、議決権、株主提案権、代表訴訟提起権などの共益権だけでなく、自益権も含まれます。

(3)　権利の行使

　　権利の積極的な行使だけでなく、消極的に権利を行使しないということも含みます。

(4)　財産上の利益

　　金銭、物品、債権、有価証券だけでなく、債務免除や信用の供与も含まれます。また、旅行やゴルフコンペなども、参加の費用が会社の計算において支払われているときは、財産上の利益に該当します。

　モデル文例156　　株主等の権利の行使に関する利益供与（会社970①②）
【株主総会対策を委嘱した者に対策費を供与した事例】

告　訴　事　実

　被告訴人甲山一郎は鉄鋼の製造販売等を業とする○○株式会社の代表取締役社長であったもの【注1】、被告訴人乙川二郎は同社の総務部長であったもの【注1】、被告訴人丙野三郎は同社の株主総会対策を委嘱されたもの【注1】であるが、

第1　被告訴人甲山及び同乙川は、共謀の上、前記会社の1単位の株式の数（1,000株）以上の株主である丁原四郎らに同社の第20回定期株主総会（令和○年○月○日開催）への出席・発言【注2】を差し控えさせるなどして【注3】同総会

議事の円滑な進行に協力すること等への報酬やそのための経費等の趣旨で、令和○年○月○日、被告訴人丙野三郎に対し、同社の計算において、東京都A区B町○丁目○番○号所在の当時の△△銀行C支店の被告訴人丙野三郎が管理する株式会社□□名義の普通預金口座に現金1,050万円を振込入金し【注4】、もって、株主の権利の行使に関し財産上の利益を供与した

第2【注5】　被告訴人丙野三郎は、前記第1記載の趣旨で、前記○○株式会社の計算において供与されるものであると知りながら、同日、同社から前記株式会社□□名義の普通預金口座に現金1,050万円の振込入金を受け、もって、株主の権利の行使に関し財産上の利益の供与を受けた

ものである。

【注1】　取締役などの本罪の主体であることを示したものです。

【注2】　株主等の権利に関するものであることを示したものです。

【注3】　権利の行使に関して、積極的な行使だけでなく、株主総会に出席しない・発言しないという、不行使の場合も含まれます。

【注4】　財産上の利益を示したものです。

【注5】　株主等の権利の行使に関して利益を受けた者も処罰されます（会社970②）。

5　企業秘密侵害罪－不正競争防止法21条1項、3項、2条1項6号

　不正競争防止法の保護法益は、公正な競業秩序の維持という公益と営業上の信用という私益の両方を含みます。そして、不正競争防止法は、平成15年以降改正を重ね、公益の侵害の程度が著しく、当事者間の民事的請求だけでは相当ではない行為類型を刑事罰の対象としたのですが、営業秘密に対する一定の侵害行為もその類型に該当します。

　この類型に属する行為は、営業秘密不正取得罪（不正競争21①一）、不正取得営業秘密使用・開示罪（同法21①二）、営業秘密記録媒体等不法領得罪（同法21①三）、営業秘密不正領得後使用・開示罪（同法21①四）、役員・従業員等営業秘密不正使用・開示罪（同法21①五）、嘱託を受けた退職役員・従業員による不正使用・開示罪（同法21①六）、不正開示者からの営業秘密の取得等罪（同法21①七）、不正開示された営業秘密の転得等罪（同法21①八）、技術上の営業秘密より生じた物の譲渡等罪（同法21①九）及び国外不正使用目的の譲渡等及び国外で行われる営業秘密侵害行為等に対する加重類型（同法21③一～

文例編　第3章　特別法の罪に関する文例　　363

三）で構成されています。

　なお、平成27年の改正で、営業秘密記録媒体等不法領得罪以外については未遂罪が
設けられ、すべての行為が非親告罪となりました。

モデル文例157　　企業秘密侵害罪（不正競争21①三・四・2①六）
【顧客情報にアクセスする権限を付与されていた者が、その顧客情報を領得し、名簿
業者に開示した事例】

告　訴　事　実

　告訴人は通信販売等を業とするものであるが【注1】、被告訴人は告訴人の総務
部に所属し、告訴人の情報システムの開発等の業務に従事し【注2】、営業秘密で
ある、告訴人が秘密として管理している【注3】同社の顧客の氏名、生年月日、住
所等の事業活動に有用な営業下の情報（以下「顧客情報」という。）であって、公
然と知られていないものを、同情報が記録された甲社のサーバコンピュータに業
務用パーソナルコンピュータからアクセスするためのID及びパスワード等を付
与されるなどして、告訴人から示されていた者【注4】であるが、不正の利益を得
る目的【注5】で、その営業秘密の管理に係る任務に背いて【注6】、令和○年○月○
日、A市B町○丁目○番○号に所在する告訴人本社事務所において、同社から貸
与されていた業務用パーソナルコンピュータを操作して告訴人の顧客情報等が記
録されたサーバコンピュータにアクセスし、100万件の顧客情報のデータをダウ
ンロードして前記パーソナルコンピュータに保存した上、前記パーソナルコンピ
ュータに接続した自己所有のUSBメモリに前記顧客情報のデータを記録させて
複製を作成する方法により【注7】、営業秘密記録媒体である前記サーバコンピュ
ータに記録されていた甲社の営業秘密である顧客情報を領得し、同月○日、A市
内に所在する○店において、第三者に開示してはならない旨の告訴人の管理に係
る任務に違反して【注6】、名簿業者である甲山一郎に対し【注8】、前記USBメモリ
を交付し【注9】、告訴人の営業秘密である顧客情報を開示したものである。

【注1】　告訴人の事業を説明します。

【注2】　被告訴人の業務を説明します。

【注3】　営業秘密（不正競争2⑥）とされるためには、当該情報が、秘密として管理されて
　　　いる必要があります。

その判断のメルクマールとして、①当該情報にアクセスした者につき、それが管理されている秘密情報であると客観的に認識することが可能であること、②当該情報にアクセスできる者を制限するなど、当該情報の秘密保持のために必要な合理的管理方法がとられていること等が挙げられています。

東京高裁平成29年3月21日判決（高検速報3599）では、①の客観的認識可能性を重要視し、②の管理方法については独立の要件とは考えていないようです。

【注4】　不正競争防止法21条1項3号及び4号の主体は、営業秘密を不正取得以外の態様で営業秘密保有者から示された者に限られます。

【注5】　図利・加害目的が必要です。

【注6】　営業秘密の管理に係る任務に背いたことを明示します。

【注7】　どのような方法で複製したかを、可能な限り、記載します。

【注8】　特定できるならば、情報を開示した相手も記載します。

【注9】　特定できるならば、開示行為も記載します。

6　カルテル・談合—独禁法3条、89条1項1号、95条1項1号

　私的独占の禁止及び公正取引の確保に関する法律（独禁法）は、市場において公平かつ自由な競争を確保し促進するために、ひいては一般消費者の利益を確保すると同時に、国民経済の民主的で健全な発展を促進するために、私的独占の禁止、不当な取引制限の禁止、不公正な取引方法の禁止などを規定しています。

　「不当な取引制限」とは、「事業者が、契約、協定その他何らの名義をもってするかを問わず、他の事業者と共同して対価を決定し、維持し、若しくは引き上げ、又は数量、技術、製品、設備若しくは取引の相手方を制限する等相互にその事業活動を拘束し、又は遂行することにより、公共の利益に反して、一定の取引分野における競争を実質的に制限することをいう。」とされており（独禁法2⑥）、形態としては、カルテルや談合があります。

　「不当な取引制限」は、「事業者が、他の事業者と共同して行う（共同行為）」ものであり、「共同行為」の成立要件は、共同行為者間に同一目標に向かった意思の連絡が存することが必要と解されています。共同行為者間の関係は、必要的共犯となります。

　「不当な取引制限」が成立するためには、「相互拘束」が必要であり、「相互拘束」とは、独立した複数事業者が、反競争効果の実現のために、それぞれの事業活動を制約する取決めをすることです。

文例編　第3章　特別法の罪に関する文例　　365

　構成要件としては、「相互拘束」とともに「共同遂行」も必要と読めますが、「共同遂行」は、「相互拘束」とは別個の意味を持つ構成要件ではないと理解されています。ただ、入札談合の場合には、個別の契約に関する調整行為が犯罪の実行行為とされているため、「共同遂行」も「相互拘束」とは別の構成要件と解されています。

　なお、共同して価格等を引き上げる旨の合意の成立自体が事業活動の拘束に当たることから、協定や契約等の合意内容として、協定違反の場合の制裁措置等の規定を定めるまでの必要はないとされています。

　事業者が他の事業者と共同して対価を協議・決定する等相互にその事業活動をすべき合意をした時点において、既遂に達します。したがって、合意した内容が事業者によって実施されたことや、合意した実施時期が現実に到来する必要はありません。

　独禁法95条1項の両罰規定によって、実際に行為を行った自然人が処罰されるとともに、法人も処罰されます。

　なお、独禁法違反の罪に関する告発は、調査権限を有する公正取引委員会が犯則事件として調査を行い（独禁法101以下）、同委員会が、検事総長に告発することになっています（独禁法74）。したがって、私人や私企業は、公正取引委員会への違反被疑行為の申告を行い、調査を求めることになります。

モデル文例158　談合（独禁法3・89①一・95①一）
【入札談合をした事例】

告　発　事　実

　被告発会社P株式会社、同Q株式会社及び同R株式会社は、いずれも○○工事の請負業等を営む事業者であり、被告発人pは被告発会社P株式会社営業本部長、被告発人qは被告発会社Q株式会社東京支店長、被告発人rは被告発会社R株式会社の営業統括部長の職にあり、それぞれの所属する被告発会社の従業者として○○株式会社が発注する○○工事の受注などに関する業務に従事していたものであるが、被告発人p、同q及び同rは、それぞれの所属する会社の他の従業者及び前記同様の事業を営む他の事業者の従業者らと共謀の上、それぞれの所属する会社等の業務に関し、令和○年○月上旬ころから同年○月下旬ころまでの間、A市B町○丁目○番○号の飲食店等において、面談等の方法により、同年○月以降に○○株式会社が条件付き一般競争入札の方法により順次発注する△△工事について、受注予定事業者を決定するとともに当該受注予定事業者が受注できるよう

366　文例編　第3章　特別法の罪に関する文例

な価格で入札を行うことなどを合意した上【注1】、同合意に従って、同工事につ
いてそれぞれ受注予定事業者を決定するなどし【注2】、もって、被告発会社等が
共同して、同工事の受注に関し、相互にその事業活動を拘束し、遂行することに
より、公共の利益【注3】に反して、同工事の受注に係る取引分野における競争を
実質的に制限した【注4】ものである。

【注1】　相互拘束であることと、共同行為であることを示しています。
【注2】　共同遂行であることと、共同行為であることを示しています。
【注3】　「公共の利益」とは、自由競争経済秩序そのもののことです。
【注4】　競争を実質的に制限していることを示しています。「競争を実質的に制限する」
　　　　とは、市場が有する競争機能を損なうこと、換言すると、市場を支配することを意味
　　　　します。競争を実質的に制限する行為があれば足り、競争を実質的に制限した結果が
　　　　発生することは必要ないとされています。

モデル文例159　　カルテル（独禁法3・89①一・95①一）
【価格カルテルをした事例】

告　発　事　実

　被告発会社P株式会社、同Q株式会社、同R株式会社及び同S株式会社は、い
ずれも○○の製造販売等の事業を行う事業者であり、被告発会社4社の○○販売
量はわが国における○○販売量の約90パーセントを占めているもの、被告発人p
は被告発会社P株式会社の代表取締役、被告発人qは被告発会社Q株式会社の取
締役、被告発人rは被告発会社R株式会社の営業本部長、被告発人sは被告発会
社S株式会社の事業部長として、それぞれ被告発会社の○○製品の販売に関する
業務を担当していたものであるが、被告発人p、同q、同r及び同sは、それぞ
れその所属する被告発会社のその他の従業者らと共謀の上、それぞれその所属す
る被告発会社の業務に関し、令和○年○月○日からA県B市C○丁目○番○号の
△△会館において、前記○○製品の販売価格の引き上げについて協議を重ね、同
月○日、同所において、同○年○月○日以降前記各社の○○製品につき、1メート
ル当たりの販売価格を○○円引き上げることを合意し【注1】、もって、被告発会
社4社が共同して、○○製品の販売に関し、被告発会社4社の事業活動を相互に拘
束し、公共の利益【注2】に反して、わが国の○○製品の販売に係る取引分野にお
ける競争を実質的に制限した【注3】ものである。

文例編　第3章　特別法の罪に関する文例　　367

【注1】　相互拘束であることと、共同行為であることを示しています。

【注2】　「公共の利益」とは、自由競争経済秩序そのもののことです。

【注3】　競争を実質的に制限していることを示しています。「競争を実質的に制限する」の内容については、【モデル文例158】の【注4】のとおりです。

---

⑦　賃金不払い－労働基準法23条、24条、120条1号、121条

　労働基準法は、使用者に対して弱い立場にある労働者の保護を図るために労働条件の最低基準を定めています。

　労働基準法は、労働者の生活の基盤である賃金が労働者に確実に渡るよう、全額払いの原則、毎月1回以上一定期日払の原則等を定めています（労基24）。また、労働者が死亡又は退職した場合において、権利者の請求があった場合、使用者は7日以内に賃金を支払わなければならないと定められています（労基23）。これらの原則に違反する賃金不払いを行った自然人は労働基準法120条1号で、法人は121条で処罰することが可能です。

　「賃金」とは、労働基準法11条に規定する賃金の全てをいいます。退職金であっても、労働規約・就業規則・労働契約等によってあらかじめ支給条件が明確に定められているものは、賃金に該当します。

モデル文例160　　賃金不払い（労基23・120一・121）
【退職後の賃金不払いの事例】

告　発　事　実

　被告発人株式会社○○は、A市B町○丁目○番○号に本店を置き、運送業を営む事業主、被告発人甲山一郎は、同社の取締役として労働者に関する事項について同社のために行為するものであるが【注1】、被告発人甲山は、同社の業務に関し、令和○年○月○日、事務所において、同年○月○日付けで退職した元同社従業員乙川二郎【注2】から、同人の同年○月○日以降同年○月○日までの未払い賃金合計34万5,000円の請求を受けたのに、支払請求を受けた日から7日以内【注3】にこれを支払わなかったものである。

【注1】 賃金不払いがあった場合には、これを行った本人及び法人の双方について処罰可能です。

【注2】 労働基準法23条の「権利者」であることを示す記載です。「権利者」とは、退職した労働者本人又は死亡した労働者の相続人をいいます。なお、労働者の一般債権者は含まないとされています。

【注3】 請求から7日以内に支払いがなかったことを記載します。権利者による請求のあった日から起算して7日以内を意味します。

8 時間外労働－労働基準法32条1項、2項、119条1号、121条1項

労働基準法においては、労働時間は賃金と並んで労働者にとって最も重要な労働条件の1つであるため、労働時間について様々な規定を設けています。

法定労働時間は、1週間で40時間、1日8時間とされており（労基32）、これを超えて労働をさせるときには、労使協定（三六協定）を締結して労働基準監督署長に届け出ることを要し、かつ、割増賃金を支払わなければならないとされています。

三六協定は、当該事業場の労働者の過半数で組織する労働組合がある場合はその労働組合と、このような労働組合がない場合は当該事業場の過半数を代表する者と、使用者との間で締結される労働時間の延長や休日労働に関する労働協定であり、書面で行わなければなりません。

労働者の健康を害するなどの弊害があるため長時間労働は禁止されており、三六協定が締結されている場合は所定労働時間を超えて労働させた場合に、三六協定が締結されていなければ法定労働時間を超えて労働させた場合に、使用者は処罰されます。使用者が自然人である場合は労働基準法119条1号で、法人である場合は労働基準法121条1項で処罰されます。

労働基準法121号1項の両罰規定によって、違反行為を行った自然人が処罰されるとともに事業主である法人も処罰されます。

文例編　第3章　特別法の罪に関する文例　　369

　　モデル文例161　　時間外労働（労基32①②・119一・121①）
【労働組合と三六協定を締結した会社において時間外労働をさせた事例】

告　訴　事　実

　　被告訴人○○株式会社は、A市B町○丁目○番○号に本店を置き、○○製品の
製造販売業を営む事業主、被告訴人甲山一郎は、被告訴会社の代表取締役として
同社の業務を統括し労働者の労働時間【注1】管理を統括するものであるが、被告
訴人甲山は、被告訴人会社の業務に関し、法定の除外事由がないのに、被告訴人
会社本店事務所の労働者の過半数で組織する○○労働組合【注2】との間で、書面
により【注3】、令和○年○月○日から令和○年○月○日までの間、被告訴人会社
の労働者について、1日につき4時間、1か月につき40時間法定労働時間を超えて延
長することができる旨の協定を締結し、同協定を○○労働基準監督署長に届け出
ていた【注4】のであるから、同協定時間を超えて労働させてはならないのに、前
記本店事務所において、
1　　労働者乙川二郎のほか○○名に対し、別紙一覧表1記載のとおり、令和○年○
　　月○日から同月○日までの1か月につき40時間を超えて【注5】、最高○時間○分、
　　最低○時間○分ずつ、○○回にわたり、合計○○○時間○○分の時間外労働を
　　させ【注6】
2　　労働者丙野三郎ほか○○名に対し、別紙一覧表2記載のとおり、令和○年○月
　　○日から同月○日までの間、○○回にわたり、1日について4時間を超えて【注7】
　　合計○○時間○○分の時間外労働をさせ【注6】
たものである【注8】。

別紙　一覧表1

番号	労働者氏名	年月日	始業・終業の時刻【注9】	休憩時間	実働時間	時　間　外労働時間

別紙　一覧表2＜略＞

370 文例編　第3章　特別法の罪に関する文例

【注1】　労働時間とは、労働者が使用者の指揮監督の下に置かれている時間のことです。必ずしも現実に精神又は肉体を活動させている必要はなく、待機などの時間も労働時間に含まれます。

【注2】　事業場の労働者の過半数で組織する労働組合とは、当該事業場を単位として組織されている必要はなく、労働組合の組合員が当該事業場の労働者の過半数を占めていればよいとされています。また、当該労働組合に、他の会社の労働者が組合員として属していても、事業場の労働者の過半数が、その労働組合に属していればよいとされています。

　　　なお、労働者の過半数で組織する労働組合がない場合には、労働者の過半数を代表する者が協定の当事者となります。当該事業所に労働組合があっても、組合の組合員がその事業所の労働者の過半数を超えない場合は、労働者の過半数を代表する者と協定を結ぶ必要があります。

【注3】　協定は、書面で行う必要があります。

【注4】　協定は、所管の労働基準監督署長に届け出る必要があります。

【注5】　週毎に、労働基準法32条1項の罪が成立します。また、労働者各個人毎に、同罪が成立します。

【注6】　労働させるとは、単に使用者が労働者に労働を指示したり依頼した場合だけでなく、労働者からの申出によって労働を許可した場合や黙認した場合も含みます。

【注7】　1日毎に、労働基準法32条2項の罪が成立します。また、労働者各個人毎に、同罪が成立します。

【注8】　1日単位の時間外労働と月単位の時間外労働とは、併合罪の関係にあります。

【注9】　始業時刻は、事業所入門時刻、タイムカード打刻時刻、作業場所到着時刻、作業準備開始時刻及び作業開始時刻等のうち、就業規則や慣行等により、いつから使用者の指揮命令下に入ったかによって判断します。

　　　終業時刻は、原則として、作業が現実に終了した時刻です。しかし、使用者の明示・黙示の指示や慣行等により、作業終了後の後片付けや清掃等を行うことになっている場合には、それらが終了した時刻です。

9　不当解雇－労働基準法19条、20条1項、119条1号、121条

　使用者が労働者を解雇しようとする場合においては、少なくとも30日前には解雇予告を行わなければならず、これを行わない場合は解雇予告手当として30日分以上の解雇予告手当を支払わなければなりません(労基20①)。また、労働基準法19条は、使用者に対して、労働者が業務上負傷し、又は疾病にかかり療養のために休業する期間及びその後30日間、産前産後の女性が休業する期間及びその後30日間の解雇を禁じていま

文例編　第3章　特別法の罪に関する文例　　　　371

す。
　これに違反した自然人は労働基準法119条1号で、法人は労働基準法121条で処罰することが可能です。

10　労働安全衛生法違反

　労働安全衛生法は、職場における労働者の安全と衛生を確保するとともに、快適な職場環境の形成を促進することを目的に詳細な規定をおいています。
　労働安全衛生法は、労働の場における安全・衛生を確保するため、事業者に対して、労働者の危険や健康障害を防止するための措置、特に危険な機械や有害物に関する規制、健康の保持・増進のための措置等を定めており、その多くの規定違反について、その行為をした自然人と法人の双方に関して刑罰規定をおいています。

モデル文例162　　労働安全衛生法違反（労働安全衛生法21②・119一、労働安全
　　　　　　　　　衛生規則526①）
【屋根の塗装工事に当たり、転落を防ぐための安全帯を着用させなかった事例】

告　発　事　実

　被告発人株式会社○○は、A市B町○丁目○番○号に本店を置き、建設業を営む事業主、被告発人甲山一郎は、同社が請け負った屋根塗装工事の作業責任者として、上記工事に従事する労働者を指揮監督する立場にあったものであるが【注1】、被告発人甲山は、同社の業務に関し、令和○年○月○日、A市C町○丁目○番○号所在の、上記工事を行っていた家屋上（高さ12m）において【注2】、同社従業員である告発人を、安全帯を着用させずに、屋根塗装工事に従事させ【注3】、もって墜落の危険のある場所にかかる危険を防止するため必要な措置を講じなかったものである。

【注1】　労働安全衛生法違反の行為の多くについては、これを行った本人及び法人の双方について処罰可能です。
【注2】　労働安全衛生法21条2項の「墜落するおそれのある場所」であることを示したものです。
【注3】　墜落するおそれのある場所に係る危険を防止するため必要な措置を講じなかったことについて、本来講じられるべき措置を具体的に示したものです。

372 文例編　第3章　特別法の罪に関する文例

第3　金融商品取引に関する犯罪

法令名：金融商品取引法

　金融商品取引法は、企業内容等の開示の制度を整備するとともに、金融商品取引業を行う者に関し必要な事項を定め、金融商品取引所の適切な運営を確保すること等により、有価証券の発行及び金融商品等の取引等を公正にし、有価証券の流通を円滑にするほか、資本市場の十全な発揮による金融商品等の公正な価格形成を図り、もって国民経済の健全な発展及び投資者の保護に資することを目的としています（金商1）。この目的の達成のために、金融商品取引法は多くの規制を定めており、このうち重要な規制に違反する行為については刑事罰を定めています。

　なお、金融商品取引法違反の罪に関する告発は、調査権限を有する証券取引等監視委員会が犯則事件として調査を行い（金商210以下）、同委員会が、捜査機関に告発を行うことになっています（金商226）。したがって、私人や私企業は、証券取引等監視委員会への犯則事実の申告を行い、調査を求めることになります。

1　有価証券報告書虚偽記載―金融商品取引法197条1項1号、207条1項1号

　本罪は、①有価証券届出書（訂正届出書）、発行登録書（訂正発行登録書）・発行登録追補書類・有価証券報告書（訂正報告書）等にあって、②重要な事項につき、③虚偽の記載のあるものを提出することにより成立します。行為者である自然人を金融商品取引法197条1項1号により、法人の代表者、使用人その他の従業者が本条に違反する行為を行った場合、その法人を金融商品取引法207条1項1号により処罰することができます。

(1)　主　体

　　上記の有価証券報告書等の提出義務者、すなわち有価証券の発行者が本罪の主体です。

(2)　重要な事項

　　一般的には、投資者の投資判断に影響を与えるような基本的な事項、すなわちその事項についての真実の記載がされれば投資者の投資判断が変わるような事項をいいます。貸借対照表や損益計算書の項目を操作する粉飾決算が典型的な行為です。

文例編　第3章　特別法の罪に関する文例　　　　　373

(3)　提　出

　「提出」とは、作成段階を含みますから、提出することを前提として虚偽の記載のある文書を作成することも本罪に該当します。

モデル文例163　　有価証券報告書虚偽記載罪（金商197①・207①一）
【不動産会社の代表取締役が、架空売上を計上した連結損益計算書を提出した事例】

告　発　事　実

　被告発人株式会社○○不動産は、東京都A区B町○丁目○番に本店を置き、マンションの建築、販売等を主な業務とし、その発行する株式を東京証券取引所市場第一部に上場していたもの、被告発人甲山一郎は、株式会社○○不動産の代表取締役社長であったものであるが【注1】、被告発人甲山は、株式会社△△不動産の業務に関し、令和○年○月○日、東京都C区D町所在の財務省関東財務局において、同財務局長に対し、株式会社○○不動産の令和○年4月1日から令和○年3月31日までの連結会計年度につき、同年度に経常損失が○,○○○,○○○円発生していたにもかかわらず、売上計上の認められない株式会社△△不動産に対する架空売上○,○○○,○○○円を売上高に含めるなどして経常利益を○,○○○,○○○円として記載した内容虚偽の連結損益計算書【注2】を掲載した有価証券報告書を提出し、もって重要な事項につき虚偽の記載のある有価証券報告書を提出したものである。

【注1】　本罪の行為については、行為者である個人だけでなく法人を処することが可能です。その場合の記載方法は上記のようになります。また、当該個人が有価証券報告書等の提出義務者であることを示すよう記載します。

【注2】　本罪が成立するためには、「重要な事項」につき虚偽の記載のあるものを提出することを必要とします。架空売上げの計上により損益計算書の項目を操作した場合には、本罪が成立しますから、上記のように記載します。

374　文例編　第3章　特別法の罪に関する文例

２　風説の流布・偽計取引─金融商品取引法158条、197条１項５号、197条の２第13号、197条２項、207条１項１号

　本罪は、①有価証券の募集、売出し若しくは売買その他の取引若しくはデリバティブ取引のため、又は②有価証券等の相場の変動を図る目的をもって、風説を流布し、偽計を用い、又は暴力又は脅迫をすることを禁ずるもので（金商158）、これに反する自然人を金融商品取引法197条1項5号（ただし、商品関連市場デリバティブ取引のみに係るものについては同法197条の2第13号）で、財産上の利益を得る目的でこれに反して相場を変動等させた自然人を金融商品取引法197条2項で、法人の代表者、使用人その他の従業者が本条に違反する行為を行った場合、その法人を金融商品取引法207条1項1号でそれぞれ処罰することが可能です。

(1)　「取引のため」

　　単に取引を行うためという意味ではなく、当該取引を有利に行うため、あるいは、他人の取引を不利に行わせるためという意味であると考えられています。

(2)　「風説」の「流布」

　　風説とは、行為者が直接経験又は認識していない風評のたぐいをいい、その内容が虚偽であることは必要とされていません。流布とは、不特定又は多数の者に伝達することをいい、例え少数者に伝達する場合でも、伝達相手がマスコミ関係者である等、多数の者に伝播される可能性があれば流布に該当します。

モデル文例164　風説の流布（金商197①五・158）

【製薬会社の代表取締役が、自社の株価を高騰させる目的で虚偽の風説を流布した事例】

告　発　事　実

　被告発人は医薬品の開発、製造及び販売を主たる営業目的とし、東京証券取引所に上場している株式会社○○製薬の代表取締役であったものであるが、株式会社○○製薬の株式の価格を高騰させる目的をもって【注1】、令和○年○月○日、東京都Ａ区Ｂ町○丁目○番○号所在の本社社屋において、△△新聞の記者らに対し【注2】、「当社は、厚生労働省により特定疾患と認定された○○○病に効くワクチンの臨床試験中であり、間もなく厚生労働省の認可が下りる予定である。」【注

文例編　第3章　特別法の罪に関する文例　　375

3】などと公表し、真実はワクチンの臨床試験を行っていないにもかかわらず、前記公表にかかる事実は虚偽であることを知りつつ、有価証券の相場の変動を図る目的で風説を流布したものである。

【注1】　「相場の変動を図る目的」を示したものです。

【注2】　「流布」の態様についての具体的な記載です。伝達の相手方が新聞記者である場合は、特定少数人への伝達であっても流布に該当します。

【注3】　「風説」の内容の記載です。続いて、真実がどうであったかを記載して、それとの対比から虚偽であることを明らかにしています。もっとも、風説は合理的根拠のない噂という意味ですから、必ずしも虚偽である必要はありません。

③　相場操縦—金融商品取引法159条1項1号、2号、197条1項5号、207条1項1号

　資本市場において公正な価格が形成され、かつ、投資者が保護されるためには、有価証券の売買取引やデリバティブ取引が、公開された公正な情報に基づいて自然の需要と供給の関係に従って行われなければなりません。

　本罪は、投資者の売買取引などに関する判断を誤らせ、市場における公正な価格形成を阻害する結果をもたらす行為を禁止するもので、具体的には、仮装取引・馴合取引、変動操作等を禁止しています（金商159）。

　本罪で対象となっている取引は、金融商品取引所が上場する有価証券等の売買に限られています。

　「仮装取引」とは、有価証券等について、権利の移転、金銭の授受等を目的としない仮装の取引をすることです。同一人が同一の取引について、両当事者となる場合が典型例です。具体的には、証券取引所の市場で、同一証券会社が、同時期に行う売付けと買付けのうち、単に値をつける目的で行う売付けと買付けの場合です。

　この「権利の移転」とは、実質的な権利帰属主体が変更することです。例えば、顧客が、特定の有価証券について、A証券会社に買付けを委託し、同時にB証券会社にその売付けを委託し、取引所で、この買付けと売付けを対等にさせて売買契約を成立させる場合も、これに該当します。また、同一人が、A名義で買付けを委託し、B名義で売付けを委託する場合も同様です。

　「仮装取引」に該当するか否かは、実質的な権利帰属主体の変更があるか否かによ

って判断されますが、その判断に当たっては、実質的に、当該有価証券の売付け及び買付けを決定し得る機能を持っているのが誰かという観点から考えるのが相当とされています。

「馴合取引」とは、自己が行う売付け又は買付けと同時に、それと同価格で他人がその有価証券の買付け又は売付けを行うことを、あらかじめその者と通謀して、売付け又は買付けなどの取引を行うことです。

「仮装取引」も「馴合取引」も、「有価証券等の売買取引等の取引が繁盛に行われていると他人に誤解させる等これらの取引の状況に関し他人に誤解を生じさせる目的」が必要です。この目的は、有価証券等の取引が頻繁かつ広範囲に行われているとの外観を呈するなど当該取引の出来高、売買の回数、価格等の変動及び参加者等の状況に関して、他の一般投資家に対し、自然の需要と供給との関係により、そのような取引の状況になっているものと誤解させることを認識することです。

「変動操作」とは、有価証券等の売買を誘引する目的をもって、有価証券等の相場を変動させる可能性のある売買取引、その申込み、委託、受託などをすることです。株価等の市場価格を誘導するために、約定させる意思がないにもかかわらず市場に注文を出して売買の申込みをし、約定前に取り消す行為は、「見せ玉（みせぎょく）」と呼ばれており、変動操作の典型例です。

「有価証券市場における有価証券等の売買取引等を誘引する目的」とは、人為的な操作を加えて相場を変動させるにもかかわらず、投資家にその相場が自然の需給関係により形成されるものであると誤認させて、有価証券市場における有価証券の売買取引に誘い込む目的のことです。

「一連の有価証券の売買取引等」とは、社会通念上連続性の認められる継続した複数の売買取引のことです。「相場を変動させるべき一連の売買取引」とは、一連の売買取引が全体として相場を変動させるべきものであれば足りるという趣旨であって、一連の売買取引に含まれる個々の売買取引がそれぞれ相場を変動させるべきものであることまで必要とするものではありません。

モデル文例165 相場操縦（金商159①一・二・197①五・207①一）
【仮装取引及び変動操作により相場操縦した事例】

告　発　事　実

被告発人甲山一郎は、東京都中央区日本橋兜町所在の株式会社東京証券取引所

文例編　第3章　特別法の罪に関する文例　　377

の開設する有価証券市場に上場されている有価証券である○○株式会社の株券について、その株価の高値形成を図ろうと企て【注1】、同株券の売買を誘引する目的をもって【注2】、令和○年○月○日から同年○月○日までの間、前後20取引日にわたり、同有価証券市場において、別表1「買付状況」欄記載のとおり、乙川二郎外3名義で、□□証券株式会社外5社の証券会社を介し、連続した成行注文又は高指値注文を行って高値を買い上げるなどの方法により、同株券合計○○万株を買い付け、さらに、別表2「買付委託状況」欄記載のとおり、乙川二郎外3名義で、□□証券株式会社外3社の証券会社を介し、下値買注文を大量に入れるなどの方法により、同株券合計○○株の買付けの委託を行い【注3】、同株券の株価を10万円から15万円まで高騰させるなどし、もって、同株券の売買が繁盛であると誤解させ、かつ、同市場における同株券の相場を変動させるべき一連の株券売買及びその委託をする【注4】とともに、同株券の売買が繁盛に行われていると他人に誤解させるなど同株券の売買の状況に関し他人に誤解を生じさせる目的をもって【注5】、同期間中、5取引日にわたり、同市場において、別表3記載のとおり、同株券合計○○万株について、□□証券株式会社外5社の証券会社を介し、乙川二郎外3名義で売り付けると同時に別途買い付け【注6】、もって、権利の移転を目的としない仮装の同株券の売買をした【注7】ものである。
別表1～3＜略＞

【注1】　相場操縦の加重類型として、金融商品取引法197条2項が規定されています。同項では、財産上の利益を得る目的で、金融商品取引法159条の罪を犯して有価証券等の相場を変動させ、又はくぎ付けし、固定し若しくは安定させて、その相場により当該有価証券の売買などの取引を行った者は、刑が加重されています。その場合には、「財産上の利益を得る目的で」と記載する必要があります。

【注2】　金融商品取引法159条2項の変動操作は、「有価証券等の売買を誘引する目的」が必要であるため、これを示しています。

【注3】　変動操作の具体的な方法を示しています。

【注4】　ここまでの部分が、金融商品取引法159条2項の変動操作を記載しています。これより後の部分が、金融商品取引法159条1項の仮装取引を記載しています。なお、変動操作と仮装取引との関係は、1個の行為が2個の罪名に触れる場合であるため観念的競合となります。

【注5】　金融商品取引法159条1項1号の有価証券の仮装取引は、「他人をして有価証券の売買が繁盛であると誤解させるなど有価証券の売買の状況に関し他人に誤解を生じさせる目的」が必要であるため、これを示しています。

378　　文例編　第3章　特別法の罪に関する文例

【注6】　仮装取引の方法を示しています。

【注7】　金融商品取引法197条2項の場合には、「同株券の株価を10万円から15万円まで上昇させ、そのころ、上昇させた15万円の株価により、××名義で、□□証券を介し、同株券合計○○万株を売り付け、もって、当該変動させた相場により有価証券の売買を行ったものである。」と記載します。

---

④　会社関係者等によるインサイダー取引―金融商品取引法166条、197条の2第13号、207条1項2号

　本罪は、上場会社等の①会社関係者、②元会社関係者、③情報受領者であって、上場会社等の重要事実について、金融商品取引法166条1項各号所定の時期に知ったものが、当該重要事実が公表される前に、当該上場会社等の特定有価証券等の売買その他の有償の譲渡若しくは譲受け又はデリバティブ取引をすることを禁ずるものです。

(1)　主　体

　　①会社関係者等は金融商品取引法166条1項前段、②元会社関係者は同条1項後段、③情報受領者は同条3項に詳細に定められています。

(2)　規制の対象となる「重要事実」

　　投資者の投資判断に重要な影響を及ぼす事実であり、①決定事実、②発生事実、③決算情報、④包括条項の4つの類型があります。子会社の①から④までの事実も重要事実に該当します。

　　①決定事実とは、会社の意思決定に関する事実をいい、金融商品取引法166条2項1号に列挙されているほか、金融商品取引法施行令28条に定めがあります。株式を引き受ける者の募集、合併、会社分割、事業譲渡等が挙げられています。これらの事実について、業務執行を決定する機関が決定したことが必要です。

　　②発生事実とは、会社の意思決定に関係なく発生した事実をいい、金融商品取引法166条2項2号に列挙されているほか、金融商品取引法施行令28条の2に定めがあります。災害による損害の発生などがこれに該当します。

　　③決算情報とは、金融商品取引法166条2項3号に定めがあり、会社の決算等について、会社が新たに算出した予想数値又は決算における数値が直近の公表済みの数値と重要な差異がある場合におけるその情報をいいます。重要な差異の基準は、有価証券の取引等の規制に関する内閣府令51条に定められています。

　　④包括条項とは、金融商品取引法166条2項4号に定めがあり、上記①から③まで

文例編　第3章　特別法の罪に関する文例　　　379

に掲げる事実を除き、会社の運営、業務又は財産に関する重要な事実であって投資
者の投資判断に著しい影響を及ぼすものをいいます。

(3)　対象となる有価証券

　　「特定有価証券等」とは、「特定有価証券」（金商令27の3）と「関連有価証券」（金
商令27の4）の総称です。

モデル文例166　　インサイダー取引（金商197の2一三・166①一）

【民事再生の申立てを行うこととなった会社の取締役が、この事実が公表される前に、
保有していた同社の株式を売却した事例】

告　発　事　実

　被告発人は、東京証券取引所市場第一部に株式を上場している株式会社○○建
設の取締役営業部長を務めていたものであるが【注1】、令和○年○月○日に開催
された臨時取締役会において、同社が経営破綻状態に陥ったことにより、○○地
方裁判所に民事再生手続の申立てを行う決議を行ったことを知り【注2】、株式会
社○○建設の業務に関する重要事実である同事実【注3】の公表により株式会社○
○建設の株価が下落する前に自己名義の同社株式を売却して損失を未然に防ごう
と企て、法定の除外事由がないのに、上記重要事実の公表前である令和○年○月
○日、株式会社△△証券A支店を介し、東京証券取引所において自己名義の株式
会社○○建設の株式○株を売り付け、もって同社の業務に関する重要事実が公表
される前に同社株式に係る売買を行ったものである。

【注1】　被告発人が金融商品取引法166条1項1号所定の者に該当することを示したもの
　　　です。

【注2】　取締役である被告発人が「その者の職務に関し」（金商166①一）知ったことを示
　　　したものです。

【注3】　金融商品取引法166条2項1号ヨに該当する重要事実であることを示したもので
　　　す。

380　文例編　第3章　特別法の罪に関する文例

---

⑤　公開買付者等関係者によるインサイダー取引―金融商品取引法 167条、197条の２第13号、207条１項２号

本罪は、上場会社等の公開買付関係者等であって、公開買付け事実等について、本条各号所定の時期に知ったものが、当該公開買付け事実等が公表される前に、当該公開買付けにかかる株券等の買付けないし売付け等の取引を行うことを禁ずるものです。

(1)　主　体

本罪の主体は、①公開買付等関係者、②元公開買付等関係者、③情報受領者であり、前記④と同じように考えることができます。①公開買付等関係者は金融商品取引法167条1項前段、②元公開買付等関係者は同条1項後段、③情報受領者は同条3項に詳細に定められています。

(2)　規制の対象となる事実

公開買付者等による「公開買付け等の実施に関する事実」及び「公開買付け等の中止に関する事実」です。前者は、公開買付け等を行う決定をしたことをいい、公開買付け者等が決定された公開買付けを行わない決定をしたことをいいます。

(3)　対象となる有価証券

本条の規制の対象となる有価証券は、当該公開買付け等にかかる「株券等」であり、「特定株券等」と「関連株券等」の2類型があります。

文例編　第3章　特別法の罪に関する文例　　　381

第4　知的財産権に関する犯罪

法令名：特許法、実用新案法、意匠法、商標法、著作権法、不正競争防止法

　知的財産権とは、人の知的活動によって産み出された財産的価値のあるものを対象とした権利の総体を意味します。知的創作活動の成果物ともいえ、概ね、形のないものを対象とすることから無体財産権とも呼ばれます。主な法令としては、特許法、実用新案法、意匠法、商標法、著作権法及び不正競争防止法などが挙げられます。

　これら知的財産権の侵害に対しては、民事上は侵害行為の禁止や損害賠償の請求が認められていますが、悪質な侵害行為については刑事罰も定められており、告訴をして処罰を求めることもできます。

　侵害行為とは、本来的には、正当な権限又は理由なくして、他人の知的財産権を利用する行為ですが、「みなし侵害」と呼ばれる侵害行為もあります。これは、本来の侵害行為には当たらないが、侵害行為そのものとみなされる行為であり、侵害行為の一歩手前の行為あるいは実質上侵害と同視しうる行為、つまり侵害行為の予備行為あるいは幇助行為を侵害とみなすものです（特許法101条、意匠法38条、商標法37条、著作権法113条）。

1　特許権侵害―特許法196条1項・201条1項

　特許法196条は、特許権又は専用実施権を侵害する行為を処罰の対象とするものです。同法201条1項は、直接特許権を侵害した者だけでなく、その使用者にも罰金刑を科す両罰規定です。侵害の対象となる権利は、特許権又は専用実施権であり、特許法66条ないし99条に規定されています。侵害行為とは、正当な権限又は理由なくして、業として、他人の特許発明の技術的範囲に属するものを実施することをいいます。この罪は、非親告罪とされています。

382　　文例編　第3章　特別法の罪に関する文例

モデル文例167　特許権侵害（特許法196・201①）
【特許権を侵害して特許発明品を製造した事例】

告　訴　事　実

　被告訴人株式会社○○は、A市B町○丁目○番○号に本社及び工場を有し、C市D町○丁目○番○号にC事務所を設けて、医療用具の製造販売等の業を営むもの、被告訴人甲山一郎は被告訴人株式会社○○の代表取締役としてその業務全般を統括するものであるが【注1】、被告訴人甲山一郎は被告訴人株式会社○○の業務に関し、令和○年○月頃から令和○年○月○日頃までの間継続して【注2】、同工場において、特許権の使用に関し何ら権限がないのに【注3】、告訴人を出願人とする特許番号第○○○号（発明の名称「○○○」、出願日令和○年○月○日、公開日令和○年○月○日、登録日令和○年○月○日）をもって特許登録を受けた特許発明品【注4】である血圧計と同一の血圧計2216台を製造し、もって告訴人の特許権を侵害したものである【注5】【注6】。

【注1】　特許権侵害には両罰規定があり、個人だけではなく法人も処罰の対象となります（特許法201①）。

【注2】　侵害行為が業として行われる必要があります。

【注3】　特許権者等の許諾がないことが必要です。

【注4】　特許権の特定が必要です。

【注5】　特許権の侵害に該当するかは、実施に関する技術が、特許発明の技術的範囲に属するか否かによって決定します。そして、この技術的範囲は、願書に添付した明細書の特許請求の範囲の記載により決まります（特許法70①）。

【注6】　この罪は故意犯です。

---

② 意匠権侵害－意匠法69条

　意匠法69条は、意匠権を侵害する行為を処罰の対象とするものです。意匠法74条1項は、直接意匠権を侵害した者だけでなく、その使用者にも罰金刑を科す両罰規定です。侵害の対象となる権利は、意匠権又は専用実施権であり、意匠法20条ないし36条に規定されています。

文例編　第3章　特別法の罪に関する文例　　383

この罪は非親告罪とされています。

モデル文例168　　意匠権侵害（意匠法69）
【他人が意匠権を有するものと類似するものを製造した事例】

告　訴　事　実

　被告訴人株式会社○○は、A市B町○丁目○番○号に本社及び工場を有し、ゴム靴、運動靴等の製造並びに販売等の業を営むもの、被告訴人甲山一郎は被告訴人株式会社○○の代表取締役としてその業務全般を統括するものであるが【注1】、令和○年○月○日頃から○月○日頃までの間にわたり、同社工場において、意匠権の使用に関し何ら権限がないのに【注2】、告訴人が登録番号第○○○号をもって意匠権（出願日令和○年○月○日、登録日令和○年○月○日）【注3】を有する防雪用ゴム長靴と類似【注4】の防雪用ゴム長靴100足を、業として製造したものである【注5】。

【注1】　意匠権侵害には両罰規定があり、個人だけではなく法人も処罰の対象となります（意匠法74①）。
【注2】　意匠権者の許諾がないことが必要です。
【注3】　意匠権の特定が必要です。
【注4】　意匠権の類似性とは、人が視覚を通じて2つの物品を見比べたときに、その外観から受ける印象が同じであり、その人に混同を生じさせる場合を言うとされています。
【注5】　侵害行為が業として行われる必要があります。

③　商標権のみなし侵害行為─商標法78条の2・同法37条2号

　商標法78条の2は本来の侵害行為には当たらないが、侵害行為そのものとみなされる、いわゆる「みなし侵害」と呼ばれる侵害行為を処罰の対象とするものです。商標法82条1項は、直接商標を侵害した者だけでなく、その使用者にも罰金刑を科す両罰規定です。

　本来の侵害行為は、正当な権限又は理由なくして、業として、登録商標を指定商品又は指定役務と同一の商品又は役務に使用する行為ですが、「みなし侵害」とは、本来

384 文例編 第3章 特別法の罪に関する文例

の侵害には当たらないが、侵害そのものとみなされる行為であり、登録商標の類似範
囲に対する侵害（商標法37一）や、本来の侵害の予備的行為（商標法37二以下）があります。なお、登録防護標章の使用とその予備的行為についても「みなし侵害」とされています（商標法67）。

　みなし侵害である商標法37条2号等は、業としてなされる必要がありません。

　この罪は、非親告罪とされています。

モデル文例169　商標権みなし侵害（商標法78の2・37二）
【他人の商標に類似する商標を付したものを譲渡のために所持した事例】

　　　　　　　　　　　　告　訴　事　実

　被告訴人は、商標の使用に関して何ら権限がないのに【注1】、令和○年○月○
日ころ、A市B町○丁目○番○号所在の株式会社○○のプリント印刷工場におい
て、告訴人が被服等を指定商品として登録を受けているプロバスケットボール協
会加盟のチームのシンボルマークである兎の顔面図柄の商標（登録番号第○○○
号）【注2】と類似の商標【注3】を捺染したトレーナー55着を販売譲渡のために所
持し【注4】、もって、告訴人の商標権を侵害したものである【注5】。

【注1】　商標権者等の許諾等の使用権限がないことが必要です。
【注2】　商標の特定が必要です。
【注3】　商標の類似判断には、外観類似（商標の見た目が似ているか）、呼称類似（商標
　　　　の発音が似ているか）、観念類似（商標の意味が同じであるか）の3つの判断基準があ
　　　　り、この3つの判断基準の1つにでも類似していれば、一応商標が類似していると判断
　　　　されます。
【注4】　譲渡目的が必要ですが（商標法37二）、業としてなされる必要はありません。
【注5】　この罪は故意犯です。

文例編　第3章　特別法の罪に関する文例　　　385

4　著作権侵害－著作権法119条1項、124条1項

　著作権による保護の対象となるものは、「思想又は感情を創作的に表現したもので
あって、文芸、学術、美術又は音楽の範囲に属するもの」と定義されています（著作権
法2①一）。

　著作権法119条は、著作権、出版権又は著作隣接権を侵害する行為を処罰の対象とし
ています。著作権法124条1項は、直接著作権を侵害した者だけでなく、その使用者に
も罰金刑を科す両罰規定です。

　そして、著作権侵害とは、著作者の許諾を得ずに、著作権の内容となる行為を行う
ことです。法定の除外事由は著作権法119条1項に規定されていますが、著作権法30条
のような私的使用のための複製行為等が含まれます。

　著作権法119条及び同法120条の2第3号及び第4号、著作権法121条の2並びに122条の
2第1項の罪は親告罪とされています。

　なお、次に掲げる行為の対価として財産上の利益を受ける目的又は有償著作物等の
提供若しくは提示により著作権者等の得ることが見込まれる利益を害する目的で、次
の①・②のいずれかに掲げる行為を行うことにより犯した著作権法119条1項の罪につ
いては、非親告罪とされています。

①　有償著作物等について、原作のまま複製された複製物を公衆に譲渡し、又は原作
　のまま公衆送信（自動公衆送信の場合にあっては、送信可能化を含みます。）を行う
　こと（当該有償著作物等の種類及び用途、当該譲渡の部数、当該譲渡又は公衆送信
　の態様その他の事情に照らして、当該有償著作物等の提供又は提示により著作権者
　等の得ることが見込まれる利益が不当に害されることとなる場合に限ります。）。

②　有償著作物等について、原作のまま複製された複製物を公衆に譲渡し、又は原作
　のまま公衆送信を行うために、当該有償著作物等を複製すること（当該有償著作物
　等の種類及び用途、当該複製の部数及び態様その他の事情に照らして、当該有償著
　作物等の提供又は提示により著作権者等の得ることが見込まれる利益が不当に害さ
　れることとなる場合に限ります。）。

386　　文例編　第3章　特別法の罪に関する文例

モデル文例170　著作権侵害（著作権法119①・124①）

【流行漫画の主人公の姿態を無断複製した事例】

告　訴　事　実

　被告訴人株式会社○○は、玩具の製造・販売などを営むもの、被告訴人甲山一郎は、同社の代表取締役としてその業務全般を統括するものであるが【注1】、同人は同社の業務に関し、法定の除外事由がなく【注2】、かつ、著作権者の許諾を受けていないのに【注3】、令和○年○月○日ころから同年○月○日ころまでの間、A市B町○丁目○番○号の被告訴人株式会社○○の店舗において、告訴人が著作権を有する漫画「とんぼちゃん」の主人公である「とんぼ」の姿態を複製したシール合計1,000個を作成し、もって告訴人の著作権を侵害したものである【注4】。

【注1】　著作権侵害には両罰規定があり、個人だけではなく法人も処罰の対象となります（著作権法124①）。

【注2】　法定の除外事由とは、著作権法119条1項に規定されている、著作権法30条等に基づく私的使用のための複製行為等です。

【注3】　著作権者の許諾がないことが必要です。

【注4】　この罪は故意犯であり、非親告罪です。

5　商品形態模倣行為－不正競争防止法21条2項3号、2条1項3号

　不正競争防止法21条は、事業者の営業上の利益という私益と、公正な競争秩序の維持という公益を保護法益としますが、公益の侵害の程度が著しく、当事者間の民事的請求だけでは相当でない行為類型は刑事罰の対象としました。不正競争防止法22条1項は、行為者だけでなく、その使用者も罰金刑を科す両罰規定です。

　主観的要件として、商品形態模倣行為のうち、不正の利益を得る目的をもって行う行為について定められています。また、客観的要件として、処罰の対象者は、商品形態模倣商品を、製造・販売している者等に限定されています。

　この罪は、非親告罪とされています。

文例編　第3章　特別法の罪に関する文例　　387

モデル文例171　　商品形態模倣行為（不正競争21②三・2①三）
【偽ブランドを販売した事例】

告　訴　事　実

　被告訴人は、婦人用品の製造・販売を行っているものであるが、不正の目的を
もって【注1】、令和〇年〇月〇日ころから同年〇月〇日ころまでの間、A市B町
〇丁目〇番〇号外1か所において、需要者の間に広く認識されている【注2】告訴人
の商品であることを示す兎の顔面図柄と同一の図柄をレザー生地に型押表示する
などして使用した、告訴人の商品に類似する【注3】婦人用かばん類55点を製造し、
もって、告訴人の商品と混同を生じさせたものである【注4】。

【注1】　不正の目的が必要です。不正の目的とは、不正の利益を得る目的、他人に損害
　　を加える目的その他の不正の目的となります（不正競争19①二）。

【注2】　周知性が必要ですが、一地方において広く知られているものでもよいとされま
　　す。

【注3】　模倣とは、他人の商品に依拠すること、そして、実質的に同一の形態の商品を
　　作り出すこととされています。

【注4】　混同を生じさせる恐れだけで足り、現実に混同するまでは要求されていません。

388　　文例編　第3章　特別法の罪に関する文例

第5　脱税に関する犯罪

法令名：法人税法、所得税法ほか

　国民は、法律の定めるところにより、納税の義務を負っており（憲法30条）、法人税、所得税、消費税、地方税、相続税など様々な税を納付する義務を負っています。

　脱税は、偽りその他不正な行為によって、このような納税を免れる行為です。

　なお、法人は法人税の納税義務者となっています。

　以下、代表的な法人税法違反、所得税法違反について説明します。

①　法人税法違反—法人税法159条1項、163条1項

　本罪は、偽りその他不正の行為により、法人税を免れ、あるいは法人税の還付を受けたことにより成立します（法人税法159①）。また、その法人に対して罰金刑を科することができます（法人税法163①）。

(1)　故　意

　　脱税も故意犯ですから、故意が必要です。ただ、一般の犯罪と同様に概括的故意で足りることから、所得の総額やほ脱額についての正確な認識は必要でなく、個々の勘定科目についての認識も必要でなく、申告した所得額が真実の所得額より少ないことの認識があれば、脱税の故意が認められます。

(2)　偽りその他不正の行為

　　「偽りその他不正の行為」とは、偽計その他の不正の手段が積極的に行われた場合に限るとされています。単に申告書を提出しなかったという不申告は単純不申告罪（法人税法160、所得税法241）にすぎず、ほ脱犯となりません。しかし、所得金額をことさらに過少に記載した申告書を提出した場合は、積極的に不正行為を行ったと解されて、ほ脱犯が成立します。

　　なお、ほ脱犯の場合、事前の所得の秘匿行為を伴うことが多いのですが、このような事前の所得の秘匿行為は、所得の過少申告と包括して不正な行為とされています。したがって、架空の人件費や手数料等の架空経費の計上、売上除外などの行為も不正な行為として記載します。

(3)　因果関係

　　偽りその他不正の行為と、法人税を免れたという結果の発生との間に因果関係

文例編 第3章 特別法の罪に関する文例

が存在することが必要です。

(4) 両罰規定

法人の代表者、代理人、使用人その他の従業員が、法人の業務に関して違反行為をしたときは、その行為者を罰するほか、その法人に対して、罰金刑を科することができます（法人税法163①）。

モデル文例172 偽りその他不正の行為①（法人税法159①・163①）
【法人税のほ脱の事例】

告 発 事 実

被告発人○○株式会社は、A市B区C町○番地に本店を置き、宅地の造成、不動産の売買等の事業を営むもの、被告発人甲山一郎は同会社の代表取締役としてその業務全般を統括しているものであるが、同人は、同会社の業務に関し、法人税を免れようと企て【注1】、令和○年○月○日から令和○年○月○日までの事業年度において、所得金額が○,○○○,○○○円で、これに対する法人税額が○○○,○○○円であるにもかかわらず、公表経理上架空仕入れを計上し、未完成工事高を圧縮するとともに期末たな卸商品の一部を除外する等の行為により所得を秘匿した上【注2】、令和○年○月○日同区D町所在A税務署において、同税務署長に対し、所得金額が○,○○○,○○○円でこれに対する法人税額は○○○,○○○円である旨の虚偽の確定申告書を提出をし【注3】、もって不正の行為により右事業年度の法人税額○○○,○○○円を免れた【注4】ものである。

【注1】 脱税も故意犯ですから、故意について示したものです。

【注2】 「偽りその他不正の行為」には、事前の所得の秘匿行為も包括されますので、具体的な所得秘匿行為も記載します。

【注3】 「偽りその他不正の行為」について示したものです。

【注4】 ほ脱犯は、納期限までに正規の税額と過少申告税額との差額を納付しないことによって既遂となります。したがって、結果と不正の行為との間の因果関係が必要となります。

390　　文例編　第3章　特別法の罪に関する文例

②　所得税法違反—所得税法238条1項

　本罪は、偽りその他不正の行為により、所得税を免れ、あるいは所得税の還付を受けることにより成立します（所得税法238①）。

　所得税を課せられる個人については、実質課税の原則によって確定されます。名義人以外の財産については、所得が最終的に実質的に帰属する者を納税義務者とします。

モデル文例173　　偽りその他不正の行為②（所得税法238①）

【所得税のほ脱の事例】

告　発　事　実

　被告発人は、A市B町○丁目○番○号に居住し、株式会社○○の取締役をしていたものであるが、所得税を免れようと企て【注1】、令和○年中における総所得金額は○，○○○，○○○円で、これに対する所得税額は○○○，○○○円であるにもかかわらず、株式を他人名義で購入して配当金を取得したり、同会社の取引先である株式会社△△等に対し同社等の公表経理外で金員を貸付け利息収入を得るなどの行為により所得を秘匿した【注2】上、令和○年○月○日同市C町所在A税務署において、同税務署長に対し、総所得金額は○，○○○，○○○円であってこれに対する所得税額は○○○，○○○円である旨の虚偽の確定申告書を提出し【注3】、もって不正の行為により所得税○○○，○○○円を免れた【注4】ものである。

【注1】　故意について示したものです。

【注2】　具体的な所得秘匿行為を明らかにしたものです。

【注3】　「偽りその他不正の行為」を示したものです。

【注4】　結果との因果関係を示したものです。

文例編　第3章　特別法の罪に関する文例　　391

第6　倒産に関する犯罪

法令名：破産法、民事再生法、会社更生法

　企業が破綻して倒産手続が行われる前後においては、関係者の利害が激しく対立し、債務者が財産を隠匿するなど債権者の利益を害する行為を行ったり、関係者により管財人等の業務を妨害する行為が行われることがあります。そこで、破産法、民事再生法、会社更生法は、債務者の財産の適正かつ公平な手続を実現するため、一定の類型の行為に関しては私法上の効果を否定するだけでなく、刑事罰をもって臨んでいます。

1　詐欺破産—破産法265条

　本罪は、破産手続の開始の前後を問わず、債権者を害する目的で、次のいずれかに該当する行為をし、破産手続開始決定が確定することにより成立します。
① 　債務者の財産を隠匿し、又は損壊する行為
② 　債務者の財産の譲渡又は債務の負担を仮装する行為
③ 　債務者の財産の現状を改変して、その価格を減損する行為
④ 　債務者の財産を債権者の不利益に処分し、又は債権者に不利益な債務を債務者が負担する行為
　民事再生法255条、会社更生法266条にも同様の規定があります。
(1)　主体・時期
　　主体は個人であり、債務者個人、法人の債務者の取締役・理事等のほか、破産管財人も本罪の主体となります。行為の時期については、破産手続開始決定の前後を問わず、行為時に支払不能や債務超過など破産原因が生じる蓋然性が極めて高い客観的状態にあれば、処罰の対象となります。
(2)　目　的
　　本罪は、目的犯であって、故意に加えて、「債権者を害する目的」をもって行うことが必要です。「債権者を害する」とは、特定の債権者を害するのでは足りず、適正な破産手続の実現により保護されるべき「総債権者」を害するものであることが必要です。また、本罪の成立には、債権者を害することの確定的認識で足りるという見解もありますが、積極的な意欲ないし動機が必要と解するべきです。

392　文例編　第3章　特別法の罪に関する文例

(3)　行為類型

　上記①につき、隠匿とは、債権者や破産管財人による財産の発見を不能又は困難にさせる行為をいい、詐欺破産罪の最も典型的なものです。損壊とは、財産を物理的に損傷させて、その財産的価値を減少・消滅させる行為をいいます。

　上記②につき、真実は財産の譲渡や債務の負担がないのに、これがあるかのように仮装する行為です。

　上記③につき、財産の損壊には至らないものの、その物理的状況を変更して、その価格を減損する行為をいいます。更地に建物を建設する、土地に廃棄物を堆積させる行為等が考えられます。

　上記④につき、財産を債権者に不利益に処分し、又は債権者に不利益な債務を負担する行為をいいます。前者の例としては、財産の贈与や不当な廉価販売、後者の例としては、手形を乱発して経済合理性に欠ける債務を負担すること等が考えられます。

(4)　処罰条件

　本罪が成立するには、破産手続開始決定が確定することが必要です。

モデル文例174　詐欺破産（不利益処分）（破産法265①四）

【破産に瀕した会社の代表取締役が、従業員の1人と共謀の上、会社所有の土地に従業員を権利者とする地上権を無償で設定するなどの不利益処分を行った事例】

告　発　事　実

　被告発人甲山一郎は、○○株式会社の代表取締役の地位にあったものであるが、○○株式会社が令和○年○月○日に告発人からの破産手続開始の申立てを受け、同年○月○日、東京地方裁判所において、○○株式会社に破産手続開始の決定がなされ、同決定が同年○月○日確定したところ【注1】、△△株式会社取締役経理部長の被告発人乙川二郎と共謀の上、○○株式会社が支払不能の状態にあることを知りながら、被告発人らの利益を図るとともに、同社の総債権者を害する目的で【注2】、

1　令和○年○月下旬ころ、東京都内において、○○株式会社が所有し、駐車場として賃貸していた東京都A区B町○丁目○番地の宅地350m²について、地上権者を被告発人乙川とし、目的を堅固な建物所有、存続期間を60年間とする地上権を無償で設定したうえ、同年○月○日、同区C町○丁目○番○号東京法務局A出張所において、登記官をして上記地上権設定の仮登記をなさしめ【注3】

文例編　第3章　特別法の罪に関する文例　　393

2　令和〇年〇月下旬ころ、東京都内において、前記1記載の土地に係る駐車料金受領債権を、被告発人甲山が被告発人乙川に無償で譲渡した上、同年〇月〇日ころから同年〇月〇日ころまでの間、前後4回にわたり、賃借人丙野三郎から駐車料金合計350万円を東京都Ａ区Ｄ町〇丁目〇番〇号丁銀行Ｄ支店の被告発人乙川名義の普通預金口座に振り込ませ【注3】、もって破産財団に属する財産を債権者の不利益に処分したものである。

【注1】　破産手続開始の決定の確定が処罰条件になっているので、その旨を必ず記載します。

【注2】　詐欺破産罪の主観的要件が備わっていることを示したものです。詐欺破産罪における目的は、特定の債権者を害する目的では足りず、総債権者を害する目的でなければならないことは、前掲①(2)で述べたとおりです。

【注3】　被告発者の行為を具体的に記載します。債務者の土地に無償で地上権を設定してその旨の仮登記手続を行うこと、債務者の債権を無償で譲渡することは、いずれも不利益処分に該当します。

② 重要財産開示拒絶罪－破産法269条

本罪は、所有する財産の内容を記載した書面の提出を義務付けられる破産者が（破産法41）、①書面の提出を拒み、あるいは②虚偽の書面を裁判所に提出することによって成立します（破産法269）。

民事再生法258条、会社更生法269条にも同様の規定があります。

③ 業務及び財産の状況に関する物件の隠滅等の罪－破産法270条

本罪は、破産手続開始の前後を問わず、債権者を害する目的で、債務者の業務及び財産の状況に関する帳簿、書類その他の物件を隠滅し、又は変造する行為を禁ずるものです（破産法270前段）。破産法155条2項の規定によって閉鎖された破産財団に関する帳簿を隠滅等する行為も同様です（破産法270後段）。処罰要件として、破産手続開始決定が確定することが必要です。

民事再生法259条、会社更生法270条にも同様の規定があります。

4　破産者等に対する面会強請の罪─破産法275条

　本罪は、個人である破産者又はその親族その他の者に破産債権を弁済させ、又は破産債権について破産者その他の親族に保証をさせる目的で、これらの者に対し、面会を強請し、又は強談威迫することを禁ずるものです。

　面会の強請とは、相手の意思に反して面会を要求することをいい、直接に相手の所在地で行う場合に限られ、電話・文書等により面会を求める場合は含まれません。強談とは、言語をもって強いて自己の要求に応じるよう迫ることをいい、威迫とは言語のほか動作・態度をもって気勢を示して相手に不安・困惑を生じさせることをいいます。

　民事再生法263条にも同様の規定があります。

文例編　第3章　特別法の罪に関する文例　　　395

第7　消費者被害に関する犯罪

法令名：商品の安全・品質に関する法律；食品安全基本法・食品衛生法・医薬品、医療機
　　　　器等の品質、有効性及び安全性の確保等に関する法律（医薬品医療機器等法）・
　　　　家庭用品品質表示法・製造物責任法（罰則規定なし）など
　　　　契約方法（販売方法）に関する法律；消費者契約法・特定商取引に関する法律（特
　　　　商法）・割賦販売法・金融商品取引法・金融商品の販売等に関する法律（金融商
　　　　品販売法。罰則規定なし）・保険業法・宅地建物取引業法・不正競争防止法など
　　　　取引条件に関する法律；利息制限法（罰則規定なし）・貸金業法・出資の受入れ、
　　　　預り金及び金利等の取締りに関する法律（出資法）など

(1)　消費者被害に関する犯罪については、上記のように多様な関係法令があります。
　　これらの法律では、禁止規制や義務規定を置いた上で、それに反した場合に罰則を
　　科するという形式をとっています。

(2)　これらの法律のうち、比較的刑事事件として問題になるものとして、特商法・貸
　　金業法・出資法などがあります。
　　　特商法は、70〜76条に罰則規定を設け、禁止行為違反・書面交付義務違反などに
　　つき罰則を科しています（法人の代表者や従業員が違反行為をしたときに、法人に
　　も罰則を科する両罰規定が74条に設けられています。）。貸金業法は、47〜52条に
　　罰則規定を設け、無許可営業・貸付条件広告違反・取立行為規制違反などにつき罰
　　則を科しています（両罰規定は51条）。出資法は、事業者らが不特定・多数の者か
　　ら資金（出資金・預り金）を集めることを禁止するとともに、高利の貸付等を禁止
　　し、これらの違反に対し罰則を科しています（両罰規定は9条）。

(3)　また、詐欺的勧誘による被害に対しては、詐欺罪が適用になるほか、集団的・組
　　織的消費者詐欺被害に対処する規定として、「組織的な犯罪の処罰及び犯罪収益の
　　規制等に関する法律」が組織詐欺の規定を設けています。

(4)　前記(1)のとおり、消費者被害に関する法律は多様に及びます。
　　　その一例として、商品の安全・品質に関する事例から、医薬品医療機器等法が医
　　薬品無許可販売を処罰している例を取り上げます。

396　　文例編　第3章　特別法の罪に関する文例

1　契約における禁止行為違反

　消費者被害に関する法律では、「……の行為をしてはならない」といった禁止規定を設け、それに反した場合に罰則を科する例が多くあります。

　例えば、特定商取引に関する法律（特商法）では、勧誘等における禁止行為として6条・7条（訪問販売）、14条（通信販売）、21条・22条（電話勧誘販売）、34条・38条（連鎖販売取引）、44条・46条（特定継続的役務提供）、52条・56条（業務提供誘引販売取引）、58条の10・58条の12（訪問購入）が定められ、違反した場合の罰則が70条1号・71条2号で設けられています。また、誇大広告等の禁止として12条（通信販売）、36条（連鎖販売取引）、43条（特定継続的役務提供）、54条（業務提供誘引販売取引）が定められ、違反した場合の罰則が72条1項1号で設けられています（法人の両罰規定は74条）。

　貸金業法も、虚偽告知の禁止行為（貸金業法12の6一・48①一の2〔罰則〕）、誇大広告等の禁止（貸金業法16①・48①三〔罰則〕）、取立行為規制違反（貸金業法21①・47の3①三〔罰則〕）などで罰則が設けられています（法人の両罰規定は51条）。

モデル文例175　不実の告知禁止違反（特商法70一・74①二・6①七）

【電話機の売買勧誘に当たり、今持っている電話機が使えなくなると不実のことを告げた事例】

告　訴　事　実

　被告訴人○○株式会社は、電話機の販売等を目的とする株式会社であり、被告訴人甲山一郎は同社の従業員であるところ【注1】、同甲山は、法定の除外事由がないのに【注2】業務に関し、令和○年○月○日午前○時○分頃、A市B町○丁目○番○号の告訴人の住所を訪問し、同所において、告訴人に対し、電話機の売買契約の締結について勧誘をするに際し、真実は、現在告訴人が所持している電話機が今後も利用できるにもかかわらず、「電話回線の変更によって、今持っている電話機は使えなくなります」などと不実のことを告げ【注3】、もって、訪問販売に係る売買契約に関する事項であって、購入者である告訴人の判断に影響を及ぼすこととなる重要なものにつき【注4】、不実のことを告げる行為をしたものである【注5】。

文例編　第3章　特別法の罪に関する文例　　　　397

【注1】　法人を処罰する場合（特商法74①二）には、従業員等が業務に関し違反行為を行ったことが必要とされるので、法人と違反行為者との関係を示しておきます。

【注2】　特商法26条において適用除外事由が定められているので（不実告知との関係では、同条1項及び6項）、これに該当しないことを示したものです。

【注3】　「不実のことを告げる」とは、虚偽の説明を行うこと、すなわち事実と異なることを告げることをいいます。その具体的内容を示したものです。

【注4】　不実告知してはならない事項は、特商法6条1項1号から6号に具体的に列挙されていますが、7号で、「前各号に掲げるもののほか、当該売買契約……に関する事項であって、顧客又は購入者……の判断に影響を及ぼすこととなる重要なもの」と概括的に定められています。したがって、1号から6号に該当する場合には、その旨を記載します。例えば、「通常価格であるにもかかわらず、『今なら特別キャンペーン中なので、通常○○円のところ△△円になります』などと不実のことを告げ、もって、商品の販売価格につき、不実のことを告げる行為をしたものである」となります。

【注5】　「不実のことを告げる」とは、事実と異なることを告げることをいい、事実と異なることを告げていることに主観的認識を有している必要はなく、告げている内容が客観的に事実と異なっていることで足ります。相手が錯誤に陥り契約を締結したことも必要ありません。これらの点で詐欺罪（刑246）と異なりますが、同時に詐欺罪にも該当する場合には両罪の観念的競合となります。

モデル文例176　取立行為規制違反（貸金業法47の3①三・51①二・21①三）
【貸付債権の取立てに当たり、正当な理由がなく、勤務先に電話をかけた事例】

告　訴　事　実

　被告訴人○○株式会社は、貸金業法による貸金業者であり、被告訴人甲山一郎は、同社A支店（東京都A区B町○丁目○番○号Cビル○階所在）の従業員であるところ【注1】、同甲山は、同○○株式会社の告訴人に対する貸付けの契約に基づく債権の取立てをするに当たって【注2】、正当な理由がないのに、令和○年○月○日から同年○月○日までの間、告訴人の勤務先たる△△株式会社D支店（東京都D区E町○丁目○番○号Fビル○階所在、電話番号03－○○○○－○○○○）に電話をかけ【注3】、告訴人の私生活の平穏を害する言動をしたものである。

398　　　文例編　第3章　特別法の罪に関する文例

【注1】　法人を処罰する場合（貸金業法51①二）には、従業員等が業務に関し違反行為を行ったことが必要とされるので、法人と違反行為者との関係を示したものです。

【注2】　債権の取立てに当たっての行為が規制されるので、その旨を示したものです。

【注3】　貸金業法21条1項3号は、正当な理由がないのに債務者の勤務先に電話をかけることを禁止しています。本事例はこれに該当するので、違反行為を具体的に示すことが必要です。

② 書面交付義務違反─特商法、貸金業法等

　消費者被害に関する法律では、消費者に交付すべき書面につき、記載事項を定め、これに反する場合に罰則を科する例が多いです。反する場合というのは、書面を交付しない場合だけでなく、法定の記載事項を記載していなかったり、虚偽の記載をしている場合を含みます。

　例えば、特定商取引に関する法律（特商法）は、4条・5条（訪問販売）、18条・19条（電話勧誘販売）、37条（連鎖販売取引）、42条（特定継続的役務提供）、55条（業務提供誘引販売取引）、58条の7・58条の8（訪問購入）において書面交付義務を定めるとともに、その違反につき、71条1号で罰則を設けています（法人の両罰規定は74条）。

　また、貸金業法も、16条の2第1項から第3項・16条の3第1項・17条1項から5項・18条1項（受取証書）において書面交付義務を定めるとともに、その違反につき、48条1項3号の2・3号の3・4号で罰則を設けています（法人の両罰規定は51条）。

　かような書面交付義務違反は形式的に判断できる場合が多いので、実務上、まず書面交付義務違反で捜査の端緒（逮捕・捜索差押え）とし、その後、詐欺等の捜査に進む場合が多く見受けられます。

モデル文例177　書面交付義務違反（特商法71一・74①三・5②）

【住居訪問において消火器を現金販売したが、法定書面を交付しなかった事例】

告　訴　事　実

　被告訴人○○株式会社は、○○○を目的とする株式会社であり、被告訴人甲山一郎は同社の従業員であるところ【注1】、同甲山は、法定の除外事由がないのに【注2】、同社の業務に関し、令和○年○月○日午前○時○分頃、A市B町○丁目○

番○号の告訴人の住所を訪問し、同所において、告訴人に対し、消火器1本の売買契約を締結してこれを引き渡し、かつ、その場において代金の全部○○，○○○円を受領したにもかかわらず【注3】、直ちに、法令の定める事項【注4】を記載した書面を交付しなかったものである【注5】。

【注1】　法人を処罰する場合（特商法74①三）には、従業員等が業務に関し違反行為を行ったことが必要とされるので、法人と違反行為者との関係を示したものです。

【注2】　特商法26条において適用除外事由が定められているので（書面交付義務との関係では、同条1項、3項及び6項）、これに該当しないことを示したものです。

【注3】　特商法は、訪問販売において売買契約等の申込みを受けた場合（特商法4。申込みを受けた際に契約を締結した場合を除きます。）又は売買契約等を締結した場合（特商法5）に販売業者に書面交付義務を定め、これに反した場合に罰則を設けています（特商法71一）。このうち、特商法5条は、現金取引（売買契約等の締結時に、商品等を引き渡し、代金を全額受領する場合）の場合（同条2項）と一般の場合（同条1項）とで交付すべき書面の内容を区別していますが、本事例は現金取引の場合ですので、その区別がわかるように記載します。

【注4】　交付すべき書面には記載事項が定められています（特商法5②、特商法施行規則4）。

【注5】　上記のとおり、交付書面には記載事項が定められていますから、単に書面自体を交付しなかった場合だけでなく、記載事項を欠いた書面を交付しても、特商法5条2項が要求する書面の交付にはなりませんので、本罪が成立します。

③　金利規制違反─出資法5条

金銭消費貸借における金利を規制する法律としては、利息制限法や「出資の受入れ、預り金及び金利等の取締りに関する法律」（出資法）があります。前者は民事的な規制であり、後者は刑事的な規制です。

そして、出資法は、貸金業者の貸付けにつき、年20％を超える利息の契約・受領・支払要求を懲役5年以下・罰金1,000万円以下に処するとともに（出資法5②）、年109.5％（1日当たり0.3％、うるう年は年109.8％）を超える場合には懲役10年以下・罰金3,000万円以下と加重しています（出資法5③）。

400　　　文例編　第3章　特別法の罪に関する文例

モデル文例178　　金利規制違反（出資法5③）

【貸金業者が法定利率以上の利息を受領した事例】

告　訴　事　実

　被告訴人は、東京都A区B町○丁目○番○号Cビル○階において「○○」という屋号で貸金業を営み【注1】、一般市民に対し極めて高金利で貸付けを行うことを専らの業務とするいわゆるヤミ金業者であるが【注2】、別表記載のとおり、令和○年○月○日から同年○月○日までの間、前後○回にわたり、同所において、告訴人に対し、業として【注3】、合計金○○万円を貸し付け、同年○月○日から同年○月○日までの間、同所において、告訴人から1日当たり○％の割合による利息合計○,○○○,○○○円を受領し、もって、法定の1日当たり0.3％を超える割合による利息を受領したものである【注4】。

別表

貸付年月日	貸付契約金額	天引き利息額【注5】	実交付額	返済年月日	貸付期間	返済額	受領利息額	1日当たりの利率

【注1】　出資法5条3項（同条2項も同じ）は「金銭の貸付けを行う者が業として金銭の貸付けを行う場合において」と定めており、被告訴人が貸金業者であることを示したものです。

【注2】　出資法5条3項の構成要件としては、いわゆるヤミ金であることは求められていませんが、被告訴人の実態を示すものとして、記載しておいた方がよいでしょう。

【注3】　「業として」とは、反復継続の意思をもって取引を行い、そのことがその者の社会的地位として形成されていることをいいます。報酬又は利益を得る意思は必要ではありません。

【注4】　出資法5条3項（同条2項も同じ）は、契約をし、その後、利息を受領し、又はそ

文例編　第3章　特別法の罪に関する文例　　401

の支払要求をするという、段階的に進展する一連の行為を規制しています。契約をし、その後受領したという場合、最終段階で一連の行為を包括吸収的に捉え、独立の受領罪が成立します。

【注5】　天引きとは、金銭貸借において貸与すべき元本から約定の利息をあらかじめ控除して、残額のみを交付することをいい、いわゆる高利貸し業者においては広く行われているものです。これにつき、出資法5条の4第2項は「交付額を元本額として利息の計算をするものとする」と定めています。したがって、天引きがある場合には、天引き額・実交付額を明らかにしておく必要があります。

---

④　預り金禁止違反―出資法8条3項・2条1項

出資法は、不特定多数の者からの出資金や預り金を禁止し、その違反に対して刑罰を科しています。

このうち、出資法2条1項は、他の法律で業として預り金をすることを認められていない限り、「何人も業として預り金をしてはならない」と定め、この違反に対し刑罰を設けています（出資法8③、法人の両罰規定として出資法9①三）。これは、一般の人から預金を預かるような業務を行う場合、その業務が資金運用に失敗し破綻をきたすようなことになれば、与信者たる一般人に不測・膨大な損害を及ぼし、ひいては社会の信用制度と経済秩序に悪影響を与えかねないからです。

モデル文例179　預り金禁止違反（出資法8③・9①三・2①）
【法定の除外事由がないのに、不特定多数の者から利息を支払うことを約して預り金をした事例】

告　訴　事　実

被告訴人○○株式会社は、○○を目的とする株式会社であり、被告訴人甲山一郎は同社の従業員であるところ、同甲山は、同社の業務に関し【注1】、法定の除外事由がないのに【注2】、別表記載のとおり、令和○年○月○日から同年○月○日までの間、前後○回にわたり、東京都A区B町○丁目○番○号Cビル○階所在の同社の事務所において、不特定かつ多数【注3】の相手方である告訴人から、現金○○万円を年○パーセントの利息を支払うことを約して受け取り、もって業とし

402 文例編 第3章 特別法の罪に関する文例

て【注4】預り金【注5】をしたものである。

別 表＜略＞

【注1】 法人を処罰する場合（出資法9①三）には、従業員等が業務に関し違反行為を行ったことが必要とされるので、法人と違反行為者との関係を示し、法人の業務に関して行為したことを示したものです。

【注2】 「法定の除外事由」とは、出資法2条1項に言う「他の法律に特別の規定のある者」をいい、銀行（銀行法10①一）などの金融機関をいいます。

【注3】 出資法2条1項の「預り金」とは、「不特定かつ多数の者からの金銭の受入れ」をすることが要件ですので（出資法2②）、不特定・多数からの受け取りであることを示します。そして、「不特定かつ多数の者」とは、一般大衆を意味し、知り合いといった個人的なつながりがない、ある程度以上の複数の者を示します。特定の会の会員であるとか、特定の株式会社の株主であるというだけでは特定しているとは言えません。また、たまたま与信者の中に少数の親族を含んでいたとしても、除外すべきものではありません。

【注4】 「業として」につき、【モデル文例178】の【注3】参照。

【注5】 「預り金」とは、「不特定かつ多数の者からの金銭の受入れ」で、「社債、借入金その他いかなる名義をもってするかを問わず」、「預金、貯金又は定期金の受入れ」及びこれらと「同様の経済的性質を有するもの」をいいます（出資法2②）。民法上は消費寄託の性質を有します。その判断に当たっては、金銭授受の実質から判断するもので、実質的に出資金であれば出資法1条（出資金の受入の制限）に該当し、預り金であれば（名義が借入金であっても）出資法2条1項に該当し、実質的に借入金であれば原則として条文に触れないことになります。

---

5 組織的消費者被害−組織的犯罪処罰法

詐欺的勧誘による消費者被害に対しては、詐欺罪の適用が問題になりますが、組織的な詐欺被害に対しては、「組織的な犯罪の処罰及び犯罪収益の規制等に関する法律」（組織的犯罪処罰法）における組織詐欺（組織的犯罪処罰法3条1項13号）が適用されます。実務上、被害者が全国で何万人にも及ぶような集団的・大規模被害について問題にな

文例編　第3章　特別法の罪に関する文例　　403

ります。

　本法は、組織的な犯罪が少なからず発生している状況を踏まえ、刑法に定める殺人、詐欺、業務妨害等の犯罪に該当する行為が、団体の活動として、当該行為を実行するための組織により行われた場合等に刑を加重するもので、平成11年に制定されました。

モデル文例180　　組織的消費者詐欺被害（組織的犯罪処罰法3①十三）

【預けた金員の利息及び全額が返還されると誤信させ、組織的に詐欺行為を行った事例】

告　訴　事　実

　被告訴人甲山一郎は、東京都A区B町○丁目○番○号に本店を置く○○株式会社の代表取締役社長として同社の業務全般を統括掌理していたもの、被告訴人乙川二郎は同社の取締役業務担当副社長として上記甲山を補佐して協力金等の名目で金銭を同社に預けるよう顧客を勧誘する説明会の会場手配及び日程管理等を行う総務・業務部門並びに前記協力金等の募集に寄与した者に対する配当計算等を行う管理部門の両部門を統括していたもの、被告訴人丙野三郎は同社の営業担当副社長として上記甲山を補佐して協力金等の名目で金銭を同社に預けるよう顧客を勧誘する同社の営業部門を統括していたもの、被告訴人丁原四郎は同社の取締役経理部長として上記甲山を補佐して同社の経理部門を統括していたもの、〔中略〕であり【注1】、同社は協力金等の名目で金銭を詐取することを共同の目的とする多数人の継続的結合体であって【注2】、その目的を実現する行為を同社の組織により反復して行っていたものであるが【注3】、被告訴人らは、共謀の上、同社の活動として、被告訴人甲山を頂点とする指揮命令に基づき上記各任務分担に従って一体として行動する組織により、別表記載のとおり、令和○年○月○日から同年○月○日までの間、前後○回にわたり、C県D市E町○丁目○番○号○○ホテルほか○か所において、同表偽岡者欄記載の被告訴人が、告訴人らに対し【注4】、真実は、同社が物品を販売して得た収益により同社が顧客から預かった協力金の利息の支払い及びその返還をする意思及び能力がなく、かつ、顧客から預かった協力金は直ちにその時点で支払期限が到来している協力金の利息の支払い及びその返還並びに同社の運営経費等の支払いに費消する意思であるのに、その情を秘し、同社が販売する商品の説明を行い、物品販売による収益がある旨装い、同表偽岡文言欄記載の嘘を言うなどし、同人らを、同社には物品販売による収益があ

404 文例編 第3章 特別法の罪に関する文例

り、同社に金銭を預ければ、これが前記協力金の利息の支払い及びその返還並び
に同社の運営経費等の支払いに費消されることはなく、確実に預けた金銭の○パ
ーセントに当たる金額が1年間の利息として支払われ、かつ、預けた金銭の全額が
1年後に返還されるものと誤信させ、よって、同年○月○日から平成○年○月○日
までの間、○回にわたり、同人らに、C県D市F町○丁目○番○号所在の株式会
社△△銀行D支店ほか○か所から、被告訴人らが管理する東京都A区B町○丁目
○番○号所在の株式会社□□銀行B支店ほか○か所に開設された○○株式会社名
義の普通預金口座に合計○億○○万円を振込入金させ【注5】、もってそれぞれ団
体の活動として、詐欺の罪に当たる行為を実行するための組織により、人を欺い
て財物を交付させたものである【注6】。

別表									
番号	告訴人	欺罔年月日	欺罔場所	欺罔者	欺罔文言	振込年月日	振込金額	振込場所	振込先口座

【注1】 組織として犯罪が行われるので、行為者は複数人に及びますが、各行為者の組織における立場・役割を示すものです。

【注2】 組織的犯罪処罰法3条1項は、「団体の活動……として、当該罪に当たる行為を実行するための組織により行われたとき」に成立します。

　そして、「団体」とは、「共同の目的を有する多数人の継続的結合体であって、その目的又は意思を実現する行為の全部又は一部が組織……により反復して行われるもの」をいいます（組織的犯罪処罰法2①）。ここでは、○○株式会社がこの「団体」に当たることを示しています。

【注3】 上記のとおり、「団体の活動……として、……組織により行われた」ことが必要なので、その旨を示したものです。

【注4】 本事例では、多数の被害者が集団で告訴をする場合を想定しています。

【注5】 詐欺罪を犯した事例ですので、詐欺行為の具体的内容を示したものです。

【注6】 「団体の活動……として、当該罪に当たる行為を実行するための組織により」、当該罪（本事例では詐欺罪）が行われたことを示したものです。

文例編　第3章　特別法の罪に関する文例　　　405

---

⑥　医薬品無許可販売─医薬品医療機器等法

　医薬品、医療機器等の品質、有効性及び安全性の確保等に関する法律（医薬品医療機器等法）は、医薬品等の品質・有効性・安全性確保等のために必要な規制を行うこと等を目的とする法律です。その規制違反により消費者が被害を受ける例として、無許可で医薬品等を製造販売する事例（製造販売の許可制として同法12①、罰則として同法84二）、無許可で医薬品等を販売する事例（販売業の許可制として同法24①、罰則として同法84九）、店舗以外で販売する事例（店舗販売規制として同法37①、罰則として同法85一）、毒薬・劇薬を法定手続を履行せず譲渡する事例（譲渡手続規制として同法46①、罰則として同法86①十一）などがあります。法人の両罰規定として同法90条が設けられています。

　このうち、いわゆる健康食品等を薬効があるかのようにうたって販売する場合は、その健康食品等が「医薬品」に該当するとされ、その医薬品の無許可販売（医薬品医療機器等法84九・24①）として処罰されます。

> **モデル文例181**　医薬品無許可販売（医薬品医療機器等法84九・90二・24①）
> 【無許可で薬効があるとして医薬品を販売した事例】

　　　　　　　　　　　　　　　告　訴　事　実

　被告訴人○○株式会社は、東京都A区B町○丁目○番○号に本店を置き、化成品の製造及び加工販売等を業とする株式会社であり、被告訴人甲山一郎は同社の代表取締役として同会社の業務全般を統括しているものであるが【注1】、被告訴人甲山は、同社の従業員乙川二郎と共謀の上、同社の営業に関し、あらかじめ薬局開設の許可も医薬品販売業の許可も受けず、かつ法定の除外事由がないのに【注2】、チラシ・ポスター・パンフレット・講演等によって、「＊＊」が肝臓保護・高血圧・内臓疾患等にも効果があり、アルコール成分を胃の中でアルカリ性に中和し、高血圧・肝臓・心臓を保護するなどの薬効を有する旨各宣伝広告したうえ、医薬品である前記「＊＊」を【注3】、令和○年○月○日午後○時○分ころ、同社本店所在地において、告訴人に対し、合計○本を代金○○,○○○円で販売し、もって業として医薬品を販売した【注4】ものである。

【注1】　法人を処罰する場合（医薬品医療機器等法90二）には、代表者や従業員等が業務

406　　文例編　第3章　特別法の罪に関する文例

に関し違反行為を行ったことが必要とされるので、法人と違反行為者（本件では代表者甲山）との関係を示し、法人の業務に関して行為したことを示したものです。

【注2】　本件の主体は、薬局の開設又は医薬品販売業の許可を受けていない者です。薬局の開設については医薬品医療機器等法4条・5条、医薬品販売業の許可については同法25条・26条・30条・34条により、それぞれ都道府県知事ないしは市区長の許可が必要とされています。また、適用除外については同法24条1項ただし書きに定めがあります。ここでは、許可がなく、かつ法定の除外事由にも該当しないことを示しています。

【注3】　禁止されているのは「医薬品」の販売等なので、販売したものが「医薬品」であることが必要です。

　　「医薬品」については、医薬品医療機器等法2条1項により、「日本薬局方に収められている物」（1号）、「人又は動物の疾病の診断、治療又は予防に使用されることが目的とされている物であって、機械器具等〔中略〕でないもの（医薬部外品及び再生医療等製品を除く。）」（2号）、「人又は動物の身体の構造又は機能に影響を及ぼすことが目的とされている物であって、機械器具等でないもの（医薬部外品、化粧品及び再生医療等製品を除く。）」（3号）と定められています。このうち、2号・3号をどのように解釈するかが問題となっていますが、判例は、2号につき、「その物の成分、形状、名称、その物に表示された使用目的・効能効果・用法用量、販売方法、その際の演述・宣伝などを総合して、その物が通常人の理解において『人又は動物の疾病の診断、治療又は予防に使用されることが目的とされている』と認められる物をいい、これが客観的に薬理作用を有するものであるか否かを問わない」としています（最判昭57・9・28刑集36・8・787）。

　　本事例では、宣伝された薬効・宣伝方法などを具体的に記載することにより、「医薬品」に該当することを示したものです。

【注4】　「業として、医薬品を販売」とは、反復継続して医薬品を不特定多数の者に対してなす意思のもとに有償譲渡することをいい、必ずしも営利の目的があることを要せず、販売回数の多少、店舗の開設の有無を問いません。

---

⑦　品質等誤認行為─不正競争防止法21条2項1号、2条1項20号

　品質等誤認行為（不正競争2①二十）については、「不正の目的」をもって行う行為に対し刑事罰が科されています。本号の趣旨は、商品・役務の原産地や品質等について誤認を与えるような表示を行って、需要者の需要を不当に喚起する事業者が、適正な表

示を行う事業者より、競争上優位に立つことや適正な表示を行う事業者の顧客を奪うことを防止し、もって公正な競争秩序を維持する点にあります。本号で規制対象となる行為は、誤認させるような表示をする行為、誤認させるような表示をした商品の譲渡、引渡し、譲渡・引渡しのための展示、輸出、輸入、電気通信回線を通じた提供行為、又は誤認させるような表示をして役務を提供する行為です。

　なお「不正の目的」がない場合でも、商品・役務に関し、原産地又は品質等について、「誤認させるような虚偽の表示」をする行為（同法21②五）も処罰の対象となります。

　品質等誤認行為が、販売の用に供する食品若しくは添加物について行われ、厚生労働大臣が公衆衛生の見地から定めた基準に合わない方法により食品若しくは添加物が販売された場合は、不正競争防止法のほか、食品衛生法によっても処罰されることがあります（食品衛生法72・11②）。

モデル文例182　品質等誤認行為（不正競争21②一・2①二十・22①三）
【外国産食材を国産と偽装した事例】

告　発　事　実

　被告発人株式会社○○は、A市B町○丁目○番○号に本店を置き、食肉の加工、貯蔵、加工品類の販売等を主たる業務として営んでいたものであり【注1】、被告発人甲山一郎は、同会社の業務全般を統括していたものであるが、不正の目的をもって【注2】、令和○年○月○日ころから同年○月○日ころまでの間、A市B町○丁目○番○号所在の○○工場において、ブラジル産鶏肉約○○キログラムを「国産鶏肉」と印刷されたビニール袋及び同内容が印刷された段ボール箱の包装資材に詰め替え、前記ブラジル産鶏肉が国産の鶏肉であるかのように表記して、商品の原産地について誤認させるような表示をして【注3】、同年○月○日ころから同年○月○日ころまでの間、○○回にわたり、C市D町○丁目○番○号所在の△△株式会社に対し、前記鶏肉のうち合計○○キログラムを譲渡し【注4】、もって不正競争を行ったものである。

【注1】　法人も両罰規定によって、処罰されます（不正競争22①三）。

【注2】　不正の目的が必要です。不正の目的とは、不正の利益を得る目的、他人に損害を加える目的その他の不正の目的となります（不正競争21②一）。

【注3】　不正競争防止法2条で規制対象となる行為のうち、「誤認させるような表示をす

408　　文例編　第3章　特別法の罪に関する文例

る行為（不正競争2二十）」に該当します。「誤認させるような表示」とは、需要者がその表示によって認識する商品・役務の原産地や品質等と実際の原産地や品質等が異なる場合を生じさせるような表示をいいます。本件のような虚偽表示が典型例ですが、誇大広告や強調表示なども「誤認をさせるような表示」に該当する可能性があります。例えば国内製のヘアピンを販売するに当たり、その包装袋の表面に外国国旗を印刷したシールを添付するなどして、包装袋の裏面側に「世界中のピンを集大成」などと記載した説明書を同封する行為などが原産地を誤認させる表示に該当するとした裁判例（大阪地判平8・9・26判時1604・129）があります。なお需要者が実際に誤認することまで必要ではなく、誤認のおそれがあれば足ります。

【注4】　本号で規制対象となる行為のうち、「誤認させるような表示をした商品の譲渡」に該当します。表示行為と譲渡行為は包括一罪となります。

モデル文例183　**虚偽表示**（不正競争21②五・22①三、食品衛生法72・78一・11②）

【加工乳を成分無調整と表示・販売した事例】

告　発　事　実

　被告発人株式会社○○は、A市B町○丁目○番○号に本店を置き、牛乳、乳製品その他酪農製品の運搬、加工、貯蔵、販売等を主たる業務として営んでいたものであり【注1】、被告発人甲山一郎は、被告発人株式会社○○の乳業生産部長として、乳業生産事業の総合的な計画の立案、実施等の業務に従事していたものであるが、被告発人甲山一郎は、被告発人株式会社○○の業務に関し、

1　令和○年○月○日ころから同年○月○日ころまでの間、被告発人株式会社○○の○○工場において、脱脂乳及び凍結クリームを加えるなどして加工した乳につき、その乳は厚生労働大臣が定めた「乳及び乳製品の成分規格等に関する省令」上の加工乳に該当する乳であったから、その容器包装には「種類別加工乳」と表示しなければならないのに、その乳を「成分無調整」「種類別牛乳」と印刷されている紙パックに充填して、「○○乳」等4品目、合計○○本（合計約○○リットル）を商品として製造し、もって、商品にその品質、内容、製造方法について誤認させるような虚偽の【注2】表示をした【注3】

2　令和○年○月○日ころから同年○月○日ころまでの間、C市D町○丁目○番○号所在の○○に対し、前記1記載の商品を販売し、もって、厚生労働大臣が定

文例編　第3章　特別法の罪に関する文例　　409

めた基準に合う表示がない食品を販売した【注4】
ものである。

【注1】　法人も両罰規定によって処罰されます（不正競争22①三、食品衛生法78一）。

【注2】　不正競争防止法21条2項5号は、「誤認させるような虚偽の表示」をすれば足り、「不正の目的」は必要ありません。この点、同法21条2項1号が「不正の目的」が要件とされるのと異なります。なお、需要者が実際に誤認することまで必要ではなく、誤認のおそれがあれば足ります。

【注3】　不正競争防止法21条2項5号は、虚偽表示をした行為のみが処罰の対象となります。同法21条2項1号、2条1項20号と異なり誤認させるような表示をした商品の譲渡、引渡し等の行為は処罰の対象となりません。

【注4】　食品衛生法11条2項の「その基準に合わない方法による食品若しくは添加物を販売」した行為に該当します。

410 文例編 第3章 特別法の罪に関する文例

第8 家族・風俗に関する犯罪

法令名：軽犯罪法、風俗営業等の規制及び業務の適正化等に関する法律（風営法）、公衆に
著しく迷惑をかける暴力的不良行為等の防止に関する条例（迷惑防止条例）、スト
ーカー行為等の規制等に関する法律（ストーカー規制法）、配偶者からの暴力の防
止及び被害者の保護等に関する法律（配偶者暴力防止法、いわゆるDV防止法）、
児童福祉法、児童買春、児童ポルノに係る行為等の処罰及び児童の保護等に関す
る法律（児童買春等禁止法）、私事性的画像記録の提供等による被害の防止に関す
る法律（リベンジポルノ法）

　市民として通常の生活を送っていても、予想もしない犯罪に巻き込まれる可能性は
否定できません。町を歩いていて、強引なつきまといや客引きに遭ったり、身勝手な
目的からストーカー行為を受ける可能性もあります（軽犯罪法、風営法、迷惑防止条例、ス
トーカー規制法）。入浴しているところをのぞき見されたり（軽犯罪法）、階段を上ってい
て後ろからスカートの中を盗撮されたり、満員の通勤電車で痴漢に遭うこともありま
す（迷惑防止条例）。信頼していた配偶者が、突如豹変して暴力を振るってくるかもしれ
ません（配偶者暴力防止法）。また幼い子ども達が犯罪に巻き込まれる可能性もあります
（児童福祉法、児童買春等禁止法）。

① 保護命令違反－配偶者暴力防止法29条

　配偶者から振るわれる暴力も当然に犯罪であり、配偶者だからということで許され
るものではありません。特に、経済的自立が困難な女性に対して配偶者が暴力を加え
ることは、個人の尊厳を害するばかりか、男女平等の実現の妨げにもなります。そこ
で、配偶者からの暴力の防止及び被害者の保護を図ることを目的として、「配偶者から
の暴力の防止及び被害者の保護等に関する法律」（配偶者暴力防止法）が、配偶者から
の暴力に係る通報、相談、保護、自立支援等の体制を整備して、平成13年から施行さ
れています。平成25年の法改正で、「生活の本拠を共にする交際（婚姻関係における共
同生活を営んでいないものを除きます。）をする関係にある相手からの暴力」について
も、この法律を準用することになりました（配偶者暴力防止法28の2）。
　配偶者が暴力を振るえば刑法208条の暴行罪、204条の傷害罪が成立する可能性があ
ることはもちろんですが、配偶者暴力防止法においても独自の罰則規定を置いていま

文例編　第3章　特別法の罪に関する文例　　　　411

す。すなわち裁判所の発した保護命令（接近禁止命令、退去命令）の実効性を担保す
るため、保護命令に違反した者に罰則を科すことにしています（同法29）。ここにいう
保護命令とは、被害者が更なる配偶者からの暴力により、その生命又は身体に重大な
危害を受ける可能性が大きい場合に、被害者の申立てにより、裁判所が命ずるもので
す。当該配偶者に対して、6か月間の被害者への接近禁止又は2か月間の住居からの退
去（被害者及び当該配偶者が生活の本拠をともにする場合に限ります。）の一方又は両
方を命ずることがあります（同法10）。

モデル文例184　　保護命令違反（配偶者暴力防止法29）

【夫が、裁判所の出した保護命令（接近禁止命令）に違反して妻の居住地付近をはい
かいした事例】

告　訴　事　実

　被告訴人は、令和○年○月○日、A地方裁判所から、配偶者からの暴力の防止
及び被害者の保護等に関する法律第10条に基づき、同日から起算して6か月間、A
県B市C町○丁目○番○号所在の告訴人の住居その他の場所において、告訴人の
身辺につきまとい、又は告訴人の住居、勤務先その他その通常所在する場所の付
近をはいかい【注1】してはならないことを内容とする保護命令【注2】を受けてい
たものであるが、同年○月○日午前9時30分ころから同日午前11時30分ころまで
の間、当時告訴人の前記住居付近をはいかいし、もって保護命令に違反したもの
である【注3】。

【注1】　　「はいかい」（徘徊）とは、正当な理由なくうろつくことをいいます。

【注2】　　接近禁止命令の内容を示しています。接近禁止命令とは、加害者である配偶者
　　　に対し、命令の効力の生じた日から6か月間、被害者の身辺につきまとうこと（ストー
　　　カー規制法（後述）に定められている「つきまとい等」より範囲が狭く、電話を掛け
　　　たり、メールや手紙を送る行為は禁止されていません。）及び被害者の住居など被害者
　　　が通常存在している場所の付近をはいかいすることを禁止するものです。本事例の接
　　　近禁止命令は、はいかいを禁止しています。

【注3】　　告訴状に保護命令書を添付して、保護命令の内容を特定するようにします。

412 文例編　第3章　特別法の罪に関する文例

② 児童買春─児童買春等禁止法4条

　刑法には、強制性交等罪、強制わいせつ罪が規定されていますが、13歳以上の者に対する買春は処罰の対象となっていません。児童福祉法では、18歳未満の者に淫行を「させた」者等を処罰することにしていますが（児童福祉法60②・34①六。児童福祉法については後掲④参照）、買春した者を処罰することにはしていません（ただし、この「させた」には、行為者が、児童に対して、第三者と淫行させる行為のみならず、行為者自身と淫行させる行為も含みます。）。売春防止法にも、売春の相手方となった者を処罰する規定はありません。「児童買春、児童ポルノに係る行為等の規制及び処罰並びに児童の保護等に関する法律」（児童買春等禁止法）は、児童買春をした者を処罰するものです。

　同法において「児童」とは、18歳に満たない者をいいます（児童買春2①）。

　「児童買春」とは、児童、児童に対する性交、性交類似行為、性的好奇心を満たすために性器を触り、触らせる行為の周旋をした者又は児童の保護者若しくは児童を支配下においている者に対し、対償を供与し、又はその約束をして、当該児童に対し、性交等をすることをいいます（児童買春2②）。児童買春の相手方児童の心身に有害な影響を与えるのみならず、このような行為が社会に蔓延すれば、児童を性欲の対象とする風潮を助長しかねず、身体的・精神的に未熟な児童一般の心身の成長に重大な影響を与えることから罰せられています。

　児童買春の周旋や勧誘も処罰されますが（児童買春5・6）、これらの罪は、児童の年齢を知らないことを理由として罪を免れることはできません（児童買春9）。

モデル文例185　児童買春（児童買春4）
【児童に性交類似行為をした事例】

告　訴　事　実

　被告訴人は、令和○年○月○日午後10時ころ、A市B町○丁目○番○号所在のホテル○○205号室において、告訴人の長女甲山春子（平成○年○月○日生。当時14歳）が18歳に満たない児童であることを知りながら、同女【注2】に対し現金3万円を対償【注1】として供与して【注3】、同女の陰部等を手指で弄び、同女をして手淫、口淫などの性交類似行為【注4】をし、もって児童買春したものである。

文例編　第3章　特別法の罪に関する文例　　413

【注1】　「対償」とは、児童が性交等をすることに対する反対給付としての経済的な利
　　益をいいます。

【注2】　「同女」に代え、「同児童」と表わすこともできます。

【注3】　供与の約束は、性交等がなされる前に存在することが必要です。

【注4】　児童買春が成立するには、「性交等」が行われる必要がありますが、そこには性
　　交類似行為（実質的に見て、性交と同視し得る態様における性的な行為）も含まれま
　　す。

③ 児童ポルノ販売（提供）罪－児童買春等禁止法7条

　刑法では、わいせつ物頒布等の罪は、児童の権利の擁護を目的としたものではない
ので児童ポルノをすべて処罰することはできません。そこで、「児童買春、児童ポルノ
に係る行為等の規制及び処罰並びに児童の保護等に関する法律」（児童買春等禁止法）
は、児童ポルノ（定義については【モデル文例186】【注1】参照）の提供・陳列、提
供目的での所持・製造・運搬・輸出入、提供目的の有無にかかわらず、児童に児童ポ
ルノに当たる姿態を取らせ、あるいはひそかに描写する（盗撮が典型例）ことによる
特定の態様の製造を禁止し、これに違反した者を処罰することとしています。さらに、
自己の性的好奇心を満たす目的があれば、単なる所持や保管でも処罰対象になります。
需用があれば供給を根絶できないからです。

　犯罪が成立するためには、被写体が児童であることの認識が必要ですが、18歳未満
かもしれないという未必的な認識で足るとされています。

　ここにいう「提供」とは児童ポルノの写真や電磁データ等を相手方が利用すること
ができる状態に置く一切の行為をいい、有償・無償、返還約束の有無などを問いませ
ん。不特定又は多数の者に対して、提供・公然陳列した場合、あるいはそれらの目的
で製造・所持・運搬・輸出入・保管した者については、一層重い刑罰が科されます。

　児童ポルノの提供行為は、児童ポルノに描写された児童の心身に重大な悪影響を与
えるばかりか、児童ポルノが社会に拡散することで、児童を性欲の対象としてとらえ
る風潮を助長することになり、その結果、他の児童の心身の成長にも悪影響を及ぼす
ことから禁止されるのです。

414 文例編　第3章　特別法の罪に関する文例

モデル文例186　児童ポルノ提供（児童買春7）
【児童ポルノビデオを販売（提供）した事例】

告　訴　事　実

　被告訴人は、令和○年○月○日、A市B町○丁目○番○号において、甲山一郎に対し、18歳未満の者である告訴人の長女乙川夏子（平成○年○月○日生。当時17歳）が他人と性交等している姿態をビデオカメラで撮影録画した「夏子」と題する児童ポルノ【注1】であるDVD1巻を、同児童が前記撮影当時18歳に満たない児童であることを知りながら、代金1万円で販売【注2】したものである【注3】。

【注1】　児童ポルノとは、写真、電磁的記録に係る記録媒体その他の物であって、①児童を相手方とする又は児童による性交又は性交類似行為に係る児童の姿態、②他人が児童の性器等を触る行為又は児童が他人の性器等を触る行為に係る児童の姿態であって、性欲を興奮させ又は刺激するもの、③衣服の全部又は一部を着けない児童の姿態であって、殊更に児童の性器やその周辺部、臀部又は胸部が露出され又は強調されているものであり、かつ、性欲を興奮させ又は刺激するもののいずれかに掲げる児童の姿態を視覚により認識することができる方法により描写したものをいいます。

【注2】　「提供」という概念は、本事例の「販売」のほか、「頒布」、「業としての貸与」のいずれの内容も包含します。

【注3】　客体が、刑法175条前段のわいせつ図画販売罪のわいせつ物にも該当する場合、同罪も成立し、児童ポルノ提供罪と観念的競合の関係になります。

---

④　児童福祉法違反—児童福祉法60条2項、34条1項5号

　児童福祉法34条1項は、心身ともに未成熟な児童を健全に育成するために周囲の者が当該児童に関して行ってはならない行為を禁止しており、違反者には児童福祉法60条1項及び2項にて刑罰が科せられます。

　すなわち、①当該行為が直接児童の心身の発達に有害な影響を及ぼすものとして、㋐身体障害等の児童を公衆の観覧に供する行為（児童福祉法34①一）、㋑児童にこじきをさせる等の行為（児童福祉法34①二）、㋒児童にかるわざ等をさせる行為（児童福祉法34①三）、㋓歌謡・遊技芸等をさせる行為（児童福祉法34①四）、㋔夜間、道路その他で物品の

文例編　第3章　特別法の罪に関する文例　　　　415

販売等をさせる行為（児童福祉法34①四の二）、㋕物品の販売等をさせるため児童を風俗営業の場所に立ち入らせる行為（児童福祉法34①四の三）、㋖児童に酒席に侍する行為を業務としてさせる行為（児童福祉法34①五）、㋗児童に淫行をさせる行為（児童福祉法34①六。前掲②参照）が禁止され、②その行為自体は必ずしも直接児童の心身の発達に悪影響を及ぼすものではないが、その結果として児童が上記①の行為をさせられることとなる蓋然性が高いために、㋐児童に有害な行為をするおそれのある者に児童を引き渡す行為（児童福祉法34①七）、㋑養育あっせん行為（児童福祉法34①八）、㋒有害行為をさせる目的で児童を支配下に置く行為（児童福祉法34①九）が禁止され、①、②のそれぞれに罰則が定められています（児童福祉法60①②）。

　児童福祉法において「児童」とは、満18歳に満たない者をいいます（児童福祉法4）。また、法文中で「満15歳に満たない児童」等のように、「児童」が限定される場合もあります（児童福祉法34①三・四・四の三・五）。

モデル文例187　　児童福祉法違反（児童福祉法60②・34①五）
【児童に酒席に侍する行為を業務としてさせた事例】

告　訴　事　実

　被告訴人は、A市B町○番○号において、バー「夏子」を経営するものであるが、令和○年○月○日ころ、同店ホステスとして雇い入れた告訴人の長女甲山春子（当時14歳。平成○年○月○日生）が満18歳に満たない児童であることを知りながら【注1】、同女をして同日ころから同年○月○日ころまでの間、同店において、客を相手に接待させ、もって満15歳に満たない児童に酒席に侍する【注2】行為を業務【注3】としてさせたものである【注4】。

【注1】　児童を使用する者は、児童の年齢を知らないことを理由として、児童福祉法60条1項から3項に規定してある犯罪の処罰を免れることができません（過失のないときは処罰を免れますが、その立証は困難です（児童福祉法60④）。）。したがって、年齢不知の場合でも本罪は成立し得ます。

【注2】　「酒席に侍する」とは、飲酒の席に出て、客相手に応接に勤める行為のほか、客に対して興を添える行為をいいます。

【注3】　「業務」とは、社会生活上の地位に基づき反復継続して行う事業・事務のことをいいます。児童が自発的に酒席に侍する行為をしているのを知って許容している場

合も、本号に違反する可能性があります。

【注4】 風営法49条3項4号及び22条2号が禁止する年少者に客の接待等をさせる行為の構成要件も満たす場合には、本罪と観念的競合の関係になります。

5 リベンジポルノ罪—リベンジポルノ法3条2項

交際中に撮影された元交際相手の性的画像（私事性的画像記録）などを、撮影対象者の同意なくインターネット上などに公表することで、長期にわたって多大な精神的な苦痛を与える結果が生じます。そこで、「私事性的画像記録の提供等による被害の防止に関する法律」（いわゆるリベンジポルノ法）は、個人の名誉やプライバシー侵害による被害の発生や拡大を防止するために、私事性的画像記録の提供等を処罰しています。

私事性的画像記録とは、①性交又は性交類似行為に係る人の姿態、②他人が人の性器等（性器、肛門又は乳首）を触る行為又は人が他人の性器等を触る行為に係る人の姿態であって性欲を興奮させ又は刺激するもの、③衣服の全部又は一部を付けない人の姿態であって、殊更に人の性的な部位（性器若しくはその周辺、臀部又は胸部）が露出され又は強調されているものであり、かつ、性欲を興奮させ又は刺激するもののいずれかを撮影した画像であり、なおかつ、撮影対象者が第三者に公開することを前提として任意に撮影を承諾し、又は自ら撮影したものを除いたものです（リベンジポルノ法2）。交際相手が隠し撮りした画像や、第三者が盗撮した画像はこれに含まれますが、アダルトビデオやグラビア写真等のように、第三者が見ることを認識して撮影を了解した画像は保護対象とはならないとされています。

私事性的画像記録物とは、写真、データ、その記録媒体等を含みます。

第三者が撮影対象者を特定できる方法で、電気通信回線を通じて私事性的画像記録を不特定又は多数の者に提供し、私事性的画像記録物を提供、陳列し、あるいは、提供の前段階の行為として私事性的画像記録を提供した場合には処罰されます。

被害者のプライバシーを守るために、親告罪とされています。

文例編　第3章　特別法の罪に関する文例　　　417

モデル文例188　リベンジポルノ陳列（リベンジポルノ法3）
【元交際相手の性的画像をインターネット上で陳列した事例】

告　訴　事　実

　被告訴人は、令和○年○月ころ、Ａ市Ｂ区Ｃ町○丁目○番所在の被告訴人宅において、自己のパーソナルコンピュータを操作して、インターネットを利用し、元交際相手である告訴人の顔及び陰部の周辺等が撮影された動画データ及び被告訴人と性交している場面を撮影した画像データ等10点【注1】を、株式会社○○が管理するサーバーコンピュータに送信して記憶・蔵置させ、不特定多数のインターネット利用者に対し、同画像の閲覧が可能な状態を設定し【注2】、もって、第三者が撮影対象者を特定できる方法で、電気通信回線を通じて私事性的画像記録物を公然と陳列したものである。

【注1】　リベンジポルノ法3条の私事性的画像記録であることを示しています。撮影対象者である告訴人の顔が写っていることを示すことで、第三者が撮影対象者を特定できる方法であることを示しています。特定の方法には制限はなく、顔のように画像で特定する場合のみか、画像に添えられたキャプションなどで特定できる場合でも構いませんが、告訴事実中に方法を具体的に示すことが必要です。

【注2】　不特定多数の者に対して、私事性的画像記録を陳列した方法を示しています。

---

⑥　ストーカー行為—ストーカー規制法2条3項、2条1項1号、18条

　「ストーカー行為等の規制等に関する法律」（ストーカー規制法）の趣旨は、個人の生命、自由及び名誉に対する危害の発生を防止して、広く国民の生活の安全と平穏を確保することにあります。

　ストーカー行為をした者は処罰されます（ストーカー規制法18）。

　ストーカー行為とは、同一の者に対し、「つきまとい等」を繰り返し行うことをいいます（ストーカー規制法2③）。ここで、「つきまとい等」とは、特定の者に対する恋愛感情その他の好意の感情又はそれが満たされなかったことに対する怨恨の感情を充足する目的で、当該特定の者又はその配偶者、直系若しくは同居の親族その他当該特定の者と社会生活において密接な関係を有する者に対して行われる①つきまとい、待ち伏せ、

418 文例編 第3章 特別法の罪に関する文例

押しかけ、又は住居等の付近をみだりにうろつくこと、②監視していると告げる行為、③面会、交際の要求、④乱暴な言動、⑤無言電話、連続した電話・ファクシミリ・電子メールの送信等、⑥汚物などの送付、⑦名誉を傷つける、⑧性的羞恥心の侵害をいいます。ただし、「つきまとい等」のうち、上記の①から④まで及び⑤の電子メールの送信等に係る部分の行為については、「身体の安全、住居等の平穏若しくは名誉が害され、又は行動の自由が著しく害される不安を覚えさせるような方法で行われる場合」のみ、同法違反により罰せられます（ストーカー規制法2③）。本罪は親告罪です（ストーカー規制法18）。

　近時は、恋愛感情に基づかない（ストーカー規制法の対象にならない）つきまとい行為を、公衆に著しく迷惑をかける暴力的不良行為等の防止に関する条例によって規制する動きがあります。「つきまとい」についての規制は、同法、同条例のほかに、軽犯罪法、風俗営業等の規制及び業務の適正化等に関する法律、売春防止法にも規定が置かれています。

モデル文例189　ストーカー行為の禁止（ストーカー規制法2③・2①一・18）
【つきまとい等を反復して行うストーカー行為の事例】

告　訴　事　実

　被告訴人は、携帯電話のメール交換で知り合った告訴人に対する好意の感情【注1】又はそれが満たされなかったことに対する怨恨の感情を充足する目的で、別紙一覧表（省略）記載のとおり【注2】、令和○年○月○日ころから令和○年○月○日ころまでの間、前後30回にわたり、Ａ県Ｂ市Ｃ町○丁目○番○号所在の告訴人方又はその付近路上において、告訴人の身体の安全、住居等の平穏が害され、告訴人の行動の自由が著しく害される不安を覚えさせるような方法により、告訴人を待ち伏せし、又は住居に押しかける等の行為を反復して行い、もってストーカー行為をしたものである【注3】。

【注1】　「好意の感情」とは、恋愛感情にまでは至らない憧れの感情などをいいます。

【注2】　別紙には、「犯行の年月日、犯行の場所、態様」を記載してください。

【注3】　ここで述べたストーカー規制法18条の他に、ストーカー規制法は19条にも罰則規定を設けています。すなわち、警告（ストーカー規制法4）に従わないで「つきまとい等」を行ったストーカーに対して、都道府県公安委員会は、ストーカー規制法3条の規

文例編　第3章　特別法の罪に関する文例　　　419

定に違反する行為があった場合において、当該行為をした者が更に反復して当該行為
をするおそれがあると認めるときは、その相手方の申出により、又は職権で、当該行
為をした者に対し、更に反復して当該行為をしてはならないこと及び、更に反復して
当該行為が行われることを防止する為に必要な事項を命じることができます（ストー
カー規制法5①）。これを禁止命令といい、この禁止命令に違反してストーカー行為を
した者等も罰せられます（ストーカー規制法19）。19条違反は18条違反と異なり、非親
告罪になります。

---

⑦　窃視行為－軽犯罪法1条23号

　軽犯罪法は、その1条で1号から34号まで禁止される行為を列挙しています。ここで
禁止される各行為は、日常生活における卑近な道徳律に違反する比較的軽微な犯罪群
で、科せられる刑罰は、拘留又は科料にすぎません。同法上の犯罪の保護法益は、善
良の風俗等の保持、自由・安全・業務です。

　同法23号違反の窃視の罪は、人の個人的秘密を侵害する危険のある行為を禁止し、
国民の性的風紀を維持するために設けられています。本罪は、正当な理由がなくて、
ひそかにのぞき見ることによって成立します。「正当な理由がなくて」とは、「違法に」
という意味であり、具体的事案に即して、社会通念に基づいて決せられます。「ひそか
に」とは、見られない利益を有する者に知られないようにすることをいい、「のぞき見
る」とは、すき間などからこっそり見ることをいいます。

モデル文例190　　窃視行為（軽犯罪法1二十三）

【公衆浴場をのぞき見した事例】

告　発　事　実

　被告発人は、正当な理由がないのに、令和○年○月○日午後9時ころ、A市B町
○番○号の公衆浴場「亀の湯」こと甲山一郎方東側板壁のすき間から、同浴場の
女湯をひそかに【注1】のぞき見たものである【注2】【注3】。

【注1】　のぞきの目的のいかんは問われません。

【注2】　カメラによってひそかに写真を撮ることも「のぞき見る」に該当しますが、盗

420 文例編　第3章　特別法の罪に関する文例

撮については、迷惑防止条例にて、軽犯罪法よりも重い法定刑が定められていること
があります。

【注3】　他人の住居に侵入してのぞき見をした場合には、住居侵入罪と本罪の牽連犯に
なります。

8　追随行為－軽犯罪法1条28号

軽犯罪法1条28号違反の追随等の罪は、人の行動の自由の保護と暴力行為を未然に
防ぐために設けられています。軽犯罪法1条28号が規制する行為は、①他人の進路に
立ち塞がって立ち退こうとしないこと、②他人の身辺に群がって立ち退こうとしない
こと、又は③不安若しくは迷惑を覚えさせるような仕方で他人につきまとうことです。

　「つきまとい」についての規制は、同法や迷惑防止条例のほかに、ストーカー規制
法（前述）、風営法（後述）、売春防止法にも規定が置かれています。

モデル文例191　　追随等（軽犯罪法1二十八）
【立ち塞がった上に、言葉を掛けながらつきまとった事例】

告　訴　事　実

　被告訴人は、令和〇年〇月〇日午後9時ころ、A市B町〇番〇号先路上において、
通行中の告訴人（当時19歳）の進路に立ち塞がって【注1】立ち退こうとせず【注
2】、さらに同女に対し、「ねえちゃん、俺暇してんねん。一緒に楽しいことしよう
や」などと言いながら、同女に不安を覚えさせるような仕方で【注3】、同所から同
町〇番〇号の同女方付近までつきまとったものである【注4】。

【注1】　「立ち塞がる」と言えるためには、ある程度相手に接近して立つことが必要で
す。

【注2】　「立ち退こうとしない」と言えるためには、ある程度の時間的継続が必要です。

【注3】　本罪が成立するためには、現実に他人に不安を覚えさせるまでの必要はありま
せん。

【注4】　「つきまとう」とは、執拗に人の行動に追随することをいいます。

文例編　第3章　特別法の罪に関する文例　　　421

⑨　痴漢行為－迷惑防止条例

　刑法等の法律により犯罪とされている行為には該当しないものの、公衆に著しい迷惑をかける暴力的不法行為を取締りの対象とすることで市民生活の平穏を保持するべく、「公衆に著しく迷惑をかける暴力的不法行為等の防止に関する条例」（迷惑防止条例。都道府県によって名称が異なる場合があります。）が、全国47の都道府県にて制定されています。同条例は、個人の意思及び行動の自由、善良な風俗環境が保護法益になります。

　同条例に規定されている違反行為は、ダフ屋行為、ショバ屋行為、景品買い行為、粗暴行為、押売行為、不当客引き行為（客引き行為については後述）、たかり行為、行楽地等の危険行為、痴漢行為、盗撮行為、ストーカー規制法で処罰できない（恋愛感情に基づかない）つきまとい行為（前述）などがあります。

　前記条例違反の中で、粗暴行為は、個人の意思及び行動の自由を保護し、善良な風俗環境を阻害する行為を防止する趣旨で禁止されています。かかる粗暴行為の中でもっとも多いのが、いわゆる痴漢行為です。

モデル文例192　　**痴漢行為**（東京都迷惑防止条例5①・8①二）
【電車内で痴漢行為をした事例】

告　訴　事　実

　被告訴人は、（常習として、【注1】）令和○年○月○日午前7時30分すぎころから、東京都A区B町○丁目○番○号所在の○○鉄道株式会社△△駅から同都C区D町○丁目○番○号所在の同社□□駅に向かい進行中の○○線上り電車内において【注2】、乗客の告訴人（当時15歳）に対し【注3】、前方から右手を同女のスカートの内側に差し入れ、パンティーの上から同女の陰部付近を撫で回すなどし、もって、公共の乗り物において、婦女を著しく羞恥させ、かつ、不安を覚えさせるような卑猥な行為【注4】をしたものである【注5】。

【注1】　　常習性がある場合には、「常習として」と記載します。常習として行った場合は、重く処罰されます。
【注2】　　公共の乗り物内の犯行であることを、どこの区間で被害に遭ったのかを指摘しつつ、明示してください。
【注3】　　被害者が未成年であっても、告訴の意味を理解し、その結果に伴う利害得失の

422 文例編　第3章　特別法の罪に関する文例

判断ができる程度の能力、すなわち意思能力が認められる程度に達した者は、告訴ができます。

【注4】　卑猥な行為とは、いやらしくみだらな言動で性的道義観念に反し、人に性的羞恥心、嫌悪感を覚えさせ、又は不安を覚えさせるに足るものをいいます。刑法174条のわいせつ行為よりも広い概念です。

【注5】　被告訴人の行為を、被害者の反抗を著しく困難ならしめる程度の暴行と評価できる場合には、強制わいせつ罪が成立します（170ページ参照）。強制わいせつ罪が成立する場合には、本罪は成立しません。

---

⑩　盗撮行為－迷惑防止条例

「公共の場所」や「公共の乗物」において盗撮をする行為は、「公衆に著しく迷惑をかける暴力的不良行為の防止に関する条例」（迷惑防止条例）に違反します。その趣旨は、個人の意思及び行動の自由を保護し、善良な風俗環境を阻害する行為を防止するためです。

モデル文例193　盗撮行為（東京都迷惑防止条例5①・8①二）
【スカートの中をデジタルカメラで盗撮した事例】

告　訴　事　実

被告訴人は、令和〇年〇月〇日午後5時25分ごろ、東京都A区B町〇丁目〇番〇号所在の〇〇鉄道株式会社〇〇線△△駅から同都C区D町〇丁目〇番〇号所在の□□駅に向かい進行中の同下り電車内において【注1】、前に立った告訴人（当時21歳）のスカートに、厚さ約1cm動画機能付きデジタルカメラを仕込んだ男性ファッション誌を差し入れ盗撮し、もって、公共の乗り物において、人を著しく羞恥させ、かつ、不安を覚えさせるような卑猥な言動をしたものである【注2】。

【注1】　公共の乗り物内の犯行であることを、どこの区間で被害に遭ったのかを指摘しつつ示したものです。

【注2】　盗撮については、軽犯罪法1条23号によっても規制されています。便所等の人が通常衣服をつけないでいるような場所で盗撮された場合は、軽犯罪法のみが適用されることになります（場所によっては、条例でこれらの盗撮行為も規制するところがあります。）。

文例編　第3章　特別法の罪に関する文例　　　423

　なお、判例によれば、水着や裸体ではなく着衣のままであっても、被写体人物を著しく羞恥させ、不安を覚えさせるような撮影行為は条例違反になります（最決平20・11・10刑集62・10・2853）。

11　不当な客引行為─迷惑防止条例

　道路、公園等公共の場所における風俗環境を保持しつつ個人の自由を保護する趣旨から、「公衆に著しく迷惑をかける暴力的不良行為の防止に関する条例」（迷惑防止条例）は、公共の場所における不特定者に対する不当な客引き行為を禁止しています。

モデル文例194　　不当な客引き行為（東京都迷惑防止条例7①四・8④五）
【目の前に立ち塞がり執拗な客引きをした事例】

告　訴　事　実

　被告訴人は、令和○年○月○日午後8時30分ころ、東京都A区B町○丁目○番○号の路上で【注1】、不特定の者である告訴人の前に立ち塞がり、「お客さん、鍋の方いかがですか。今の時間なら割引料金でサービスしますよ。」などと申し向けながら、告訴人の右腕を掴むなどして誘い、もって、公共の場所において、執拗に客引き行為をしたものである【注2】。

【注1】　公共の場所での犯行であることを明示してください。
【注2】　風営法が規定する客引き行為の罪も成立する場合には、本罪とは観念的競合の関係になります。

12　客引きの罪─風営法52条1号、22条1項1号

　「風俗営業等の規制及び業務の適正化等に関する法律」（風営法）の趣旨は、善良な風俗と清浄な風俗環境を保持し、かつ少年の健全な育成に障害を及ぼすおそれのある行為を防止することです。同法はそのために、風俗営業及び性風俗関連特殊営業等について、営業時間、営業区域等を制限し、年少者をこれらの営業所に立ち入らせるこ

424 文例編　第3章　特別法の罪に関する文例

と等を規制するとともに、風俗営業の健全化に資するため、その業務の適正化を促進する等の措置を講ずることを規定しています。

　同法は、風俗営業に関して客引き行為を禁止しています。その趣旨は、風俗営業所内の享楽的雰囲気、あるいは射幸心をそそる雰囲気が、営業所外の一般公衆の人目に触れる場所にまで拡散するのを防止し、よって、善良な風俗、清浄な風俗環境を保持することにあります。

　なお、相手方の前に立ち塞がったり、相手方につきまとえば、風営法22条1項2号の「客引きをするため、道路その他公共の場所で、人の身辺に立ちふさがり、又はつきまとうこと」に該当します。このような客引き行為の処罰を免れるための準備行為も、客引きと同様の罰則を設けられています。「つきまとい」についての規制は、同法、迷惑防止条例のほかに、ストーカー規制法、軽犯罪法、売春防止法にも規定が置かれています。

モデル文例195　客引き行為（風営法52一・22①一）

【執拗につきまとい客引きをした事例】

告　訴　事　実

　被告訴人は、甲山一郎が東京都公安委員会から風俗営業（第2号）の許可を受けて【注1】、東京都A区B町○丁目○番○号甲山ビル5階505号室において営業を営む飲食店「クラブ甲山」の従業員であるが、前記クラブ甲山の営業に関し、令和○年○月○日午後11時30分ころ、同区C町○丁目○番○号○○ビル前路上において、告訴人に対し、同店の遊興飲食客とする目的で、同人らにつきまとい、「バニーちゃんスタイルのキャバクラどうですか。今なら1時間5,000円ぽっきりです。お店は、この先の甲山ビルの5階の『クラブ甲山』です。」などと申し向けながら執拗に誘い、もって当該営業に関し客引き【注2】をしたものである。

【注1】　本罪の主体である「風俗営業を営む者」とは、風俗営業の許可を受けているか否かは問いません。

【注2】　「客引き」とは、相手方を特定して営業所の客となるように勧誘することをいいます。「お時間ありませんか」等と単に声を掛けながら相手の反応を見ている行為は、「客引き」には当たりませんが、いわばその準備行為として、風営法22条1項2号の「客引きをするため、道路その他公共の場所で、人の身辺に立ちふさがり、又はつきまとうこと」に該当する可能性があります。

文例編　第3章　特別法の罪に関する文例　　425

第9　環境に関する犯罪

法令名：人の健康に係る公害犯罪の処罰に関する法律、大気汚染防止法、水質汚濁防止法、廃棄物処理法、鳥獣の保護及び管理並びに狩猟の適正化に関する法律、特定外来生物による生態系等に係る被害の防止に関する法律、自然公園法

　公害犯罪に関しては、人の健康に係る公害犯罪の処罰に関する法律は、工場や事業場から故意又は過失で有害物質を排出した場合の処罰を定めていますが、故意、過失の構成や立証が困難であり、業務上過失致死傷罪での処罰も可能である場合も多いため、ほとんど処罰の例がありません。大気汚染防止法、水質汚濁防止法は、法律の定める特定の施設で、特定の物質が排出された場合に処罰することが規定されていますが（直罰規定）、そのような限定があるために、必ずしも告訴・告発をすることは簡単ではありません。

　ここでは、環境関係の法律で最も告訴や処罰の例が多い廃棄物処理法について解説します。廃棄物の概念について、廃棄されるべき物質の自社保管のような場合にも廃棄物処理法違反での処罰が認められるようになり、また、同法の不法投棄の処罰規定が重くなったことから、この法律による告訴・告発は比較的容易かつ効果的です。

1　廃棄物の不法投棄－廃棄物処理法16条

　廃棄物の処理及び清掃に関する法律（廃棄物処理法）は、廃棄物の排出を抑制し、廃棄物の適切な分別、保管、収集、運搬、再生、処分等の処理をし、生活環境を清潔にすることにより、生活環境の保全及び公衆衛生の向上を図ることを目的としています。

　廃棄物処理法16条は、廃棄物をみだりに捨てることを禁じるもので、これに反する自然人を同法25条1項14号で、法人を同法32条1項1号でそれぞれ処罰することが可能です。

　「みだりに」とは、法律の目的である生活環境の保全や公衆衛生の向上を前提にして、社会的に許容されないような廃棄行為をいいます。

　また、「捨てる」というのは、廃棄物を占有者の手から離すことですが、廃棄物を適切に保管するなどの「中間処理」は含まれません。

　産業廃棄物を自らの工場や事業所内に不適切に積みおいた場合でも、近隣への被害

が生じ得ます。判例は、不要物として管理権を放棄した場合は「捨てる」行為をしたものとし、それが「みだりに」捨てたといえるかどうかは、法の目的に照らしてその行為が社会的に許容されるかどうかから判断するとしています（最決平18・2・20刑集60・2・182）。

| モデル文例196 | 廃棄物の不法投棄（廃棄物処理法16・25①一四・32①一） |

【廃酸及び廃油等の混合物が入ったドラム缶を不法投棄した事例】

告 発 事 実

　被告発人甲山運送株式会社（以下「被告発会社」という。）は、A県B市C町○番地に本店を置き、運送業及び産業廃棄物収集運搬業等を営む株式会社であり【注1】、被告発人甲山一郎（以下「被告発人」という。）は、同社の代表取締役としてその業務全般を統括し、従業員らを指揮監督する立場にあるものであるが【注2】、被告発人は、被告発会社の業務に関し、令和○年○月○日ころから同月○日までの間、D県E郡F町字G○番地の土地において、みだりに、廃棄物である硫酸及び廃油等の混合液が入ったドラム缶合計150本（容積合計約5万m³）【注3】を放置して捨てたものである。

【注1】　廃棄物処理法16条違反の不法投棄は、個人のみならず（廃棄物処理法25①一四）、法人を処罰することが可能（廃棄物処理法32①一）です。

【注2】　現実に投棄した者は誰であるか分からないことが多く、運搬をするトラックの側面表記やナンバー等から投棄した法人が判明することが多いものと思われます。現実に投棄をした者は、事情を知っていることも多いと思われ、その場合には、「何某（氏名が分からなければ氏名不詳者と記載）と共謀の上」という記載をすることも考えられますが、法人の代表者は、通常、従業員等に対する指揮命令権を持ちますので、法人と代表者のみを告発し、法人の業務としての投棄行為について告発すれば足りることが多いものと思われます。

【注3】　投棄されたのがどのような廃棄物であり、どのくらい量があったのかを明示します。テレビなどの物品であれば「テレビ何台」というような特定の仕方でかまいません。また、起訴の段階では、廃棄物の重量でその量を特定することが多いのですが、告訴・告発の段階では、目視によりその容積を特定することしかできないことが多いものと思われます。

文例編　第3章　特別法の罪に関する文例　　427

② 廃棄物の不法焼却—廃棄物処理法16条の2

　廃棄物処理法16条の2は、法令で決められた適切な施設以外で廃棄物の焼却処分をすることを禁じており（廃棄物処理法16の2）、これに反して焼却処分を行った自然人を廃棄物処理法25条1項15号で、法人を廃棄物処理法32条1項1号でそれぞれ処罰することが可能です。

　廃棄物の焼却処分は、ダイオキシン等の有害物質を発生させる可能性が高いので、このような規制がなされています。「野焼き」というのは、広場などの解放空間での廃棄物の焼却の俗称で、プラスチック等の有毒ガスを発生させるものを焼却した場合には周囲の人の健康等に害を与え得ます。法の要件を満たさない焼却炉等での焼却も廃棄物処理法16条の2違反となります。

③ 野生鳥獣の保護—鳥獣保護法8条、83条1項1号

　鳥獣の保護及び管理並びに狩猟の適正化に関する法律（鳥獣保護法）は、鳥獣の保護及び管理並びに狩猟の適正化を図り、もって生物の多様性の確保等に寄与すること等を目的とした法律です。人が飼っている動物への危害は器物損壊罪及び動物愛護法で、また、愛玩動物への危害は動物愛護法で保護されるところ、野生鳥獣は、この法律による保護を受け、原則として、許可を受けずに捕獲、採取をすることは禁止され、処罰対象となります（同法8・83①一）。なお、環境省令で定められたいのししなどの「狩猟鳥獣」（鳥獣保護法施行規則3・別表2）を狩猟、捕獲することは、一定の条件のもとで許されており、狩猟者登録を受けない者の鳥獣の捕獲（同法55①・39・83①五）や狩猟期間以外の捕獲（同法55②・11①・83①二）等であれば処罰の対象となります。

モデル文例197　狩猟鳥獣以外の鳥獣の捕獲（鳥獣保護法8・83①一）
【狩猟が許されていない鳥獣を捕獲した事例】

告　発　事　実

　被告発人は、法定の除外事由がないのに【注1】、令和○年○月○日、A県B郡Cにおいて、とりもちを利用して【注2】、狩猟鳥獣以外の鳥獣であるウグイス3羽【注3】を捕獲したものである。

---

428 文例編 第3章 特別法の罪に関する文例

【注1】 鳥獣保護法8条は、原則として捕獲を禁止していますが、一定の場合には認めているので、それには当たらないことを示しています。

【注2】 捕獲方法を特定します。

【注3】 捕獲された客体を示すとともに、それが狩猟や捕獲等を許された鳥獣には当たらないことを示しています。

④ 特定外来生物の販売・頒布目的での飼育－外来生物法32条1号・4条

特定外来生物による生態系等に係る被害の防止に関する法律（外来生物法）は、特定外来生物による生態系、人の生命・身体、農林水産業への被害を防止し、生物の多様性の確保、人の生命・身体の保護、農林水産業の健全な発展に寄与することを通じて、国民生活の安定向上に資することを目的としており、問題を引き起こす海外起源の外来生物を特定外来生物として指定し、その飼養、栽培、保管、運搬、輸入といった取扱いを規制し、特定外来生物の防除等を行うこととしています。

「特定外来生物」とは、外来生物（海外起源の外来種）であって、生態系、人の生命・身体、農林水産業へ被害を及ぼすもの、又は及ぼすおそれがあるものの中から政令で指定されます。平成30年現在、ほ乳類25種類（例えば、ニホンザルと交雑の可能性のあるアカゲザルやカニクイザルなど）、鳥類7種類、爬虫類21種類（カミツキガメなど）、両生類15種類、魚類26種類、昆虫21種類、甲殻類5種類、クモ・サソリ類7種類、軟体動物5種類、植物16種類が指定されています（外来生物法施行令1・別表1・別表2）。特定外来生物は、生きているものに限られ、個体だけではなく、卵、種子、器官なども含まれます。

同法32条は、販売・頒布目的での飼育（同条1号）、不正な手段で飼育や放出の許可を受けたこと（同条2号）、輸入、放出（同条3号）、譲渡（同条4号）等を処罰するものとしています。

モデル文例198 販売・頒布目的での飼育（外来生物法32①）
【販売目的で飼育した事例】

告 発 事 実

被告発人は、令和○年○月○日ころから現在に至るまで、A市B町○丁目○番

文例編　第3章　特別法の罪に関する文例　　　429

○号所在の同人経営にかかるペットショップ「○○」の水槽において、特定外来生物であるケツギョ【注1】を販売目的で飼育した【注2】ものである。

【注1】　特定外来生物を特定する必要があります。

【注2】　ペットショップに特定外来生物が置かれていれば、餌をやるなどして飼育をされていることになりますし、価格が表示されていれば、販売の目的も明らかということができます。

5　自然公園法上の特別地域に指定された国有林の伐採－自然公園法83条3号、20条3項2号

　自然公園法は、自然公園内の特別地域内で、国立公園では知事の、国定公園では都道府県知事の許可がなければ、①工作物の新築、改築、増築、②木や竹などを損傷する（伐採することも含みます。）、③鉱物を掘削、土石を採取する、④指定された高山植物などを採取したり、損傷する、⑤指定された動物の捕獲、殺傷、卵の採取、損傷をする、⑥当該地域に生育するものではない動植物を放す等を原則として禁止しています（同法20③）。これに反する行為は、同法83条3号で処罰の対象となります。

モデル文例199　　国立公園内の森林伐採（自然公園法83三、20③二）
【自然公園内の国有林である保安林で森林を伐採した事例】

告　発　事　実

　被告発人は、環境大臣の許可を受けず、かつ法定の除外事由がないのに、【注1】令和○年○月ころ、特別地域に指定された○○国立公園内の○○県○○郡字○○所在の森林において、竹木であるマツ等10種類300本を伐採したものである【注2】。

【注1】　国立公園内では、環境大臣の許可がなければ伐採を行うことができません。また、自然公園法20条3項のただし書で非常災害のために必要な応急措置や森林の整備保全にかかる行為はその限りではないとされているので、そのような事情にはないことを示します。

【注2】　可能であれば、伐採された竹木を特定し、具体的にどのような生態系の破壊が行われたかを示します。

430　　文例編　第3章　特別法の罪に関する文例

第10　薬物に関する犯罪

法令名：覚せい剤取締法、麻薬及び向精神薬取締法、大麻取締法、あへん法

　上記の法令は、いずれも薬物の濫用による保健衛生上の危害を防止することを目的とし、輸入・輸出・所持・製造・譲渡・譲受・使用（大麻を除きます。）等が禁止されています。いずれも非親告罪です。

1　覚せい剤所持―覚せい剤取締法41条の2、14条

　覚せい剤取締法は、覚せい剤の輸入・輸出・所持・製造・譲渡・譲受・使用等を禁止し、これに違反した場合には罰則を科しています。これらの犯罪は被害者のいない犯罪と考えられ、告訴ではなく告発をする場合が多いでしょう。

　覚せい剤とは、フェニルアミノプロパン、フェニルメチルアミノプロパン及び各その塩類、これらと同種の覚せい作用を有する物で政令で指定するもの、又はこれらのいずれかを含有する物とされています（覚せい剤取締法2①）。

　覚せい剤の所持は、覚せい剤製造業者、覚せい剤施用機関の管理者等、一定の資格を持つ者以外はその所持が禁止されており（覚せい剤取締法14）、これに反した場合は処罰されます（覚せい剤取締法41の2）。

モデル文例200　覚せい剤所持（覚せい剤取締法41の2・14）
【覚せい剤をみだりに所持した事例】

告　発　事　実

　被告発人は、みだりに【注1】、令和○年○月○日、A市B町○丁目○番○号所在の被告発人の自宅において【注2】、覚せい剤【注3】を若干量【注4】所持したものである。

【注1】　覚せい剤取締法41条の2は、覚せい剤を「みだりに」所持してはならないと規定しています。本事例は、被告発人が覚せい剤を所持する一定の資格を有しないにもかかわらず、所持したことを示します。

文例編　第3章　特別法の罪に関する文例　　431

【注2】　覚せい剤を所持していた日時・場所を示します。継続的に所持している場合も、それを告発人が確認した日を記載するのがよいでしょう。場所はその後捜索をする上で必要な情報といえます。

【注3】　覚せい剤は、化学的にはフェニルアミノプロパン、フェニルメチルアミノプロパン、その塩類などを指します。その化学的名称まで特定できるのであればそれを記載すべきですが、一般人が化学的性質まで把握することは困難ですので、このような表現で足りると思われます。

【注4】　量についても正確に把握することは困難ですので、把握できる範囲で記載すれば足ります。

---

② 大麻営利目的譲渡―大麻取締法24条の2第2項

大麻取締法は、大麻取扱者以外の大麻の所持、栽培、譲り受け、譲り渡し、研究のための使用を禁止し（大麻取締法3）、また、大麻取扱者であるか否かを問わず、大麻の輸入、輸出、大麻から製造された医薬品の施用等を禁止し（大麻取締法4）、これらに違反した場合は処罰されます（大麻取締法24①・24の2①・24の3①）。それが営利目的でなされた場合には刑が加重されます（大麻取締法24②・24の2②・24の3②）。

大麻とは、大麻草（カンナビス・サティバ・エル）及びその製品を指します（大麻取締法1）。

モデル文例201　大麻営利目的譲渡（大麻取締法24の2②）
【大麻を営利目的で譲渡した事例】

告　発　事　実

被告発人は、営利の目的で【注1】、みだりに【注2】、令和○年○月○日、A市B町○丁目○番○号先路上において【注3】、氏名不詳者に対し【注4】、大麻を含有する樹脂状固形物約5g【注5】を代金○万円【注6】で譲渡したものである。

【注1】　営利目的譲渡の場合には、「営利の目的」をもってなす必要があります。

【注2】　大麻取締法24条の2は、大麻を「みだりに」譲り渡してはならないと規定しており、大麻取扱者以外の者が譲渡したことを示したものです。

【注3】　大麻を譲渡した日時・場所を示したものです。

【注4】　大麻を譲渡した相手方を示しますが、氏名を特定できない場合には「氏名不詳者」と表示することもあります。

【注5】　量が分かれば具体的に記載します。正確に把握することが困難であれば、把握できる範囲で記載すれば足ります。

【注6】　譲渡は有償無償を問いませんが、営利目的の場合には、代価を得ることが多いと考えられ、代価が分かればこれを記載します。

文例編　第3章　特別法の罪に関する文例　　433

第11　選挙に関する犯罪

法令名：公職選挙法

　公職選挙法は、日本国憲法の精神に則り、選挙制度を確立し、その選挙が選挙人の自由に表明する意思によって、公明かつ適正に行われることを確保し、民主政治の健全な発達を期することを目的としています（公職選挙法1）。

　以下、代表的な犯罪類型である買収、文書違反、自由妨害及び事前運動について説明します。

1　買収－公職選挙法221条1項1号

　本罪は、当選を得、若しくは得させ、又は得させない目的で、選挙人又は選挙運動者に対し、金銭その他の財産上の利益を供与（その申込み、約束を含みます。）し、又は供応接待（その申込み、約束を含みます。）をしたことにより成立します。いわゆる「買収」は、選挙に関する行為の対価として利益の授受が行われるもので、選挙の自由公正を害することが最も甚だしい行為です。

(1)　買収の相手方

　　選挙人又は選挙運動者に限られます。投票させ、又は投票させないことを目的として選挙人を買収する場合を「投票買収」、特定の候補者のために投票取りまとめなどの有利な選挙運動をさせることなどを目的として選挙運動者を買収する場合を「運動買収」といいます。

(2)　財産上の利益

　　財産上の利益とは、金銭、物品、債務免除、債務保証、借金の借入先の紹介、情交等およそ人の需要又は欲望を満足させるに足るものであればよいとされます。

(3)　供　与

　　「供与」とは、相手方の所属させる意思で金品等の財産上の利益を授与することです。「供与」が成立するためには、相手方が、供与の趣旨を認識して、財産上の利益を受領することが必要です。

　　「供与の申込み」とは、相手方に「供与」の意思表示をすることです。相手方が申込みを拒否しても、申込罪は成立します。

　　「供与の約束」とは、相手方に「供与」の申込みを行い、相手方がこれを承諾し

434 文例編 第3章 特別法の罪に関する文例

た場合などをいいます。

(4) 供応接待

「供応接待」も、買収と同様に許されません。「供応」とは、一定の場所を設けて飲食物を提供してもてなすことであり、「接待」とは、飲食物の提供以外の方法、例えば、温泉への招待や演劇を鑑賞するなどの方法でもてなすことです。

モデル文例202 買収（公職選挙法221①一）

【選挙運動者による投票報酬の供与の事例】

告 発 事 実

被告発人は、令和○年○月○日施行の衆議院議員選挙に際し【注1】A県第B区から立候補した甲山一郎【注2】の選挙運動者【注3】であるが、同候補者に当選を得しめる目的をもって【注4】、同年○月○日ころ、C市D町○番○号の選挙人【注5】乙川二郎方において、同人に対し、上記候補者のための投票を依頼し、その報酬として現金○○,○○○円【注6】を供与した【注7】ものである。

【注1】 選挙運動というためには、特定の選挙について行わなければなりませんので、選挙の期日、選挙の種類（衆議院議員、参議院議員、地方公共団体の議員及び長の選挙）で特定します。

【注2】 候補者を特定します。選挙運動は、特定の候補者のためにするものだからです。

【注3】 買収の主体は何人でも問いませんが、候補者、選挙運動の総括責任者、地域主宰者、出納責任者、組織的選挙運動者管理者等の身分を明示します。

【注4】 目的犯なので、目的を示します。

【注5】 買収の相手方が、選挙人か選挙運動者かを明示します。

【注6】 供与する財産上の利益の内容を明らかにします。

【注7】 行為の内容が、供与か、供与の申込みか、あるいは供与の約束かを示したものです。

---

2 **文書違反**─公職選挙法243条1項3号・142条

選挙運動で頒布できる文書図画は法定の物に限定されており（公職選挙法142）、これに反した場合は処罰されます（公職選挙法243①三）。

文書図画による選挙運動は、演説による選挙運動と並んで最も一般的な選挙運動の

文例編　第3章　特別法の罪に関する文例　　　435

方法ですが、これを放任すると著しい弊害を生ずるおそれがあるので、厳格な規制が
設けられています。

(1)　文書図画

　　文書図画には、書籍、新聞、名刺、挨拶状、年賀状、ポスター、看板、封書、葉
書、電報などが該当します。

(2)　選挙運動のために使用する文書

　　選挙運動のために使用する文書とは、文書の外形内容自体からみて選挙運動の
ために使用すると推知され得る文書のことをいいます。無検印ポスター、本人の
写真・経歴を記載した上「政治家として大成させていただきたい」などと記載され
た文書、個人演説会等の日時・場所を知らせる文書、選挙事務所開きを通知し参集
を求める文書、候補者に関する宣伝を記載した労働組合機関誌などが該当します。

　　選挙運動用文書は、公職選挙法142条により法定されています。

(3)　頒　布

　　「頒布」とは、不特定又は多数人に対して配布することです。現に頒布をした者
が特定の少数人にすぎない場合であっても、その者を通じて、不特定又は多数人に
配布される状況にある場合は、頒布に該当します。

モデル文例203　　文書違反（公職選挙法243①三・142）
【法定外選挙運動文書の頒布の事例】

告　発　事　実

　被告発人は、令和○年○月○日施行のA市長選挙に際し【注1】立候補した甲山
一郎【注2】の選挙運動者【注3】であるが、同候補者に当選を得しめる目的をもっ
て【注4】、同年○月○日から同月○日までの間、別紙一覧表記載のとおり、同市B
町○番○号乙川二郎方ほか○箇所において、同人ほか○名に対し、同候補者の氏
名、経歴及び写真を掲載した無検印ポスター【注5】○枚を配布し、もって法定外
選挙運動文書を頒布【注6】したものである。

別　紙

番号	年月日	配布場所	被配布者	枚　数
1	年　月　日	市　町　番　号		枚
…				

---

436 文例編 第3章 特別法の罪に関する文例

【注1】 選挙を特定します。

【注2】 候補者を特定します。

【注3】 行為主体の身分を明示します。

【注4】 目的犯なので、目的を示します。

【注5】 選挙運動に使用する文書の内容を特定して明らかにします。

【注6】 「頒布」とは、不特定又は多数人に対して配布することです。

3 選挙の自由妨害－公職選挙法225条2号

選挙運動は自由に行われなければなりません。①選挙人や候補者等に対して、暴力、威力、かどわかしによって選挙の自由を妨害すること（公職選挙法225一）、②交通、集会、演説の妨害、文書図画の破棄その他の不正な方法による選挙の自由を妨害すること（公職選挙法225二）、③利害関係を利用した威迫により選挙の自由を妨害すること（公職選挙法225三）は許されません。

モデル文例204 選挙の自由妨害（公職選挙法225二）

【文書図画の破棄の事例】

告 発 事 実

被告発人は、令和○年○月○日施行の衆議院議員選挙に関し【注1】、同年○月○日ころ、A県B市C町○番○号先の選挙用ポスター掲示場において、同県第D区から立候補した甲山一郎が掲示した個人演説会告知用ポスター1枚【注2】を引き破り【注3】、もって文書図画を毀棄して選挙の自由を妨害したものである。

【注1】 選挙を特定します。

【注2】 文書図画の内容を特定して明らかにします。

【注3】 毀棄とは、文書の滅失や毀損など、文書の効用を害する一切の行為をいいます。

文例編　第3章　特別法の罪に関する文例　　　437

---

④　事前運動─公職選挙法239条1項1号、129条

　選挙運動は、立候補届出以後で投票日の前日までに限定されています。各候補者の選挙運動の始期を一定にすることによって各候補者の競争を公平・平等にして、選挙に関する労力や費用がかかって資力のない者が立候補することが困難となることがないようにしています。

モデル文例205　　事前運動（公職選挙法239①一・129）
【事前運動の事例】

告　発　事　実

　被告発人は、令和○年○月○日施行の衆議院議員選挙に際し【注1】甲山一郎がA県第B区から立候補する決意を有することを知り【注2】、同人に当選を得させる目的【注3】をもって、未だ同人の立候補届出のない同年○月○日ころ、C市D町○番○号の自宅において、「甲山先生を励ます会」名義で同選挙区の選挙人乙川二郎ほか○名を招き、その席上「来るべき衆議院総選挙には甲山先生が立候補するから是非当選できるよう応援していただきたい」旨あいさつして、同人のため投票並びに投票取りまとめなどの選挙運動【注4】を依頼し、もって立候補届出前の選挙運動をしたものである。

【注1】　選挙を特定します。
【注2】　候補者を特定します。
【注3】　目的犯なので、目的を示します。
【注4】　選挙運動の内容を明らかにします。なお、その選挙運動は、選挙運動期間中、適法にすることができる選挙運動に限るものではなく、買収などの違法な選挙運動も含まれます。

438　文例編　第3章　特別法の罪に関する文例

第12　その他の犯罪

法令名：弁護士法、文化財保護法、動物の愛護及び管理に関する法律（動物愛護法）

　これまでに記載した犯罪以外にも、特別法で罰則が定められているものは多数存在しますが、ここでは、弁護士法違反を取り上げます。

---

① 非弁提携行為－弁護士法77条1号、27条

　弁護士法は、弁護士となる資格のないものが虚偽の申告をして弁護士登録をする行為（弁護士法75）、弁護士が受任している事件について相手方から利益を得る汚職行為（弁護士法76）、非弁護士との提携行為（弁護士法77一）、係争権利の譲り受け行為（弁護士法77二）、非弁護士が報酬を得る目的で訴訟事件等法律事務を行い、あるいは業としてこの周旋をする行為（弁護士法77三）、他人の権利を譲り受けて訴訟等によりその権利を実現することを業とする行為（弁護士法77四）などを禁じ、これに違反する者につき刑事罰を科するものとしています。

　このうち、非弁護士との提携行為とは、弁護士が、非弁護士で報酬を得る目的で訴訟事件等の法律事件において法律事務を取り扱う者あるいはこの周旋を行うことを業とする者（弁護士法72）から事件の周旋を受け、又はこれらの者に自己の名義を利用させる行為をいいます（弁護士法27）。

モデル文例206　非弁提携行為（弁護士法77一）
【弁護士が非弁護士から法律事務の周旋を受けた事例】

告　発　事　実

　被告発人は、弁護士として【注1】、A市B町○丁目○番○号に甲山法律事務所を設けている者であるが、令和○年○月○日ころ、同所において【注2】、弁護士でなく、法律事務の周旋を業としていた【注3】乙川二郎の紹介により【注4】、丙野三郎の自己破産事件について受任し【注5】、もって、弁護士でなく、法律事務の周旋を業とする者から事件の周旋を受けたものである【注6】。

文例編　第3章　特別法の罪に関する文例　　439

【注1】　被告発人が弁護士であることを示したものです。

【注2】　犯行の日時・場所を示したものです。

【注3】　弁護士法72条後段に規定する要件を示したものです。同法72条前段の場合には、「弁護士でなく、報酬を得る目的で法律事務に関して法律事務を取り扱うことを業とする者」ということになります。

【注4】　非弁護士から周旋を受けたことを示したものです。

【注5】　どのような法律事件の周旋を受けたかを示したものです。

【注6】　「もって、……したものである」として、弁護士法72条後段の要件を満たすことを示したものです。

２　重要文化財の損壊、毀棄、隠匿－文化財保護法195条1項

　文化財保護法は、文化財の保存・活用と国民の文化的向上を目的として制定された法律で、有形文化財（建造物、絵画、彫刻、工芸品、書跡、典籍、古文書その他）については、その重要性に応じて、国が指定する文化財（国宝、重要文化財、登録有形文化財）、都道府県あるいは市町村が指定する指定有形文化財等に区分されます。有形文化財のほか、無形文化財もあります。

　そして、これらの文化財を損壊し、毀棄し、又は隠匿した者に対しては、刑罰が科されます。

モデル文例207　重要文化財損壊等罪（文化財保護法195①）
【重要文化財である寺門に白ペンキで文字を書いた事例】

告　訴　事　実

　被告訴人は、令和○年○月3日午後10時ころから翌○月4日未明までの間に【注1】、A市B町○丁目○○番地に所在する○○寺境内にある、文部科学大臣から重要文化財の指定を受けた「○○門」の門柱に【注2】、白色ペンキで「○○参上」と記載し【注3】、もって重要文化財を損壊したものである【注4】。

【注1】　犯行時刻が不明であっても、前日午後10時に閉門したときには犯行はなく、翌朝明るくなってから犯行に気付いたときには、このように記載します。

440 文例編　第3章　特別法の罪に関する文例

【注2】　本件の対象物が国から重要文化財の指定を受けた文化財であることを示しています。

【注3】　具体的な損壊行為を示しています。

【注4】　重要文化財損壊罪は、刑法の建造物損壊罪（刑260）、器物損壊罪（刑261）の特別法として位置付けられますので、重要文化財を損壊した場合には、刑法上の上記罰条は適用されません（法条競合）。

---

③　動物殺傷—動物愛護法44条

　動物愛護法は、動物の虐待・遺棄の防止等を図り、人と動物の共生する社会の実現を図ることを目的とするものです。そこでは、愛護動物（犬・猫・牛・馬など）をみだりに殺傷したり、給餌・給水をやめるなど適切な保護を行わなかったり、遺棄した場合等に罰則が定められています。

　「愛護動物」とは、動物愛護法44条4項により、牛・馬・豚・めん羊・山羊・犬・猫・いえうさぎ・鶏・いえばと・あひる、及び「人が占有している動物で哺乳類、鳥類又は爬虫類」と定められています。なお、他人が飼っている動物は器物損壊罪（刑261）の客体ともなるので、他人が飼っている愛護動物を殺傷した場合には、本罪と器物損壊罪との観念的競合になります。

　他方、鳥獣の保護及び管理並びに狩猟の適正化に関する法律（鳥獣保護法）は、「鳥獣」（鳥類又は哺乳類に属する野生動物）を対象とし（同法2①）、一定の場合を除いた捕獲等（捕獲又は殺傷）を禁止し（同法8）、違反には罰則が科せられています（同法83①一）。

モデル文例208　動物虐待（動物愛護法44①）
【みだりに愛護動物（犬）を傷つけた事例】

告　発　事　実

　被告発人は、令和○年○月○日午後7時○分ころ、A市B町○丁目○番○号被告発人方において【注1】、同人方敷地内に入った犬3匹【注2】に対し、檻に閉じ込めた上、その全身に熱湯を数回かけるなどし【注3】、Ⅱ度以上の熱傷の傷害を負わせ、もって愛護動物をみだりに傷つけたものである【注4】。

文例編　第3章　特別法の罪に関する文例　　　441

【注1】　犯行の日時・場所を示したものです。

【注2】　愛護動物であることを示したものです。

【注3】　傷つけた行為態様を示したものです。

【注4】　構成要件である「愛護動物をみだりに……傷つけた」ことを示したものです。

事項索引

444

事 項 索 引

【あ】

ページ

預り金禁止違反	401
あっせん収賄罪	344

【い】

遺　棄	155
遺棄罪	155
遺棄致死傷罪	155
意思代理	26
遺失物横領罪	245
意匠権侵害	383
偽りその他不正の行為	
法人税法違反となる――	388
威　迫	331
畏　怖	234
違法配当	358
医薬品無許可販売	405
威　力	195
威力業務妨害罪	195
インサイダー取引	
会社関係者等による――	378
公開買付者等関係者による――	380
インターネットを利用した詐欺	228
隠　匿	264
隠　避	328

【う】

運　搬	252

【え】

営利目的等誘拐罪	168
営利目的等略取罪	168

延焼罪	271

【お】

往来危険罪	282
往来妨害罪	281
横　領	239
横領行為	239
横領罪	239
――における占有	239
――の対象となる財物	239
オレオレ詐欺	220

【か】

害悪の告知方法	
脅迫罪における――	162
会社の目的の範囲外の投機取引	359
拐　取	166
覚せい剤所持	430
科刑上一罪	58, 135
過失運転致死傷アルコール等影響発覚免脱罪	352
過失運転致死傷罪	347
過失往来危険罪	283
過失激発物破裂罪	278
過失傷害罪	150
加重収賄罪	344
加重封印等破棄等罪	325
ガス漏出等罪	280
ガス漏出等致死傷罪	280
仮装取引	375
家庭関係の尊重	9
株主等の権利の行使に関する利益供与	361
カルテル	364
監禁罪	158

監護者性交等罪	176
監護者わいせつ罪	176
艦　船	183
観念的競合	136,186

【き】

毀棄行為	256
企業秘密侵害罪	362
偽　計	192,326
危険運転致死傷罪	348
汽車等往来危険転覆罪	283
汽車等転覆罪	283
偽証教唆罪	334
偽証罪	333
偽　造	
公文書の――	285
有価証券の――	299
偽造公文書行使罪	286
偽造私文書行使罪	292
偽造有価証券行使罪	300
起訴相当	88
起訴便宜主義	82
毀　損	189,192
器物損壊罪	259
欺罔行為	215
虐待行為	145
客引き行為	424
客観的事実との相違	72
供応接待	434
境界損壊罪	262
境界標	262
恐　喝	234
恐喝罪	233
恐喝未遂罪	238
教　唆	130
教唆犯	131
供述録取書	81
強制起訴	88
強制執行関係売却妨害罪	325

強制執行行為妨害等罪	325
強制執行妨害目的財産損壊等罪	324
強制性交等罪	173
強制性交等致傷罪	179
強制性交等未遂罪	178
強制捜査	14
強制わいせつ罪	170,178
共同正犯	129,130
脅　迫	170,173,321
脅迫罪	162
共　犯	129
共　謀	129
業　務	151,193,242
業務及び財産の状況に関する物件 　の隠滅等の罪	393
業務上横領罪	242
業務上過失傷害罪	151
業務上過失致死罪	152
業務上失火罪	275
業務妨害罪	193
狭義の――	193
供　与	
公職選挙法違反となる――	433
強要罪	164
強要未遂罪	164
虚偽鑑定罪	335
虚偽記入	
有価証券の――	300
虚偽記入罪	299
虚偽公文書行使罪	286
虚偽公文書作成罪	288
虚偽告訴罪	72,336
虚偽告発罪	72
虚偽私文書行使罪	292
虚偽診断書作成罪	296
虚偽通訳罪	335
虚偽の陳述	333
虚偽の風説	192
虚偽表示	408
金利規制違反	399

【け】

刑事処分	336
刑事責任	
虚偽告訴（告発）罪に基づく告訴人・告発人への──	72
契約における禁止行為違反	396
激発物破裂罪	278
結婚詐欺	226
検察官	76
──への送致	75
──への送致義務	76
検察官送致決定	78
検察審査会	85
──に対する審査申立て	85
──への申立て	86
──への申立ての手続	86
検察審査会法	7
現住建造物等放火罪	265
現住建造物等放火未遂罪	272
建造物	
現住建造物等放火罪における──	266
建造物等侵入罪における──	183
建造物等以外放火罪	269
建造物等延焼罪	271
建造物等侵入罪	182
建造物等損壊罪	258
権利義務に関する文書	257
権利の移転	375
牽連犯	136

【こ】

公共の危険	268, 278
公共の利害に関する事実	189
抗拒不能状態	175
公契約関係競売等妨害罪	326
行　使	
偽造・変造・虚偽記入有価証券の──	300

「強取」と「窃取」の異同	207
公正証書等原本不実記載罪	289
公　然	188, 312
公然わいせつ罪	312
公訴時効の完成	29
公訴提起要件	27
強　談	331
公電磁的記録	296
強　盗	
──・強制性交等罪	212
──・強制性交等致死罪	212
強盗罪	206
強盗殺人罪	211
強盗致死傷罪	211
行動の自由を奪うこと	157
強盗利得罪	208
交　付	
偽造・変造・虚偽記入有価証券の──	300
公文書偽造罪	285
公文書変造罪	285
公務員職権濫用罪	338
公務員の告発義務	27
公務員の守秘義務	28
公務執行妨害罪	321
公用電磁的記録	256
公用文書	256
公用文書毀棄罪	256
告　訴	3
──の代理	50
──の取消し	60
──の取消しの代理	64
──の無効	60
検察官が指定した者による──	23
使者による──	25
親族による──	22
代理人による──	25
復代理人による──	25
告訴期間	
──の起算日	31
──の計算	32

親告罪の――	29	告訴状・告発状		
親告罪の――の例外	32	――の預かり	47	
非親告罪の――	29	――の基本的な文例	128	
告訴権者	16	――の作成	39	
――が複数いる場合	33	――の証拠能力	14	
告訴権の放棄	70	――の提出	39	
告訴・告発	117	――の提出先	41	
――の基本的な様式	117	――への告訴人・告発人の署名・押印	121	
――の実質的要件	5	――への処罰意思の明示	124	
――の受理機関	40	――への書面のタイトルの記載	121	
――の受理義務	43	――への提出先の記載	121	
――の受理証明書	45	――への提出年月日の記載	121	
――の条件・期限	48	――への年齢・生年月日の記載	124	
――の申告	6	――への犯罪事実の記載	125	
――の手数料	38	――への被告訴人・被告発人の表示	123	
――の取消し	63	――への付随する事情の記載	125	
――の取消書	67	住居・氏名が不詳の場合の――への非告訴人・非告発人の表示	123	
――の取消書の提出先	68			
――の取消しの時期	67	代理人名で告訴・告発する場合の――への署名・押印	122	
――の取消しの方法	66			
――の取消しの無効	53	法人が告訴人・告発人となる場合の――への署名・押印	122	
――の法的性質	6			
――の方法	35	告訴代理権授与の委任状例	51	
――の無効	53	告訴調書・告発調書	46	
――をしないことによる不利益	74	告訴取消書	68	
口頭による――	35	告訴取消しの委任状	64	
告訴状・告発状による――	35	告訴人・告発人への事情聴取	79,80	
告訴状・告発状の郵送による――	37	告訴人指定申立書	23	
電話による――	37	告訴能力		
犯罪事実の一部についての――	55	成年被後見人の――	20	
犯人の一部の者のみの――	54	法人の――	17	
メール・ファックス・電報による――	37	未成年者の――	19	
		告知される内容		
告訴・告発が取り消された事件	69	脅迫罪において――	162	
告訴・告発制度	3	告　発	27	
告訴・告発取消しの主観的不可分の原則	62	――の取消し	61	
		――の取消しの代理	65	
――の例外	62	代理人による――	28	
告訴・告発の客観的不可分の原則	55	告発が訴訟条件となること	13	
――の例外	57,58	告発権	27	
告訴・告発の主観的不可分の原則	54	告発できる期間	34	
――の例外	59			

国家賠償請求	6	事前収賄罪	343
昏酔強盗罪	210	事前相談	36
コンピュータ・ウイルス	308	死　体	319
		死体遺棄罪	319
		死体損壊罪	319
【さ】		失火罪	275
		指定弁護士	89
再告訴	65	私電磁的記録	296
再告発	66	私電磁的記録不正作出供用罪	297
財産上の利益	207,215	私電磁的記録不正作出罪	297
財産上不法の利益	207,215,231	児童買春	412
再度の告訴・告発	94	児童福祉法違反	414
財物を交付させること	215	児童ポルノ提供罪	413
詐　欺		児童ポルノ販売罪	413
クレジットカードを不正使用した――	218	支払用カード	303
詐欺罪	215,295,301	支払用カード電磁的記録不正作出罪	303
詐欺罪と恐喝罪の構造の類似性	234	私文書偽造罪	291
詐欺破産（不利益処分）	392	私文書変造罪	291
詐欺未遂罪	229	司法警察員	42,75,76
殺人罪	138	氏名不詳	5
殺人未遂罪	141	借用詐欺	216
殺人予備罪	140	重過失	275
――における予備行為	140	重過失激発物破裂罪	278
参考人供述録取書	81	重過失失火罪	275
		重過失傷害罪	153
		住　居	181
【し】		住居侵入罪	176,181,182,201,213
		住居侵入未遂罪	182
時間外労働	368	重大な過失	153
事件の移送	76	重要財産開示拒絶罪	393
事後強盗罪	209	重要文化財の損壊、毀棄、隠匿	439
事後収賄罪	344	受託収賄罪	342
事　実		準危険運転致死傷罪	350
名誉毀損の――	188	準強制性交等罪	175
事実の摘示		準強制わいせつ罪	175
名誉毀損罪における――	188	準強制わいせつ未遂罪	176
事前運動		準詐欺罪	216
公職選挙法における――	437	傷　害	143
自然公園法上の特別地域に指定された国有林の伐採	429	動物傷害罪における――	260

傷害罪	143		【せ】	
傷害致死罪	147			
消火妨害罪	275	生存に必要な保護をしなかった場合	155	
上級検察庁	90	請　託	342	
証拠隠滅罪	329	窃視行為	419	
常習賭博罪	317	窃　取	199	
焼　損	266	機密情報の――	204	
私用電磁的記録毀棄罪	257	キャッシュカードの不正使用による――	204	
証人テスト	95	窃盗罪	199,305	
証人等威迫罪	331	窃盗未遂罪	205	
証人に対する事実確認	95	選挙運動のために使用する文書	435	
商標権みなし侵害	383	選挙の自由妨害	436	
商品形態模倣行為	386			
私用文書毀棄罪	257			
職務強要罪	322		【そ】	
所　持				
わいせつ物所持罪における――	314	騒　音	146	
所得税法違反	390	捜査の開始	75	
処分通知書	83	相続欠格事由	74	
書面交付義務違反	398	相対的親告罪	12,59	
侵害行為		送致義務の対象となる事件	77	
知的財産権に対する――	381	蔵　匿	328	
親告罪	4,8,9	相場操縦	375	
刑法に定める以外の――	10	贈賄罪	345	
神　祠	318	組織的消費者詐欺被害	403	
信　書	185,263	訴訟費用の負担	73,98	
信書隠匿罪	263	その他の礼拝所	318	
信書開封罪	185	損　壊	259,260,324	
心神喪失	175	建造物を構成する一部分の――	258	
親族間の窃盗	200	損　害		
親族相盗	200	背任罪における――	246	
侵　入				
住居侵入罪における――	181			
信　用	192		【た】	
信用毀損罪	192			
		第三者供賄罪	343	
	【す】	逮捕監禁致傷罪	160	
		逮捕罪	157	
ストーカー行為の禁止	418	大麻営利目的譲渡	431	

代理の効果	26		電磁的公正証書原本不実記載供用	
タクシー強盗	208		罪	290,292
他人のために事務を処理する者	246		電磁的公正証書原本不実記載罪	290,292
談　合	326,364		電磁的情報の不正取得	306
談合罪	326			
単純収賄罪	341			
単純賭博罪	316			

【ち】

【と】

痴漢行為	421		盗撮行為	422
注意義務			同時傷害の特例	146
過失傷害罪における――	150		盗品等	251
懲戒処分	336		盗品等運搬罪	252
著作権侵害	385		盗品等保管罪	252
賃金不払い	367		盗品等無償譲受け罪	251
陳　列			盗品等有償処分あっせん罪	254
わいせつ物陳列罪における――	314		盗品等有償譲受け罪	253
			動物殺傷	440
			動物傷害罪	259,261

【つ】

追随行為	420		特定外来生物の販売・頒布目的で	
追随等	420		の飼育	428
通知義務			特別公務員職権濫用罪	339
検察官による処分結果の――	83		特別公務員暴行陵虐罪	339
通知の方法			特別公務員暴行陵虐致傷罪	340
検察官による処分結果の――	83		特別背任罪	355
つきまとい等	417		特許権侵害	381
			賭　博	316
			賭博場開帳図利罪	317
			図利加害目的	355
			取込み詐欺	223
			取立行為規制違反	397

【て】

【な】

邸　宅	183		馴合取引	376
摘　示	188			
電子計算機使用詐欺罪	230			
電子計算機損壊等業務妨害罪	197			

【に】

――の手段	197		任意捜査	14
電磁的記録情報の知情提供	306		任務違背	355
電磁的記録不正作出罪	296			

事項索引

【は】

廃棄物の不法焼却	427
廃棄物の不法投棄	425
買　収	433
背任罪	246
──における目的	246
破産者等に対する面会強請の罪	394
犯罪事実の立証	14
犯罪捜査規範	7
犯罪の軽微性	9
犯罪被害者等給付金の支給等による犯罪被害者等の支援に関する法律	96
犯人隠避罪	329
犯人蔵匿等罪	328
「犯人を知った」の意味	30
犯人を知った日	30, 31
販　売	
わいせつ物販売罪における──	314
頒　布	
わいせつ物頒布罪における──	314

【ひ】

被害者	
──の法定代理人	21
──の名誉・信用・秘密	9
告訴権者としての──	18
親告罪における──	18
被害者等通知制度	83
被害届	4
被害の補填	96
非現住建造物等放火罪	267
非親告罪	138
人の看守	183
人の事務処理に使用する電子計算機	231
人の事務処理を誤らせる目的	297
人の名誉毀損	189
人を欺くこと	215

非弁護士との提携行為	438
非弁提携行為	438
秘　密	186
秘密漏示罪	186
──における「漏らす」行為	186
表示代理	26
被略取者引渡し罪等	169
品質等誤認行為	406

【ふ】

封　印	323
封印破棄罪	323
風　説	374
風説の流布	374
不起訴処分	82
不起訴処分理由告知書	84
不起訴不当	88
複数の犯罪（併合罪）	135
不敬な行為	318
不実の告知禁止違反	396
侮　辱	191
侮辱罪	191
付審判請求	86, 91
──の申立手続	91
付審判請求棄却	94
付審判請求書	93
付審判請求手続が可能な事件	90
不正作出	
支払用カードの──	303
電磁的記録の──	296
不正作出支払用カード電磁的記録供用罪	305
不正作成したICカードの使用	232
不正取得電磁的情報記録の保管	307
不正指令電磁的記録作成等	308
不正指令電磁的記録取得等	310
不正電磁的記録供用罪	297
不退去	181
不退去罪	184

事項索引　453

仏　堂	318
不当解雇	370
不動産侵奪罪	206
不当な客引行為	423
不服申立て制度	90
振り込め詐欺	220
文書違反	
公職選挙法における――	435

【へ】

併合罪	135
別表の利用	137
変　造	
公文書の――	285
有価証券の――	299
変造公文書行使罪	286
変造私文書行使罪	292
変動操作	376

【ほ】

放　火	265
――の予備	274
妨　害	194
放火予備罪	274
暴　行	143,170,173,321
暴行罪	148
――の特別罪	148
幇　助	131
幇助犯	132
法人税法違反	388
法定代理人の告訴	20
法定代理人の告訴権	21
保　管	252
保険金詐欺	224
保護責任者遺棄罪	155
保護責任者遺棄致死罪	156
保護命令違反	410

補充供述	79
補充証拠	79
補充の書面の提出	79
墓　所	318

【ま】

万引き	202

【み】

未公開株を利用した詐欺	229
未　遂	134
未遂罪	134
未成年者が犯人の告訴事件	78
未成年者略取罪	167
みなし侵害	383
身の代金目的誘拐罪	169
身の代金目的略取罪	169
身の代金要求罪	169
未必的殺意	138
身分犯	132,133
民事事件	
――と告訴・告発	44
民事責任	73

【む】

無償譲受け	251

【め】

名　誉	189
名誉毀損罪	188
面会の強請	331,394

【や】

野生鳥獣の保護	427

【ゆ】

（有印）公文書偽造行使罪	286,295
（有印）公文書偽造罪	286,295
（有印）私文書偽造行使罪	292,295
（有印）私文書偽造罪	292,295
誘　拐	166
有価証券	299
有価証券偽造罪	299,301
有価証券変造行使罪	302
有価証券変造罪	299,302
有価証券報告書虚偽記載罪	373
有償処分あっせん	254
有償譲受け	253

【ら】

濫用的告訴・告発	73
——の防止	74

【り】

利　益	
背任罪における——	246
リベンジポルノ罪	416
略　取	166
陵辱加虐の行為	339

【る】

流　布	192

【れ】

礼拝所不敬及び説教等妨害罪	318

【ろ】

労働安全衛生法違反	371

【わ】

わいせつ	313
わいせつ図画陳列罪	315
わいせつ図画販売罪	314
わいせつ図画販売目的所持罪	314
わいせつな行為	170,312
わいせつ目的誘拐罪	168
賄　賂	341

〔改訂版〕最新　告訴状・告発状モデル文例集

平成23年 9 月15日　初　　　　版発行
令和元年 6 月27日　改訂初版一刷発行
四刷発行

編　著　三　木　祥　史
発行者　新日本法規出版株式会社
代表者　服　部　昭　三

発行所　新日本法規出版株式会社
本　　社　（460-8455）　名古屋市中区栄 1 － 23 － 20
総轄本部　　　　　　　　電話　代表　052(211)1525
東京本社　（162-8407）　東京都新宿区市谷砂土原町2－6
　　　　　　　　　　　　電話　代表　03(3269)2220
支　　社　札幌・仙台・東京・関東・名古屋・大阪・広島
　　　　　高松・福岡
ホームページ　http://www.sn-hoki.co.jp/

※本書の無断転載・複製は、著作権法上の例外を除き禁じられています。
※落丁・乱丁本はお取替えします。　　　　ISBN978-4-7882-8587-3
5100068　改訂告訴文例　　　　　　　　　Ⓒ三木祥史 2019 Printed in Japan